U0690741

农村法律服务实务手册

A Practical Manual on Rural Legal Service

主　编　张万洪

副主编　李　强　陈　风

编写顾问（按姓氏拼音排序）：

李　龙　马安骏　桑　宁　王运亮　杨望保　郑自文

撰稿人（按姓氏拼音排序）：

柴瑞娟　陈　风　程　骞　崔　健　丁　鹏　高　薇　韩锡博
黄　芬　李　强　聂　淼　王　航　王建强　杨　瑞　尹建国
游友安　于　媛　曾祥斌　张万洪　张志强　钟　芳

审稿专家（按姓氏拼音排序）：

程良奎　黄启辉　李承亮　吴胜利　严　玲　杨　巍

WUHAN UNIVERSITY PRESS
武汉大学出版社

《农村法律服务实务手册》

顾问及编写成员简介

张万洪　法学博士，武汉大学法学院副教授，武汉大学公益与发展法律研究中心主任，主编，合作撰写导言。

李　强　法学博士，中南财经政法大学博士后研究员，副主编，合作撰写第三、九章。

陈　风　法学博士研究生，武汉大学法学院讲师，武汉大学公益与发展法律研究中心副主任，副主编。

李　龙　武汉大学人文社科资深教授。

马安骏　政治学博士，湖北省司法厅副厅长。

桑　宁　司法部法律援助中心副主任。

王运亮　法学博士，湖北省司法厅法律援助中心主任。

杨望保　湖北省司法厅法律援助工作处处长。

郑自文　法学博士，司法部法律援助中心业务指导处处长。

柴瑞娟　法学博士，山东大学法学院讲师，合作撰写第二章。

程　骞　法学硕士，武汉大学公益与发展法律研究中心研究员，合作撰写第四、九章。

崔　健　法学硕士，中国人民银行武汉分行内审处，合作撰写第六章。

丁　鹏　法学硕士，武汉大学公益与发展法律研究中心研究员，合作撰写导言、第八章。

高　薇　法学硕士，武汉大学公益与发展法律研究中心研究员，合作撰写第六、七章。

韩锡博　法学硕士，国务院台湾事务办公室法规局，合作撰写第三章。

黄　芬　法学博士，大连海事大学法学院副教授，合作撰写第四章。

聂　淼　法学硕士，中国银行四川省分行成华支行，合作撰写第一章。

王　航　法学硕士，中国证券登记结算公司投资人登记部，合作撰写第二章。

王建强　华中科技大学同济医学院附属协和医院法律顾问，合作撰写第六章。

杨　瑞　法学博士，华中农业大学文法学院讲师，合作撰写第七章。

尹建国　法学博士，华中科技大学法学院副教授，合作撰写第五章。

游友安　湖北今天律师事务所律师、合伙人，湖北省律师协会医疗交通专业委员会副主任，合作撰写第六章。

于　媛　图书馆学博士研究生，合作撰写第九章。

曾祥斌　北京盈科（武汉）律师事务所律师、合伙人，合作撰写第八章。

张志强　法学硕士，上汽通用汽车金融有限责任公司，合作撰写第八章。

钟　芳　法学博士，安徽大学法学院讲师，合作撰写第一章。

杨　巍　法学博士，武汉大学法学院讲师。

程良奎　法学硕士，广东翰诚律师事务所律师、合伙人。

吴胜利　湖北维力律师事务所律师、合伙人，湖北省律师协会劳动保障专业委员会副主任。

李承亮　法学博士，武汉大学法学院讲师。

黄启辉　法学博士，武汉大学法学院讲师。

严　玲　管理学硕士，副研究馆员，武汉大学法学图书馆馆长。

序　言

　　自改革开放和确立向市场经济体制的转型以来，我国经济、政治、文化领域的变革深刻改变了人民的生活和权利状态。在人民生活水平日益提升的同时，社会发展却出现了失衡现象，产生了种种矛盾和不平等。目前，改革进入关键时期。为适应这个客观要求，构建和谐社会、实现公平正义即成为处理和解决社会利益矛盾和对立的最高指导原则。为此，在建设社会主义法治国家的大背景下，需要大力发展法律援助制度，使广大人民群众获得司法正义。同时，获得公正审判的权利被载入国际人权条约，获得辩护和无偿法律帮助的权利作为人权不可分割的内容，已经成为普遍共识。总之，发展法律援助已经成为我们顺应历史潮流、实现社会正义、承担国际人权义务的基本要求。

　　几年来，我国党和政府在发展法律援助事业上倾注了大量心力。2003 年，我国政府颁布实施《法律援助条例》，其中明确宣示，提供法律援助是政府的责任。随后，党的十七大报告、《国家人权行动计划（2009—2010）年》和中央政府连年下发的关于"三农问题"的一号文件，都一再强调推进"基本公共服务均等化"，由政府在基层为广大群众提供法律援助服务，以缩小城乡、区域差距，建设保障农村贫困群体权利的良好机制，让发展惠及更多人民。2011 年《国民经济和社会发展第十二个五年规划纲要》出台，第 13 篇第 55 章指出，加强宪法和法律实施，加强法律援助，加强人权保障，促进人权事业全面发展，是今后全面推进法制建设的重要内容。同时，大多数省和直辖市也制定了当地的法律援助条例，进一步扩大法律援助范围，增强法律援助机构的职能。从无到有，由弱变强，全国的法律援助机构和制度逐步完备，经费逐年增加，法律援助工作者素质提升，基层法律援助机构调处纠纷、保障和谐的作用日益凸显。

　　然而，当前农村的纠纷日益多发而复杂，日益增长的法律服务需求和农村基层有限的法律服务供给之间的矛盾越来越突出。只有主动了解农村纠纷动态，建立综合的纠纷解决体系，才能有效保障基层弱势群体的权利，防患于未然，维持社会稳定，推进社会和谐发展。这无疑给法律援助提出了更高的要求。但是，现有的基层法律援助机构单一，职能众多，人员、经费有限，法律援助的有效供给不足，仍然制约着法律援助事业的进一步发展。

　　因此，通过法律援助促进社会矛盾化解与社会管理创新，既需要政府法律援助机构的积极工作，也需要立足社会建设，动员社会力量，让更多样的主体参与进来。国家支持和鼓励社会团体、事业单位等社会组织利用自身资源为社会提供法律援助。我们欣喜地看到，武汉大学社会弱者权利保护中心自 1992 年成立以来，坚持为社会弱势群体提供法律援助，引领公益法律运动，在国内外都获得了广泛赞誉。随后，依托于社会弱者权利保护中心的武汉大学公益与发展法律研究中心（以下简称"公益法中心"）成立。该中心作为高校研究机构，一方面继承了珞珈数代法律人丰富的公益实践经验和对弱势群体的社会关怀；另一方面发挥自己优势，积极开展深入基层法律实践的调研，开创形式多样的法律培训，并基于实证研究的成果，进行权利倡导，成绩斐然。

自 2006 年起，由上述两中心实施的"中国农村基层司法"项目，致力于通过法律意识唤醒、技能培训、机构建设、法律赋能等方式，帮助农村弱势群体获得有效法律援助，实现基于权利的发展。在此过程中，项目负责人积极与各级司法行政部门及法律援助机构开展合作，为当前法律援助事业的发展，特别是创新法律援助培训模式，进行了许多有益的探索。仅在湖北，即针对 700 多名基层法律援助者，开展了 8 期培训。由于社会发展不平衡，基层条件有限，法律援助工作者身处一线，事务琐细，职责多而重大，对他们进行能力建设与持续支持殊为不易。但是，艰难困苦，玉汝于成，我们的高校科研机构和法律援助社会团体关怀弱者疾苦，为了社会正义竭诚奉献才智，将法律专业知识与基层实践结合，在长期的调研与培训中积累了可贵经验，值得各界重视和借鉴。

此外，"中国农村基层司法"项目运用"法律赋能"这一国际先进理念和方法，深入反思现有的法律援助制度与实践，纠正人们通常的误解，反对把法律援助作为简单的福利、慈善服务，而主张法律赋能和以权利促发展。这些来自实践的真知灼见，为探索适合中国实际的农村法律援助与法治建设道路，乃至更新法律教育和研究方法，都有目前难以估量的重大意义。值得关注的是，该项目产生了一批丰硕的成果，包括实用的培训手册、完备的培训方案、先进的培训理念、中肯的项目总结，等等。凡此种种，为我们今后开展类似工作提供了十分有益的借鉴。

这本《农村法律服务实务手册》（包括配套的培训者手册）即是前述历时 4 年多的"中国农村基层司法"项目的重要成果。武汉大学公益法中心在执行项目的过程中，通过以权利为基础的发展研究、参与式发展研究、跨地域跨学科比较研究、法律赋能研究等路径，在大量实地调研和培训实践中，成功探索出一套有效的农村法律实务培训模式。这些培训影响深远，不仅直接提升法律援助工作者的办案能力，也扩大了法律援助的公众知晓度，并有利于培养公众对公共法律服务和法律权威的信心。这一培训模式具备可持续、可复制的特性，值得推广。

值此手册出版之际，编者邀我作序，我欣然为文，愿与大家分享这一卓著成就。同时，我这个法律援助事业的"老兵"也借此机会，呼吁全体法律人为了实现公平正义，保障每个人的权利和追求幸福的自由，传薪继火，立心请命，对中国法律援助事业的发展有所贡献——这也是对所有参与社会主义法治建设伟大进程的教研机构、社会团体和仁人志士的殷切期许。

是为序。

武汉大学人文社会科学资深教授　李龙

导　　言

一、法律援助和法律服务

依据我国现行法律法规，法律援助是由政府设立的法律援助机构或社会机构组织法律援助工作者、法律服务工作者、律师和法律援助志愿者，为经济困难的当事人或特殊案件的当事人提供免费的法律帮助，以保障其权益得以实现的一种制度。

法律援助是在社会经济不发达、法治不完善阶段，推进社会底层人民获得司法正义（access to justice）的最重要途径。中国的经济飞速发展，社会愈益分化，人们的交往越来越多元，法律成为不可或缺的行为交往规范和纠纷解决依据。中国的农民已经被深深卷入到现代社会的法律治理之网罗中。尽管他们或许还熟悉而眷恋着乡村的人情风俗，法律意识比较薄弱或处于蛰伏状态，对法律的信心也很有限，乃至觉得法律是有钱人玩弄的利器。但是，随着城市化生活方式的进一步扩展，现代社会的法律已经并将继续在农村纠纷解决的过程中发挥愈加重大的作用。直面留守儿童的高犯罪率，农民工工伤索赔的艰难，以及农村社会的高离婚率、交通事故、医患矛盾、土地征收、环境污染等引起的纠纷，法律都是人们解决问题的重要依据，法律服务成为十分重要的社会需求。

多年来，中国执政党和政府一直十分重视农村发展问题，通过一号文件、国务院条例、省市规章等政策制度，加强农村社会公共服务领域的建设。在此背景下，各级法律援助机构和制度逐步完备，办案办公经费逐年增加，基层法律援助工作者调处农村纠纷，维护农民权益，保障社会稳定和谐的作用日益凸显。但是，相对于迅速增长的纠纷案件和法律服务需求而言，现有的基层司法体系对法律援助的有效供给不足。在人员编制、经费保障等限制因素之外，我们特别关注的是法律援助工作者自身素质这一因素，他们的法律知识不够，工作强度大，效率低下，不能应对层出不穷的实际法律问题，法律援助的质量堪忧。

就制度设计而言，在基层法律援助机构之外，还有其他组织可以向农民提供法律服务。组成中国现有基层司法格局的机构包括律师事务所、法律服务所、司法所、法律援助工作站、人民调解委员会、公证机构、治安调解机构（派出所）、人民法院（派出法庭）、仲裁庭、信访办公室以及工会、残联、妇联等社会团体的维权工作站，此外还包括特定条件下多个行政部门参与的"联合调解"，比如乡镇政府、当地工商、教育、卫生、劳动等机构参与的行政调解。其中法律服务所、司法所、法律援助工作站、人民调解委员会在大部分乡镇其实是"多个牌子、一套人马",能够提供比较专业的法律服务,但效率不高,质量也缺乏监督与保障。此外,基层的律师少,收费高,农民通常难以负担聘请他们的费用。至于其他行政机构和社会团体,其本身法律专业力量就很有限。这成为农民获得法律服务和司法正义的最大障碍。因此,与世界上很多国家解决这个问题的通常做法一样,我国也十分重视律师之外的法律工作者/志愿者的作用。

我们发现,大部分基层法律案件并不是特别复杂,对于一筹莫展的贫困当事人而言,法律工作者的介入能够极大改善其权利处境。因此,对法律工作者提供必要的培训和支持,让他们有能力帮助更多的贫困当事人,就能让这种改善成为可能。此外,许多基层法律工作者出于自身年龄、受教育程度和乡村情怀的多重因素,愿意投身基层法律服务工作。他们不应被彻底束缚在目前的位置上,而是同其所服务的当事人一样,有被赋能而改变处境的机会。因此,法律实务培训带给他们多重激励效果,包括更有效的工作,获得社会赞誉和官方荣誉,更有自信,更好的个人发展等。

二、法律赋能

近年来,法律赋能(Legal Empowerment)这一概念在国际上受到广泛关注,各国都在积极实施、贯彻这一理念。法律赋能,或者译为赋权、充权、培能、增能、增权、使能等,有不同的定义,但大致而言,都是强调运用法律手段,尤其是让弱势群体学会自己运用法律武器,通过诉讼等法律途径,保护自身权益,摆脱贫穷,提升生活质量。法律赋能让每个人得以认识、运用法律,能够以自己为主导,通过个别的或集体的行动,实现自身的权利与发展。

赋能,在广义上意味着作出选择和行动之自由的延伸,法律赋能在于使弱势群体有能力运用法律手段获得这种自由,使之能更大程度地掌控自己的生活。法律赋能的特点包括:

- 重视弱势群体的作用和能力。因为与高高在上的"专家"相比,弱势群体本身往往更了解当地状况和自身的法律需求。
- 关注行政机构、地方政府、替代性争端解决机制和非正式司法制度的运作。在农村社区,这些往往与弱势群体的权利有更密切的关系。
- 重视本土资源和经验。

相应地,法律赋能的活动包括但不限于:

- 咨询、协商和调解等非诉讼代理。
- 诉讼虽然是基于解决特定纠纷的诉讼,但在解决个案问题的过程中也要注意当事人的参与,并且通过个案处理提升其维权能力。

- 通过宣传、培训等提升弱势群体的法律知识和技巧。
- 通过专门培训提升基层法律工作者和乡村法律能人的法律服务能力和质量。

秉持法律赋能的理念，我们关注的是如何帮助那些帮助人的人，即基层法律工作者，通过对其进行能力建设，提升他们的法律服务能力和质量，使他们能同其服务对象（农民、农民工）一起努力，维护权利。

三、农村法律实务培训

武汉大学公益与发展法律研究中心在开展有关中国农村法律援助与法律赋能的项目中，关注基层司法，通过以权利为基础的发展研究、参与式发展研究、跨地域跨学科比较研究、法律赋能研究等路径，在大量实地调研和培训实践中，成功探索出一套有效的农村法律实务培训模式。这一培训模式包括：

1. 培训主题和对象，均基于前述调研对农民实际法律需求的认知和分析：

农民需要土地、婚姻家庭、劳动合同、医疗纠纷、人身损害赔偿等领域的法律服务，而且基层法律工作者和村治调主任是这些法律服务的主要提供方，因此对这一群体提供这些领域的法律实务培训，可以有效改善农民获得司法正义的状况。

2. 培训内容和方法，也是基于基层法律工作者的实际情况"量身设计"：

培训的内容有：

➢ 法援政策。请司法行政部门和法律援助机构领导给基层法律工作者讲解法律援助的最新政策，既是对他们获得信息的更新，也令其直接感受到上级的重视。

➢ 法律实务知识。从教材到课件，都强调通过简明的理论介绍、明确的法条依据、生动的案例、直观的流程图来让学员准确而方便地掌握法律知识。

➢ 会见与调解技巧。会见是法律工作者办案的基础环节，而调解使用率高，增强这两方面的实务技巧意义重大。

➢ 法律学习和宣传方法。法律在不断更新，实际案情也千变万化，法律工作者如果碰到在教材和课件中找不到解决方案的问题，就需要运用网络等方式查询相关信息。另外，本机构一直秉承同伴教育的理念，希望学员能将在培训中学到的知识和技巧与同事分享，并通过有效的宣传，使其当事人和广大农民得以了解相关法律信息。

在培训的组织和方法上，我们比较关注：

➢ 培训讲师。培训讲师包括省（市）法律援助中心的工作人员、律师、法学院教授与硕、博士研究生等，经过专门的培训者培训（training of trainers），能基于多样的知识和经验背景进行讲授。

➢ 培训方法。法律工作者都是有经验的成年人，其学习动机、心理和能力不同于一般在校学生，同时，为了有效讲授法律知识、实务技巧和法治理念，也需要特别的培训方法。其中既包括小组讨论、角色扮演、模拟法庭、同伴教育等教学方法，也包括对讲师进行的课件制作、时间安排、身体语言、分组和提问技巧、辅助教学工具的运用等技术性事项的指导，以提升学员反思权利现状的能力和参与能力等。讲师要按照培训者手册（facilitator's manual）中对这些方法的指引，灵活运用，完成既定教学目标。

➢ 培训反馈与改进。通过在培训中加入针对培训本身的讨论环节，让培训讲师和学员填写反馈问卷，在培训结束一段时间后进行回访等方式全面收集建议，不断改进培训。

    3. 持续的网络支持：

➢ 建立联系网络。这个网络在成员上包括培训机构成员以及参加培训的学员和老师，还包括武汉大学社会弱者权利保护中心、湖北省法律援助中心和当地司法局的工作人员；在联系渠道上除了信件、电话、电子邮件之外，还包括武汉大学公益与发展法律研究中心的网站。培训结束之后，学员在工作中碰到问题可以到机构网站查询，也可以直接致电讲师咨询。

➢ 同行交流互助。每一期接受培训的学员来自各个地区，我们鼓励和促成基层法律工作者之间的相互交流和学习。这里面包括本地和外地学员之间的相互学习、乡村两级学员之间的相互沟通，还有法律工作者、社会律师、公证员、诊所教师等同行之间的共同探讨。

    采用上述模式，我们取得了深远的培训影响：第一，增强了被培训者的法律技能。接受培训的法律援助工作者自身的法律知识和办案技能获得提高。第二，传播了法律知识。接受培训的法律援助工作者返回所在乡镇后，在当地司法行政部门的支持下，组织对当地乡镇干部和村干部的法律讲座，进一步促进了法律知识的散播。此外，他们为当事人提供更优质的法律服务，也是在互动中对基层群众进行法律教育。第三，扩大了法律援助的知晓度。通过在当地的培训和宣传，扩大了法律援助工作的知晓度与社会声望。这有助于基层法律援助工作者今后工作的开展，也有助于基层法律援助部门获得各级政府更多的支持。第四，提升了基层法律援助工作者的职业认同感。增强了基层法律援助工作者对法律援助事业的认同和职业荣誉感，坚定其立足农村服务农民的信念。

四、培训教材

    这本《农村法律服务实务手册》作为上述培训基本内容、理念、方法的承载形式，几年来数次修订，由薄到厚，由粗陋到精致，是一期又一期讲师和学员"集体智慧的结晶"，意义重大。培训后的反馈意见统计和回访调查表明，学员一致反映培训教材内容详实，基本包含了各种农村常见法律纠纷的解决方式；理论水平高，体系完整，措辞严谨；语言深入浅出，简洁明白；层次清晰，符合实际，可操作性强，具有实践指导意义。经过广泛的调研论证和长期的实践检验，我们认为这一套教材可以在全国范围内使用。

本教材既可以充当法律工作者系统学习法律理论的教科书，也是他们在为农民提供法律援助的过程中可以随时查阅引用、解答疑惑的工具书。为此，本教材在编订体例和讲授方法上有如下特点：

➢ 按照农村多发纠纷类型编订章节。

➢ 在每一个法律概念与命题之后都附有法条依据说明，方便查阅引用法条办案。

➢ 大量使用流程图，直观反映办案程序。

➢ 大量使用案例分析，生动演示如何实际运用法律知识。

与上书配套的《农村法律服务实务手册（培训者手册）》是一本培训者用书，类似于我国中小学教学中广泛使用的"教参"，旨在为农村基层法律实务培训者提供参与式培训方法指导。"参与式方法"是目前国际上普遍倡导的一类针对成年人进行培训、教学和研讨的方法。这类方法力图使所有在场的人都投入到学习活动当中，都能获得表达和交流的机会，在对话与互动中产生新的思想和认识，丰富个人体验，参与集体决策，进而提高自己获得知识、改变现状的能力和信心。使用参与式教学方法本身就需要经过专门的培训和指导，为了保证将来在其他地区开展此类法律实务培训时，讲师能有效使用参与式教学方法，我们精心设计了这本培训者手册。

这本培训者手册以《农村法律服务实务手册》的内容为基础，设置了土地、人身损害、劳动合同、工商与职业病等六门 180 分钟的课程。手册总结了讲师在讲授不同类型纠纷中的重难点，根据这些内容安排案例分析、小组讨论、头脑风暴等参与式活动，并提供详细的开展活动的方法和技巧，使培训者能快速有效地组织高质量的参与式农村法律实务培训。

最后，再次感谢所有参与本项目的讲师与学员，感谢所有玉成这本教材的基层法律援助工作者、律师、法律学者、社会学专家、统稿编辑和学生志愿者。农村法律援助工作错综复杂，加上地区差异大，法律问题日新月异，教材中难免谬误之处，敬请读者诸君指正。同时，农村法律援助事业的发展任重而道远，欢迎今后使用这本教材的同行们提出宝贵意见。让我们一起，赋能于那些帮助人的人，为底层社会正义的实现而奋斗不息。

目　　录

第1章
农村土地法律实务

☞**导读**

　　新中国成立以来，我国出台了一系列有关农村土地的法律法规和政策，涉及农村土地的方方面面，土地承包、土地征收、宅基地是其中的重点。

第一节　土　地　承　包

　　目前，我国土地承包制度的规定，主要体现在《民法通则》、《物权法》、《土地管理法》、《农村土地承包法》、《农村土地承包经营纠纷调解仲裁法》、《土地管理法实施条例》等几部法律法规以及《最高人民法院关于审理涉及农村土地承包纠纷案件适用法律问题的解释》（以下简称《农村土地承包纠纷解释》）等司法解释中，内容主要包括承包经营权的取得和流转、承包经营的权利和义务、土地承包合同的订立以及纠纷的解决等。另外，随着近年来妇女地位的提升、农村外出打工者的增多，农村妇女、外出务工者的土地承包经营权保护受到极大的关注。

　　在处理土地承包法律问题时，要注意将家庭承包经营和以其他方式承包经营这两种方式区别开来，并留意法律对二者作出的不同规定。

一、程序

（一）承包经营土地的程序

1. 家庭承包经营土地的程序

家庭承包经营的承包方是本集体经济组织的成员，承包的土地主要是耕地、林地和草地。其程序如下：

1

```
┌─────────────────────────────────────────────┐
│          村民会议选举承包工作小组                │
│ (村民会议的形式：全体村民参加大会或村民代表大会)   │
└─────────────────────────────────────────────┘
                      ↓
┌─────────────────────────────────────────────┐
│        承包工作小组拟定并公布承包方案             │
└─────────────────────────────────────────────┘
                      ↓
┌─────────────────────────────────────────────┐
│      村民会议讨论通过承包方案(2/3以上村民会        │
│      议成员或2/3以上村民代表同意)                │
└─────────────────────────────────────────────┘
                      ↓
┌─────────────────────────────────────────────┐
│            组织实施承包方案                     │
└─────────────────────────────────────────────┘
                      ↓
┌─────────────────────────────────────────────┐
│              签订承包合同                       │
└─────────────────────────────────────────────┘
```

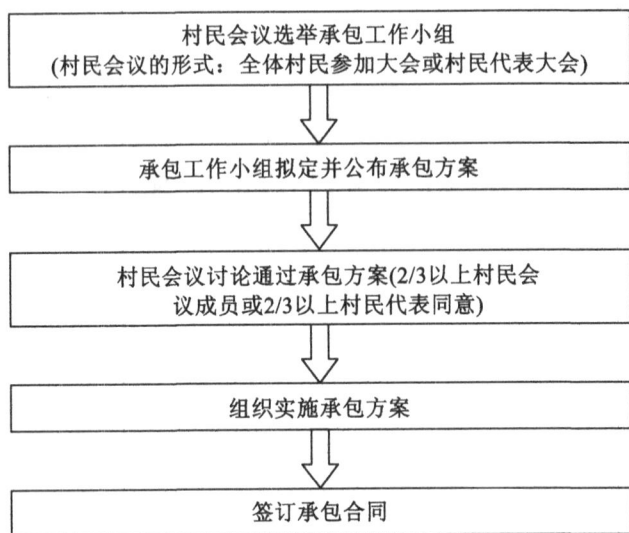

2. 以其他方式承包经营土地

承包方可以是本集体经济组织的成员，也可以是本集体经济组织之外的单位和个人，承包的土地主要是荒山、荒沟、荒丘、荒滩以及果园、茶园、桑园、养殖水面等，承包的方法是招标、拍卖或者公开协商。当然，以其他方式承包经营土地仍然要经过村民会议2/3以上成员或者2/3以上村民代表的同意，如果要承包给本集体经济组织之外的单位和个人，还必须经过乡（镇）人民政府的批准。同时，本集体经济组织之外的承包方的资信情况和经营能力必须经过审查之后，才能签订承包合同。

【依据】《农村土地承包法》第18、19、48条。

3. 集体经济组织擅自发包土地时的纠纷解决方式

集体经济组织不得擅自发包土地。发包土地应该经过以上程序，即必须经过村民会议2/3以上成员或者2/3以上村民代表的同意，符合多数村民的意愿。如果集体经济组织违反这一规定擅自发包土地，村民可以向法院提起诉讼，要求撤销承包合同。原告是权利受侵害的农村集体经济组织成员，被告是发包方，起诉的理由是发包方在签订承包合同时违反法定的民主议定原则，或者所订合同的内容违背多数村民的意愿，损害集体和村民的利益。

【依据】《物权法》第**63**条；《土地管理法》第**15**条；《农村土地承包法》第**18、48**条。

（二）办理土地承包经营权证的程序

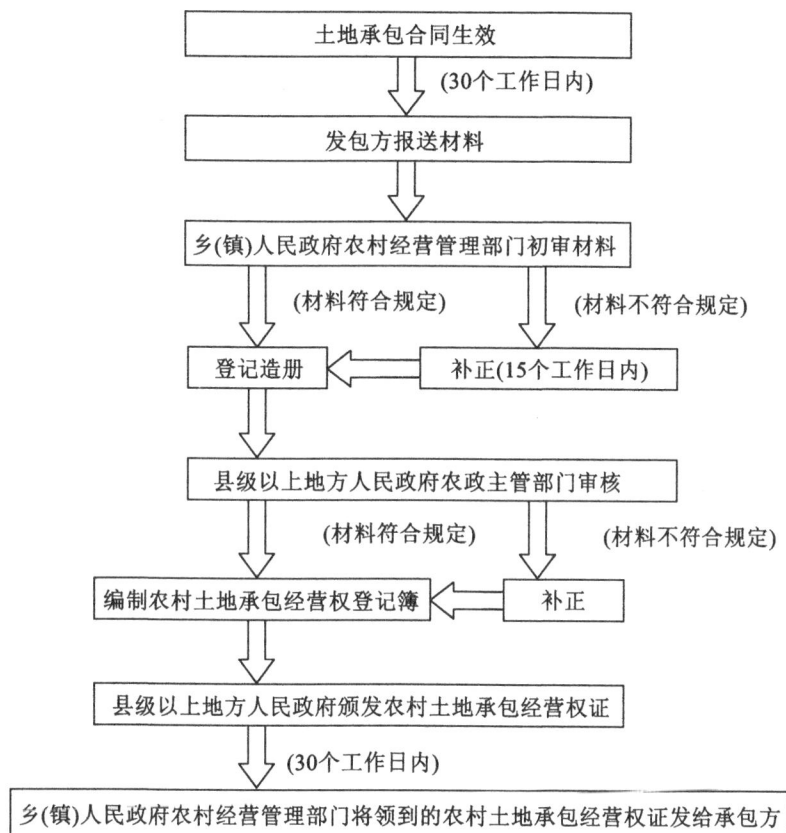

```
┌─────────────────────────────────────┐
│            土地承包合同生效              │
└─────────────────────────────────────┘
              │ (30个工作日内)
              ▼
┌─────────────────────────────────────┐
│            发包方报送材料               │
└─────────────────────────────────────┘
              │
              ▼
┌─────────────────────────────────────┐
│    乡(镇)人民政府农村经营管理部门初审材料    │
└─────────────────────────────────────┘
    │ (材料符合规定)        │ (材料不符合规定)
    ▼                      ▼
┌──────────┐  ◄──  ┌──────────────────┐
│  登记造册  │       │  补正(15个工作日内)  │
└──────────┘       └──────────────────┘
    │
    ▼
┌─────────────────────────────────────┐
│    县级以上地方人民政府农政主管部门审核     │
└─────────────────────────────────────┘
    │ (材料符合规定)        │ (材料不符合规定)
    ▼                      ▼
┌────────────────────┐ ◄── ┌────────┐
│ 编制农村土地承包经营权登记簿 │     │  补正  │
└────────────────────┘     └────────┘
    │
    ▼
┌─────────────────────────────────────┐
│  县级以上地方人民政府颁发农村土地承包经营权证 │
└─────────────────────────────────────┘
    │ (30个工作日内)
    ▼
┌───────────────────────────────────────────────┐
│ 乡(镇)人民政府农村经营管理部门将领到的农村土地承包经营权证发给承包方 │
└───────────────────────────────────────────────┘
```

　　土地承包经营权和林权证属证权证书。证权证书和设权证书的区别如下：证权证书是证明某人享有某项权利的书面凭证。证权证书不是唯一和最终的证明，比如某人丢失了房产证，可以通过查询登记机关的记录以证明自己享有权利。另外，在有相反证据的情况下，可以证明承包经营权证的持有者并非权利人。比如实际权利人可以通过证明登记有误，来表明自己是真正的权利人。而设权证书是代表某项权利的书面凭证，是权利的化身，其特点在于认"证"不认"人"，电影票、车票等是典型的设权证书。设权证书一旦丢失，权利人不能通过其他途径证明自己是权利的享有者。

　　办理土地承包经营权证等证书，只需交纳证书工本费，不需交纳其他费用。

　　【依据】《物权法》第 127 条；《农村土地承包法》第 23 条；《农村土地承包经营权证管理办法》（以下简称《农村土地权证办法》）第 7、13 条。

二、农民对于承包地的权利与义务

(一) 农民对于承包地享有的权利

土地承包经营权人依法对其承包经营的耕地、林地、草地等享有占有、使用和收益的权利，有权从事种植业、林业、畜牧业等农业生产。

【依据】《物权法》第125条。

1. 经营自主权。在生产经营的过程中，可以决定干什么，怎么干，但是不能违法，不能用于非农建设。如村里强制村民在承包地上必须一律种上玉米或者烟草等，都是侵犯经营自主权的行为。

2. 收益权。获得自己在承包地上的劳动所得和土地承包经营权的流转收益。如甲在自己的承包地上种植了小麦，那么小麦就应归甲所有，而不是归集体经济组织所有，或者归其他人所有。发包方、其他任何组织和个人都不能要求承包方将应当获得的承包收益和土地承包经营权的流转收益交给发包方、其他组织和个人，也不能擅自截留、扣缴。如果截留或者扣缴了有关收益，承包方可以要求返还，并可以拒绝发包方、其他组织、个人的抵消主张。

3. 处分收益的权利。对于自己在承包地上的劳动所得，自己想怎么处理就怎么处理，送人、卖出或者留给自己用等都可以，但不能违法。如果有人强迫承包者必须将收益卖给特定的买者，就是侵犯承包者处分权的行为。

4. 流转权。承包方可以自行将承包地的承包经营权用各种方式流转给第三人，使第三人行使部分土地承包经营权。任何组织和个人都不得强迫承包方进行土地承包经营权的流转，否则该流转无效。土地承包经营权流转的转包费、租金、转让费等，都由承包方和流转的受让方协商确定。

5. 优先承包权。本集体经济组织成员在承包费、承包期限等主要内容相同的条件下主张优先承包权的，应予支持。但在发包方将农村土地发包给本集体经济组织以外的单位或者个人，已经依据法律规定的民主议定程序通过，并由乡（镇）人民政府批准后主张优先承包权的，不予支持。

土地承包经营权流转中，本集体经济组织成员在流转价款、流转期限等主要内容相同的条件下主张优先权的，应予支持。但下列情形除外：（1）在书面公示的合理期限内未提出优先权主张的；（2）未经书面公示，在本集体经济组织以外的人开始使用承包地2个月内未提出优先权主张的。

【依据】《农村土地承包纠纷解释》第11、19条。

6. 继承权。承包人在承包期内死亡的，该承包人的继承人继续享有原承包合同法定及约定的权利。

		承包经营权	不发生继承问题	
家庭承包	除林地以外的其他土地	承包收益	家庭成员之一死亡	该成员应得的承包收益按继承法的规定继承。
			全部家庭成员死亡	最后死亡的成员之外的其他成员死亡按照家庭成员之一死亡的情况继承；最后死亡的成员死亡后，其应得的承包收益也可以依继承法的规定继承。
	林地	承包经营权	家庭成员之一死亡	由其他成员继续承包。
			全部家庭成员死亡	最后一个死亡的家庭成员的继承人在承包期内仍可继续承包至承包期满。
		承包收益		同其他土地
其他方式承包	承包经营权			继承人继承
	承包收益			继承人继承

7. 申请缓减免承包费的权利。承包期间因发生自然灾害，或者因承包方自身以外的原因，致使承包方交纳承包金有困难的，承包方可以要求缓交、减交或免交承包金。

8. 承包地被依法征用、占用时获得相应补偿的权利。

9. 法律、行政法规规定的其他权利。

【依据】《农村土地承包法》第 16、31、36、50、58 条；《农村土地承包纠纷解释》第 18 条。

（二）农村妇女、外出务工农民享有平等的土地承包经营权

1. 任何组织和个人不得剥夺、侵害妇女应当享有的土地承包经营权。如村委会干部以甲是妇女为由不让其承包土地就是违法行为。

2. 妇女结婚：如果妇女结婚之后离开原居住地，但是在新居住地没有取得承包地，而且在原居住地取得的承包地尚未到期，原承包地不能被收回；妇女结婚之后不去男方落户，而是男方到女方住所落户的，男方和他们的子女就成为了女方所在集体经济组织的成员，因而，男方和子女与其他集体经济组织的成员一样，享有平等的土地承包经营权。

3. 妇女离婚或者丧偶：如果妇女离婚或者丧偶之后，没有离开原居住地，仍在原居住地生活，或者她虽然离开了原居住地，但是在新居住地没有取得承包地，

原承包地也不得被收回。

4. 外出务工农民与其他成员一样享有平等的土地承包经营权。

5. 发包方如果侵害或者剥夺妇女、外出务工农民平等的土地承包经营权（如趁农民外出打工之际，收回其承包的土地），承担如下责任：停止侵害、返还原物、恢复原状、排除妨害、消除危险、赔偿损失等。

6. 离婚时土地承包经营权的处理。

（1）自愿离婚。如果夫妻双方在离婚时对于土地承包经营权的处理已经达成了协议的，按协议处理。如果夫妻双方在离婚时对于如何处理土地承包经营权不能达成一致意见，任何一方都可以起诉至法院，由法院对承包经营权进行处理。

（2）判决离婚。法院在处理离婚案件时一并对土地承包经营权进行处理。

【依据】《农村土地承包法》第5、6、26、30、54条；《婚姻法》第39条。

（三）农民对于承包地的义务

1. 维持土地的农业用途，不得用于非农建设。家庭承包经营的土地绝对不能用于非农建设，其他方式承包的土地经依法批准可以用于非农建设。如果承包方违反合同约定将承包地用于非农建设，将承担以下责任：

（1）一般情况：县级以上地方人民政府有关行政主管部门进行处罚（拆除违法建筑+罚款）

（2）给承包地造成永久性损害：发包方及时制止，要求承包方赔偿损失；如果承包方不予理睬，上报政府有关部门解决。

非农建设一般是指承包方违反《土地管理法》等法律法规的规定，擅自在承包地上建房、开矿、挖窑、制砖、取土、取沙、采石、造墓等，将承包的基本农田用于发展林果业、挖塘养鱼或建立畜牧场、屠宰场、农副产品加工厂等也属于非农建设。但是，对于除基本农田之外的承包地，承包方对其在种植业、畜牧业、渔业之间用途的改变，如将旱田改水田、将种植粮食的土地改种蔬菜等不属于对土地基本用途的改变。

2. 依法保护和合理利用土地，不得给土地造成永久性损害。对土地造成永久性损害是指由于对土地采取了不合理的耕作方式或者进行掠夺式经营，使承包地土壤失去了原有的土质和水分条件，趋于盐碱化、沙漠化，对土壤耕作层造成难以恢复的破坏。如一些地区的承包者发现承包地下有矿藏就擅自开采，致使地下水枯竭、地面沉降，不仅农作物无法生长，甚至使得该地区的环境被认为不适宜人类居住。承包方给承包地造成永久性损害的，发包方有权制止，并有权要求承包方赔偿由此造成的损失。

3. 法律、行政法规规定的其他义务。承包方如果将土地承包经营权流转给第三方，第三方也必须遵守这些义务。

【依据】《农村土地承包法》第 8、17、60 条。

三、承包地的变化

（一）家庭承包中承包地的调整

1. 承包期内，发包方不得调整承包地。

承包期内，因自然灾害严重毁损承包地等特殊情形对个别农户之间承包的耕地和草地需要适当调整的，必须经本集体经济组织成员的村民会议 2/3 以上成员或者 2/3 以上村民代表的同意，并报乡（镇）人民政府和县级人民政府农业等行政主管部门批准。承包合同中约定不得调整的，按照其约定。

除了上述特殊情况之外，发包方不得调整承包地，如果发包方在承包合同中约定其他情况也可以调整承包地，这种约定的条款当然无效；承包方也可以请求法院认定这种约定无效。

如果发包方违法调整承包地，并且还没有将承包地另行发给他人，承包方可以请求返还承包地。

如果发包方违法调整承包地，并且已经将承包地另行发给第三人，承包方可以发包方和第三人为共同被告，请求法院确认发包方和第三人订立的合同无效，同时请求返还承包地并赔偿损失。但是如果承包方弃耕、撂荒之后发包方调整承包地并发包给第三人的，承包方可以请求确认发包方和第三人订立的合同无效及返还承包地，不得请求赔偿损失。然而，另行与发包方订立承包合同的第三人在承包土地后，往往向发包方交纳了高额的承包费用，或者对土地进行了投入和耕种，发包方或者承包方因此而获益，第三人可以请求获益的发包方或者承包方给予相应的补偿。但如果发包方与第三人恶意串通，调整承包方的承包地，又另行订立承包合同，对于第三人在土地上的投入，则不应该予以赔偿。

【依据】《农村土地承包法》第 27 条；《农村土地承包纠纷解释》第 5、6 条。

2. 农户的人口发生了变化，不一定就要相应地调整承包地。

承包方自愿交回承包地的，应当提前半年以书面方式通知发包方。承包方在承包期内交回承包地的，在承包期内不得再要求承包土地。如果承包方只是口头将承包的土地交回发包方，发包方并没有承包方的书面通知，那么承包方在承包的期限内继续要求承包土地的，法院一般会予以支持。如果承包方交回承包地并未提前半年以书面形式通知发包方的，不得认为是自愿交回。

【依据】《农村土地承包法》第 29 条；《农村土地承包纠纷解释》第 10 条。

（二）家庭承包中承包地、土地承包经营权证的收回

1. 除了以下情况，承包期内，发包方不得收回承包地：

（1）承包期内，承包方全家迁入设区的市，转为非农业户口的；

（2）承包期内，承包方提出书面申请，自愿放弃全部承包土地的；

（3）承包土地被依法征收、占用，导致农村土地承包经营权全部丧失的；

（4）法律、法规规定的其他情形。

除以上情形外，发包方如果在承包合同中约定收回承包地的其他条件是无效的，承包方可以向法院申请确认该种条款无效。另外，承包期内，承包方交回承包地或者发包方依法收回承包地时，承包方对其在承包地上投入而提高土地生产能力的，有权获得相应的补偿。

如果发包方违法收回承包地，并且还没有将承包地另行发包给他人，承包方可以请求返还承包地。

如果发包方违法收回承包地，并且已经将承包地另行发包给第三人，承包方可以发包方和第三人为共同被告，请求法院确认发包方和第三人订立的合同无效，同时请求返还承包地并赔偿损失，但是如果承包方弃耕、撂荒之后发包方收回承包地并发包给第三人的，承包方可以请求确认发包方和第三人订立的合同无效及返还承包地，不得请求赔偿损失。然而，另行与发包方订立承包合同的第三人在承包土地后，往往向发包方交纳了高额的承包费用，或者对土地进行了投入和耕种，发包方或者承包方因此而获益，第三人可以请求获益的发包方或者承包方给予相应的补偿。但如果发包方与第三人恶意串通，收回承包方的承包地，又另行订立承包合同，对于第三人在土地上的投入，则不应该予以赔偿。

【依据】《农村土地承包法》第 26 条；《农村土地权证办法》第 20 条；《农村土地承包纠纷解释》第 5、6 条。

2. 农转非后的有关问题处理。

（1）不同的农转非情况：

迁入区域	处理方式
小城镇	尊重承包方的意愿，保留其土地承包经营权或者允许其依法进行土地承包经营权流转。
设区的市	承包方应当将承包的耕地和草地交回发包方，或者发包方收回承包的耕地和草地。

如果承包方全家迁入小城镇而农转非，承包方仍然享有土地承包经营权；如果土地被征收，承包人仍然有权获得相应的土地补偿款。

（2）但是，无论承包方迁入小城镇或设区的市，承包方在承包地上的投资利益仍然受到保护，承包方可以自行处理承包地上的产品或投资。如果承包方在承包地上种植了果树，承包方可以对种植的果树进行处理。而且，如果承包方在承包期内将承包地交回发包方，承包方对其为了提高承包地的生产能力而进行的投资有权获得补偿。

【依据】《农村土地承包法》第 16、26 条。

（三）承包地变化的禁止

1. 承包地不可买卖。甲取得了 A 土地的承包经营权，将 A 地卖给乙，该行为不生效。与流转不同，承包地的买卖是违法行为。按照法定程序流转土地承包经营权是允许的，流转只是土地承包经营权的流动和转换。

2. 承包方以其土地承包经营权进行抵押或者抵偿债务的，应当认定无效。对因此造成的损失，当事人有过错的，应当承担相应的民事责任。

【依据】《农村土地承包法》第 4 条；《农村土地承包纠纷解释》第 15 条。

四、土地承包合同

（一）土地承包合同的形式

一般情况下，土地承包合同应采用书面形式（合同书、信件等可以有形地表现所载内容的形式）订立。不仅承包方与发包方之间应该签订书面合同，而且承包方将土地以转包、出租、互换、转让等方式流转时，也应该与他人签订书面合同。但有以下几种情况例外：

1. 甲将土地交给乙代耕 6 个月，由于代耕期没有超过 1 年，所以可以不签订书面合同；

2. 甲没有与发包方签订书面合同，但是甲已经向发包方交了 1 年的承包费，而发包方收下并打了收条（履行了主要义务）；

3. 甲没有与发包方签订书面合同，但是发包方已经开始为甲办理土地承包经营权证（履行主要义务），而甲得知后并无异议。

【依据】《农村土地承包法》第 21、37、39 条；《合同法》第 11、36 条。

（二）主要条款

土地承包合同应当包括以下主要条款：（1）发包方、承包方的名称，发包方负责人和承包方代表的姓名、住所；（2）承包土地的名称、坐落、面积、质量等级；（3）承包的起止时间；（4）承包土地的用途；（5）发包方和承包方的权利义务；（6）违约责任；（7）其他条款。当事人对以上条款作出较为完整的约定，有利于产生纠纷后的解决。土地承包合同没有以上条款并非当然无效，而是可以通过合同解释或者法律的推定性条款来弥补。当事人可以参照土地承包合同的范本订立合同。

如果发包方和承包方在承包合同中约定了违约责任，而且对于违约金的比例、金额或者计算方法等内容约定明确的，违约责任的承担一般按照约定执行，如果违约就应该支付约定的违约金。但是，如果发包方和承包方在承包合同中所约定的违约金低于或者过分高于违约所造成的损失的，任何一方都可以请求适当予以减少或者增加。如果约定的违约金只是略微高于违约所造成的损失，还是按照约定的违约金支付。例如，在合同履行过程中，发包方违约，给承包方造成了 2000 元的损失：如果发包方和承包方在承包合同中约定，任何一方违约，就要支付对方 1000 元的违约金，这时，承包方可以请求法院适当增加违约金的数额，以弥补自己的损失；如果双方在合同中约定的违约金是 20000 元，20000 元明显高于 2000 元，这时发包方可以请求法院适当地减少违约金的数额；如果约定的违约金是 2200 元，就算只造成了 2000 元的损失，发包方还是应该向承包方支付 2200 元。

但是如果在承包合同中没有约定违约金，发生违约时，守约一方不能要求违约方支付违约金。

【依据】《农村土地承包法》第 21 条；《合同法》第 12、114 条。

(三) 承包期限

1. 家庭承包的期限如下：

土地类型	承包期限
耕地	30 年
草地	30~50 年
林地	30~70 年
种植特殊林木的林地	70 年以上（必须经国务院林业行政主管部门批准）

双方约定的期限如低于法定的期限，承包方可以申请法院将承包期限延长至法定的期限。如承包方甲与发包方乙原来在合同中约定对草地的承包期限是 25 年，这个合同当然有效，但是承包方甲也可以申请法院将承包期限延至 30 年。

如果在《农村土地承包法》实施前就已经按相关规定承包了土地，而且承包期限长于上述法定期限，这种约定的承包期限有效，不必对其进行修改，也不能重新进行承包。如甲村民与乙村委会于 1984 年签订了承包耕地的合同，承包期是 100 年；但在 2004 年，乙村委会以合同约定的 100 年承包期超过法定承包期为由，要求甲返还承包地。甲可以拒绝乙村委会的无理要求，就算乙起诉至法院，其要求也不能得到支持。

2. 其他方式承包的期限。其他方式承包的承包期限可长可短，具体由发包方和承包方协商确定。但是，双方协商确定的承包期限，不得超过国家规定的期限。根据 1999 年国务院办公厅发布的《关于进一步做好治理开发农村"四荒"资源工作的通知》的规定，在 1999 年及以后承包"四荒"的，承包期限不得超过 50 年。但是在 1999 年之前确定的承包期限超过 50 年的，仍然继续有效。其中，"四荒"是指荒山、荒沟、荒丘、荒滩。

【依据】《物权法》第 126 条；《农村土地承包法》第 20、45、62 条；《农村土地承包纠纷解释》第 7 条。

（四）解除土地承包合同的条件

1. 因不可抗力致使合同目的不能实现。不可抗力是指不能预见、不能避免并不能克服的客观情况，如百年不遇的洪灾。

2. 合同期限届满。如 1953 年签订的承包期为 50 年的合同，到 2003 年就是合同期限届满。

3. 出现约定的情形。如合同约定一旦承包方不按时缴纳承包费，合同就解除，而承包方没有按时缴纳承包费，则该合同解除。此种约定须双方协商一致，且不违背法律、法规的强制性规定。

4. 不能实现承包的目的。如承包方甲与发包方乙在合同中约定承包该片林地的目的是使该片林地能种上一种特殊的林木，但是在承包期限内发现该林地的条件根本不适合种植此种林木，在这种情况下任何一方都可以要求解除合同。

5. 承包方全家搬迁至设区的市且户口转为非农业户口。

6. 承包方无力经营而且自愿解除。如承包方甲在经营期限内因某种原因造成残疾，已经无力经营该块承包地而且自愿解除该合同。

7. 承包方长期不经营造成承包地闲置。

8. 承包方在承包期内进行破坏性、掠夺性经营，经发包方多次劝阻无效。

9. 承包方随意改变土地用途，经劝阻无效的。如承包地原本用于耕种，但是承包方却将其用于建房。

10. 合同的继续履行将影响一方重大利益的。

除此之外，发包方和承包方可以协议解除土地承包合同。

农村集体经济组织的承包人或者负责人变动，承包合同并不因此变更或者解除；农村集体经济组织分立或者合并，承包合同也不因此变更或者解除；国家机关及其工作人员不能利用职权变更、解除承包合同。

合同解除后，尚未履行的，终止履行；已经履行的，根据履行情况和合同性质，当事人可以要求恢复原状、采取其他补救措施，并有权要求赔偿损失。

【依据】《农村土地承包法》第 24、25 条；《合同法》第 93、94、97 条。

（五）同一土地上出现两个以上承包合同的处理

发包方就同一土地签订两个以上承包合同，承包方均主张取得土地承包经营权的，按照下列情形分别处理：

1. 已经依法登记的承包方，取得土地承包经营权；

2. 均未依法登记的，生效在先合同的承包方取得土地承包经营权；

3. 依前两项规定无法确定的，已经根据承包合同合法占有使用承包地的人取得土地承包经营权，但争议发生后一方强行先占承包地的行为和事实，不得作为确定土地承包经营权的依据。

例如：发包方甲与乙签订了土地承包合同 A，之后又与丙分别就同一土地签订了承包合同 B，两份合同都约定签订即生效：

1. 如果 A 合同进行了登记，而 B 合同没有登记，那么乙取得该土地的承包经营权；如果 B 合同进行了登记，而 A 合同没有登记，那么丙取得该土地的承包经营权。

2. 如果 A、B 合同都没有登记，由于 A 合同先于 B 合同生效，所以乙取得该土地的承包经营权。

3. 如果 A、B 合同的生效时间不分先后，而且都没有登记，但是乙已经根据承包合同在该土地上进行了耕种，那么乙取得承包经营权。

4. 如果 A、B 合同的生效时间不分先后，都没有登记，而且乙、丙都知道存在两份承包合同的事实，因而发生纠纷；乙为了造成既成事实，在该地上强行种上桃树，乙并不因此而取得承包经营权。

【依据】《农村土地承包纠纷解释》第 20 条。

五、承包经营权的流转

（一）主要流转方式

$$\begin{cases} \text{家庭承包：转包、出租、互换、转让、入股} \\ \text{其他方式承包：转让、出租、入股、抵押} \end{cases}$$

1. 其他方式承包土地的，承包方必须在取得土地承包经营权证、林权证等证书之后，才可以进行承包经营权的流转。承包方未依法登记取得土地承包经营权证等证书，即以转让、出租、入股、抵押等方式流转土地承包经营权，发包方可以请求确认该流转无效。

2. 家庭承包的土地承包经营权不能抵押。承包方以其土地承包经营权进行抵押的，抵押行为无效；对因此造成的损失，当事人有过错的，应当承担相应的民事责任。其他方式承包的土地承包经营权可以抵押。家庭承包的转包方式是指将土地承包经营权部分或全部让与本集体经济组织的其他成员，出租方式是指将土地承包经营权租赁给本集体经济组织的第三人；而其他方式承包的出租方式则囊括了这两种情况，所以其他方式承包的承包经营权的流转方式中只规定了出租，没有规定转包。

3. 各种流转方式介绍如下：

转让，是指承包方经发包方同意，将部分或全部土地承包经营权让渡给其他从事农业生产经营的农户，由其享有和承担相应土地承包经营合同的权利和义务。转让后，原土地承包关系自行终止，原承包方在承包期内的土地承包经营权部分或全部丧失。

转包，是指承包方将其土地承包经营权以一定的期限转移给同一集体经济组织的其他农户从事农业生产经营。转包后，原土地承包关系不变，原承包方继续享有和承担原土地承包合同规定的权利和义务。接包方按转包时约定的条件对转包方负责。

互换，是指承包方之间为方便耕作或各自的需要，对属于同一集体经济组织的承包地进行交换，同时交换相应的土地承包经营权。

入股，是指实行家庭承包方式的承包方之间为发展农业经济，将土地承包经营权作为股权，自愿联合从事农业合作生产经营；其他承包方式的承包方将土地承包经营权量化为股权，入股组成股份公司或合作社等，从事农业生产经营。

出租，是指承包方将部分或全部土地承包经营权以一定期限租赁给他人从事农业生产经营。出租后原土地承包关系不变，原承包方继续享有和承担原土地承包合同规定的权利义务。承租方按出租时约定的条件对承包方负责。

【依据】《农村土地承包法》第 **32**、**49** 条；《农村土地承包纠纷解释》第 **15** 条。

（二）流转条件

1. 遵循平等协商、自愿、有偿的原则，任何组织和个人不得强迫或者阻碍承包方进行土地承包经营权流转（发包方强迫承包方将土地承包经营权流转给第三人，承包方可以请求法院确认发包方与第三人签订的流转合同无效；发包方阻碍承包方依法流转土地承包经营权，承包方可以请求排除妨碍、赔偿损失）。

2. 不得改变土地所有权的性质和土地的农业用途。

3. 流转的期限不得超过承包期的剩余期限（如承包期为 40 年的承包合同，在承包 10 年后进行土地承包经营权的流转，流转的期限不得超过 30 年）。

4. 受让方须有农业经营能力。

5. 在同等条件下，本集体经济组织成员享有优先权（同等条件主要是指流转价款、流转期限等条件）。

6. 流转双方应当就土地承包经营权的流转签订书面合同（承包方将土地交由他人代耕不超过 1 年的，可以不签订书面合同）。

7. 其他条件如下：

（1）采取转让方式流转的，还必须符合以下条件：承包方必须有稳定的非农职业或者稳定的收入来源；应当经发包方同意；受让方应当是从事农业生产经营的农户。承包方未经发包方同意，采取转让方式流转其土地承包经营权的，转让合同无效。但发包方无法定理由不同意或者拖延表态的除外。承包方将土地承包经营权转让给他人的，在承包期内不能再要求重新承包土地。

采取转包、出租、互换或者其他方式流转的，应当报发包方备案。但是，仅仅没有报发包方备案，转包、出租、互换或者其他流转合同仍然有效，流转合同只有在违反法律、行政法规的强制性规定的情况下才无效。如甲、乙为同一村民组的村民，甲承包了一块 2 亩的土地，乙承包了一块 1.9 亩的土地，乙承包地的地质较好。甲乙协商调换土地，签订了土地互换合同，但没有办理土地经营权证变更登记手续，也没有报发包方备案。过了 2 年，甲提出换回与乙调换的土地，如果乙不同意换回，可以拒绝甲的要求。因为互换合同已经生效，乙对调换后的土地已经享有承包经营权，甲单方面要求换回是无理的，法院也不会支持甲的要求。

采取互换、转让方式流转，当事人要求登记的，应当向县级以上地方人民政府申请登记；未经登记，不得对抗善意第三人。

采取入股的方式流转，入股的主体只限于农户，是农户之间的自愿联合，即农户之间各自以其土地承包经营权入股，不管其他单位和个人以何种形式入股；土地承包经营权人入股的目的是发展农业生产，不能从事其他工商业经营活动；入股的方式是从事合作生产，主要组成合作社，而不是其他形式的企业组织。

（2）本集体经济组织成员的优先权。在流转土地承包经营权时，在同等条件下，本集体经济组织成员享有优先权。即如果承包方要将土地承包经营权流转，本集体经济组织成员和非本集体经济组织成员提出的条件相同，那么，应该流转给本集体经济组织成员。但是如果非本集体经济组织成员提出更高的条件，不存在优先权的问题。

就算在相同条件下，如果本集体经济组织的成员没有及时主张优先权，优先权也将丧失。主要有两种情形：在书面公示的合理期限内没有提出优先权主张的；没有经书面公示，在本集体经济组织以外的人开始使用承包地两个月内未提出优先权主张的。

（3）税费分担要明确。土地承包经营权转包、出租的，当事人双方签订的书面合同，要特别注明承包地上的税费应当如何分担。有的当事人之间没有签订书面流转协议或协议对税费分担约定不清，在缴纳税费时容易出现纠纷。例如，税费负担多数实行人田结合的分担方式，但是有的受让方只愿意承担按照承包地面积应负担的那一部分费用，不愿意承担按人均摊的费用；有的受让方是本集体经济组织以外的单位和个人，就经常以自己不是集体经济组织成员为由，拒绝分担费用。因此，在签订转包、出租合同时，最好以书面形式明确有关税费如何分担，避免产生矛盾和纠纷。

（4）流转价款。承包期内，承包方交回承包地或者发包方依法收回承包地时，承包方已经以转包、出租等形式将其土地承包经营权流转给第三人，且流转期限尚未届满，因流转价款的收取所产生纠纷的处理：①如果承包方已经一次性收取了流转价款，发包方可以请求承包方返还剩余流转期限的流转价款；②流转价款为分期支付，发包方可以请求第三人按照流转合同的约定支付流转价款。

签订流转合同时，双方约定承包方不收取流转价款甚至承包方向另一方支付费用的，承包方事后反悔，双方当事人经协商，如果能够达成一致，那么就按协商的结果继续履行流转合同。如果双方不能达成一致，但是合同约定的条件只是对另一方的利益有所倾斜，另一方并不能通过合同取得太多的额外利益，承包方的利益并没有受到太大的损害，那么承包方不能要求收回流转的土地承包经营权；如果双方不能达成一致，但是合同的继续履行会导致另一方获得超乎寻常的利益，而承包方的利益则受到异常的损害，承包方可以要求收回流转的土地承包经营权，或者要求法院对合同的有关条件进行相应的变更。然而，如果流转合同的期限已经届满，即流转合同已经履行完毕，承包方不得再向另一方要求支付流转价款甚至要求返还向另一方支付的费用。

各地一般都制定了转让费的最高限额，转让土地承包经营权不得超过规定的最高额。

（5）流转期限约定以及约定不明的处理。双方当事人应该在流转合同中约定流转期限。但是如果双方没有在转包、出租土地承包经营权合同中约定流转期限时，如果按照农村土地承包经营权流转合同有关条款或者交易习惯能够确定流转期限的，视为有期限流转合同；不能确定的，视为无期限流转合同。在这种情况下，承包方可以随时解除流转合同，但解除合同应当在合理期限之前通知对方当事人。

双方当事人可以约定承包地交回的时间，但是如果没有约定，承包方不能要求另一方在农作物收获期结束前或者下一耕种期开始后交回除林地以外的承包地。

在没有约定流转期限的情况下，承包方在依法将土地承包经营权流转给他人后，要求对方当事人交回土地承包经营权的，对方当事人可以要求承包方对其在流转土地上为了提高土地的生产能力而增加的投入予以补偿。补偿数额可以由双方协商，如果难以达成一致意见，可以申请由具有法定资质的中介机构对承包土地上投入的成本等进行评估，以评估确定的数额作为土地投入的补偿费。

（6）相关的补偿问题。土地承包经营权流转前，承包方为提高土地生产能力而对土地的投入，如增施农家肥等改良土壤、对盐碱地消盐消碱、修建防洪排涝设施、修建温室大棚等，在土地承包经营权流转时有权要求对方给予相应的补偿。

土地流转后的征收补偿：承包方已将土地承包经营权以转包、出租等方式流转给第三人的，如果土地被征收，除当事人另有约定外，青苗补偿费归实际投入人所有，地上附着物补偿费归附着物所有人所有。

（三）土地承包经营权流转合同的主要条款

（1）双方当事人的姓名、住所；（2）流转土地的名称、坐落、面积、质量等级；（3）流转的期限和起止日期；（4）流转土地的用途；（5）双方当事人的权利和义务；（6）流转价款及支付方式；（7）违约责任。

【依据】《农村土地承包法》第33、37、40、42、43条；《农村土地承包纠纷解释》第9、11~14、16~18、21、22条。

六、农村土地承包纠纷的解决途径

（一）协商

发包方和承包方就争议进行协商，达成共识，解决纠纷。

（二）调解

在双方就纠纷达不成协议时，可以请求村民委员会、乡（镇）人民政府等进行调解。

仲裁庭对农村土地承包经营纠纷应当进行调解。调解达成协议的，仲裁庭应当制作调解书；调解不成的，应当及时作出裁决。

人民法院在审理涉及《农村土地承包纠纷解释》第5条、第6条第1款第（2）项及第2款、第16条的纠纷案件时，应当着重进行调解。必要时可以委托人民调解组织进行调解。

（三）仲裁

仲裁委员会根据承包合同纠纷当事人的申请，在查明事实、分清责任的基础上，依法对纠纷作出裁决。

农村土地承包仲裁委员会，根据解决农村土地承包经营纠纷的实际需要设立。

农村土地承包仲裁委员会可以在县和不设区的市设立，也可以在设区的市或者其市辖区设立。

农村土地承包经营纠纷申请仲裁的时效期间为 2 年，自当事人知道或者应当知道其权利被侵害之日起计算。农村土地承包经营纠纷仲裁的申请人、被申请人为当事人。家庭承包的，可以由农户代表人参加仲裁。当事人一方人数众多的，可以推选代表人参加仲裁。与案件处理结果有利害关系的，可以申请作为第三人参加仲裁，或者由农村土地承包仲裁委员会通知其参加仲裁。

【依据】《农村土地承包经营纠纷调解仲裁法》第 3、12、18、19 条。

（四）诉讼

1. 种类

对于因承包合同、承包地征收补偿费用分配以及承包经营权流转、继承、侵权等引发的纠纷，属于民事纠纷，农民可以向人民法院提起民事诉讼，人民法院应当受理。

对因土地承包经营权取得问题产生的纠纷，农民应该向有关行政主管部门申请解决。

个别村民对于用于分配的土地补偿费数额有异议，不能通过起诉的方式解决。因为用于分配的土地补偿费数额的多少由村民会议讨论决定，个别村民对数额有意见应该在村民会议的过程中提出，一旦村民会议决议通过，就应该遵守，不能在事后再对此提起诉讼。

【依据】《农村土地承包纠纷解释》第 1 条。

2. 诉讼主体

农户成员有多人的，由其代表人进行诉讼。诉讼代表人有以下几种情况：

（1）土地承包经营权证等证书上记载的人；

（2）在承包合同上签字的人；

（3）农户成员推选的人。

上述情况（1）优先于（2），（2）优先于（3）。

农村土地承包诉讼的诉讼代表人，与一般的民事诉讼上的诉讼代表人产生的程序不同，并不是农户成员自行推选的诉讼代表人优先。

这里的诉讼代表人是农户成员的代表，与共同承包人的代表不同。共同承包人的诉讼代表是先由共同承包人推选；如果推选不出，就由人民法院提出代表人名单，要求共同承包人协商，协商不成的，由人民法院在共同承包人中指定代表人。诉讼代表人的诉讼行为对全体共同承包人发生效力，但代表人变更、放弃诉讼请求或者承认对方当事人的诉讼请求、进行和解，必须经所代表的当事人同意。

【依据】《农村土地承包纠纷解释》第 4 条。

3. 管辖法院。对于因承包合同引起的纠纷，承包方可以向承包合同履行地或者被告住所地人民法院提起诉讼。

【依据】《民事诉讼法》第 **24** 条。

七、合同范本

（一）农村土地承包合同

农村土地承包合同

发包方：_____村民委员会（以下简称甲方）

承包方：_____（以下简称乙方）

为了农业科学技术的推广，改变传统陈旧的农业耕作形式，甲方将集体所有的农用耕地承包给乙方，用于农业科技的开发应用。根据《中华人民共和国土地管理法》、《中华人民共和国合同法》及相关法律、法规和政策规定，甲乙双方本着平等、自愿、有偿的原则，签订本合同，共同信守。

一、土地的面积、位置

甲方经村民会议同意并报乡人民政府批准，将位于_____乡_____村面积_____亩（具体面积、位置以合同附图为准）农用耕地承包给乙方使用。土地方位东起 _____，西至 _____，北至 _____，南至 _____。附图已经甲乙双方签字确认。

二、土地用途及承包形式

1. 土地用途为农业科技园艺开发、推广、培训、服务及农业种植和养殖。

2. 承包形式：个人承包经营。

三、土地的承包经营期限

该地承包经营期限为_____年，自_____年____月____日至_____年____月____日止。

四、地上物的处置

该地上有一口深水井，在合同有效期内，由乙方无偿使用并加以维护；待合同期满或解除时，按使用的实际状况与所承包的土地一并归还甲方。

五、承包金及交付方式

1. 该土地的承包金为每亩每年人民币_____元，承包金每年共计人民币_____元。

2. 每年_____月____日前，乙方向甲方全额交纳本年度的承包金。

六、甲乙双方的权利和义务

（一）甲方的权利和义务

1. 对土地开发利用进行监督，保证土地按照合同约定的用途合理利用。

2. 按照合同约定收取承包金；在合同有效期内，甲方不得提高承包金。

3. 保障乙方自主经营，不侵犯乙方的合法权益。

4. 协助乙方进行农业高新技术的开发、宣传、褒奖、应用。

5. 按照合同约定，保证水、电畅通，并无偿提供通往承包地的道路。

6. 按本村村民用电价格收取乙方电费。

7. 为乙方提供自来水，并给予乙方以甲方村民的同等待遇。

8. 在合同履行期内，甲方不得重复发包该地块。

（二）乙方的权利和义务

1. 按照合同约定的用途和期限，有权依法利用和经营所承包的土地。

2. 享有承包土地上的收益权和按照合同约定兴建、购置财产的所有权。

3. 享受国家规定的优惠政策。

4. 享有对公共设施的使用权。

5. 乙方可在承包的土地上建设与约定用途有关的生产、生活设施。

6. 乙方不得用取得承包经营权的土地抵偿债务。

7. 保护自然资源，搞好水土保持，合理利用土地。

七、合同的转包

1. 在本合同有效期内，乙方经过甲方同意，遵照自愿、互利的原则，可以将承包的土地全部或部分转包给第三方。

2. 转包时要签订转包合同，不得擅自改变原来承包合同的内容。

3. 本合同转包后，甲方与乙方之间仍应按原承包合同的约定行使权利和承担义务；乙方与第三方按转包合同的约定行使权利和承担义务。

八、合同的变更和解除

1. 本合同一经签订，即具有法律约束力，任何单位和个人不得随意变更或者解除。经甲乙双方协商一致签订书面协议方可变更或解除本合同。

2. 在合同履行期间，任何一方法定代表人或人员的变更，都不得因此而变更或解除本合同。

3. 本合同履行中，如因不可抗力致使本合同难以履行时，本合同可以变更或解除，双方互不承担责任。

4. 本合同履行期间，如遇国家建设征用该土地，甲方应支付乙方在承包土地上各种建筑设施的费用，并根据乙方承包经营的年限和开发利用的实际情况给予相应的补偿。

5. 如甲方重复发包该地块或擅自断电、断水、断路，致使乙方无法经营时，乙方有权解除本合同，其违约责任由甲方承担。

6. 本合同期满，如继续承包，乙方享有优先权，双方应于本合同期满前半年签订未来承包合同。

九、违约责任

1. 在合同履行期间，任何一方违反本合同的约定，视为违约。违约方应按土地利用的实际总投资额和合同未到期的承包金额的20%支付对方违约金，并赔偿对方因违约而造成的实际损失。

2. 乙方应当按照本合同约定的期限足额支付租金。如乙方逾期30日未支付租金，则甲方有权解除本合同。

3. 本合同转包后，因甲方的原因致使转包合同不能履行，给转包后的承包方造成损失的，甲方应承担相应的责任。

十、合同纠纷的解决办法

本合同履行中如发生纠纷，由争议双方协商解决；协商不成，双方同意向_____仲裁委员会申请仲裁。

十一、本合同经甲乙双方签章后生效。

十二、本合同未尽事宜，可由双方约定后作为补充协议，补充协议（经公证后）与本合同具有同等法律效力。

十三、本合同一式_____份，甲乙双方各_____份。

附 土地平面图

发包方：（盖章）_____

承包方：（签字）_____

法定代表人：（签字）_____

签约日期：_____年____月____日

签约地点：_____

（资料来源：北大法律信息网，http://vip.chinalawinfo.com/newlaw2002/slc/slc.asp？db=con&gid=268441497。）

（二）农村土地承包经营权流转合同

农村土地承包经营权转包、出租、入股合同

转包（出租、入股）方（以下简称甲方）：_____

接包（承租、受让）方（以下简称乙方）：_____

甲乙双方根据《中华人民共和国农村土地承包法》等有关法律、法规和国家政策的规定，本着平等协商、自愿、有偿的原则，就土地承包经营权转包（出租、

入股）事宜协商一致，订立本合同。

一、转包（出租、入股）面积

甲方将其承包经营的＿＿＿＿＿＿乡（镇）＿＿＿＿＿＿村＿＿＿＿＿组＿＿＿＿＿亩土地（地名、面积、等级、四至、土地用途附后）转包（出租、入股）给乙方从事＿＿＿＿＿＿（主营项目）生产经营。

二、转包（出租、入股）期限

转包（出租、入股）期限为＿＿＿＿＿＿年，即自＿＿＿＿＿年＿＿＿月＿＿＿日起至＿＿＿＿＿年＿＿＿月＿＿＿日止。

三、转包（出租）价款（如为农村土地承包经营权入股合同，则为"股权红利"）

转包（出租、入股）土地的转包金（租金、股权红利）为每年＿＿＿＿＿＿元人民币（其中包括或不包括依法向国家和集体缴纳的农业税费等）。

四、支付方式和时间

乙方可以采取下列第＿＿＿＿＿＿种方式和时间支付转包金（租金、股权红利）。

1. 现金（一次或分次）支付转包金（租金、股权红利）的方式，支付时间为＿＿＿＿＿＿。

2. 实物（一次或分次）支付转包金（租金、股权红利）的方式，实物为：＿＿＿＿＿＿，支付时间为＿＿＿＿＿＿。

五、交付时间和方式

甲方应于＿＿＿＿＿年＿＿＿月＿＿＿日前将转包（出租、入股）土地＿＿＿＿＿＿或一次性全部交付乙方。

六、权利和义务的特别约定

1. 甲方与发包方的承包合同仍然有效。甲方作为承包方应履行的义务仍应由甲方承担。但如因乙方不向甲方履行转包（出租、入股）合同义务而造成甲方不能履约时，乙方应与甲方一起承担连带违约责任。

2. 甲方有权监督乙方经营土地的情况，并要求乙方按约履行合同义务。

3. 甲方有权在转包（出租、入股）期满后收回土地承包经营权。

4. 转包（出租、入股）期限内遇自然灾害，上级给予甲方核减或免除相关土地上的税费义务和核发的救灾款，甲方应及时如数转给乙方。如需甲方办理手续的，甲方应负责及时办理。双方另有约定的除外。

5. 乙方有权要求甲方按合同的约定交付转包（出租、入股）土地承包经营权并要求甲方全面履行合同义务。

6. 乙方获得土地承包经营权后，依法享有该土地的使用权、收益权、自主组织生产经营和产品处置权。

7. 乙方不得改变转包（租用、入股）土地的农业用途，不得用于非农建设。

8. 乙方依法保护和合理利用土地，增加投入以保持土地肥力，不得从事掠夺性经营，不得给土地造成永久性损害。

七、合同的变更或解除

在本合同有效期内，遇下列情况之一者，可以变更或解除合同：

1. 国家、集体建设需要依法征用、使用转包（出租、入股）土地的，应服从国家或集体需要。

2. 乙方在转包（出租、入股）期限内将转包（出租、入股）合同约定其享有的部分或全部权利转让给第三者，需经甲方和发包方同意，并签订书面补充协议。

3. 甲乙双方中任何一方要求变更或解除合同，须提前_____个月通知另一方，并征得另一方的同意。

4. 乙方在转包（出租、入股）期间，若遇不可抗拒的自然灾害造成土地被毁而无法复耕的可解除或变更合同。

八、违约责任

1. 任何一方当事人违约，应向守约方支付违约金。违约金的数额为_____。

2. 因一方违约造成对方遭受经济损失的，违约方应赔偿对方相应的经济损失。具体赔偿数额依具体损失情况由双方协商或由农村土地承包仲裁机构裁定或法院判决。

九、争议条款

因本合同的订立、生效、履行、变更或解除等发生争议时，甲乙双方应协商解决，协商不成的按下列第_____种方式解决：

1. 提请村民委员会、乡（镇）人民政府、农村土地承包管理机关调解；

2. 提请_____仲裁委员会仲裁；

3. 向有管辖权的人民法院提起诉讼。

十、生效条件

甲乙双方约定，本合同须经双方签字并经_____乡（镇）政府农村经营管理机构备案（或鉴证）后生效。

十一、其他条款

1. 本合同中未尽事宜，可经甲乙双方共同协商一致后签订补充协议。补充协议与本合同具有同等效力。

2. 本合同一式四份，甲、乙双方各执一份，发包方和鉴证、备案单位各执一份。

甲方代表人（签章）：_____   乙方代表人（签章）：_____

身份证号：_____   身份证号：_____

住址：_____   住址：_____

_____年___月___日   _____年___月___日

签订地点：_____   签订地点：_____

鉴证单位（签章）：_____

农村土地承包经营权转让合同

转让方（以下简称甲方）：_____

受让方（以下简称乙方）：_____

甲乙双方依据《中华人民共和国农村土地承包法》等有关法律、法规和国家有关政策的规定，本着平等、自愿、有偿的原则，就土地承包经营权转让事宜协商一致，订立本合同。

一、转让标的

甲方将其承包经营的_____乡（镇）_____村_____组_____亩土地（地块名称、等级、四至、土地用途附后）的承包经营权转让给乙方从事_____（主营项目）生产经营。

二、转让期限

转让的土地承包经营权年限为_____年，即自_____年____月____日起至_____年____月____日止。

三、转让价格

转让的土地承包经营权的转让金为_____元人民币。甲方承包经营相关地块时对该地块实际投入资金和人力改造的，可收取合理的补偿金。本合同的补偿金为_____元（没有补偿金时可填写为零元）。两项合计总金额为_____元人民币。

四、支付方式和时间

乙方采取下列第_____种方式和时间支付转让金和补偿金：

1. 现金方式（一次或分次）支付转让金和补偿金（无补偿金时可划去），支付的时间为_____。

2. 实物方式（一次或分次）支付转让金和补偿金（无补偿金时可划去），实物为_____（具体内容见附件）。时间为_____。

五、土地承包经营权的交付时间和方式

甲方应于_____年____月____日前将转让承包经营权的土地交付乙方。

交付方式为_____或实地一次性全部交付。

六、承包经营权转让和使用的特别约定

1. 转让土地承包经营权必须经发包方同意，并由甲方办理有关手续，在合同生效后甲方终止与发包方的承包关系。

2. 甲方交付的承包经营土地必须符合双方约定的标准。

3. 乙方必须与发包方确立新的承包关系，变更土地经营权证书，签订新的土地承包经营合同，方能获得土地承包经营权。

4. 乙方获得土地承包经营权后，依法享有该土地的使用、收益、自主组织生产经营和产品处置权。

5. 乙方必须按土地亩数承担农业税费和国家政策规定的其他义务。

6. 乙方必须依法保护和合理利用土地，不得掠夺性经营，不得给土地造成永久性损害，并负责保护好承包土地上的林木、排灌设施等国家和集体财产。

7. 乙方不得改变土地的农业用途，不得用于非农建设。

8. 其他约定：_____。

七、违约责任

1. 甲乙双方在合同生效后应本着诚信的原则严格履行合同义务。如一方当事人违约，应向守约一方支付违约金。违约金的数额为_____。

2. 如果违约金尚不足以弥补守约方经济损失时，违约方应在违约金之外增加支付赔偿金。赔偿金的数额依具体损失情况由甲乙双方协商或土地承包仲裁机构裁决，也可由人民法院判决。

八、争议条款

因本合同的订立、效力、履行、变更及解除等发生争议时，甲乙双方应协商解决，协商不成的按下列第_____种方式解决：

1. 提请村民委员会、乡（镇）人民政府、农村土地承包管理机关调解；

2. 提请_____仲裁委员会仲裁；

3. 向有管辖权的人民法院提起诉讼。

九、生效条件

甲乙双方约定，本合同须经双方签字、发包方同意并经_____乡（镇）政府农村经营管理机构备案（或鉴证）后生效。

十、其他条款

本合同未尽事宜，可经双方协商一致签订补充协议。补充协议与本合同具有同等效力。

本合同一式四份，由甲乙双方、发包方和鉴证、备案单位各执一份。

甲方代表人（签章）：_____　　　乙方代表人（签章）：_____

身份证号：_____　　　　　　　　身份证号：_____

住址：_____　　　　　　　　　　住址：_____

____年___月___日　　　　　　　　　____年___月___日

发包方（签章）：_____　　　　　鉴证单位（签章）：_____

法定代表人身份证号：_____

____年___月___日　　　　　　　　　____年___月___日

农村土地承包经营权互换合同

甲方（单位或个人名称）：_____

乙方（单位或个人名称）：_____

因_____需要，甲、乙双方协商，依据农村土地承包合同和《农村土地承包经营权证书》所取得的土地承包经营权的互换及相关事宜达成如下协议：

一、互换标的

1. 甲方调换给乙方的地块面积为_____亩，坐落于_____（地名、面积、等级、四至、土地用途附后）。

2. 乙方调换给甲方的地块面积为_____亩，坐落于_____（地名、面积、等级、四至、土地用途附后）。

二、互换土地期限

甲乙双方互换地块的经营期限为_____年，自_____年____月____日起至_____年____月____日止。

三、互换双方权利义务关系

土地承包经营权的互换不改变土地的用途及承包义务。土地互换后，互换双方均取得对方的互换地块的承包经营权，丧失自己原有的地块的承包经营权。甲乙双方仍然要按照发包时确定的该土地的用途使用土地、履行该地块原来负担的义务，双方享有互换前原承包合同规定的权利。如在互换过程中发生经济补偿事项的，可在本合同中明确约定。

土地互换后，甲乙双方应变更土地承包经营权证书登记，并与发包方签订新的土地承包经营合同。

四、交付方式和时间

互换土地的交付方式为_____或实地一次性全部交付。

交付的时间为_____年____月____日。

五、违约责任

1. 甲乙双方在合同生效后应本着诚信的原则严格履行合同义务。如一方当事人违约，应向守约一方支付违约金。违约金的数额为_____。

2. 如果违约金尚不足以弥补守约方经济损失时，违约方应在违约金之外增加支付赔偿金。赔偿金的数额依具体损失情况，由甲、乙双方协商，或由农村土地承包纠纷仲裁机构裁定，也可由人民法院判决。

六、争议条款

因本合同的订立、生效、履行、变更或解除等发生争议时，甲乙双方应协商解决，协商不成的按下列第_____种方式解决：

1. 提请村民委员会、乡（镇）人民政府、农村土地承包管理机关调解；

2. 提请_____仲裁委员会仲裁；

3. 向有管辖权的人民法院提起诉讼。

七、生效条款

甲乙双方约定，本合同须经双方签字并经_____乡（镇）政府农村经营管理机构备案（或鉴证）后生效。

八、其他条款

1. 本合同中未尽事宜，可经甲乙双方共同协商一致后签订补充协议。补充协议与本合同具有同等效力。

2. 本合同一式四份，甲、乙双方各执一份，发包方和鉴证、备案单位各执一份。

甲方（盖章）：_____　　　　乙方（签章）：_____

法定代表人（签字）：_____　　法定代表人（签字）：_____

住址：_____　　　　　　　　住址：_____

____年____月____日　　　　　　　____年____月____日

签订地点：_____　　　　　　签订地点：_____

鉴证单位（签章）：_____

____年____月____日

（资料来源：北大法意网，http：//www.lawyee.net/Contract/Contract_ Display.asp？RID = 8730，http：//www.lawyee.net/Contract/Contract_ Display.asp？RID = 8729，http：//www.lawyee.net/Contract/Contract_ Display.asp？RID = 8731，有改动。注：《农村土地承包经营权流转管理办法》规定，农村土地承包经营权流转合同文本格式由省级人民政府农业行政主管部门确定。）

第二节　土 地 征 收

目前，有关土地征收制度的规定，主要体现在《物权法》、《土地管理法》、《土地管理法实施条例》、《征用土地公告办法》、《国土资源部关于完善征地补偿安置制度的指导意见》（以下简称为《完善征地补偿意见》）、《农村土地承包纠纷解释》、《蓄滞洪区运用补偿暂行办法》、《大中型水利水电工程建设征地补偿和移民安置条例》（以下简称为《水利水电补偿安置条例》）等规范性文件和司法解释之中，内容主要包括征地程序、村民在征地前享有的权利、征地补偿费用的种类、计算及分配、蓄滞洪区运用的补偿以及征地纠纷的解决等。

一、批准征地的机关及权限

（一）机关

国务院以及省、自治区、直辖市人民政府。只有这两种机关才能够批准征地，市、县级人民政府不能批准征地，村委会更是没有批准征地的权力。

(二) 权限

国务院	基本农田；基本农田以外的耕地超过 35 公顷的；其他土地超过 70 公顷的
省、自治区、直辖市人民政府	国务院批准之外的其他土地

1. 省、自治区、直辖市人民政府批准征收的，应该报国务院备案。
2. 征收农用地的，应当依照规定先行办理农用地转用审批。
农用地转用审批的权限如下：

国务院	省、自治区、直辖市人民政府批准的道路、管线工程和大型基础设施建设项目、国务院批准的建设项目占用土地
省、自治区、直辖市人民政府	国务院批准之外的其他土地

其中，经国务院批准农用地转用的，同时办理征地审批手续，不再另行办理征地审批；经省、自治区、直辖市人民政府在征地批准权限内批准农用地转用的，同时办理征地审批手续，不再另行办理征地审批，超过征地批准权限的，应当另行办理征地审批。

无权批准征收、使用土地的单位或者个人非法批准占用土地的，超越批准权限非法批准占用土地的，批准无效。村民如果发现相关情况，可以向有关机关举报，要求收回非法批准的土地，并要求赔偿损失。

【依据】《土地管理法》第 44、45、78 条。

二、村民在征地前享有的权利

(一) 征地报批前的知情权和申请听证的权利

在征地报批前，得到当地国土资源部门以书面形式告知拟征地的用途、位置、补偿标准、安置途径等事项的权利，得到当地国土资源部门告知对拟征土地的补偿标准、安置途径可以申请听证的权利，以及可以对拟征土地的补偿标准、安置途径申请听证的权利。

(二) 征地批准后的知情权

在征地经批准之后，被征用土地所在地的市、县人民政府应当在收到征用土地方案批准文件之日起 10 个工作日内进行征用土地公告；有关市、县人民政府土地行政主管部门会同有关部门根据批准的征用土地方案，在征用土地公告之日起 45 日内以被征用土地的所有权人为单位拟订征地补偿、安置方案并予以公告。村民有权知悉征地的有关批准事项、征地补偿标准和安置途径、办理征地补偿登记的期限和地点以及征地补偿、安置方案。如果被征用土地所在地的市、县人民政府没有依法进行征用土地公告的，村民有权依法要求公告，有权拒绝办理征地补偿登记手续；如果被征用土地所在地的市、县人民政府土地行政主管部门没有依法进行征地补偿、安置方案公告的，村民有权依法要求公告，并有权拒绝办理征地补偿、安置手续。

（三）对补偿、安置方案提出异议和要求听证的权利

在公告征地补偿、安置方案之日起 10 个工作日内，村民有权向有关市、县人民政府土地行政主管部门提出对征地补偿、安置方案的不同意见或者要求有关市、县人民政府土地行政主管部门对征地补偿、安置方案举行听证。如果没有在该时间内提出不同意见或者要求举行听证，就意味着村民放弃了表达不同意见以及要求听证的权利。

1. 被征地农村集体经济组织或者其他权利人也可以要求依法公告或者拒绝办理征地补偿登记手续和征地补偿、安置手续。

2. 公告内容如下表：

征用土地公告	1. 征地批准机关、批准文号、批准时间和批准用途； 2. 被征用土地的所有权人、位置、地类和面积； 3. 征地补偿标准和农业人员安置途径； 4. 办理征地补偿登记的期限、地点。
征地补偿、安置方案公告	1. 本集体经济组织被征用土地的位置、地类、面积，地上附着物和青苗的种类、数量，需要安置的农业人口的数量； 2. 土地补偿费的标准、数额、支付对象和支付方式； 3. 安置补助费的标准、数额、支付对象和支付方式； 4. 地上附着物和青苗的补偿标准和支付方式； 5. 农业人员的具体安置途径； 6. 其他有关征地补偿、安置的具体措施。

3. 对征地行为本身不能要求听证，只能就征地补偿安置方案要求听证。听证不需要交纳任何费用。

【依据】《完善征地补偿意见》第 3 项；《征用土地公告办法》第 4~5、7~9、

14 条。

三、征地补偿登记

在征地公告之后，被征地农村集体经济组织、农村村民或者其他权利人应当在征用土地公告规定的期限内持土地权属证书到指定地点办理征地补偿登记手续。

如果被征地农村集体经济组织、农村村民或者其他权利人没有如期办理征地补偿登记手续，补偿内容以有关市、县土地行政主管部门的调查结果为准。

【依据】《征用土地公告办法》第 6 条。

四、对政府批准的征地补偿标准有争议的解决

如果村民或者村委会对政府批准的征地补偿标准有争议，可以找县级以上地方人民政府协调；协调不成，可以申请批准征用土地的人民政府裁决；如果对人民政府的裁决还不服，村民或者村委会可以依据裁决的记载事项申请行政复议或提起行政诉讼，但国务院作出的裁决除外。须注意以下两点：

1. 一般不通过信访解决征地补偿标准的争议。即使村民或者村委会通过信访向有关国土资源管理部门反映征地补偿标准争议，有关国土资源管理部门一般都会引导其申请裁决。对于已经受理并在办理中的裁决案件，村民或者村委会就同一事项提出信访请求的，有关国土资源管理部门将书面告知信访人不予受理。征地补偿标准争议的裁决只有通过裁决前置程序后才可以进入行政审查、司法审查程序；否则，行政机关和人民法院都不会受理。

2. 征地补偿、安置争议不影响征用土地方案的实施。

【依据】《土地管理法实施条例》第 25 条。

五、征地之后，可以请求的补偿费用种类

（一）补偿费种类

征收集体所有的土地，应当依法足额支付土地补偿费、安置补助费、地上附着物和青苗的补偿费等费用，安排被征地农民的社会保障费用，保障被征地农民的生活，维护被征地农民的合法权益。

1. 土地补偿费，是指因国家征收土地对土地所有者在土地上的投入和收益造成损失的补偿。土地补偿费归农村集体经济组织所有。

2. 安置补助费，是因国家建设征收农民集体土地后，为了解决以土地为主要生产资料并取得生活来源的农业人口因失去土地造成的生活困难，而给予的补助费用。安置补助费必须专款专用，不得挪作他用。需要安置的人员由农村集体经济组织安置的，安置补助费支付给农村集体经济组织，由农村集体经济组织管理和使

用；由其他单位安置的，安置补助费支付给安置单位；不需要统一安置的，安置补助费发放给被安置人员个人或者征得被安置人员同意后用于支付被安置人员的保险费用。

3. 地上附着物补偿费，是对被征收土地上的各种地上建筑物、构筑物，如房屋、道路、管线等的拆迁费和恢复费以及被征收土地上林木的补偿费或者砍伐费等。地上附着物补偿费归地上附着物的所有者所有。

4. 青苗补偿费，是指征收土地时，对被征收土地上生长的农作物，如水稻、小麦、玉米、红薯等造成损失所给予的一次性经济补偿费用。青苗补偿费归青苗的所有者所有。

5. 社会保障费，应参照各个地方的不同规定，比如武汉市政府出台的《市人力资源和社会保障局关于做好被征地农民社会保障和就业培训工作的意见》。

6. 其他补偿费，是指除土地补偿费、安置补助费、青苗补偿费、地上附着物补偿费以外的其他补偿费用，即因征收土地给被征收土地的单位或农民造成的其他方面损失而支付的费用，如水利设施恢复费、误工费、搬迁费、基础设施恢复费等。

补偿费种类	支付对象
土地补偿费	农村集体经济组织
安置补助费	需要安置的人员由农村集体经济组织安置的，支付给农村集体经济组织；由其他单位安置的，支付给安置单位；不需要统一安置的，发放给被安置人员个人或者征得被安置人员同意后用于支付被安置人员的保险费用。
青苗补偿费、地上附着物补偿费	青苗的所有者或者地上附着物的所有者，通常情况下与土地补偿费一起直接支付给村民所在的村集体经济组织，然后由村集体经济组织支付给村民。

(二) 支付事项

1. 征用土地的各项费用应当自征地补偿、安置方案批准之日起 3 个月内全额支付。

2. 青苗补偿费或者地上附着物补偿费通常与土地补偿费一起直接支付给村民所在的村集体经济组织，然后由村集体经济组织支付给村民。在承包关系中，如果发包方已经收到征地单位给付的地上附着物和青苗的补偿费，承包方可以要求发包方给付青苗补偿费和地上附着物补偿费。如果发包方没有收到相关费用，承包方则不可以要求给付。如果承包方已将土地承包经营权以转包、出租等方式流转给第三人的，除当事人另有约定外，青苗补偿费归实际投入人所有，地上附着物补偿费归附着物所有人所有。

【依据】《土地管理法》第 47 条；《土地管理法实施条例》第 25、26 条；《农村土地承包纠纷解释》第 22 条。

六、征地补偿费的计算

（一）土地补偿费

1. 征收耕地：土地补偿费＝被征收前三年平均年产值×倍数（6≤倍数≤10）

被征收前三年平均年产值由有关地方政府制定统一标准，而具体倍数由各省、自治区、直辖市人民政府根据当地情况予以确定。以湖北为例，湖北省将全省划分为六类地区，一、二、三、四、五、六类地区耕地被征收前三年平均年产值的最低标准分别为每亩 1800 元、1200 元、1000 元、900 元、800 元、700 元。而具体倍数方面，湖北省为 8~10 倍，而且对征地后人均耕地面积在 0.8 亩以上的农村集体经济组织，土地补偿费为 8~10 倍；征地后人均耕地面积在 0.8 亩以下的农村集体经济组织，土地补偿费必须为 10 倍。

2. 征收其他土地：由省、自治区、直辖市参照征收耕地的土地补偿费的标准规定。

（二）安置补助费

1. 征收耕地：安置补助费＝被征收前三年平均年产值×倍数（4≤倍数≤6）×需要安置的农业人口数（需要安置的人口数＝被征收的耕地数量÷征地前人均占有的耕地数量）

每公顷被征收耕地的安置补助费，最高不得超过被征收前三年平均年产值的 15 倍。

湖北省一类至六类地区每一名需要安置的被征地农业人口的安置补助费最低标准分别为 18000 元、10000 元、8500 元、7600 元、6800 元、6000 元。

2. 征收其他土地：由省、自治区、直辖市参照征收耕地的安置补助费的标准规定。

（三）青苗补偿费和地上附着物补偿费

这两种费用的计算，由省、自治区、直辖市规定。青苗补偿费的标准一般农作物最高按一季产值计算，如果是播种不久或投入较少，也可以按一季产值的一定比例计算。地上附着物补偿费，一般是拆什么补偿什么，拆多少补偿多少，并且以不低于原有水平为原则。

（四）大中型水利水电工程建设征地的土地补偿费和安置补助费

1. 大型水利水电工程建设征用的土地

（1）土地补偿费。征收耕地：土地补偿费＝被征收前三年平均年产值×倍数（3≤倍数≤4）

大型防洪灌溉及排水工程建设征用的土地，其土地补偿费标准可以低于上述土地补偿费标准，具体标准由水利部会同有关部门制定。

征收其他土地：由省、自治区、直辖市参照征收耕地的土地补偿费的标准规定。

（2）安置补助费。征收耕地：安置补助费＝被征收前三年平均年产值×倍数（2≤倍数≤3）×需要安置的农业人口数（需要安置的人口数＝被征收的耕地数量÷征地前人均占有的耕地数量）

征收其他土地：由省、自治区、直辖市参照征收耕地的安置补助费的标准规定

（3）依照上述标准支付土地补偿费和安置补助费，安置移民仍有困难的，可以要求酌情提高安置补助费；但是，土地补偿费和安置补助费的总和不得超过土地被征用前三年平均年产值的下列倍数：库区（含坝区）人均占有耕地1亩以上的，不得超过8倍；库区（含坝区）人均占有耕地0.5亩至1亩的，不得超过12倍；库区（含坝区）人均占有耕地0.5亩以下的，不得超过20倍。

2. 中型水利水电工程建设征用的土地

由省、自治区、直辖市人民政府参照《土地管理法》和大型水利水电工程建设的土地补偿费和安置补助费的标准另行规定。

（五）抢栽、抢种、抢建不能得到补偿

国土资源部门在将拟征地的用途、位置、补偿标准、安置途径等，以书面形式告知被征地农村集体经济组织和农户后，被征地农村集体经济组织和农户在拟征土地上抢栽、抢种、抢建的地上附着物和青苗一律不予补偿。

例如，承包人甲从1998年起承包村土地6亩，承包期为20年。2005年，国家征收甲承包的部分土地。国土资源部门在征地并定点划线后，甲在承包地上栽上了梨树。后来征用单位向村委会支付了土地补偿款，未向甲支付梨树的补偿费。

【依据】《土地管理法》第47条；《水利水电补偿安置条例》第5~7条；《完善征地补偿意见》第9条；《湖北省人民政府关于进一步加强征地管理　切实保护被征地农民合法权益的通知》第1项。

七、土地补偿费的分配

(一) 土地补偿费归集体经济组织所有

由代表集体经济组织的村委会或村经济合作社管理的土地补偿费，村民可以要求村委会或村经济合作社公布土地补偿费的收支状况；如果不公布，村民可以向有关政府部门反映，由政府有关部门进行督促。

(二) 土地补偿费分配的步骤

分配土地补偿费，必须按照法定程序召开村民会议，有本村 18 周岁以上村民的过半数参加，或者有本村 2/3 以上的村户的代表参加，并应当由村民会议过半数通过分配方案，然后按照分配方案进行分配。村民会议或村民代表会议通过的土地补偿费分配方案不得侵害个别村民应得的合法利益，如不得剥夺出嫁女、外出务工农民、入赘女婿等合法的土地补偿费分配权。如果侵害了个别村民的合法利益，村民可以申请乡镇人民政府依法调解；也可以依法向农村土地承包仲裁机构申请仲裁，或者向人民法院起诉。如果集体经济组织违反法定程序制定土地补偿费分配方案，村民可以向法院起诉，要求确定分配方案违法，并拒绝执行分配方案。

(三) 支付土地补偿费的前提条件

村民不是在任何时候都可以请求支付土地补偿费，要求集体经济组织支付土地补偿费有一定的前提条件：

1. 本集体经济组织已经收到征地单位支付的土地补偿费；

2. 本集体经济组织依照法律规定的民主议定程序讨论决定并通过了分配土地补偿费的方案。

只要有一个条件不具备，村民都不可以要求集体经济组织支付土地补偿费。

(四) 是否能分配到土地补偿费的关键

是否能分得土地补偿款关键要看是否为集体经济组织的成员，只要是集体经济组织的成员，就应该按照分配方案分得土地补偿款。是不是集体经济组织的成员，一般是看户籍所在以及其他的一些事项，如是否在该集体经济组织承包了土地、是否享有该集体经济组织的其他一些权利等。以下是几类特殊主体的征地补偿款分配。

1. 村民收养的子女。村民收养的子女只要依据《收养法》的规定在民政局办理了相关手续，并且已经在当地农村集体经济组织落户，就说明其已经是该集体经济组织的成员，应该与其他村民一样享有等额分配土地补偿款的权利。

2. 进城务工人员。一般情况下，应该分得土地补偿款。但是，如果进城务工人员考上公务员，不再是农业户口，或者被正式招工录用、成为非公制经济组织的法人代表，并具有稳定可观的经济收入及住宅条件的，可以不分给土地补偿款。

3. 在校大中专学生。在校大中专学生在学习期间，仍然看做原集体经济组织的成员，应该分得土地补偿款。

4. 出嫁女。嫁给具有城镇户口的丈夫，如果没有到男方落户，那么仍然是原集体经济组织的成员，享有参与分配土地补偿款的权利。

嫁到别的集体经济组织，户口仍在原集体经济组织，如果在嫁入的集体经济组织已经承包了土地，或者从其他各方面已经享有了嫁入集体经济组织收益的分配，不能参与原集体经济组织土地补偿款的分配。

嫁到别的集体经济组织，户口仍在原集体经济组织，如果在嫁入的集体经济组织没有承包土地，也不享有嫁入集体经济组织其他各方面收益的分配，则仍然认为她是原集体经济组织的成员，参与原集体经济组织土地补偿款的分配。

5. 入赘的女婿。如果男方到女方的住所落户，而且不再享有原集体经济组织的权利，应该参与落户的集体经济组织的土地补偿款的分配。

如果男方是城镇居民户口，结婚之后未落户集体经济组织，不能参与集体经济组织土地补偿款的分配；如果男方虽然落户集体经济组织，但是仍然享有原集体经济组织的权利，也不能参与集体经济组织土地补偿款的分配。

6. 新生人口。只要土地补偿款产生于其出生之后，新生人口就享有土地补偿款的分配权。

新生人口没有办好户口手续或虽然已经办好户口手续但没有分得责任田，不影响他们取得土地补偿款。

7. 义务兵。在部队服役的农业户口义务兵，依然是集体经济组织的成员，享有与村民同等的待遇，应当分得土地补偿款。

如果在部队已经提干或者已经转为志愿兵的，不能再享有与村民同等的待遇，不能分得土地补偿款。

8. 农村复转军人。复原回乡的农村复转军人，享有参与分配土地补偿款的权利。

如果转业后，国家安排在党政机关或事业单位工作，生活稳定的，不享有分配土地补偿款的权利。

如果转业后，被安排在经营状况极差的企业单位，面临下岗、生活难以维持的，可以要求酌情分配。

9. 服刑人员。在服刑期间仍然是集体经济组织的成员，应该享有与其他村民同等的待遇，应当分配土地补偿款。

10. 超生子女。如果超生子女已经接受了处罚并已经执行到位，而且进行了户口登记的，有权参与土地补偿款的分配。

如果超生子女的处罚没有到位，户口没有登记，不享有参与土地补偿款分配的权利。

11. 大中专毕业生。毕业大中专学生没有分配工作，国家将户口迁回原籍，有权参与土地补偿款的分配。

12. 迁出户。在原居住地保留承包地，而在新户籍所在地没有取得承包地的迁出户，可以要求参加原居住集体经济组织的土地补偿费的分配。

13. 没有承包土地的集体经济组织成员。没有承包土地的集体经济组织成员，应该享有平等分配土地补偿费的权利。

14. 自愿交回承包地的承包方。自愿交回承包地的承包方仍然是该集体经济组织的成员，享有土地补偿费的分配权。

（五）承包地被国家征收后，其承包人在分配土地补偿费上与其他村民享有同样的待遇

由于安置补助费是为了安置失地农民而支付的，一般由征地单位支付给安置单位，由安置单位对需要安置的人员进行统一安置。如果家庭承包方放弃统一安置，其可以获得安置费用；而其他不需要安置的村民，无权获得该项费用。

【依据】《土地管理法》第 49 条；《村民委员会组织法》第 19、20 条；《农村土地承包纠纷解释》第 23、24 条。

八、夫妻一方的征地补偿费

夫妻一方耕种的土地被征收而取得的征地补偿费，与职工买断工龄款及因道路交通事故遭受人身损害获得的补偿款性质相同，具有人身依附性质，在离婚的时候一般不作为夫妻共同财产进行分割。

九、蓄滞洪区运用补偿

（一）蓄滞洪区的范围

湖北省蓄滞洪区包括荆江分洪区、宛市扩建区、虎西备蓄区、人民大垸、洪湖分洪区、杜家台、西凉湖、东西湖、武湖、张渡湖、白潭湖、华阳河。

（二）补偿对象和范围

1. 补偿对象：在蓄滞洪区内具有常住户口的居民。

2. 补偿范围：

给予补偿	（1）农作物、专业养殖和经济林水毁损失； （2）住房水毁损失； （3）无法转移的家庭农业生产机械和役畜以及家庭主要耐用消费品水毁损失。
不予补偿	（1）根据国家有关规定，应当退田而拒不退田，应当迁出而拒不迁出，或者退田、迁出后擅自返耕、返迁造成的水毁损失； （2）违反蓄滞洪区安全建设规划或者方案建造的住房水毁损失； （3）按照转移命令能转移而未转移的家庭农业生产机械和役畜以及家庭主要耐用消费品水毁损失。

3. 补偿标准：

（1）农作物：蓄滞洪前三年平均年产值×比例（50%～70%）

专业养殖：蓄滞洪前三年平均年产值×比例（40%～50%）

经济林：蓄滞洪前三年平均年产值×比例（40%～50%）

具体比例由蓄滞洪区所在地的省级人民政府根据蓄滞洪区的实际水毁情况确定。

（2）住房：水毁损失×70%

（3）家庭农业生产机械和役畜以及家庭主要耐用消费品：水毁损失×50%

但是，家庭农业生产机械和役畜以及家庭主要耐用消费品登记总价值≤2000元，补偿水毁损失的100%；4000元>水毁损失>2000元的，补偿2000元。

4. 补偿程序：

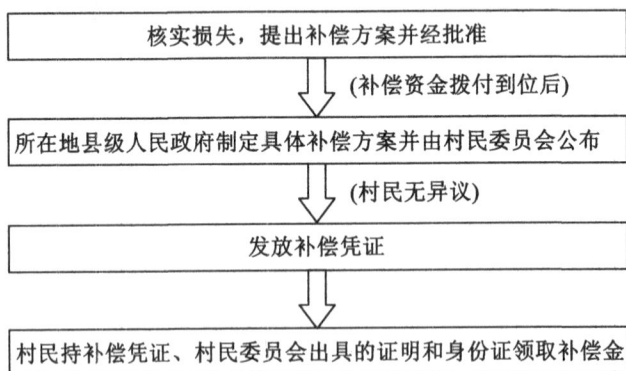

【依据】《蓄滞洪区运用补偿暂行办法》第10～12条、第17～20条。

第三节　宅　基　地

目前，没有一个统一的全国性法律对宅基地作出系统的规定，但是，有的法律法规对宅基地的某些问题作了原则性规定，如《物权法》和《土地管理法》等；而且很多省、市也通过政策法规的形式对有关宅基地的法律问题作出了较为详细的规定，如《湖北省人民政府办公厅关于加强农村宅基地管理工作的通知》（以下简称《湖北省宅基地通知》）、《河北省农村宅基地管理办法》等，内容主要包括宅基地的申请和变更、宅基地使用权人的权利和义务、宅基地纠纷等。

在处理宅基地法律问题时，应当具备以下理念：（1）宅基地是集体土地的一部分，仍然是集体所有；（2）村民对宅基地只拥有使用权，无所有权；（3）一户一宅，地随房走。

一、宅基地的申请

（一）申请的条件

1. 根据各地关于宅基地的政策法规，一般而言，符合下列条件之一的农民可以申请使用宅基地：（1）居住状况比较拥挤，宅基地面积少于规定的限制标准的；（2）因婚姻等原因，确需建新房分户的；（3）因发生或者防御自然灾害、实施村庄和集镇规划以及进行乡（镇）村公共设施和公益事业建设，需要搬迁的；（4）经县级以上人民政府批准回原籍落户，农村已经没有住房的，包括批准回乡定居的职工、离退休干部、复员退伍军人、回乡定居的华侨、港澳台同胞等非农业人口；（5）外来人口落户，成为本集体经济组织成员，没有宅基地的。

如《湖北省省人民政府办公厅关于加强农村宅基地管理工作的通知》第 2 项规定："农村村民符合下列情况之一的，可以在本集体经济组织内申请使用宅基地：农村村民无宅基地的；外来人口落户，成为本集体经济组织成员且承担村民义务，需要建住宅而无宅基地的；因发生或防御自然灾害、实施村镇规划以及进行乡村公共设施和公益事业建设，必须调整搬迁的；县（市）人民政府规定可以申请建住宅的其他情形。"《河北省农村宅基地管理办法》第 9 条和《海口市农村宅基地管理办法》第 20 条等也作了相应规定。

2. 从外村迁入的村民要申请迁入地的宅基地，必须将原有宅基地退还，并办理土地使用证注销登记。

3. 本集体经济组织的成员只要符合申请的条件，都可以申请宅基地，不得以法律法规规定之外的其他理由拒绝分配宅基地，如外嫁女等。

（二）不予批准的情况

根据各地关于宅基地的政策法规，一般而言，下列情况下，不予批准宅基地：（1）年龄未满18周岁的；（2）原有宅基地的面积已经达到规定标准或者能够解决分户需要的；（3）将原有宅基地及地上建筑物出卖、出租、赠与或者改为经营场所等非生活居住用途后，再次申请宅基地的；（4）非本集体经济组织成员；（5）不符合土地利用总体规划、土地利用年度计划或村庄和集镇规划的；（6）未确权的土地；（7）土地权属有争议的；（8）申请人提供虚假情况的；（9）宅基地面积虽低于规定标准，但住房长期空置的；（10）户口已迁出不在当地居住的。

如《湖北省省人民政府办公厅关于加强农村宅基地管理工作的通知》第2项规定："农村村民有下列情形之一的，不得申请使用宅基地：年龄未满18周岁的；违反计划生育规定，未按计划生育政策依法处理的；原有宅基地面积已经达到规定面积标准或能够解决分户需要的；出租、出卖或以其他形式非法转让宅基地及其地上建筑物，或将住宅改作他用的；县（市）人民政府规定的其他不符合申请建住宅条件的。"《河北省农村宅基地管理办法》第9条、《海口市农村宅基地管理办法》第20条等也作了相应规定。

非本集体经济组织的村民和城镇居民不能申请该集体经济组织的宅基地。如《湖北省人民政府办公厅关于加强农村宅基地管理工作的通知》第2项和《呼和浩特市市辖区农村宅基地规划和用地管理办法（试行）》第20条的规定。

（三）申请审批流程图

需要注意的事项如下：

1. 在没有完成这些程序之前，不能取得宅基地的使用权，土地的使用权属于集体。

2. 宅基地是农村村民赖以生活和生产的最重要的物质条件之一，村民宅基地的分配具有福利性质。一般而言，取得村民宅基地使用权要通过申请以及审批的程序。有的村通过拍卖的方式来分配宅基地，通过买卖宅基地使用权牟利，是违法的行为。

3. 根据《土地管理法》的规定，农村村民一户只能拥有一处宅基地，其宅基地的面积不得超过省、自治区、直辖市规定的标准。

因而，村民之间不能买卖多余的宅基地。如甲已有宅基地，后村民小组又统一分了两份宅基地，甲就与乙签订宅基地使用权转让合同，甲将这两份宅基地的使用权转让给乙。实际上，由于甲已经有宅基地，就不能获得后两份宅基地，甲乙之间的宅基地使用权转让合同是无效合同。

4. 村民对宅基地只拥有使用权而没有所有权。

各乡(镇)办事处根据上级当年下达的宅基地用地计划,分解各行政村当年宅基地指标

↓ 申请人

1. 个人宅基地申请书必须用钢笔书写
2. 本人家庭人口状况
3. 原宅基地使用情况
4. 申请新划宅基地理由
5. 申请本着谁用地谁申请的原则

↓ 申请人所在村民组

1. 村民组接到个人用地申请后,必须召开村民组会议或村民代表会议讨论。要有详细的会议记录,并存档备查。
2. 讨论通过的,由村民组在申请资料上签署明确意见并加盖公章。
3. 张榜公示(公示时间为5日)。
4. 公示期满无异议的,将申请资料上报本村村民委员会。

↓ 申请人所在村民委员会

1. 村委会接到申报资料后,组织召开村民会议或村民代表大会讨论,要有详细的会议记录,并存档备查。
2. 讨论通过的,由村委会在申请资料上签署明确意见并加盖公章。
3. 张榜公布(时间为15日)。
4. 村民委员会新划宅基地需要占用耕地的必须依法办理农用地转用手续和耕地占补平衡。
5. 公布期满无异议的,将申请资料上报本乡(镇)人民政府、街道办事处。

↓ 乡(镇)人民政府、街道办事处

1. 乡(镇)人民政府、街道办事处接到申请资料后,对申请人新划宅基地是否符合宅基地审批条件进行审核确认。
①是否符合乡(镇)土地利用总体规划和村镇建设规划;
②审核原宅基地使用情况,是否一户一宅;
③申请人家庭户口状况是否真实,是否属于常住户口或农业户口;
④对一户有一个子女以上的,由乡(镇)办事处计生办出具有无违反计划生育政策的证明;
⑤对村、组出具的有关证明材料,查证是否真实有效。
2. 会同村、组有关人员进行现场勘察,拟定申请人新划宅基地具体用地位置,并绘制用地示意图。
3. 经审核合格后在申请人所在地张榜公布(公布时效为15日)。
4. 公布期满无异议的,按规定填写农村宅基地审批表,签署明确意见加盖公章并在宅基地审批责任书上签字盖章。
5. 资料审核无误后上报行政审批窗口。

↓ 国土局

1. 国土局接到报批资料后,有关科室进行初审,查看现场。
2. 初审符合条件的,将申报资料提交本局,组织会审。
3. 会审通过后,经办人签署审批意见上报有关领导批准,由国土局负责加盖公章。
4. 签发宅基地临时用地许可证。
5. 将审批资料转交本局地籍科颁发集体土地使用证。
6. 经审核合格的将申报审批资料按规定通过行政审批窗口返还有关乡(镇)、办事处登记存档。不符合审批条件的要在申请人的审批表上签署意见,将审批资料返回原乡(镇)、办事处,并由乡(镇)、办事处告知申请人不予审批的事项和理由。

5. 未经批准或者采取欺骗手段骗取批准、非法占用土地的，由县级以上人民政府土地行政主管部门责令退还非法占用的土地。对违反土地利用总体规划擅自将农用地改为建设用地的，限期拆除在非法占用的土地上新建的建筑物和其他设施，恢复土地原状；对符合土地利用总体规划的，没收在非法占用的土地上新建的建筑物和其他设施，可以并处罚款。对非法占用土地单位的直接负责的主管人员和其他直接责任人员，依法给予行政处分；构成犯罪的，依法追究刑事责任。超过批准的数量占用土地，多占的土地以非法占用土地论处。

农村村民未经批准或者采取欺骗手段骗取批准、非法占用土地建住宅的，由县级以上人民政府土地行政主管部门责令退还非法占用的土地，限期拆除在非法占用的土地上新建的房屋。超过省、自治区、直辖市规定的标准，多占的土地以非法占用土地论处。

无权批准征收、使用土地的单位或者个人非法批准占用土地的，超越批准权限非法批准占用土地的，不按照土地利用总体规划确定的用途批准用地的，或者违反法律规定的程序批准占用、征收土地的，其批准文件无效，对非法批准征收、使用土地的直接负责的主管人员和其他直接责任人员，依法给予行政处分；构成犯罪的，依法追究刑事责任。非法批准、使用的土地应当收回，有关当事人拒不归还的，以非法占用土地论处。非法批准征用、使用土地，对当事人造成损失的，依法应当承担赔偿责任。

6. 宅基地上有自己的房屋，房屋所有人不必然具有对该宅基地的使用权。根据房地一体的原则，一般情况下房屋所有人应当同时取得宅基地的使用权。但是如果该宅基地的使用权已经通过合法的程序归属于第三人，则房屋所有人不得取得该宅基地的使用权。但他仍可以享有该土地上房屋的所有权，可以占有、使用该房屋，但不能进行重建。

【依据】《土地管理法》第62、76~78条。

二、宅基地使用权人的权利和义务

（一）宅基地使用权人的权利

宅基地使用权人依法对集体所有的土地享有占有和使用的权利，有权依法利用该土地建造住宅及其附属设施。

1. 建造房屋、添加附属设施的权利。宅基地使用权人有权在依法取得的宅基地上建造房屋及添加附属设施，比如厕所、猪舍、工棚等。同时，宅基地使用权人还有权在使用权范围内的宅基地上种植树木、花草等。

2. 相邻权。包括截水、排水、通行、采光等方面的权利。当自己的相邻权受到侵害时，有权要求相邻关系的另一方停止侵害、排除妨碍并赔偿损失。而且，相邻权随着宅基地使用权的发生而发生，并随着宅基地使用权的消灭而消灭。

3. 无偿且永久使用权。农村宅基地使用权人在取得宅基地使用权后不需交纳任何宅基地使用费即可永久使用。

4. 有限制的处分权。宅基地使用权人仅仅享有宅基地的使用权，不享有所有权，宅基地的所有权归集体经济组织。因此宅基地使用权人不能随意处分其使用权。宅基地使用权不能单独转让，但是建筑物以出售、赠与、继承、遗赠等方式变更的，宅基地使用权可以变更。

5. 其他物权请求权。如在权利不明时可以向法院提出确认宅基地使用权的诉讼；被侵夺时可要求返还宅基地使用权；受到损害时提起宅基地使用权排除妨害的诉讼；可以提出消除危险的诉讼等，并且可以要求适当的赔偿；当国家或集体对宅基地进行征收时，宅基地使用权人有权向集体经济组织申请重新获得新的宅基地使用权，并可以要求给予合理补偿。

6. 宅基地使用权的范围。宅基地使用权是指自然人在依法取得的国家或集体的宅基地上所享有的建造房屋、居住使用的权利。宅基地包括建筑物的基地以及附属于建筑物的空白基地，一般是指自然辅助用房、庭院和历年来不用于耕种的生活用地以及生活用房中的生产场地。宅基地所涉及的土地范围不仅是地面，还包括地上、地下。宅基地使用权的权利范围涉及地下、地面以及地上，比如：农村居民在其宅基地范围内挖水井、建地下室等权利的行使依赖于地下；而在屋顶上设置太阳能装置、乘凉装置等权利的行使则依赖于地上。但是目前农村宅基地的利用主要集中于地面。

如甲与乙的宅院南北相邻，乙建房时将新建房屋的地基 20 厘米建到甲的宅基上，乙的行为虽然没有干涉甲宅基地地表的正常使用，但是影响了其宅基地的地下使用权，所以甲可以请求乙拆除建在自己宅基地上的 20 厘米地基。

【依据】《物权法》第 152 条；《民法通则》第 83 条。

（二）宅基地使用权人的义务

1. 按照规定的用途使用。宅基地使用权人必须按照规定的用途使用宅基地，不得随意变更宅基地的用途。宅基地是用来建造房屋以供居住的，不得以其他的方式使用宅基地。宅基地使用权人在对宅基地使用时必须对宅基地进行合理使用，注意管理和修补，不得损害所有权人的利益。同时，法律明确规定宅基地使用权人不得出租、买卖、抵押或以其他形式非法转让宅基地。

2. 一户一宅，不得随意扩大使用面积。农村村民一户只能拥有一处宅基地，面积不得超过省（区、市）规定的标准，各地应结合本地实际，制定统一的农村宅基地面积标准。宅基地使用权人只能在批准的宅基地面积范围内行使使用权，不得以任何方式直接或变相扩大既有的宅基地使用面积。

3. 不得损害公共利益和他人的合法权利，如相邻权。宅基地使用权人在行使权利时有义务维护公共利益和他人的合法权利，其行为不得损害公共利益和他人的合法权益，造成损害的应承担赔偿责任。

4. 服从乡镇的统一规划和国家的政策安排。在宅基地上建住宅，应当符合乡（镇）土地利用总体规划，并尽量使用原有的宅基地和村内空闲地。集体经济组织为了村镇的规划或者其他事关国家和集体利益的原因等要收回宅基地的，宅基地使用权人有义务服从集体的安排，配合集体的工作，不得以任何理由拒绝搬迁。国家因公共利益需要征收农村宅基地的，使用权人也应当及时搬迁。

5. 及时办理登记。为方便农村宅基地使用权的管理，健全宅基地管理制度，宅基地使用权人有义务在宅基地使用权取得、转让或消灭的情况下及时办理登记。

【依据】《民法通则》第 83 条；《土地管理法》第 62 条；《物权法》第 155 条。

三、宅基地的变更

宅基地使用权的取得、行使和转让，适用土地管理法等法律和国家有关规定。

【依据】《物权法》第 153 条。

（一）买卖

1. 城镇居民能否在农村购置宅基地

（1）2004 年 10 月 21 日国务院发布的《关于深化改革严格土地管理的决定》明确规定："改革和完善宅基地审批制度，加强农村宅基地管理，禁止城镇居民在农村购置宅基地。"同年 11 月 2 日国土资源部发布的《关于加强农村宅基地管理的意见》规定："严禁城镇居民在农村购置宅基地，严禁为城镇居民在农村购买和违法建造的住宅发放土地使用证。"据此，城镇居民不能在农村购买宅基地。

（2）城镇居民也不能购买建在宅基地上的房屋，因为在宅基地上建房并转让实质上就是宅基地使用权的转让。集体土地住房直接进入城市房地产市场是被禁止的，非本地居民或城市居民购买农宅或宅基地不受法律保护。农民的住宅不得向城市居民出售，也不得批准城市居民占用农民集体土地建住宅，有关部门不得为违法建造和购买的住宅发放土地使用证和房产证。

（3）"小产权房"。近年来，在一些房价较高城市的郊区出现了"小产权房"热销的现象。所谓"小产权房"，通常地处城郊，一般是由开发商和村委会自行组织建设、在村里的宅基地上开发住宅，而后自行销售，并向购房者发放由乡镇政府制作的所谓"房产证"。由于不用交纳土地出让金与其他税费，成本大大减少，售价要比城区的房价低很多。根据"地随房走"的原则，出售"小产权房"实际上就是出售集体土地的使用权、出售宅基地的使用权，而农民集体所有土地的使用权不得出让、转让或者出租用于非农业建设，村民对宅基地的使用权也不应转让用于建房，或者将建在宅基地上的房屋出售牟利。所谓的"小产权房"是不能向非本集体经济组织的村民或者城市居民出售的，非本集体经济组织的村民或者城市居民也不应购买"小产权房"。

2. 将宅基地上的住房出售给本集体经济组织的成员

宅基地属于集体所有，禁止买卖。但是，宅基地上的房屋可以在同一集体经济组织的成员之间流通。如果受让人是本集体经济组织的成员而且无宅基地，根据"地随房走"的原则，该受让人购买房屋之后，不仅取得房屋的所有权，同时取得宅基地的使用权。如果受让人是本集体经济组织的成员但是已经有宅基地，根据"一户只能有一处宅基地"的原则，该受让人只能取得房屋的所有权，可以占有、使用房屋，但是不能重建，不能取得该宅基地的使用权。

村民一旦将宅基地上的住房出售给他人，就不能再申请其他的宅基地。

【依据】《土地管理法》第 62 条。

（二）互换

宅基地的互换是允许的，但是《土地管理法》第 12 条规定："依法改变土地权属和用途的，应当办理土地变更登记手续。"《土地管理法实施条例》第 6 条规定："依法改变土地所有权、使用权的，因依法转让地上建筑物、构筑物等附着物导致土地使用权转移的，必须向土地所在地的县级以上人民政府土地行政主管部门提出土地变更登记申请，由原土地登记机关依法进行土地所有权、使用权变更登记。土地所有权、使用权的变更，自变更登记之日起生效。"所以，宅基地的互换必须办理变更登记手续之后才能生效。在双方都已经取得宅基地使用权的情况下，经协商一致达成的互换宅基地位置协议是成立的，但是该协议只有在双方正式办理宅基地使用权变更手续之后，才能生效。

（三）出租

出租往往是将建在宅基地上的房屋出租。农村宅基地使用权人享有房屋所有权，当然可以对其自由处理。由于农村宅基地使用权的从属性，将房屋出租的，宅基地使用权同时发生转移，承租人在获得房屋使用权的同时取得了农村宅基地使用权。很多村民往往通过长期租赁的方式变相转让宅基地的使用权，但是，这种做法对受让方有风险。首先，按照《合同法》的规定，租赁合同最长有效期间是 20年，超过部分不受法律保护；其次，如果在租赁期间房屋被征地拆迁的，受让人无权享受补偿；再次，如果没有租赁登记，因其他债务导致房屋被查封的，受让人的债权不能得到法律的优先保护。

农村村民出租住房后，不能再申请宅基地。

（四）继承、赠与和遗赠

宅基地不能被继承、赠与和遗赠，但是宅基地上的房屋可以被继承、赠与和遗赠。

根据继承人、受赠人是否为本集体经济组织的成员，可以分为本集体经济组织成员的继承、赠与和遗赠和非本集体经济组织成员的继承、赠与和遗赠。

1. 本集体经济组织成员的继承、赠与和遗赠

（1）如果本集体经济组织成员没有宅基地，根据"地随房走"的原则，当继承人、受赠人为本集体经济组织成员且无宅基地时，继承人、受赠人取得房屋的所有权，同时依法取得宅基地使用权，并登记。

（2）如果本集体经济组织成员有宅基地，继承、赠与和遗赠会形成一户多宅的现象。如甲、乙都是农村集体经济组织的村民，甲是乙的儿子，甲结婚之后与乙分户，申请到另一处宅基地并建房。乙死后，甲不能继承乙的宅基地，但是可以继承乙的房屋。甲继承乙的房屋之后，甲就拥有了两处住宅，这时，村委会可以建议和鼓励甲及时退出多余的住宅，但是不能强制要求甲拆除住宅。此时，甲不能重建该住宅，一旦重建，重建的房屋就属于违法建筑，村委会可以依法清除。又如甲、乙都是农村集体经济组织的村民，乙死后，将房屋赠与甲，甲取得乙的房屋之后，就拥有了两处住宅，这时，村委会可以建议和鼓励甲及时退出多余的住宅，但是不能强制要求甲拆除住宅。但是，甲不能对该住宅进行重建，一旦重建，重建的房屋就属于违法建筑，村委会可以依法清除。也有些地方的宅基地管理办法规定，对于因继承等原因而造成的一户多宅现象，宅基地应退回集体经济组织，多余的住宅也不应由继承人使用，可以利用的住宅应该转让，或者由使用该宅基地的村民使用但给予相应补偿。如《海口市农村宅基地管理办法》第 31 条和《河北省农村宅基地管理办法》第 14 条。

2. 非本集体经济组织成员的继承、赠与和遗赠

（1）城镇居民的继承、赠与和遗赠。当继承人、受赠人是城镇居民时，其不能取得宅基地的使用权，宅基地应该退回集体经济组织；但是可以取得房屋的所有权，不能重建。

（2）其他经济组织成员的继承、赠与和遗赠。当继承人、受赠人属于其他经济组织时，其不能取得宅基地的使用权，宅基地应该退回集体经济组织；但是可以取得房屋的所有权，不能重建。

村民赠与住房后，不能再申请新的宅基地。

（五）收回宅基地

1. 收回宅基地的情形。一般而言，在下列情况下，可以收回宅基地：

（1）为实施村庄和集镇规划进行旧村改造需要调整的宅基地；（2）为进行乡（镇）村公共设施和公益事业建设需要占用的宅基地；（3）农村村民一户一处之外的宅基地；（4）农村"五保户"腾出的宅基地；（5）自依法批准之日起连续 2 年未按照批准的用途使用的宅基地；（6）已荒弃的旧宅基地；（7）擅自改变宅基地用途的；（8）无人继承的；（9）农村村民户口迁出本集体经济组织后，其宅基地上的房屋损坏不能利用的；（10）县（市）人民政府规定应当收回的其他宅基地。而且，对于（1）、（2）、（3）项情形下收回宅基地的，村民委员会应该根据地上附着物的评估价格对原宅基地使用权人给予适当补偿。如《湖北省宅基地通知》第 3 项、《河北省农村宅基地管理办法》第 12 条和《海口市农村宅基地管理办法》第 30 条。

2. 收回宅基地的程序：

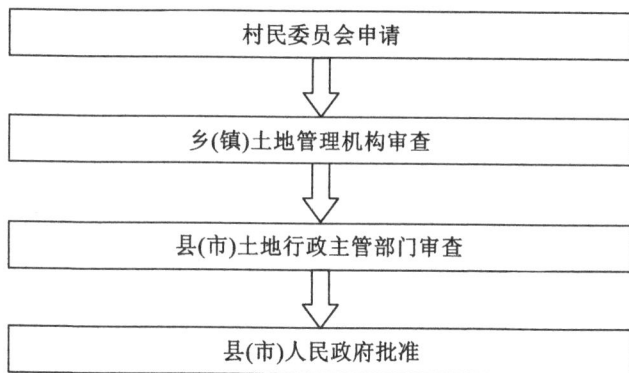

```
┌─────────────────────────┐
│      村民委员会申请       │
└─────────────────────────┘
            ⇩
┌─────────────────────────┐
│   乡(镇)土地管理机构审查   │
└─────────────────────────┘
            ⇩
┌─────────────────────────┐
│  县(市)土地行政主管部门审查 │
└─────────────────────────┘
            ⇩
┌─────────────────────────┐
│    县(市)人民政府批准      │
└─────────────────────────┘
```

3. 不能收回宅基地的情况。村民通过法定手续取得宅基地使用权之后，村委会如果没有法定事由，不能以欠款为由收回已经划出的宅基地。村民拖欠村委会的款项，可以通过协商解决，或者通过诉讼的方式解决。如甲经村委会批准，准备在一块闲置的水洼地上建房，当甲填平水洼地后准备盖房时，村委会却以甲拖欠村委会 2000 元鱼塘承包款为由，通知其不准在此建房，并将该土地划给了其他村民。村委会以欠款为由收回宅基地是错误的。

四、宅基地纠纷

（一）宅基地使用权确权纠纷

宅基地确权是指人民政府对于村民因宅基地使用权争议作出处理决定的行为。

1. 对当事人之间因宅基地而引发的纠纷，只要一方当事人提出争议，双方宅基地使用证存在着界限不明确或界限重合或双方均无宅基地使用证的情形就属于权属不清。对于权属不清的纠纷，应该先协商；双方协商不成，由人民政府处理，作出确权决定；对人民政府的处理决定不服，才能向人民法院起诉。享有权属依据的一方当事人未经政府确权，不能以对方当事人侵权为由向法院起诉，人民法院也不能直接处理。

2. 程序如图：

```
┌─────────────────────────────────────────────────┐
│                      协商                         │
└─────────────────────────────────────────────────┘
                        ⇓
┌─────────────────────────────────────────────────┐
│  人民政府处理（单位之间的争议，由县级以上人民政府处理；个人之间、 │
│  个人与单位之间的争议，由乡级人民政府或者县级以上人民政府处理）  │
└─────────────────────────────────────────────────┘
                        ⇓
┌─────────────────────────────────────────────────┐
│                向人民法院起诉                      │
│         （自接到处理决定通知之日起30日内）           │
└─────────────────────────────────────────────────┘
```

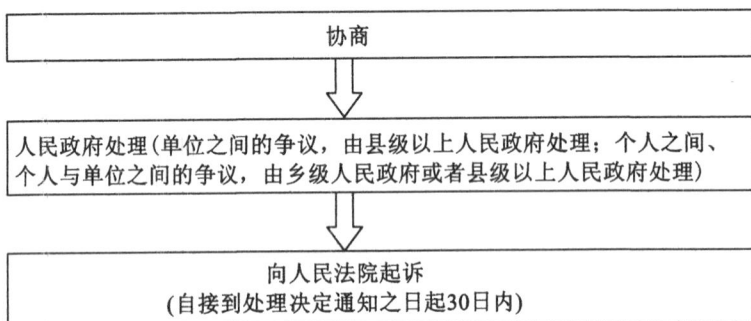

3. 在土地所有权和使用权争议解决前，任何一方不得改变土地利用现状。

4. 争占宅基地以外的集体空闲地，也属于确权纠纷的范畴，应该经过协商、人民政府处理的程序，才能向人民法院起诉。但是如果集体空闲地为集体经济组织所有的，集体经济组织可以直接向人民法院提起民事诉讼，要求占地者退出土地、排除妨碍。

【依据】《土地管理法》第 16 条。

（二）宅基地侵权纠纷

宅基地侵权是指不享有宅基地使用权的人侵犯他人宅基地使用权的行为。

如果双方当事人对宅基地权属没有争议，享有宅基地权属依据的一方当事人认为对方侵犯自己宅基地权属的，可以直接向人民法院起诉。如村民未经审批或采取欺骗手段骗取建房手续的非法用地建房，并且侵犯了邻居合法权益，如影响邻人房屋通风、采光、通行等情况的，邻居可以向法院提起民事诉讼，要求其排除妨碍、消除危险、恢复原状或赔偿损失。

（三）宅基地上被人强行建房

宅基地使用权人有权请求有关政府对强行建房的人作出行政处罚，责令其退还占用的土地，撤除土地上新建的住房，并恢复原状。

【依据】《土地管理法》第 77 条。

（四）土地管理部门违法审批引起的宅基地纠纷

因土地管理部门超越职权、滥用职权、违反法定程序审批宅基地，侵犯了相邻关系人合法权益而引起的纠纷，当事人可以向法院提起行政诉讼。

五、相关文件范本

（一）宅基地申请书

宅基地申请书

_____县国土局：

我是_____村村民_____，全家_____口人，现有住房_____处，因_____需申请新宅基一处，东西长_____米，南北长_____米，面积_____平方米，请予以批准。

附：现有宅基地情况一览表

内容_____

处数 持证人_____（现居住者） 审批文_____（证）号面积_____（平方米）

第一处_____

第二处_____

村民委员会意见：_____   申请人签字：_____

　　　　　　　（盖章）

_____年____月____日   _____年____月____日

（二）宅基地审批村务公开证明

村务公开证明

我村村民_____全家_____口人，现有住房_____处，面积总计_____平方米，现因_____需申请新宅基一处，经_____年____月____日村民代表会议（村民大会）讨论通过，并于_____年____月____日在村务公开栏公开，已满 15 日，且本户宅基地所占地及四邻无争议，群众无异议。

特此证明

　　　　　　　　　　　　村委会盖章

　　　　　　　　　　　　村书记_____（签字）

村主任_____（签字）

_____年___月___日

监督小组长（签章）

_____年___月___日

（资料来源：中顾法律网，http://news.9ask.cn/ycjc/bjtj/201010/906518.shtml。）

（三）宅基地转让协议

宅基地转让协议

甲方：_____　　　　身份证号码_____

乙方：_____　　　　身份证号码_____

乙方购买甲方房屋，双方经友好协商达成如下协议以资共同遵守：

一、甲方转让的宅基地位置为_____，该宅基地登记面积共_____平方米；

二、该宅基地的附属设施同时转让，附属设施包括：_____。

三、甲方对该房屋状态陈述和承诺如下：

1. 保证对该宅基地有处分权；如有共有权人，甲方已经取得了共有权人对转让该房屋的一致同意；

2. 该房屋的抵押状况为：_____。

3. 该房屋的使用状况为：_____。

四、转让的价格为人民币￥_____元（大写_____元）。

该价格不包括转让产生的契税、和该宅基地过户等费用，所有费用由乙方自行承担。

五、乙方付款方式和期限：_____。

六、宅基地交付时间：_____。

七、乙方已经对所购买的宅基地的具体情况包括但不限于宅基地产权、使用等作了详细了解并已知悉。

八、甲方违反本协议导致宅基地不能过户或无故进行交付，甲方应支付给乙方违约金_____万元；乙方未按本协议付款，乙方应支付给甲方违约金_____万元。

九、本协议一式二份，各方各执一份。自甲、乙双方签字后生效，未尽事宜双方协商解决。

十、双方往来通信方式如下：

甲方_____

身份证号码_____

_____年____月____日

乙方_____

身份证号码_____

_____年____月____日

（资料来源：找法网，http：//china. findlaw. cn/fangdichan/zhaijidi/zjdfb/zrxy/22991. html。）

（四）宅基地使用权确权申请书

宅基地使用权确权申请书

申请人：

住址：

电话：

被申请人：

住址：

电话：

申请事项：

宅基地使用权权属确权。

事实和理由：

……

　　故此，申请人依照《土地管理法》第 16 条规定："土地所有权和使用权争议，由当事人协商解决；解决不成的，由人民政府处理。单位之间的争议，由县级以上人民政府处理；个人之间、个人与单位之间的争议，由乡级人民政府或者县级以上人民政府处理。……在土地所有权和使用权争议解决前，任何一方不得改变土地利用现状。"特请求乡人民政府对争议土地使用权给予确权。

申请人：

申请日期：

　　（资料来源：魏家岭司法所的法律空间站，http：//blog. sina. com. cn/s/blog _ 4a3ca2e10100eb3p. html，有改动。）

☞典型案例①

【案例一】

　　某村村民王某为发展经济，先后向某县农村信用社借款 3 万元，借款到期后，王某无力偿还，双方就偿还欠款达成协议，协议中约定，王某同意以 10 亩耕地的承包经营权抵偿所欠信用社全部借款本息。协议签订后因王某所在的村委会不同意，王某一直没有将承包地交给信用社，信用社向法院提起诉讼，要求王某按照协议交付承包地。本案中信用社应如何保护自己的利益？王某是否应该按照双方自愿达成的协议将承包地交给信用社？

　　解析： 1. 根据最高人民法院《农村土地承包纠纷解释》的规定，王某与信用社达成的以承包地偿债的协议无效，所以，信用社无权要求王某交付承包地。2. 信用社依然有权向王某主张 3 万元的债权，可以向法院起诉要求王某承担相应的民事责任。

【案例二】

　　1984 年，根据海南省文昌市人民政府关于农村第一轮土地承包工作的决定，在文昌市工作队的主持下，文昌市新桥镇昌美村牛岭经济社将其 20 亩土地范围内的 300 株橡胶树以投标形式发包给该村村民周金英。此后，双方签订了《联产承包责任制合同书》，但未签名盖章。同年 6 月 28 日，文昌市人民政府给周金英颁发了文府证字 37186 号《文昌县土地使用证》，其中载明橡胶园的承包期限自 1985 年 1 月起，但未写明截止时间。签约后，周金英依约履行了合同的全部义务，且未改变土地用途，仅在该地上补种了 336 株橡胶树。当时，牛岭经济社对周金英上述行为并无异议。由于未在合同上签名盖章和未约定橡胶园承包截止时间，1998 年双方就合同的效力和承包期限发生争议。请思考：没有签名盖章也没有约定承包期限的土地承包经营合同怎么办？

　　解析： 1. 合同效力问题：双方订立了书面合同但未签名盖章，但文昌市人民政府颁发的《文昌县土地使用权证》可以证明周金英承包权利的存在。另外，对于周金英补种橡胶树的行为，牛岭经济社也未表示异议。2. 承包期限问题：根据

---

　　① 黄松有主编：《土地承包司法解释实例释解》，人民法院出版社 2006 年版，第 141、215、231 页。钟京涛著：《征地补偿法律适用与疑难释解》，中国法制出版社 2008 年版，第 62、103 页。

《土地管理法》及第二轮土地承包有关规定，承包期限应从 1999 年 6 月起至 2029 年 6 月止。

【案例三】

王友、王贵是兄弟关系。王友在家务农，王贵是某钨矿的正式职工。1992 年，王友承包了第三人花园村委会的一亩耕地种植红果树。1996 年 4 月，王友与村委会就该地重新订立了承包合同，废止了原承包合同。并规定承包期限为 17 年，自 1996 年 1 月 1 日至 2013 年 1 月 1 日，每年的承包款为 50 元。合同签订后的前三年，王友依约履行了承包义务。但在 2000 年年初，王友未经花园村村委会的同意就与王贵达成口头协议，约定承包地由王贵种植，承包款由王贵缴纳，但承包期限没有提及。随后，王贵在该地上种植了苹果树 54 棵，柿子树 3 棵，黑枣树 1 棵，并在树的空隙种植了其他农作物。另外，王贵还在承包地上建了一座 15 平方米的房子和一个猪圈。时光如梭，转眼到了 2004 年春。此时，原来不想种地的王友又想种地了，于是向王贵提出要收回承包地，自己种植。王贵认为，此地是王友转让给自己的，不应再由其收回。王友是否有权收回承包地？如果收回承包地，王友应该受到哪些限制，王贵又可以向王友主张什么呢？

解析：1. 转让需要具备一定条件，而本案不具备转让的条件。双方属于转包关系。因为转让须得到发包方同意。双方未约定转包期限，王友可以随时向王贵主张收回承包地。2. 王友应补给王贵栽种果树的各项费用，王贵应将猪圈拆除，所建房屋可以保留至王友与村委会的承包合同到期时，并支付相应的占地费。

【案例四】

2004 年，某县梅林镇王村村民汪某等 10 户村民发现，该县田源食品公司在其承包地上填土施工，涉及土地面积约 50 亩。经查，50 亩土地中，20 亩已经省人民政府批准征收，另外 30 亩属于违法占地。汪某等村民认为，已获批准的 20 亩征地，县政府虽公告了征收土地的方案，但公告中没有补偿的标准和被征收土地的位置，根本看不出谁的承包地被征收，公告应当无效。请问：县政府应当经过哪些程序才能征收梅林镇村民的 50 亩土地呢？本案中县政府的公告是否有效？

解析：1. 30 亩土地因未获省政府批准，属于违法占地。2. 根据《土地管理法实施条例》和国土资源部《征用土地公告办法》，县政府的做法不符合有关规定，应重新公告征收土地方案。

【案例五】

1996 年 12 月，李某与 D 村村委会签订了土地承包合同，承包本村荒山 20 亩，期限 30 年。1997 年，李某自购树苗，在承包地内栽种了核桃、板栗等果树，共计 1600 棵。2005 年，因国家建设需要，原告所承包经营的果园被征收，县国土资源局委托有关单位和人员对李某种植的果树进行了清点。在征地补偿款支付过程中，国土资源局认为果园的所有权人为村委会，将补偿款全部支付给了村委会。而村委会在收到补偿费后，仅将其中一部分交给了李某。为此，李某将国土资源局诉至法院，要求其补偿自己所种果树的补偿费不足部分 94 万元。补偿款的发放究竟是国土资源局还是村委会的职责？李某到底应向国土资源局还是村委会主张补偿自己的不足部分？

解析：根据《土地管理法实施条例》第 25 条第 3 款，补偿方案由土地行政管理部门实施，具体到本案，补偿方案应由县国土资源局负责实施。表面上是村委会侵犯了李某获得补偿的权利，但实际上是由于国土资源局误把果园的所有权人认为是村委会而造成的，且以国土资源局为被告更能保护当事人的利益。

【案例六】

某村一位村民反映：某村从 1991 年起就不按相关法律法规发放宅基地，而采取拍卖形式，截至 2001 年 10 年共拍卖了四次，仅 2001 年 1 年就拍卖了 53 户，他的孩子今年已 26 岁，却因付不起高价买不到地，而村里有人却拥有四处宅基地。该村的做法是否正确？宅基地是否能以拍卖的形式分配？该案例中是否还有其他的法律问题？

解析：1. 通过拍卖分配宅基地是违反我国相关法律规定的；宅基地的分配应通过申请的形式进行。2. 案例中村委会的做法也违背了"一户一宅"的原则。

法 规 目 录

（一）法律

1.《民法通则》，第六届全国人大第四次会议 1986 年 4 月 12 日通过并公布，1987 年 1 月 1 日施行；

2.《土地管理法》，第六届全国人大常委会第十六次会议 1986 年 6 月 25 日通过，第七届全国人大常委会第五次会议 1988 年 12 月 29 日第一次修正，第九届全国人大常委会第四次会议 1998 年 8 月 29 日修订，第十届全国人大常委会第十一次会议 2004 年 8 月 28 日第二次修正；

3.《民事诉讼法》，第七届全国人大第四次会议 1991 年 4 月 9 日通过，第十届全国人大常委会第三十次会议 2007 年 10 月 28 日修正，2008 年 4 月 1 日施行；

4.《村民委员会组织法》，第九届全国人大常委会第五次会议 1998 年 11 月 4 日通过并公布施行；

5.《农村土地承包法》，第九届全国人大常委会第二十九次会议 2002 年 8 月 29 日通过并公布，2003 年 3 月 1 日施行；

6.《物权法》，第十届全国人大第五次会议 2007 年 3 月 16 日通过并公布，10 月 1 日施行；

7.《农村土地承包经营纠纷调解仲裁法》，第十一届全国人大常委会第九次会议 2009 年 6 月 27 日通过并公布，2010 年 1 月 1 日施行。

（二）行政法规

1.《土地管理法实施条例》，国务院第十二次常务会议 1998 年 12 月 24 日通过，12 月 27 日公布，1999 年 1 月 1 日施行；

2.《蓄滞洪区运用补偿暂行办法》，国务院第二十八次常务会议 2000 年 5 月 23 日通过，5 月 27 日公布施行；

3.《大中型水利水电工程建设征地补偿和移民安置条例》，简称《水利水电补偿安置条例》，国务院 2006 年 7 月 7 日公布，9 月 1 日施行。

（三）部门规章

1.《征用土地公告办法》（国土资源部令第 10 号），国土资源部 2002 年 1 月 1 日公布施行；

2.《农村土地承包经营权证管理办法》（农业部令第 33 号），简称《农村土地权证办法》，农业部 2003 年 11 月 14 日公布，2004 年 1 月 1 日施行；

3.《国土资源部关于完善征地补偿安置制度的指导意见》（国土资发〔2004〕238 号），简称《完善征地补偿意见》，国土资源部 2004 年 11 月 3 日公布施行。

（四）司法解释

《最高人民法院关于审理涉及农村土地承包纠纷案件适用法律问题的解释》（法释〔2005〕6 号），简称《农村土地承包纠纷解释》，最高人民法院审判委员会第 1346 次会议 2005 年 3 月 29 日通过，7 月 29 日公布，9 月 1 日施行。

（五）地方法规

1.《河北省农村宅基地管理办法》，河北省人民政府第 53 次常务会议 2002 年

5月13日通过，5月27日公布，7月1日施行；

2.《湖北省人民政府办公厅关于加强农村宅基地管理工作的通知》（鄂政办发〔2004〕104号），简称《湖北省宅基地通知》；

3.《呼和浩特市市辖区农村宅基地规划和用地管理办法（试行）》（呼政发〔2005〕51号），2005年6月27日施行；

4.《湖北省人民政府关于进一步加强征地管理切实保护被征地农民合法权益的通知》（鄂政发〔2005〕11号）；

5.《海口市农村宅基地管理办法》，海口市人民政府2007年6月5日公布，同年8月1日施行。

第 **2** 章
农民外出务工法律实务：劳动合同与劳动争议

☞导读

　　《劳动法》、《劳动合同法》、《劳动合同法实施条例》等法律法规对农民外出务工的权利义务、纠纷解决作出了详尽规定。

第一节　基本知识

一、关于外出务工人员是否适用劳动法的问题

　　外出务工人员原则上适用劳动法，可以寻求劳动法的保护。

　　根据我国《劳动法》及其相关规定，中国境内的企业、个体经济组织与劳动者之间，只要形成劳动关系，即劳动者事实上已成为企业、个体经济组织的成员，并为其提供有偿劳动，就适用劳动法；不过外出务工做家庭保姆和自行经商的一般情况下不会产生劳动关系，不适用劳动法。

　　如果没有特别提示，以下外出务工人员均为构成劳动关系的人员。

　　【依据】《劳动法》第2条；《关于贯彻执行〈中华人民共和国劳动法〉若干问题的意见》（以下简称《劳动法意见》）第2、4条。

二、外出务工人员享有的权利

　　在劳动者权利方面，外出务工人员与用人单位形成劳动关系后，即享有我国《劳动法》所明确规定的权利。

　　1. 平等就业和选择职业的权利，即外出务工人员在就业时，不应因民族、种族、性别、宗教、婚姻等因素而受用人单位的歧视；同时，也有根据自己的兴趣、才能等选择职业的权利。

　　2. 获得劳动报酬的权利，即劳动者只要按照用人单位的要求付出了劳动，就

有权利获得相应的报酬。

3. 休息休假的权利，即外出务工人员有权拒绝用人单位在法律规定的工作时间（《劳动法》规定职工每日工作 8 小时、每周工作 40 小时）以外安排的加班，具体的休息休假时间包括：工作日内的间歇时间、每周公休假日（用人单位应该保证每周至少休息一天）、法定节假日、婚丧假和年休假等。

4. 获得劳动安全卫生保护的权利。

5. 接受职业技能培训的权利。

6. 享受社会保险和福利的权利。

7. 提请劳动争议处理的权利。

8. 法律规定的其他劳动权利。具体包括依法组织、参加工会的权利，通过职工大会、职工代表大会或其他形式参与民主管理的权利，就保护劳动者合法权益与用人单位平等协商的权利以及依法解除劳动合同的权利。

【依据】《劳动法》第 3、4、7、8 条。

三、外出务工人员承担的义务

1. 外出务工人员应当完成劳动任务；

2. 提高职业技能；

3. 执行劳动安全卫生规程；

4. 遵守劳动纪律和职业道德。

【依据】《劳动法》第 3 条。

四、外出务工的途径

概括来说，外出务工的途径一般有以下几种：

1. 从当地的乡、县劳动就业服务机构获取信息，具体如乡镇的就业服务站、县劳动就业服务机构等。这些部门负责所在地的劳动就业服务工作，承办农村剩余劳动力跨省流动就业服务的具体事务。一般而言，这些机构会为当地有意愿外出务工者提供大量而且可靠的就业信息。

2. 同乡、亲朋好友的介绍。这种外出务工途径也比较常见。一般来说，已经在外务工者对外面的用工情况较为熟悉，相关经验也较为丰富，通过他们的介绍，一般也比较可靠。但也不排除例外，近些年常有过于轻信同乡或亲朋好友而上当受骗的事例，所以，准备通过这种途径外出务工的人员，要保持一定的警惕性。

3. 用人单位直接到当地招用。有些用人单位会直接派工作人员到当地招工，这种途径可以节省找工作的时间和费用，较为便利。但同时，也应该注意招工单位的真实性和可靠性，必要时可以到劳动部门核实了解相关情况，也可以通过网络等途径查验一下其相关工商登记信息，以免上当受骗。

4. 通过报纸、电视、广播甚至网络等获取进城务工的信息。许多报纸、杂志、电视、广播等都设有专门刊登招聘信息的版面或节目，准备外出务工的人员可以留意上面的相关信息。但这种途径也有弊端，即信息庞杂、真假难辨，所以，在选择时一定要多加留意，注意筛选。

5. 通过城市专门的劳动力就业市场。一般来说，各城市都会有专门的劳动力就业市场，为供需双方即用人单位和劳动者提供相互选择的场所，这是较为常见的就业途径之一。

6. 通过职业介绍机构。职业介绍机构是为求职者提供就业信息，为用人单位提供人才信息，并按照规定收取费用的市场中介机构。

职业中介机构包括非营利性职业介绍机构和营利性职业介绍机构两类。前者一般指公共职业介绍机构，即各级劳动保障行政部门举办、承担公共就业服务职能的公益性服务机构，使用全国统一的标示（标志以汉字"介"为基本造型，简洁明了地突出"介绍"、"中介"的内涵，该标志外型以心形图形构成，反映了公共职业介绍机构的公益性质）。

营利性职业介绍机构是指由法人、其他组织或个人举办的，从事营利性职业介绍的服务机构，也称民营职业介绍机构。去民营职业介绍机构求职，务必了解以下情况：有无营业执照，有无相关审批手续，有无相应的工作场所、设备以及工作人员，职业介绍程序是否符合常理等。在城市中，有大量的民营职业介绍机构，现实中求职人员在一些不规范的机构中上当受骗的也为数不少，所以通过此种途径求职，尤其要注意。

（公共职业介绍机构在全国统一采用的标示）

☞重点提示

> 1. 若要通过职业中介机构求职，最好通过公共职业介绍机构进行，切记其全国统一的标示。
> 2. 若要通过民营职业中介机构求职，要格外警惕。

五、外出务工需要携带的证件

一般来说，外出务工需携带以下证件：

1. 居民身份证；

2. 乡镇政府或劳动部门颁发的《外出人员就业登记卡》或者其他证明材料；

3. 育龄妇女应向户口所在地的计划生育部门申领流动人口计划生育证明；

4. 夫妻一同外出的，携带结婚证；

5. 学历证书，如高中毕业证或职业学校毕业证等；

6. 有专业技术的人员，应注意携带有关部门发放的证明材料，如驾驶证、电工证、厨师证等；

7. 其他能证明身份的证件或材料，如村民委员会出具的证明材料等。

外出务工一定不要忘记携带相关证件。

六、我国《劳动法》关于就业的原则性规定

1. 就业平等，即劳动者就业，不因民族、种族、性别、宗教信仰不同而受歧视。

2. 妇女和男子有平等就业的权利。在录用职工时，除国家规定的不适合妇女的工种或者岗位外，不得以性别为由拒绝录用妇女或者提高对妇女的录用标准。

3. 禁止用人单位招用未满16周岁的未成年人。文艺、体育和特种工艺单位招用未满16周岁的未成年人，必须依照国家有关规定，履行审批手续，并保障其接受义务教育的权利。

【依据】《劳动法》第12、13、15条。

☞重点提示

> 未满16周岁不能外出务工。

七、用人单位的劳动规章制度

用人单位应当依法建立和完善劳动规章制度，保障劳动者享有劳动权利，履行劳动义务。

用人单位在制定、修改或者决定有关劳动报酬、工作时间、休息休假、劳动安全卫生、保险福利、职工培训、劳动纪律以及劳动定额管理等直接涉及劳动者切身

利益的规章制度或者重大事项时，应当经职工代表大会或者全体职工讨论，提出方案和意见，与工会或者职工代表平等协商确定。

在规章制度和重大事项决定实施过程中，工会或者职工认为不适当的，有权向用人单位提出，通过协商予以修改完善。

用人单位应当将直接涉及劳动者切身利益的规章制度和重大事项决定公示，或者告知劳动者。

用人单位直接涉及劳动者切身利益的规章制度违反法律、法规规定的，由劳动行政部门责令改正，给予警告；给劳动者造成损害的，应当承担赔偿责任。

【依据】《劳动合同法》第 4、80 条。

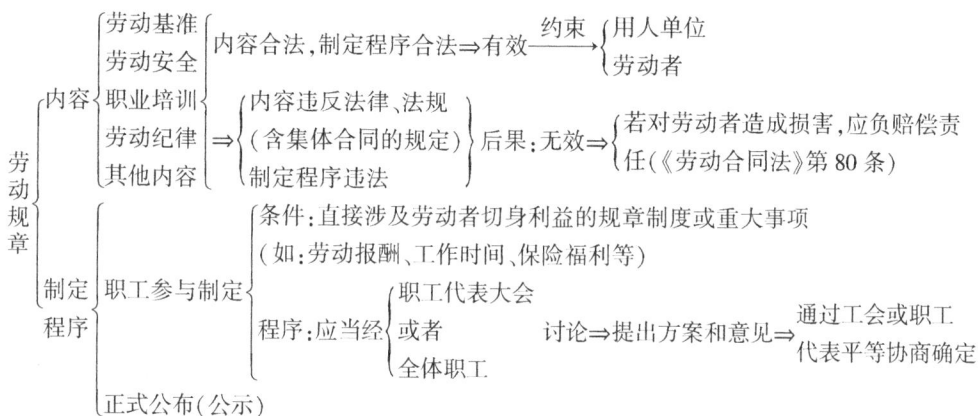

第二节　劳 动 合 同

劳动合同是劳动关系双方当事人的行为规范，也是确定合同双方权利和义务的依据，尤其在发生劳动争议的情况下，劳动合同作为权利义务关系的记载和证明，对维护合同双方尤其是劳动者的合法权益，意义重大。所以，外出务工过程中，一定要同用人单位签订劳动合同。

一、劳动合同基本知识

（一）什么是劳动合同

劳动合同是指劳动者与用人单位确立劳动关系、明确双方权利和义务的协议。

1. 劳动合同的一方为劳动者，另一方为用人单位。

受劳动法保护的劳动者包括以下几种：

（1）与我国境内企业、个体经济组织（一般指雇工在七人以下的个体工商户）、民办非企业单位等形成劳动关系的人员；

（2）国家机关、事业组织、社会团体实行劳动合同制度的以及按规定应实行劳动合同制度的工勤人员；

（3）实行企业化管理的事业组织的人员；

（4）其他通过劳动合同与国家机关、事业组织、社会团体建立劳动关系的劳动者。

用人单位包括：

（1）中国境内的企业、个体经济组织、民办非企业单位；

（2）至于国家机关、事业组织、社会团体，《劳动法》规定其与劳动者之间建立劳动合同关系时，也被视为用人单位。

此外，一些法律法规为切实保障劳动者的权益，还将一些不符合法定要求的组织视为用人单位，要求它们承担等同于用人单位的法定义务，如《工伤保险条例》第 63 条规定：无营业执照或者未经依法登记、备案的单位以及被依法吊销营业执照或者撤销登记、备案的单位的职工受到事故伤害或者患职业病的，由该单位向伤残职工或者死亡职工的直系亲属给予一次性赔偿，赔偿标准不得低于条例规定的工伤保险待遇。

具体如下图：

```
                        ┌──────────┐
                        │  劳动者   │
                        └─────┬────┘
        ┌─────────────┬───────┼───────┬─────────────┐
┌───────────────┐ ┌───────────────┐ ┌─────────┐ ┌───────────────┐
│与我国境内企业、个│ │国家机关、事业组织、社│ │实行企业 │ │其他通过劳动合同与│
│体经济组织、民办 │ │会团体实行劳动合同制度│ │化管理的 │ │国家机关、事业组织、│
│非企业单位形成劳动│ │的以及按规定应实行劳动│ │事业组织 │ │社会团体建立劳动关│
│关系的人员      │ │合同制度的工勤人员  │ │的人员   │ │系的劳动者      │
└───────────────┘ └───────────────┘ └─────────┘ └───────────────┘
```

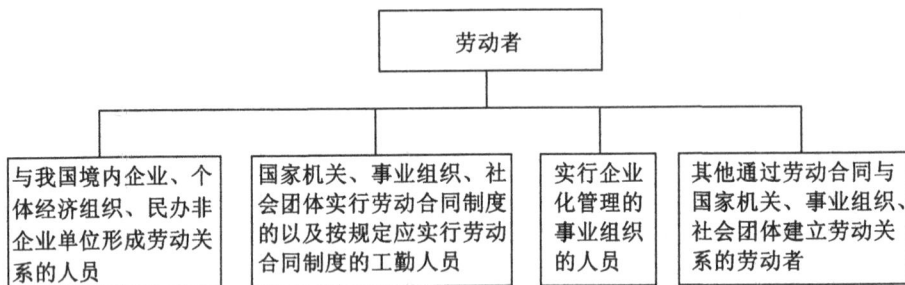

2. 劳动合同是劳动者和用人单位确立劳动关系的法律形式，它的主要目的和内容是明确劳动权利和劳动义务。

3. 劳动合同的内容要符合劳动法律、法规的规定，合同双方虽然可以协商约定合同的内容，但不得违反法律的强制性规定，否则这些违反法律规定的条款就是无效的，甚至还可能导致整个劳动合同的无效。

【依据】《劳动法》第 16 条；《劳动合同法》第 2 条；《劳动法意见》第 1、3、5 条。

☞**重点提示**

> 　　并不是所有的劳动者都受《劳动法》保护，《劳动法》所保护的"劳动者"有一定范围，一定要注意这个范围，看自己是否在这个范围之内。比如个人通过非组织途径在一个家庭做保姆，就不受《劳动法》保护，发生纠纷时，应该通过《合同法》和《民法通则》维护自己的权益。

（二）劳动关系的认定

劳动关系认定的核心在于"从属性"，劳动合同的从属性指劳动合同的当事人一方——劳动者的从属性。在一般民事合同关系中双方当事人的地位平等，不存在服从的问题。劳动法中，劳动合同在订立时，劳动者有自主择业的权利，用人单位有用人自主的权利，两者的地位平等；但劳动关系一旦建立后，劳动者与用人单位就形成了事实上的隶属关系。从属性一般分为人格从属性、经济从属性和组织上的从属性。

1. 人格从属性

劳动者成为用人单位成员后，其工作过程中的活动都代表用人单位，属于职务行为，从属于用人单位。

2. 经济上的从属性

劳动关系建立后，劳动者的劳动融入了用人单位的生产并成为其一部分，劳动者不是为了自己的利益劳动，而是为了用人单位的利益而劳动，生产的组织、原材料等风险均由用人单位承担。除此以外，劳动者的经济来源一般也限于用人单位支付的工资、奖金等。

3. 组织上的从属性

组织上的从属性主要是指劳动者是用人单位的职工，必须服从单位依法制定的规章制度，接受单位的考勤与考核，服从用人单位的生产管理和合理的具体工作安排，接受用人单位的指挥监督。

除此以外，我们还应注意到，在劳动争议仲裁、诉讼环节中，劳动关系的认定是处理一切劳动争议的前提与基础。然而由于用人单位相对强势的地位，常常使劳动关系的认定出现举证难的情形，因此应该提醒劳动者在确立劳动关系后注意保留相关文字资料作为认定劳动关系的证据材料，如劳动合同、用人单位制作的涉及自己的内部文件（如任命书）、工资条、社保单、进入用人单位的身份证明证件（工卡）等，甚至是用人单位专用的工作服等，便于在出现劳动争议时，能够证明劳动关系的存在。原劳动和社会保障部2005年下发了《关于确立劳动关系有关事项的通知》，其中明确规定：用人单位未与劳动者签订劳动合同，认定双方存在劳动关系时可参照下列凭证：（1）工资支付凭证或记录（职工工资发放花名册）、缴纳各项社会保险费的记录；（2）用人单位向劳动者发放的"工作证"、"服务证"等能够证明身份的证件；（3）劳动者填写的用人单位招工招聘"登记表"、"报名表"等招用记录；（4）考勤记录；（5）其他劳动者的证言等。

（三）劳动合同与其他合同的联系与区别

劳动合同与其他合同的联系与区别，主要指与民事合同的联系与区别。毫无疑问，劳动合同是民事合同的发展，其与民事合同存在一定的共同点，比如说都必须存有双方当事人，合同的订立必须合法、自愿等。但是劳动关系作为社会法调整的法律关系，由于其特殊的性质必然存在国家公权力一定程度的干预与介入，致使劳动合同具有许多不同于一般民事合同的特殊性，在实践中尤其应该注意劳动合同与劳务合同及雇佣合同的区别。

1. 劳动合同与雇佣合同的联系与区别

所谓雇佣合同，是指劳动者对应一方不具有劳动法规定的劳动关系主体资格，但劳动者为其提供服务，且接受其管理并由其向劳动者给付报酬的合同。目前，我国司法实践认为劳动合同与雇佣合同是两种独立的合同，基本上将雇佣限定为自然人的雇佣。

所谓雇佣活动，是指从事雇主授权或指示范围内的生产经营活动。例如家庭雇佣保姆、个人请帮工等。雇佣合同的雇主一般是自然人。雇佣合同纠纷适用民法的相关规定，其纠纷的解决机制也适用于《民事诉讼法》的相关规定，此点与劳动合同不同。另外在雇佣关系中，受雇人即提供劳务的人受到人身损害的适用民法关于人身损害赔偿的规定，如《最高人民法院关于审判人身损害赔偿案件适用法律若干问题的解释》，而不能适用调整劳动关系的《工伤保险条例》。

2. 劳动合同与劳务合同的联系与区别

所谓劳务合同是一方当事人独立自主提供劳务，另一方当事人根据合同约定接受劳务并支付报酬的合同，主要包括承揽合同、运输合同、保管合同等。由于劳务合同作为一种无名合同，理应受《合同法》调整，因此其与劳动合同存在一定的区别，其中最主要的区别在于劳动合同具有从属性而劳务合同不具有从属性。劳务合同中容易与劳动合同混淆的是承揽合同。承揽合同在《合同法》中属于一种完成工作的合同。所谓承揽合同是指承揽人按照定作人的要求完成一定工作，并交付工作成果；定作人接受承揽人的工作成果并给付报酬的合同。完成工作的一方叫承揽人，接受工作成果并支付报酬的一方为定作人。

承揽合同与劳动合同的主要区别在于：

（1）合同订立的目的不同。定作人订立承揽合同是以取得承揽人完成的工作成果为目的，此劳动成果既可以是体力劳动也可以是脑力劳动。成果具有特定性，是按照定作人的要求完成的。与其不同的是，劳动合同的目的在于建立劳动关系，进而实现劳动过程，而不仅限于劳动成果的给付，更主要的是劳动行为本身的给付。

（2）合同当事人的独立地位不同。承揽合同中的承揽人并不接受对方当事人的管理、指挥，其只需要按照对方的具体要求，利用自身的生产工具及技能独立地完成工作；而在劳动关系中，劳动者必须接受用人单位生产安排，服从用人单位的规章制度，并且使用用人单位的生产资料完成劳动任务。

另外在实践中，对于劳动合同与一般民事合同的联系中值得注意的是，劳动者与单位签订了劳动合同不一定就是建立了劳动关系。因为根据《劳动合同法》第 7 条之规定，用人单位自用工之日起与劳动者建立劳动关系，也就是说存在签了合同但还没有形成劳动关系的情形。

（四）《劳动合同法》与《劳动法》的关系

《劳动合同法》是调整劳动合同订立、履行、变更、解除与终止过程中发生的社会关系的法律，是劳动法这一法律部门的重要组成部分。《劳动法》是调整劳动关系的基本法。两者在调整劳动关系上是特别法与基本法的关系。但值得注意的是两者并不能说成是下位法与上位法的关系，因为两者均由全国人大常委会制定，在效力位阶上并无不同。另外《劳动合同法》对于《劳动法》有多达 19 处的修改，在适用上应该遵从新法优于旧法的基本法理。

二、劳动合同的订立

我国《劳动法》第 16 条明确规定，建立劳动关系应当订立劳动合同。此为强制性规定，所以用人单位一旦与外出务工人员建立了劳动关系，就必须签订劳动合同。这也是对外出务工人员合法权益的有力保护。

（一）劳动合同订立的原则

订立和变更劳动合同，应当双方平等自愿、协商一致，不得违反法律、行政法规的规定。劳动合同依法订立后就具有法律约束力，合同双方必须履行劳动合同规定的义务。

1. 合同订立必须合法。劳动合同必须依法订立，不得违反法律、行政法规的规定。具体要求如下：

（1）劳动合同的主体合法。合同当事人必须具备合法资格，劳动者应该年满 16 周岁，身体健康，具有劳动能力；用人单位应是依法成立的企业、个体经济组织、国家机关、事业单位或社会团体等。用人单位非法招用未满 16 周岁的未成年人的，由劳动行政部门责令改正，处以罚款；情节严重的，由工商行政管理部门吊销营业执照。

（2）劳动合同的内容必须合法。即劳动合同对双方当事人权利义务的规定必须符合有关法律、行政法规的规定。

（3）劳动合同订立的程序和形式合法。劳动合同订立的程序必须符合法律的规定，没有经双方协商一致，强迫签订的劳动合同无效。合同应该采用书面形式。

2. 合同订立必须双方平等自愿、协商一致。也就是说，在订立劳动合同的过程中，合同双方的法律地位平等，不存在命令与服从关系。合同的订立和内容的达成，必须完全出于当事人自愿，一方不得将自己的意志强加于另一方。劳动者被迫签订的劳动合同或未经协商一致签订的劳动合同为无效劳动合同。

☞重点提示

> 劳动合同的订立必须合法，双方必须自愿，否则劳动合同无效。

【依据】《劳动法》第17、94条；《劳动合同法》第3条；《劳动法意见》第16条。

（二）劳动合同的订立

用人单位自用工之日起即与劳动者建立劳动关系。用人单位应当建立职工名册备查。

建立劳动关系，应当订立书面劳动合同。

已建立劳动关系，未同时订立书面劳动合同的，应当自用工之日起1个月内订立书面劳动合同。

用人单位自用工之日起超过1个月不满1年未与劳动者订立书面劳动合同的，应当向劳动者每月支付2倍的工资。

用人单位与劳动者在用工前订立劳动合同的，劳动关系自用工之日起建立。劳动合同由用人单位与劳动者协商一致，并经用人单位与劳动者在劳动合同文本上签字或者盖章生效。

劳动合同文本由用人单位和劳动者各执一份。

用人单位没有将劳动合同文本交付劳动者的，由劳动行政部门责令改正；给劳动者造成损害的，应当承担赔偿责任。

【依据】《劳动合同法》第7、10、16、81、82条；《劳动合同法实施条例》第5、8条。

（三）劳动合同的种类

按照合同的有效期限，可将劳动合同分为有固定期限的劳动合同、无固定期限的劳动合同以及以完成一定的工作为期限的劳动合同。

1. 有固定期限的劳动合同。也称定期劳动合同，是指劳动合同双方当事人明确约定合同有效的起始日期和终止日期的劳动合同，期限届满，合同即终止。

此类合同的期限一般为 1 年、3 年、5 年或者 8 年，双方当事人可根据具体工作的需要进行确定。但是，法律对此有例外规定，如为保护劳动者的身体健康，从事矿山井下以及在其他有害身体健康的工种、岗位工作的农民工，施行定期轮换制度，合同期限最长不超过 8 年。

2. 无固定期限的劳动合同。又称不定期劳动合同，是指劳动合同双方当事人只约定合同的起始日期，不约定终止日期的劳动合同。

用人单位与劳动者协商一致，可以订立无固定期限劳动合同。有下列情形之一，劳动者提出或者同意续订、订立劳动合同的，除劳动者提出订立固定期限劳动合同外，应当订立无固定期限劳动合同：

（1）劳动者在该用人单位连续工作满 10 年的；

（2）用人单位初次实行劳动合同制度或者国有企业改制重新订立劳动合同时，劳动者在该用人单位连续工作满 10 年且距法定退休年龄不足 10 年的；

（3）连续订立 2 次固定期限劳动合同，且劳动者没有出现依照《劳动合同法》规定可以解除劳动合同的情况，续订劳动合同的。

用人单位自用工之日起满 1 年不与劳动者订立书面劳动合同的，视为用人单位与劳动者已订立无固定期限劳动合同。

3. 以完成一定工作为期限的劳动合同，是指劳动合同双方当事人将完成某项工作或工程作为合同有效期限的劳动合同。它一般适用于建筑业、临时性、季节性的工作或由于其工作性质可以采取此种合同期限的工作岗位。

【依据】《劳动法》第 20 条；《劳动合同法》第 13～15、82 条；《劳动法意见》第 21 条；《劳动合同法实施条例》第 7、9～12 条。

☞重点提示

> 用人单位违反《劳动合同法》的规定不与劳动者订立无固定期限劳动合同的，自应当订立无固定期限劳动合同之日起向劳动者每月支付 2 倍的工资。

【依据】《劳动合同法》第 82 条。

（四）劳动合同订立的具体方式

劳动合同应当以书面形式订立。

具体的书面形式有多种样式，大概可以分为主件和附件。主件就是指劳动合同书；附件一般指作为劳动合同书补充内容的书面文件，如岗位协议书、专项劳动协议书、用人单位依法制定的内部劳动规则等。主件和附件都属于劳动合同的内容，对当事人都具有约束力，当事人必须遵守。

由于现实中很多用人单位找各种借口拒绝或拖延与劳动者签订合同，对这种情况，我国法律规定，用人单位与劳动者之间形成了事实劳动关系，而用人单位故意拖延不订立劳动合同，劳动行政部门应予以纠正。用人单位因此给劳动者造成损害的，应按《违反〈劳动法〉有关劳动合同规定的赔偿办法》（劳部发〔1995〕223号）（以下简称《劳动合同赔偿办法》）的规定进行赔偿。

所以，根据以上规定，一般情况下，劳动合同应该采用书面形式订立。但在同用人单位已经形成事实劳动关系的情形下，即使没有签订书面合同，同样可以寻求《劳动法》的保护；如果给劳动者造成了损失，用人单位还应该赔偿。

【依据】《劳动法》第 19 条；《劳动法意见》第 17 条。

☞**重点提示**

---

1. 虽然事实劳动关系也可寻求《劳动法》的保护，但为更好地维护自己的权益，外出务工人员切记要与用人单位签订书面劳动合同。

2. 用人单位没有在用工的同时订立书面劳动合同，与劳动者约定的劳动报酬不明确的，新招用的劳动者的劳动报酬按照集体合同规定的标准执行；没有集体合同或者集体合同未规定的，实行同工同酬。

3. 用人单位自用工之日起超过 1 个月不满 1 年没有与劳动者订立书面劳动合同的，应当向劳动者每月支付 2 倍的工资。

【依据】《劳动合同法》第 11、82 条；《劳动合同法实施条例》第 6、7 条。

（五）劳动合同签订的风险防范——用人单位在劳动合同订立过程中的义务

1. 如实告知义务。用人单位招用劳动者时，应当如实告知劳动者工作内容、工作条件、工作地点、职业危害、安全生产状况、劳动报酬，以及劳动者要求了解的其他情况。

2. 不得扣押劳动者证件等义务。用人单位招用劳动者，不得扣押劳动者的居民身份证和其他证件，不得要求劳动者提供担保或者以其他名义向劳动者收取财物。

用人单位违反《劳动合同法》的规定，扣押劳动者居民身份证等证件的，由劳动行政部门责令限期退还劳动者本人，并依照有关法律规定给予处罚。

用人单位违反《劳动合同法》的规定，以担保或者其他名义向劳动者收取财物的，由劳动行政部门责令限期退还劳动者本人，并以每人 500 元以上 2000 元以下的标准处以罚款；给劳动者造成损害的，应当承担赔偿责任。

劳动者依法解除或者终止劳动合同，用人单位扣押劳动者档案或者其他物品的，依照以上规定处罚。

【依据】《劳动合同法》第 8、9、84 条。

（六）试用期

1. 试用期的时间如下表：

合同期限	试用期
3 个月—1 年	不得超过 1 个月
1—3 年	不得超过 2 个月
3 年以上固定期限和无固定期限的	不得超过 6 个月

同一用人单位与同一劳动者只能约定 1 次试用期。

以完成一定工作任务为期限的劳动合同或者劳动合同期限不满 3 个月的，不得约定试用期。

试用期包含在劳动合同期限内。劳动合同仅约定试用期的，试用期不成立，该期限为劳动合同期限。

2. 试用期的工资。劳动者在试用期的工资不得低于本单位相同岗位最低档工资或者劳动合同约定工资的 80%，并不得低于用人单位所在地的最低工资标准。

3. 试用期间劳动合同的解除。在试用期中，除劳动者有《劳动合同法》第 39条和第 40 条第 1 项、第 2 项规定的情形外（指用人单位可以解除劳动合同的情形），用人单位不得解除劳动合同。用人单位在试用期解除劳动合同的，应当向劳动者说明理由。

4. 法律责任。用人单位违反《劳动合同法》的规定与劳动者约定试用期的，由劳动行政部门责令改正；违法约定的试用期已经履行的，由用人单位以劳动者试用期满月工资为标准，按已经履行的超过法定试用期的期间向劳动者支付赔偿金。

【依据】《劳动合同法》第 19~21、83 条；《劳动合同法实施条例》第 15 条。

（七）培训及服务期

用人单位为劳动者提供专项培训费用，对其进行专业技术培训的，可以与该劳动者订立协议，约定服务期。

劳动者违反服务期约定的，应当按照约定向用人单位支付违约金。

违约金的数额不得超过用人单位提供的培训费用。用人单位要求劳动者支付的违约金不得超过服务期尚未履行部分所应分摊的培训费用。

用人单位与劳动者约定服务期的，不影响按照正常的工资调整机制提高劳动者在服务期间的劳动报酬。

【依据】《劳动合同法》第 22 条；《劳动合同法实施条例》第 16 条。

三、劳动合同的履行与变更

（一）劳动合同的履行

用人单位与劳动者应当按照劳动合同的约定，全面履行各自的义务。

1. 用人单位对合同的履行。用人单位应当按照劳动合同约定和国家规定，向劳动者及时足额支付劳动报酬。

用人单位拖欠或者未足额支付劳动报酬的，劳动者可以依法向当地人民法院申请支付令，人民法院应当依法发出支付令。

用人单位不得强迫或者变相强迫劳动者加班。用人单位安排加班的，应当按照国家有关规定向劳动者支付加班费。

支付令程序又称为督促程序，是指人民法院根据债权人提出的要求债务人给付一定金钱或者是有价证券的申请，向债务人发出附有条件的支付令，以催促债务人限期履行义务，若债务人在法定期限内不提出异议又不履行支付义务的，该支付命令具有执行力的一种程序。其为《民事诉讼法》规定的非诉讼程序，专门用于解决债权债务关系明确，但债务人却因各种原因不偿还债务的案件。

支付令具有直接的执行力，用人单位在收到支付令之日起 15 日内，既不提出书面异议也不支付所欠劳动报酬的，劳动者有权向受诉人民法院申请强制执行，这样有利于迅速、简捷地督促用人单位履行义务。要实现支付令的强制执行应当由劳动者主动提出申请，而不是由人民法院主动强制执行，而且一旦对方提出异议，还是要转入仲裁程序。

另外在实践中值得注意的是，工资与劳动报酬是两个不同的法律概念，不能将工资简单地等同于劳动报酬，关于两者的区别和联系参见本书后续章节关于工作时间、休息休假、工资和劳动争议部分的相关内容。

2. 劳动者对合同的履行。劳动者应按照劳动合同的内容全面履行自己的义务。

劳动者拒绝用人单位管理人员违章指挥、强令冒险作业的，不视为违反劳动合同。

劳动者对危害生命安全和身体健康的劳动条件，有权对用人单位提出批评、检举和控告。

实践中应注意关于违章行为及强令冒险作业的认定问题。认定"用人单位管理人员违章行为"关键在于明确具体的规章制度。一般认为，所谓规章制度不仅包括国家颁发的各种法律规范性文件，还包括用人单位及其上级管理机关制定的各种规章制度，包括工艺技术、生产操作、技术监督、劳动保护、安全管理等方面的规程、规则、章程、条例、办法和制度；认定"强令冒险作业"的关键在于用人单位管理人员强令行为是否利用职权实施的，但实践中也可能采用职权威胁以外的其他方法，如暴力或其他非暴力强行要求劳动者冒险作业。

以暴力、威胁或者非法限制人身自由的手段强迫劳动的；违章指挥或者强令冒险作业危及劳动者人身安全的；侮辱、体罚、殴打、非法搜查或者拘禁劳动者劳动的；劳动环境恶劣，环境污染严重，给劳动者身心健康造成严重损害的。用人单位只要具有以上情形之一且构成犯罪的，应当按照《刑法修正案（八）》追究刑事责任，其可能涉及的罪名主要有：

（1）强迫职工劳动罪。《刑法》第 244 条规定："以暴力、威胁或者限制人身自由的方法强迫他人劳动的，处 3 年以下有期徒刑或者拘役，并处罚金；情节严重的，处 3 年以上 10 年以下有期徒刑，并处罚金。""明知他人实施前款行为，为其招募、运送人员或者有其他协助强迫他人劳动行为的，依照前款的规定处罚。""单位犯前两款罪的，对单位判处罚金，并对其直接负责的主管人员和其他直接责任人员，依照第一款的规定处罚。"

（2）重大责任事故罪。《刑法》第 134 条规定："工厂、矿山、林场、建筑企业或者其他企业、事业单位的职工，由于不服管理，违反规章制度，或者强令工人违章冒险作业，因而发生重大伤亡事故，造成严重后果的，处 3 年以下有期徒刑或者拘役；情节特别恶劣的，处 3 年以上 7 年以下有期徒刑。"

（3）故意伤害罪。用人单位体罚、殴打劳动者的，可以构成故意伤害罪。《刑法》第 234 条规定："故意伤害他人身体的，处 3 年以下有期徒刑、拘役或者管制。犯前款罪，致人重伤的，处 3 年以上 10 年以下有期徒刑；致人死亡或者以特别残忍手段致人重伤造成严重残疾的，处 10 年以上有期徒刑、无期徒刑或者死刑。本法另有规定的，依照规定。"

（4）侮辱罪。用人单位侮辱劳动者的，可以构成侮辱罪。《刑法》第 246 条规定："以暴力或者其他方法公然侮辱他人或者捏造事实诽谤他人，情节严重的，处 3 年以下有期徒刑、拘役、管制或者剥夺政治权利。前款罪，告诉的才处理，但是严重危害社会秩序和国家利益的除外。"

（5）非法搜查罪。《刑法》第 245 条规定："非法搜查他人身体、住宅，或者非法侵入他人住宅的，处 3 年以下有期徒刑或者拘役。司法工作人员滥用职权，犯前款罪的，从重处罚。"

（6）非法拘禁罪。《刑法》第 238 条规定："非法拘禁他人或者以其他方法非法剥夺他人人身自由的，处 3 年以下有期徒刑、拘役、管制或者剥夺政治权利。具有殴打、侮辱情节的，从重处罚。犯前款罪，致人重伤的，处 3 年以上 10 年以下有期徒刑；致人死亡的，处 10 年以上有期徒刑。使用暴力致人伤残、死亡的，依照本法第 234 条、第 232 条的规定定罪处罚。为索取债务非法扣押、拘禁他人的，依照前两款的规定处罚。"

（7）拒绝支付劳动报酬罪。《刑法》第 276 条规定："以转移财产、逃匿等方法逃避支付劳动者的劳动报酬或者有能力支付而不支付劳动者的劳动报酬，数额较大，经政府有关部门责令支付仍不支付的，处 3 年以下有期徒刑或者拘役，并处或者单处罚金；造成严重后果的，处 3 年以上 7 年以下有期徒刑，并处罚金。""单位犯前款罪的，对单位判处罚金，并对其直接负责的主管人员和其他直接责任人员，依照前款的规定处罚。""有前两款行为，尚未造成严重后果，在提起公诉前支付劳动者的劳动报酬，并依法承担相应赔偿责任的，可以减轻或者免除处罚。"

用人单位实施上述行为不构成犯罪的，有违反治安管理行为的，根据《治安管理处罚法》第 40 条之规定，由公安机关处以 15 日以下拘留、罚款或者警告。

另外需要注意的是，用人单位有上述情形，给劳动者造成损害的，用人单位还应当承担民事赔偿责任，赔偿范围包括劳动者相应的医药费、误工费、营养费等。

3. 用人单位发生变化时的合同履行。用人单位变更名称、法定代表人、主要负责人或者投资人等事项，不影响劳动合同的履行。

用人单位发生合并或者分立等情况，原劳动合同继续有效，劳动合同由承继其权利和义务的用人单位继续履行。

所谓"合并"是指两个或者两个以上的用人单位依照法律规定的程序，组成一个新用人单位的法律行为。合并有两种方式：一是新设合并，是指两个或两个以上的用人单位联合组成一个新的用人单位，所有被合并的用人单位均消灭。二是吸收合并，是指一个用人单位被其他用人单位吸收置于其中，被吸收的用人单位消灭。所谓"分立"是指一个用人单位分为两个或者两个以上的用人单位。用人单位的分立有两种形式：一是新设分立，即原用人单位分成两个或两个以上新用人单位。二是派生分立，即把一个用人单位分出一部分或若干部分，原用人单位仍然存在，分出的部分依法成为新用人单位。

【依据】《劳动合同法》第 29～34 条。

（二）劳动合同的变更

用人单位与劳动者协商一致，可以变更劳动合同约定的内容。变更劳动合同，应当采用书面形式。

变更后的劳动合同文本由用人单位和劳动者各执一份。

【依据】《劳动合同法》第 35 条。

四、集体合同、劳务派遣及非全日制用工

（一）集体合同的签订

企业职工一方与用人单位通过平等协商，可以就劳动报酬、工作时间、休息休假、劳动安全卫生、保险福利等事项订立集体合同。程序如下：

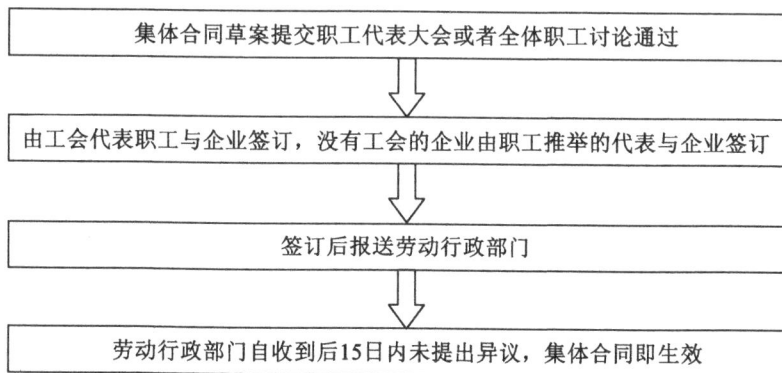

集体合同草案提交职工代表大会或者全体职工讨论通过
⇩
由工会代表职工与企业签订，没有工会的企业由职工推举的代表与企业签订
⇩
签订后报送劳动行政部门
⇩
劳动行政部门自收到后15日内未提出异议，集体合同即生效

【依据】《劳动法》第 33～35 条；《劳动合同法》第 51～56 条。

☞**重点提示**

1. 依法签订的集体合同对企业和企业全体职工具有约束力。

2. 职工个人与企业订立的劳动合同中劳动条件和劳动报酬等标准不得低于集体合同的规定。

3. 用人单位违反集体合同，侵犯职工劳动权益的，工会可以依法要求用人单位承担责任；因履行集体合同发生争议，经协商解决不成的，工会可以依法申请仲裁、提起诉讼。

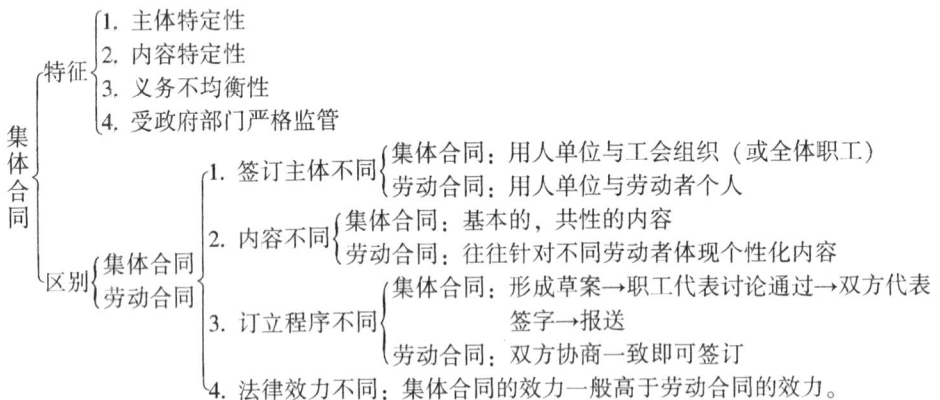

集体合同 {
  特征 {
    1. 主体特定性
    2. 内容特定性
    3. 义务不均衡性
    4. 受政府部门严格监管
  }
  区别 集体合同 劳动合同 {
    1. 签订主体不同 {
      集体合同：用人单位与工会组织（或全体职工）
      劳动合同：用人单位与劳动者个人
    }
    2. 内容不同 {
      集体合同：基本的，共性的内容
      劳动合同：往往针对不同劳动者体现个性化内容
    }
    3. 订立程序不同 {
      集体合同：形成草案→职工代表讨论通过→双方代表签字→报送
      劳动合同：双方协商一致即可签订
    }
    4. 法律效力不同：集体合同的效力一般高于劳动合同的效力。
  }
}

（二）非全日制用工

非全日制用工，是指以小时计酬为主，劳动者在同一用人单位一般平均每日工作时间不超过 4 小时，每周工作时间累计不超过 24 小时的用工形式。

非全日制用工双方当事人可以订立口头协议。

从事非全日制用工的劳动者可以与一个或者一个以上用人单位订立劳动合同；但是，后订立的劳动合同不得影响先订立劳动合同的履行。

非全日制用工双方当事人不得约定试用期。

非全日制用工双方当事人任何一方都可以随时通知对方终止用工。终止用工，用人单位无须向劳动者支付经济补偿。

非全日制用工小时计酬标准不得低于用人单位所在地人民政府规定的最低小时

工资标准。

非全日制用工劳动报酬结算支付周期最长不得超过 15 日。

【依据】《劳动合同法》第 **68~72** 条。

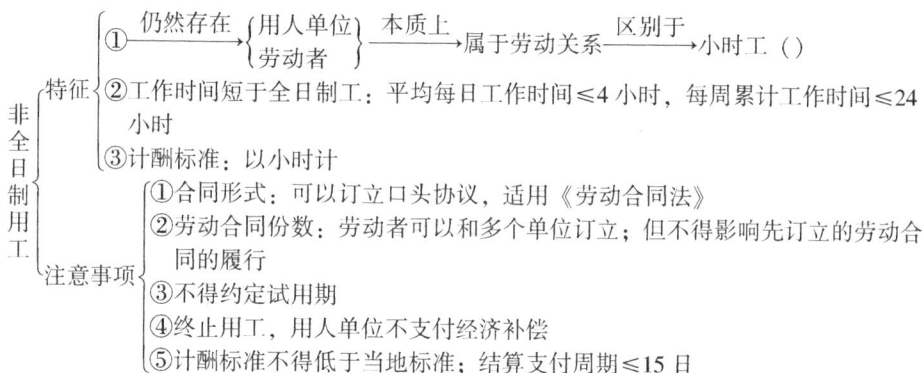

（三）劳务派遣

1. 三方关系。劳务派遣涉及三方当事人：劳务派遣单位、用工单位和劳动者。其中劳务派遣单位和劳动者之间是劳动关系，劳务派遣单位是劳动法上的用人单位。劳务派遣单位与用工单位之间是劳务派遣合作的民事法律关系，而劳动者和用工单位的关系则比较复杂，属于一种有别于劳动关系的特殊关系，在一定程度上受《劳动合同法》规范。

2. 劳务派遣单位的义务如下：

（1）签订劳动合同，载明用工单位、派遣期限和工作岗位等。

（2）合同期限在 2 年以上，按月支付报酬，劳动者无工作期间，按当地最低工资标准按月支付报酬。

（3）将劳务派遣协议的内容告知劳动者。

（4）不得向劳动者收取费用。

（5）不得向本单位或所属单位派遣。

【依据】《劳动合同法》第 **58、60、67** 条；《劳动合同法实施条例》第 **30~32** 条。

3. 用工单位的义务如下：

（1）执行国家劳动标准，提供相应的劳动条件和劳动保护。

（2）告知被派遣劳动者的工作要求和劳动报酬。

（3）支付加班费、绩效奖金，提供与工作岗位相关的福利待遇。

（4）对在岗被派遣劳动者进行工作岗位必需的培训。

（5）连续用工的，实行正常的工资调整机制。

（6）用工单位不得将被派遣劳动者再派遣到其他用人单位。

【依据】《劳动合同法》第62条；《劳动合同法实施条例》第28～29条。

4.劳动者的权利：同工同酬的权利，组织工会的权利。

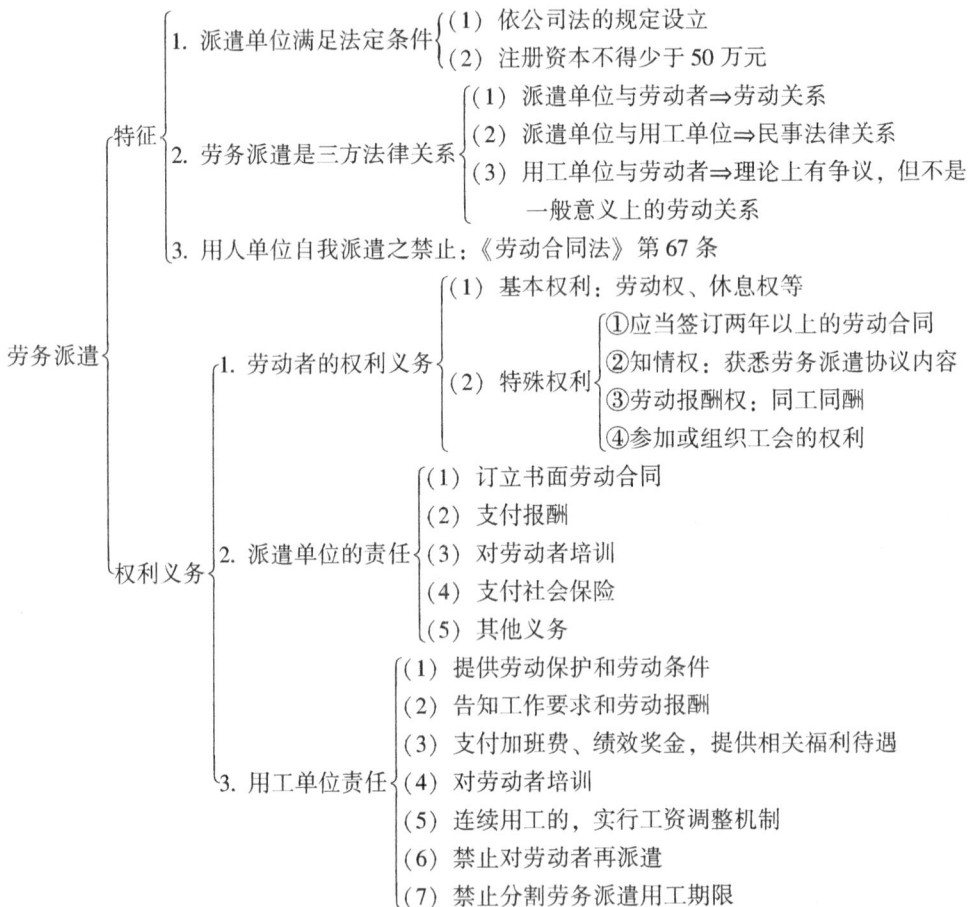

五、劳动合同的内容

（一）劳动合同的内容

根据《劳动法》的规定，可以把劳动合同的条款分为必须具备的条款、可以具备的条款和禁止约定的条款三种。

1.劳动合同必须具备的内容：

（1）用人单位的名称、住所和法定代表人或者主要负责人；

（2）劳动者的姓名、住址和居民身份证或者其他有效身份证件号码；

（3）劳动合同期限；

（4）工作内容和工作地点；

（5）工作时间和休息休假；

（6）劳动报酬；

（7）社会保险；

（8）劳动保护、劳动条件和职业危害防护；

（9）法律、法规规定应当纳入劳动合同的其他事项。

用人单位提供的劳动合同文本没有规定以上必备条款的，由劳动行政部门责令改正；给劳动者造成损害的，应当承担赔偿责任。

【依据】《劳动法》第 19 条；《劳动合同法》第 17、81 条。

2. 劳动合同可以约定的内容：

劳动合同除必备条款外，用人单位与劳动者可以约定试用期、培训、保守秘密、补充保险和福利待遇等其他事项。关于劳动合同中可以具备的条款，我国《劳动法》对试用期和保守商业秘密条款做了明确的规定。

3. 签订劳动合同的禁止事项：

用人单位在与劳动者订立劳动合同时，不得扣押劳动者的居民身份证和其他证件，不得以任何形式向劳动者收取定金、保证金（物）或抵押金（物）。违反规定的，由公安部门和劳动行政部门责令用人单位立即退还给劳动者本人。

除特定情形外，用人单位不得与劳动者约定由劳动者承担违约金。

【依据】《劳动法》第 19、21、22 条；《劳动合同法》第 25 条；《劳动法意见》第 18、19、23、24 条。

☞**重点提示**

> 1. 尤其要注意签订劳动合同的禁止事项。用人单位无权要求劳动者缴纳定金或保证金等，也无权扣压劳动者的证件。
>
> 2. 劳动合同中如果有一些条款违反了法律的规定，则这些条款是无效的，并不一定会导致整个合同的无效。

（二）保密义务和竞业限制

用人单位与劳动者可以在劳动合同中约定保守用人单位的商业秘密和与知识产权相关的保密事项。

对负有保密义务的劳动者，用人单位可以在劳动合同或者保密协议中与劳动者约定竞业限制条款，并约定在解除或者终止劳动合同后，在竞业限制期限内按月给予劳动者经济补偿。

竞业限制的人员限于用人单位的高级管理人员、高级技术人员和其他负有保密义务的人员。竞业限制的范围、地域、期限由用人单位与劳动者约定，竞业限制的约定不得违反法律、法规的规定。

在解除或者终止劳动合同后，以上规定的人员到与本单位生产或者经营同类产品、从事同类业务的有竞争关系的其他用人单位，或者自己开业生产或者经营同类产品、从事同类业务的竞业限制期限，不得超过 2 年。

劳动者违反竞业限制约定的，应当按照约定向用人单位支付违约金。给用人单位造成损失的，应当承担赔偿责任。

【依据】《劳动合同法》第 23、24、90 条。

（三）违约金

《劳动合同法》对违约金作出了严格限制，除上述涉及服务期、保密义务及竞业限制的情况下可以对违约金作出约定外，用人单位不得与劳动者约定由劳动者承担违约金。

【依据】《劳动合同法》第 25 条。

（四）现实中常见的几种无效的劳动合同条款

1. "死伤概不负责"或者"伤亡概由本人负责"条款。

现实中，许多企业与劳动者签订合同，约定对工伤致残、疾病、死亡等概不负责，或者只发给短时间的生活费。对于这类条款，最高人民法院明确批复，其不符合宪法和有关法律，也违反社会主义公德，为无效条款。

【依据】1988 年《最高人民法院关于雇工合同应当严格执行劳动保护法规问题的批复》。

2. "不能结婚"、"不能怀孕"条款。

婚姻自由和生育权利是我国宪法规定的公民的基本权利，男女双方只要符合法律规定的条件，且完全自愿，就有权结婚，任何组织和个人都不得干预。与此同时公民也有生育的权利。劳动合同中的"不能结婚"等条款明显违反了法律的强制性规定，是无效的。

【依据】《婚姻法》第 5 条；《人口与计划生育法》第 17 条；《劳动法》第 18 条。

（五）劳动合同无效的具体情形

1. 以欺诈、胁迫的手段或者乘人之危，使对方在违背真实意思的情况下订立或者变更劳动合同的；

2. 用人单位免除自己的法定责任、排除劳动者权利的；

3. 违反法律、行政法规强制性规定的。

对劳动合同的无效或者部分无效有争议的，由劳动争议仲裁机构或者人民法院确认。

【依据】《劳动合同法》第 26 条。

（六）劳动合同无效时的处理

劳动合同部分无效，不影响其他部分效力的，其他部分仍然有效。

劳动合同被确认无效，劳动者已付出劳动的，用人单位应当向劳动者支付劳动报酬。劳动报酬的数额，参照本单位相同或者相近岗位劳动者的劳动报酬确定。

劳动合同因对方过错导致无效的，无过错方有权解除该劳动合同。

无效劳动合同不仅没有法律效力，造成劳动合同无效的当事人还应承担相应的法律责任。劳动合同被确认无效，给对方造成损害的，有过错的一方应当承担赔偿责任。

【依据】《劳动法》第 97 条；《劳动合同法》第 27、28、38、39、86 条；《劳动合同赔偿办法》第 2、3 条。

（七）劳动合同书范本

劳 动 合 同

合同编号：_____

甲方（聘用单位）全称：_____
法定地址：_____
邮政编码：_____
法人代表姓名：_____
职务：_____
委托代理人姓名：_____

职务：_____

乙方（劳动者）：_____
文化程度：_____
性别：_____
出生日期：_____年____月____日
居民身份证号码：_____
邮政编码：_____
家庭住址：_____
所属街道办事处：_____

甲方_____与乙方_____为建立劳动关系，明确权利义务，依据《中华人民共和国劳动法》及有关法律、法规、规章，在平等自愿、协商一致的基础上，订立本合同。

第一条　合同期限

经双方协商，选定以下第_____种作为本合同的期限：

1. 有固定期限。本合同期限为_____年，自_____年____月____日起至_____年____月____日止。其中，试用期_____个月，自_____年____月____日起至_____年____月____日止；学徒期_____个月，自_____年____月____日起至_____年____月____日止。

2. 无固定期限，自_____年____月____日起到终止劳动合同条件出现时止。其中，试用期_____个月，自_____年____月____日起至_____年____月____日止；学徒期_____个月，自_____年____月____日起至_____年____月____日止。终止劳动合同的条件为：_____

3. 以完成一定的工作为期限。具体工作为：_____

第二条　工作内容

1. 甲方根据生产（工作）需要，安排乙方在_____生产（工作）岗位，并为乙方提供必要的生产（工作）条件。

2. 乙方应服从甲方所安排的工种、岗位，按照甲方关于本岗位生产（工作）任务和责任制要求完成规定的数量、质量指标和生产（工作）任务。

3. 乙方的生产（工作）任务为：_____。

4. 甲方根据生产（工作）需要，经双方协商同意，可以调换乙方的工种或岗位。

第三条　工作时间

1. 甲方安排乙方执行_____工作制。但甲方必须遵守以下方面：

执行定时工作制的，甲方安排乙方每日工作时间不超过八小时，平均每周不超过四十四小时。甲方保证乙方每周至少休息一日，甲方由于工作需要，经与工会和乙方协商后可以延长工作时间，一般每日不得超过一小时，因特殊原因需要延长工作时间的，在保障乙方身体健康的条件下延长工作时间每日不得超过三小时，每月不得超过三十六小时。

执行综合计算工时工作制的，平均日和平均周工作时间不超过法定标准工作时间。执行不定时工作制的，在保证完成甲方工作任务的情况下，工作和休息休假乙方自行安排。甲方安排乙方加班的，应安排乙方同等时间补休或依法支付加班工资；加点的，甲方应支付加点工资。

2. 有下列情形之一的，延长工作时间不受上述限制：

（1）发生自然灾害、事故或者因其他原因，威胁劳动者生命健康和财产安全，需要紧急处理的；

（2）生产设备、交通运输线路、公共设施发生故障，影响生产和公众利益，必须及时抢修的；

（3）法律、行政法规规定的其他情形。

3. 休假规定

（1）甲方应按国家规定保证乙方的休息权利。

（2）甲方在下列节日期间应当依法安排劳动者休假：元旦；春节；国际劳动节；国庆节；法律、法规规定的其他休假节日。

（3）乙方连续工作一年以上的，享受国家规定的带薪年休假。

第四条　劳动保护

1. 甲方应严格执行国家和地方有关劳动保护的法律、法规和规章，为乙方提供必要的劳动条件和劳动工具，建立健全生产工艺流程，制定操作规程、工作规范和劳动安全卫生制度及其标准。

2. 甲方必须建立健全劳动安全卫生制度、操作规程、工作规范。

3. 甲方必须对乙方提供符合国家规定的劳动安全卫生条件和必要的劳动防护用品。

4. 对乙方从事接触职业病危害的作业的，甲方应按国家有关规定组织上岗前和离岗时的职业健康检查，在合同期内每_____年对乙方进行职业健康检查。

5. 甲方必须根据国家有关规定对女职工和未成年工实行特殊保护。

6. 乙方在生产（工作）过程中，必须严格遵守安全操作规程，在甲方管理人员违章指挥、强令冒险作业时有权拒绝执行。

7. 甲方安排乙方从事特种作业的，必须按国家规定对乙方进行专门培训并取得特种作业资格，或者乙方已经过专门培训取得特种作业资格。

8. 甲方禁止安排女职工从事矿山井下、国家规定的第四级体力劳动强度的劳动和其他禁忌从事的劳动。

9. 甲方不得安排女职工在经期从事高处、低温、冷水作业和国家规定的第三级体力劳动强度的劳动。不得安排女职工在怀孕期间从事国家规定的第三级体力劳动强度的劳动和孕期禁忌从事的劳动。对怀孕七个月以上的女职工，不得安排其延长工作时间和夜班劳动。

10. 甲方不得安排女职工在哺乳未满一周岁的婴儿期间从事国家规定的第三级体力劳动强度的劳动和哺乳期禁忌从事的其他劳动，不得安排其延长工作时间和夜班劳动。不得安排未成年工从事矿山井下、有毒有害、国家规定的第四级体力劳动强度的劳动和其他禁忌从事的劳动。

第五条　劳动报酬

1. 甲方的工资分配应遵循按劳分配原则。

2. 甲方承诺每月 _____ 日为发薪日。乙方在试用期内的工资为每月_____元。

3. 经甲乙双方协商一致，对乙方的工资报酬选择确定以下第_____种：

（1）乙方的工资报酬按照甲方依法制定的规章制度中的内部工资分配办法确定，根据乙方的工作岗位确定其每月工资为_____元。

（2）甲方对乙方实行基本工资和绩效工资相结合的内部工资分配办法，乙方的基本工资确定为每月_____元，以后根据内部工资分配办法调整其工资；绩效工资根据乙方的工作业绩、劳动成果和实际贡献按照内部分配办法考核确定。

（3）甲方实行计件工资制，确定乙方的劳动定额应当是本单位同岗位百分之九十以上劳动者在法定工作时间内能够完成的，乙方在法定工作时间内按质完成甲方定额，甲方应当按时足额支付乙方的工资报酬。

（4）_____。

4. 由于甲方生产任务不足，使乙方下岗待工的，甲方保证乙方的月生活费不低于_____元。

5. 有下列情形之一的，甲方应当按照下列标准支付高于乙方正常工作时间工资的工资报酬：

（1）安排劳动者延长工作时间的，支付不低于工资的百分之一百五十的工资报酬；

（2）休息日安排劳动者工作又不能安排补休的，支付不低于工资的百分之二百的工资报酬；

（3）法定休假日安排劳动者工作的，支付不低于工资的百分之三百的工资报酬。

6. 乙方事假期间，甲方扣除工资的标准为_____。

7. 乙方依法享有带薪假期（婚假、丧假、年休假、探亲假）期间的工资，按乙方的_____工资支付。

第六条　保险与福利

1. 甲乙双方必须依法参加社会保险，甲方按所在地规定的一定比例按月为乙方缴纳养老、医疗、工伤、失业、生育保险费，乙方个人负担的部分，由甲方代乙方在其工资中扣缴，具体缴纳办法及标准为：_____。甲方应当将为乙方缴纳各项社会保险费的情况公示，乙方有权向甲方查询其各项社会保险的缴费情况，甲方应当提供帮助。

2. 乙方离退休，由社会保险机构按规定每月发给离退休金。失业后按规定享受失业期间的有关待遇。

3. 乙方在甲方工作期间，患病、负伤、因工伤残或者患职业病以及生育，其有关保险福利待遇，按国家和省现行规定执行。如乙方发生工伤事故，甲方应负责及时救治，并在规定时间内，向劳动保障行政部门提出工伤认定申请，为乙方依法办理劳动能力鉴定，并为享受工伤医疗待遇履行必要的义务。

4. 乙方其他保险福利待遇，按国家以及本省有关规定执行。

第七条　劳动纪律与规章

1. 甲方依法制定的各项规章制度应向乙方公示。

2. 乙方应严格遵守甲方制定的规章制度、完成劳动任务，提高职业技能，执行劳动安全卫生规程，遵守劳动纪律和职业道德。

3. 乙方违反劳动纪律，甲方可依据本单位规章制度，给予相应的行政处理、行政处分、经济处罚等，直至解除本合同。

第八条　教育和培训

1. 甲方应对乙方进行各种必要的政治、思想品德教育和职业技术及上岗前培训。

2. 乙方应刻苦钻研业务，达到国家规定的职业技能标准或技术等级标准，持证上岗。

3. 甲方出资培训乙方后，乙方须为甲方服务_____年，否则乙方应支付甲方培训费_____元。

第九条　甲方的权利义务

（一）甲方的权利

1. 按照岗位责任组织生产，检查考核乙方完成生产（工作）任务情况；

2. 按照国家法律、法规和本单位有关规定，决定对乙方劳动报酬的分配形式，并对乙方实施奖励或处分；

3. 根据生产（工作）或调整劳动组织的需要，在征得乙方同意后变更乙方生产（工作）岗位；

4. 当乙方不履行本合同时，有权依法向劳动争议仲裁委员会提起申诉；

5. 双方约定的其他权利：_____

（二）甲方的义务

1. 按照有关劳动安全、劳动保护、职业安全卫生的规定，向乙方提供必需的生产（工作）条件；

2. 创造条件提高乙方的政治思想素质和业务技术水平；

3. 根据有关规定及本合同有关条款，按时支付乙方劳动报酬并提供保险福利待遇；

4. 向乙方提供符合国家规定的劳动安全卫生条件和必要的劳动防护用品；

5. 双方约定的其他义务：_____

第十条　乙方的权利义务

（一）乙方的权利

1. 享有参加业务（技术）学习（培训）、参加工会、参与民主管理和提出合理化建议、评选和被评选为先进职工（生产者）等权利；

2. 按照规定领取劳动报酬和享受社会保险福利待遇；

3. 享有休息、休假与获得劳动安全卫生保护的权利。对违章指挥、强令冒险作业，有权拒绝执行；

4. 按照有关规定及本合同的有关条款，可以解除劳动合同；

5. 甲方不履行本合同时，乙方有权依法向劳动争议仲裁委员会提起申诉；

（二）乙方的义务

1. 服从甲方的生产组织管理，尽职尽责，努力完成生产（工作）任务；

2. 遵守国家法律、法规和社会公德，保守国家秘密、甲方商业秘密，爱护甲方财物；

3. 遵守厂纪厂规和劳动纪律，执行生产操作规程和劳动安全卫生规程，讲究职业道德；

4. 努力学习政治文化知识，刻苦钻研技术，不断提高专业技术水平，积极参加必要的社会活动；从事技术工种或岗位的，上岗前必须接受培训；

5. 双方约定的其他义务：_____

第十一条　合同的变更

1. 本合同履行期间，发生特殊情况时，甲、乙任何一方需变更本合同的，要求变更一方应及时通知对方，征得对方同意后，双方在规定的时限内（通知发出__天内）签订书面变更协议，该协议将成为合同不可分割的部分。未经双方签署书面文件，任何一方无权变更本合同，否则，由此造成对方的经济损失，由责任方承担。

2. 下列情况下，甲乙双方可以变更本合同的相关内容：

（1）甲方转产或调整生产任务的；

（2）甲乙双方协商同意，并且不损害国家和集体利益的；

（3）由于不可抗拒力致使本合同无法履行的；

（4）双方约定的其他情况：_____

第十二条　甲方对合同的解除

（一）有下列情形之一，甲方可以解除本合同，但应提前三十日以书面形式通知乙方。

1. 在试用期间，乙方被证明不符合录用条件的；录用条件为：

（1）_____

（2）_____

（3）_____

2. 乙方严重违反劳动纪律、甲方规章制度或不履行劳动合同的；

3. 乙方严重失职、营私舞弊，对甲方利益造成重大损害的；

4. 乙方泄露甲方商业秘密的；

5. 乙方被依法追究刑事责任或劳动教养的。

6. 乙方患病或者非因工负伤，医疗期满后不能从事原工作，也不能从事由甲方另行安排的工作的；

7. 甲方濒临破产进行法定整顿期间或者生产经营发生严重困难（地方政府规定的困难企业标准），经向工会或者全体职工说明情况，听取工会或者职工的意见，并向劳动保障行政部门报告后，可以解除本合同。

8. 双方约定的其他情况：_____。

依照第6、7项解除劳动合同时，甲方还应向乙方支付经济补偿金。

（二）乙方有下列情形之一，甲方不得终止、解除本合同：

1. 患职业病或因工负伤达到国家规定不得终止、解除劳动合同等级的；

2. 患病或非因工负伤，在规定的医疗期内的；

3. 女职工在孕期、产期、哺乳期内的；

4. 乙方在享受法定休假、探亲假期间的；

5. 复员退伍义务兵和建设征地农转工人员初次参加工作未满三年的；

6. 义务服兵役期间的；

7. 担任集体协商代表在履行代表职责的；

8. 符合法律法规、规定其他情况的；

9. 双方约定的其他情况：_____

第十三条　乙方对合同的解除

（一）乙方可以要求解除劳动合同，应当提前30日以书面形式通知甲方。

（二）在下列情况下，乙方可以随时解除本劳动合同，甲方应当支付乙方相应的劳动报酬并依法缴纳社会保险：

1. 在试用期内的；

2. 甲方以暴力、威胁或者非法限制人身自由的手段强迫劳动的；

3. 甲方不按国家、省和本合同约定支付劳动报酬或者保险福利待遇的；

4. 甲方劳动安全、卫生条件恶劣，严重危害劳动者身体健康的；

5. 甲方有侵害乙方合法权益行为的；

6. 经甲方同意，乙方自费离职学习和培训的；

7. 乙方参军、入学或出境定居的；

8. 双方约定的其他情况：_____

（三）在下列情况下，乙方不得解除劳动合同：

1. 由甲方出资培训（包括送大、中专院校或技工学校学习），培训后为甲方服务期未满的；

2. 属于技术骨干，承担某项重点工程的建设、改造任务或科研项目而任务未结束的；

3. 双方约定的其他情况：_____

第十四条　合同续订

1. 劳动合同期满或甲乙双方约定的劳动合同终止条件出现，劳动合同即终止执行。如双方同意续订，应提前 30 日办理续订手续。逾期不办理的，则本合同视为自动续订，并应补办续订手续。

2. 甲方补签或续订劳动合同，双方就合同期限协商不一致时，补签或续订的合同期限应从签字之日起不得少于_____月。乙方符合续订无固定期限劳动合同条件的，甲方应与其签订无固定期限劳动合同。

第十五条　甲方对乙方的补偿与赔偿

（一）甲方违反劳动合同的，应按下列标准支付乙方经济补偿金：

1. 甲方克扣或者无故拖欠乙方工资的，以及拒不支付乙方延长工作时间工资报酬的，除在规定的时间内全额支付乙方工资报酬外，还需加发相当于工资报酬 25% 的经济补偿金。

2. 甲方支付乙方的工资报酬低于当地最低工资标准的，要在补足低于标准部分的同时，另外支付相当于低于部分 25% 的经济补偿金。

（二）下列情形之一，甲方应根据乙方在甲方工作年限，每满一年发给相当于乙方解除本合同前十二个月平均工资一个月的经济补偿金，最多不超过十二个月：

1. 经与乙方协商一致，甲方解除本合同的；

2. 乙方不能胜任工作，经过培训或者调整工作岗位，仍不能胜任工作，由甲方解除本合同的。

（三）下列情形之一，甲方应根据乙方在甲方工作年限，每满一年发给相当于本单位上年月平均工资一个月的经济补偿金：

1. 乙方患病或者非因工负伤，经劳动鉴定委员会确认不能从事原工作，也不能从事由甲方另行安排的工作而解除本合同的；

2. 劳动合同订立时所依据的客观情况发生重大变化，致使本合同无法履行，经当事人协商不能就变更劳动合同达成协议，由甲方解除劳动合同的；

3. 甲方濒临破产进行法定整顿期间或者生产经营状况发生严重困难，必须裁减人员的。

以上三种情况，如果乙方被解除本合同前十二个月的月平均工资高于本单位上年月平均工资的，按本人月平均工资计发。

（四）甲方发生故意拖延不与乙方续订劳动合同、与乙方订立无效劳动合同、违反规定或本合同约定侵害乙方合法权益以及解除劳动合同等情形之一的，给乙方造成损害，甲方应按下列规定赔偿乙方损失：

1. 造成乙方工资收入损失的，按乙方应得工资收入支付给乙方，并加付应得工资收入 25% 的赔偿费用；

2. 造成乙方劳动保护待遇损失的，应按国家规定补足乙方的劳动保护津贴和用品。

3. 造成乙方工伤、医疗待遇损失的，除按国家规定为乙方提供工伤、医疗待遇外，还应支付乙方相当于医疗费用 25% 的赔偿费用；

4. 乙方为女职工或未成年工，造成其身体健康损害的，除按国家规定提供治疗期间的医疗待遇外，还应支付相当于其医疗费用 25% 的赔偿费用；

（五）支付乙方经济补偿时，乙方在甲方工作时间不满一年的按一年的标准发给经济补偿金。甲方解除本合同后，未按规定给予乙方经济补偿的，除全额发给经济补偿金外，还须按该经济补偿金数额的百分之五十支付额外经济补偿金。

第十六条　乙方对甲方的赔偿

（一）乙方违反规定或本合同的约定解除劳动合同，对甲方造成损失的，乙方应赔偿甲方下列损失：

1. 甲方为其支付的培训费和招收录用费；

2. 对生产、经营和工作造成的直接经济损失；

3. 本合同约定的其他赔偿费用。

（二）乙方违反本合同约定的条件解除劳动合同或违反本合同约定的保守商业秘密事项，对甲方造成经济损失的，应按损失的程度依法承担赔偿责任。

第十七条　违约责任

1. 由于甲乙双方任何一方的过错造成合同不能履行或者不能完全履行，由有过错的一方承担法律责任；如属双方过错，根据实际情况，由双方分别承担法律责任。

2. 甲方未征得乙方同意强制乙方加班加点的，除支付加班工资外，还须付给乙方两倍于加班工资的违约金。乙方已同意加班但又临时拒绝的，须按预定加班时数付给相当于两倍加班工资的违约金予甲方。

3. 甲方如不按本合同规定的时间和金额支付乙方工资，除付清所欠工资外，须按日支付乙方相当于所欠款额1%的违约金。

4. 在合同期内，甲方非法单方面解除合同或乙方因甲方过错而解除合同，甲方应按乙方在本企业服务年限长短支付违约金，数额为：解除合同当年乙方月平均工资总额的两倍乘服务年限（不足一年的按一年计）。

5. 乙方非法单方面解除合同，须付给甲方违约金，数额为解除合同当年乙方月平均工资总额的两倍乘合同期未满年限（不足一年的按一年计）。

6. 甲、乙任何一方违反本合同，给对方造成严重损失的，除承担经济责任外，还应负相应的法律责任。

第十八条　劳动争议处理

1. 甲乙双方执行合同发生争议，当事人应当协商解决，不愿协商或者协商不成的，可以向本企业劳动争议调解委员会申请调解，调解不成的，可以向企业所在地劳动争议仲裁委员会申请仲裁。对仲裁裁决不服的，可自接到裁决书之日起15日内向人民法院起诉。

2. 甲乙双方也可以直接向劳动争议仲裁委员会申请仲裁。提出仲裁要求的一方应当自劳动争议发生之日起六十日内向劳动争议仲裁委员会提出书面申请。对仲裁裁决不服的，可以自收到仲裁裁决书之日起十五日内向人民法院提起诉讼。

3. 甲方违反劳动法律、法规和规章，损害乙方合法权益的，乙方有权向劳动保障行政部门和有关部门举报。

第十九条　保密

甲乙双方保证对在讨论、签订、执行本协议过程中所获悉的属于对方的且无法自公开渠道获得的文件及资料（包括商业秘密、公司计划、运营活动、财务信息、技术信息、经营信息及其他商业秘密）予以保密。未经该资料和文件的原提供方同意，另一方不得向任何第三方泄露该商业秘密的全部或部分内容。但法律、法规另有规定或双方另有约定的除外。保密期限为____年。

第二十条　通知

1. 根据本合同需要一方向另一方发出的全部通知以及双方的文件往来及与本合同有关的通知和要求等，必须用书面形式，可采用_____（书信、传真、电报、当面送交等）方式传递。以上方式无法送达的，方可采取公告送达的方式。

2. 各方通讯地址如下：_____。

3. 一方变更通知或通讯地址，应自变更之日起____日内，以书面形式通知对方；否则，由未通知方承担由此而引起的相关责任。

第二十一条　不可抗力

1. 如果本合同任何一方因受不可抗力事件影响而未能履行其在本合同下的全部或部分义务，该义务的履行在不可抗力事件妨碍其履行期间应予中止。

2. 声称受到不可抗力事件影响的一方应尽可能在最短的时间内通过书面形式将不可抗力事件的发生通知另一方，并在该不可抗力事件发生后_____日内向另一方提供关于此种不可抗力事件及其持续时间的适当证据及合同不能履行或者需要延期履行的书面资料。声称不可抗力事件导致其对本合同的履行在客观上成为不可能或不实际的一方，有责任尽一切合理的努力消除或减轻此等不可抗力事件的影响。

3. 不可抗力事件发生时，双方应立即通过友好协商决定如何执行本合同。不可抗力事件或其影响终止或消除后，双方须立即恢复履行各自在本合同项下的各项义务。如不可抗力及其影响无法终止或消除而致使合同任何一方丧失继续履行合同的能力，则双方可协商解除合同或暂时延迟合同的履行，且遭遇不可抗力一方无须为此承担责任。当事人迟延履行后发生不可抗力的，不能免除责任。

4. 本合同所称"不可抗力"是指受影响一方不能合理控制的，无法预料或即使可预料到也不可避免且无法克服，并于本合同签订日之后出现的，使该方对本合同全部或部分的履行在客观上成为不可能或不实际的任何事件。此等事件包括但不限于自然灾害如水灾、火灾、旱灾、台风、地震，以及社会事件如战争（不论曾否宣战）、动乱、罢工，政府行为或法律规定等。

第二十二条　合同的解释

本合同未尽事宜或条款内容不明确，合同双方当事人可以根据本合同的原则、合同的目的、交易习惯及关联条款的内容，按照通常理解对本合同作出合理解释。该解释具有约束力，除非解释与法律或本合同相抵触。

第二十三条　补充与附件

本合同未尽事宜，依照有关法律、法规执行，法律、法规未作规定的，甲乙双方可以达成书面补充合同。本合同的附件和补充合同均为本合同不可分割的组成部分，与本合同具有同等的法律效力。

第二十四条　合同的效力

1. 本合同自双方或双方法定代表人或其授权代表人签字并加盖单位公章或合同专用章之日起生效。

2. 有效期为_____年，自_____年____月____日至_____年____月____日。

3. 本合同正本一式_____份，双方各执_____份，具有同等法律效力。

甲方（盖章）：_____　　　　　　乙方（盖章）：_____

法定代表人（签字）：_____　　　法定代表人（签字）：_____

委托代理人（签字）：_____　　　委托代理人（签字）：_____

签订地点：_____　　　　　　　　签订地点：_____

_____年___月___日   _____年___月___日

（资料来源：北大法意网，http：//www.lawyee.net/Contract/Contract_ Display.asp？RID＝8834。注：各地劳动合同范本可见于中国人力资源与社会保障部网站，http：//w1.mohrss.gov.cn/gb/ggfw/ldhtfb.htm。）

六、劳动合同的解除和终止

（一）劳动合同解除的方式

劳动合同解除指劳动合同订立后，尚未全部履行以前，由于某种原因导致劳动合同一方或双方提前消灭劳动关系的法律行为。劳动合同解除可分为以下几种：

1. 协商解除。经劳动合同当事人协商一致，劳动合同可以解除。协商解除必须是双方自愿，平等协商。

【依据】《劳动法》第24条；《劳动合同法实施条例》第18~19条。

2. 法定解除。在劳动合同的履行过程中，出现了劳动法律法规规定的情况时，当事人一方或双方可以直接解除合同。具体包括用人单位单方解除合同的情形、劳动者单方解除合同的情形。

（二）用人单位可以随时单方解除劳动合同的情况

在下列情况下，用人单位无须提前通知劳动者，可以随时通知劳动者解除合同：

1. 在试用期间被证明不符合录用条件的；

2. 严重违反劳动纪律或者用人单位规章制度的；

3. 严重失职、营私舞弊，对用人单位利益造成重大损害的；

4. 劳动者同时与其他用人单位建立劳动关系，对完成本单位的工作任务造成严重影响，或者经用人单位提出，拒不改正的；

5. 因欺诈、胁迫的手段或者乘人之危，使用人单位在违背真实意思的情况下订立或者变更劳动合同而导致合同无效的；

6. 被依法追究刑事责任的。

【依据】《劳动法》第25条；《劳动合同法》第39条；《劳动合同法实施条例》第19条。

（三）用人单位需要提前30日通知劳动者或额外支付1个月工资才能解除劳动合同的情况

有下列情形之一的，用人单位可以解除劳动合同，但是应当提前30日以书面形式通知劳动者本人或额外支付 1 个月工资：

1. 劳动者患病或者非因工负伤，医疗期满后，不能从事原工作也不能从事由用人单位另行安排的工作的；

2. 劳动者不能胜任工作，经过培训或者调整工作岗位，仍不能胜任工作的；

3. 劳动合同订立时所依据的客观情况发生重大变化，致使原劳动合同无法履行，经当事人协商不能就变更劳动合同达成协议的。

【依据】《劳动法》第 26 条；《劳动合同法》第 40 条；《劳动合同法实施条例》第 19~20 条。

（四）用人单位的经济性裁员

1. 可以进行经济性裁员的情况。有下列情形之一，需要裁员 20 人以上或者不足 20 人但占企业职工总数 10%以上的，用人单位应当提前 30 日向工会或者全体职工说明情况，听取工会或者职工的意见后，并向劳动行政部门报告裁员方案，方可裁减人员：

（1）依照企业破产法规定进行重整的；

（2）生产经营发生严重困难的；

（3）企业转产、重大技术革新或者经营方式调整，经变更劳动合同后，仍需裁减人员的；

（4）其他因劳动合同订立时所依据的客观经济情况发生重大变化，致使劳动合同无法履行的。

【依据】《劳动合同法》第 41 条。

2. 裁员时应当优先留用的人员：

（1）与本单位订立较长期限的固定期限劳动合同的；

（2）与本单位订立无固定期限劳动合同的；

（3）家庭无其他就业人员，有需要扶养的老人或者未成年人的。

用人单位裁员后，在 6 个月内重新招用人员的，应当通知被裁减的人员，并在同等条件下优先招用被裁减的人员。

【依据】《劳动合同法》第 41 条。

3. 关于经济性裁员的程序。用人单位确需裁员，应按下列程序进行：

（1）提前 30 日向工会或全体职工说明情况，并提供有关生产经营状况的资料；

（2）提出裁员方案，包括被裁减人员名单、裁减时间及实施步骤，符合法律、法规规定和集体合同约定的被裁减人员的经济补偿办法；

（3）将裁员方案征求工会或者全体职工的意见，并对方案进行修改和完善；

（4）向当地劳动行政部门报告裁员方案以及工会或者全体职工的意见，并听取劳动行政部门的意见；

（5）由用人单位正式公布裁员方案，与被裁减人员办理解除劳动合同手续，按照有关规定向被裁减人员本人支付经济补偿金，并出具裁减人员证明书。

【依据】《劳动法》第 27 条；《劳动法意见》第 17 条；《企业经济性裁减人员规定》第 4 条。

（五）用人单位不得单方解除合同的情况

劳动者有下列情形之一的，用人单位不得依照《劳动合同法》第 40、41 条的规定解除劳动合同：

1. 从事接触职业病危害作业的劳动者未进行离岗前职业健康检查，或者疑似职业病病人在诊断或者医学观察期间的；

2. 在本单位患职业病或者因工负伤并被确认丧失或者部分丧失劳动能力的；

3. 患病或者非因工负伤，在规定的医疗期内的；

4. 女职工在孕期、产期、哺乳期的；

5. 在本单位连续工作满 15 年，且距法定退休年龄不足 5 年的；

6. 法律、行政法规规定的其他情形。

【依据】《劳动合同法》第 42 条。

☞重点提示

工会要注意发挥自身在用人单位解除劳动合同中的作用。

用人单位解除劳动合同，工会认为不适当的，有权提出意见。如果用人单位违反法律、法规或者劳动合同，工会有权要求重新处理；劳动者申请仲裁或者提起诉讼的，工会应当依法给予支持和帮助。

【依据】《劳动法》第 30 条；《劳动合同法》第 43 条。

（六）劳动者可以单方解除劳动合同的情况

1. 一般情况下劳动者可单方解除劳动合同需提前通知用人单位。即劳动者提前 30 日以书面形式通知用人单位，可以解除劳动合同。劳动者在试用期内提前 3 日通知用人单位，可以解除劳动合同。

用人单位有下列情形之一的，劳动者可以解除劳动合同：

（1）未按照劳动合同约定提供劳动保护或者劳动条件的；

（2）未及时足额支付劳动报酬的；

（3）未依法为劳动者缴纳社会保险费的；

（4）用人单位的规章制度违反法律、法规的规定，损害劳动者权益的；

（5）因以欺诈、胁迫的手段或者乘人之危，使对方在违背真实意思的情况下订立或者变更劳动合同致使劳动合同无效的；

（6）法律、行政法规规定劳动者可以解除劳动合同的其他情形。

2. 特殊情况下劳动者单方可以随时解除劳动合同。用人单位以暴力、威胁或者非法限制人身自由的手段强迫劳动者劳动的，或者用人单位违章指挥、强令冒险作业危及劳动者人身安全的，劳动者可以立即解除劳动合同，不需事先告知用人单位。

【依据】《劳动合同法》第 36～38 条；《劳动合同法实施条例》第 18 条。

（七）劳动合同的终止

有下列情形之一的，劳动合同终止：

1. 劳动合同期满的；

2. 劳动者开始依法享受基本养老保险待遇或达到法定退休年龄的；

3. 劳动者死亡，或者被人民法院宣告死亡或者宣告失踪的；

4. 用人单位被依法宣告破产的；

5. 用人单位被吊销营业执照、责令关闭、撤销或者用人单位决定提前解散的；

6. 法律、行政法规规定的其他情形。

【依据】《劳动合同法》第 44 条；《劳动合同法实施条例》第 21 条。

（八）解除或者终止劳动合同的证明

用人单位应当在解除或者终止劳动合同时出具解除或者终止劳动合同的证明，并在 15 日内为劳动者办理档案和社会保险关系转移手续。

劳动者应当按照双方约定，办理工作交接。用人单位依照本法有关规定应当向劳动者支付经济补偿的，在办结工作交接时支付。

用人单位对已经解除或者终止的劳动合同的文本，至少保存 2 年备查。

用人单位违反《劳动合同法》规定没有向劳动者出具解除或者终止劳动合同的书面证明，由劳动行政部门责令改正；给劳动者造成损害的，应当承担赔偿责任。

【依据】《劳动合同法》第 50、89 条；《劳动合同法实施条例》第 24 条。

（九）用人单位应当向劳动者支付经济补偿的情况

有下列情形之一的，用人单位应当向劳动者支付经济补偿：

1. 劳动者依照《劳动合同法》第 38 条解除劳动合同的；

2. 用人单位依照《劳动合同法》第 36 条向劳动者提出解除劳动合同并与劳动者协商一致解除劳动合同的；

3. 用人单位依照《劳动合同法》第 40 条解除劳动合同的；

4. 用人单位依照《劳动合同法》第 41 条第 1 款解除劳动合同的；

5. 除用人单位维持或者提高劳动合同约定条件续订劳动合同，劳动者不同意续订的情形外，依照《劳动合同法》第 44 条第 1 项终止固定期限劳动合同的；

6. 依照《劳动合同法》第 44 条第 4 项、第 5 项终止劳动合同的；

7. 法律、行政法规规定的其他情形。

【依据】《劳动合同法》第 46 条；《劳动合同法实施条例》第 22~23、25 条。

（十）解除和终止劳动合同时经济补偿的计算方法

经济补偿按劳动者在本单位工作的年限，每满 1 年支付 1 个月工资的标准向劳动者支付。6 个月以上不满 1 年的，按 1 年计算；不满 6 个月的，向劳动者支付半个月工资的经济补偿。

劳动者月工资高于用人单位所在直辖市、设区的市级人民政府公布的本地区上年度职工月平均工资 3 倍的，向其支付经济补偿的标准按职工月平均工资 3 倍的数额支付，向其支付经济补偿的年限最高不超过 12 年。

月工资是指劳动者在劳动合同解除或者终止前 12 个月的平均工资。

需要注意的是，劳动者患病或者非因工负伤，经劳动鉴定委员会确认不能从事原工作与不能从事用人单位另行安排的工作而解除劳动合同的，用人单位应按其在本单位的工作年限，每满 1 年发给相当于 1 个月工资的经济补偿金，同时还发给不低于 6 个月工资的医疗补助费。患重病和绝症的还应增加医疗补助费，患重病的增加部分不低于医疗补助费的 50%，患绝症的增加部分不低于医疗补助费的 100%。

【依据】《劳动合同法》第 47 条；《违反和解除劳动合同的经济补偿办法》（以下简称《劳动合同补偿办法》）第 1~11 条；《劳动合同法实施条例》第 27 条。

☞**重点提示**

1. 用人单位解除劳动合同后，未按规定给予劳动者经济补偿的，除全额发给经济补偿金外，还须按该经济补偿金数额的 50% 支付额外经济补偿金。

2. 对劳动者的经济补偿金，由用人单位一次性发给。

3. 用人单位违反《劳动合同法》的规定解除或者终止劳动合同的，应当依照经济补偿标准的 2 倍向劳动者支付赔偿金。

【依据】《劳动合同法》第 87 条；《劳动合同补偿办法》第 1~11 条。

（十一）用人单位的其他法律责任

1. 不按期支付工资等情况的法律责任。用人单位有下列情形之一的，由劳动行政部门责令限期支付劳动报酬、加班费或者经济补偿；劳动报酬低于当地最低工资标准的，应当支付其差额部分；逾期不支付的，责令用人单位按应付金额 50% 以上 100% 以下的标准向劳动者加付赔偿金：

（1）未按照劳动合同的约定或者国家规定及时足额支付劳动者劳动报酬的；

（2）低于当地最低工资标准支付劳动者工资的；

（3）安排加班不支付加班费的；

（4）解除或者终止劳动合同，未依照本法规定向劳动者支付经济补偿的。

【依据】《劳动合同法》第 86 条；《劳动合同法实施条例》第 34 条。

2. 暴力强迫劳动等情况的法律责任。用人单位有下列情形之一的，依法给予行政处罚；构成犯罪的，依法追究刑事责任；给劳动者造成损害的，应当承担赔偿责任：

（1）以暴力、威胁或者非法限制人身自由的手段强迫劳动的；

（2）违章指挥或者强令冒险作业危及劳动者人身安全的；

（3）侮辱、体罚、殴打、非法搜查或者拘禁劳动者的；

（4）劳动条件恶劣、环境污染严重，给劳动者身心健康造成严重损害的。

【依据】《劳动合同法》第 88 条。

3. 未按规定建立职工名册。用人单位违反劳动合同法有关建立职工名册规定的，由劳动行政部门责令限期改正；逾期不改正的，由劳动行政部门处 2000 元以上 2 万元以下的罚款。

【依据】《劳动合同法实施条例》第 33 条。

4. 违反劳务派遣有关规定。用工单位违反《劳动合同法》和《劳动合同法实施条例》有关劳务派遣规定的，由劳动行政部门和其他有关主管部门责令改正；情节严重的，以每位被派遣劳动者 1000 元以上 5000 元以下的标准处以罚款；给被派遣劳动者造成损害的，劳务派遣单位和用工单位承担连带赔偿责任。

【依据】《劳动合同法实施条例》第 35 条。

（十二）劳动者承担赔偿责任的情况

劳动者违反规定或劳动合同的约定解除劳动合同，对用人单位造成损失的，劳动者应赔偿用人单位下列损失：

1. 用人单位招收录用其所支付的费用；

2. 用人单位为其支付的培训费用，双方另有约定的按约定办理；

3. 对生产、经营和工作造成的直接经济损失；

4. 劳动合同约定的其他赔偿费用。

有下列情形之一，用人单位与劳动者解除约定服务期的劳动合同的，劳动者还应当按照劳动合同的约定向用人单位支付违约金：

1. 劳动者严重违反用人单位的规章制度的；

2. 劳动者严重失职，营私舞弊，给用人单位造成重大损害的；

3. 劳动者同时与其他用人单位建立劳动关系，对完成本单位的工作任务造成严重影响，或者经用人单位提出，拒不改正的；

4. 劳动者以欺诈、胁迫的手段或者乘人之危，使用人单位在违背真实意思的情况下订立或者变更劳动合同的；

5. 劳动者被依法追究刑事责任的。

【依据】《劳动合同赔偿办法》第 **4** 条；《劳动合同法实施条例》第 **26** 条。

第三节　工作时间、休息休假、工资和劳动争议

一、工作时间

（一）我国现行的工作时间制度

我国境内的国家机关、社会团体、企业事业单位以及其他组织的职工在常规情况下，每日工作 8 小时、每周工作 40 小时。

在特殊条件下从事劳动和有特殊情况，需要适当缩短工作时间的，按照国家有关规定执行。

因工作性质或者生产特点的限制，不能实行上述标准工时制度的，按照国家有关规定，可以实行其他工作和休息办法。

任何单位和个人不得擅自延长职工工作时间。因特殊情况和紧急任务确需延长的，按照国家有关规定执行。

国家机关、事业单位实行统一的工作时间，星期六和星期日为周休息日。

企业和不能实行以上规定的统一工作时间的事业单位，可以根据实际情况灵活安排周休息日。

从以上可以看到，我国现行的工作时间有以下几种：标准工作时间制度、不定时工作时间制度和综合计算工作时间制度 3 种。一般情况下，应采用标准工作时间制度。企业因生产特点不能实行标准工作时间的，必须经劳动行政部门批准。

【依据】《国务院关于职工工作时间的规定》（以下简称《职工工作时间规

定》）第 3~5 条。

（二）标准工作时间制度

1. 标准工作时间（标准工时制）

每天工作 8 小时，每周工作 5 天，每周工作 40 小时。

一般工作岗位、常规工作环境情况下采用这种工作时间安排。

对实行计件工作的劳动者，用人单位应当根据标准工时制合理确定劳动者的劳动定额和计件报酬标准。

【依据】《劳动法》第 36、37 条。

2. 工作时间的缩短

缩短工作时间制度（缩短工时制），是指工作时间少于标准工作时间，主要适用于从事矿山井下、高山、有毒有害、特别繁重或过度紧张等工作的劳动者，从事夜班工作的劳动者和哺乳期内的妇女。

我国法律规定，在特殊条件下从事劳动和有特殊情况，需要在每周工作 40 小时的基础上再适当缩短工作时间的，应在保证完成生产和工作任务的前提下，由企业根据实际情况决定。

【依据】《劳动法》第 39 条；《职工工作时间规定》第 4 条；《〈国务院关于职工工作时间的规定〉的实施办法》（以下简称《职工工作时间办法》）第 4 条。

3. 工作时间的延长

延长工作时间制度，是指工作时间超过标准工时制，即加班加点。

用人单位由于生产经营需要，经与工会和劳动者协商后可以延长工作时间，一般每日不得超过 1 小时；因特殊原因需要延长工作时间的在保障劳动者身体健康的条件下延长工作时间每日不得超过 3 小时，但是每月不得超过 36 小时。

但有下列特殊情形和紧急任务之一的，延长工作时间不受以上规定的限制：

（1）发生自然灾害、事故或者因其他原因，使人民的安全健康和国家资财遭到严重威胁，需要紧急处理的；

（2）生产设备、交通运输线路、公共设施发生故障，影响生产和公众利益，必须及时抢修的；

（3）必须利用法定节日或公休假日的停产期间进行设备检修、保养的；

（4）为完成国防紧急任务，或者完成上级在国家计划外安排的其他紧急生产任务，以及商业、供销企业在旺季完成收购、运输、加工农副产品紧急任务的。

【依据】《劳动法》第 41、42 条；《职工工作时间办法》第 7 条。

☞**重点提示**

> 1. 协商是企业决定延长工作时间的程序,企业确因生产经营需要,必须延长工作时间时,应与工会和劳动者协商。协商后,企业可以在劳动法限定的延长工作时数内决定延长工作时间;对企业违反法律、法规强迫劳动者延长工作时间的,劳动者有权拒绝。若由此发生劳动争议,可以提请劳动争议处理机构予以处理。
>
> 2. 加班加点的工作报酬
>
> 延长工作时间的,企业应当按照《劳动法》的规定,给职工支付不低于工资的150%的工资报酬或安排补休;休息日安排劳动者工作又不能安排补休的,支付不低于工资的200%的工资报酬;法定休假日安排劳动者工作的,支付不低于工资的300%的工资报酬。
>
> 3. 对加班加点的监督检查
>
> 用人单位违反法律规定,延长劳动者工作时间的,由劳动行政部门给予警告,责令改正,并可以处以罚款。

【依据】《劳动法》第44、90条;《劳动法意见》第71条;《职工工作时间办法》第8条。

(三) 不定时工作时间

因工作性质或生产特点的限制,不能实行标准工时制的,可以实行不定时工作制。

企业对符合下列条件之一的职工,可以实行不定时工作制。

1. 企业中的高级管理人员、外勤人员、推销人员、部分值班人员和因其他原因工作无法按标准工作时间衡量的职工;

2. 企业中的长途运输人员、出租汽车司机和铁路、港口、仓库的部分装卸人员以及因工作性质特殊、需机动作业的职工;

3. 其他因生产特点、工作特殊需要或职责范围的关系,适合实行不定时工作制的职工。

经批准实行不定时工作制的职工,不受劳动法的日延长工作时间标准和月延长工作时间标准(即一般每天不超过1小时,每月不超过36小时)的限制,但用人单位应采用弹性工作时间等适当的工作和休息方式,确保职工的休息休假权利和生产、工作任务的完成。

【依据】《职工工作时间办法》第 5 条；《关于企业实行不定时工作制和综合计算工时工作制的审批办法》（以下简称《不定时和综合计算工时办法》）第 4 条；《劳动法意见》第 67 条。

（四）综合计算工作时间

对于那些在市场竞争中，由于外界因素的影响，生产任务不均衡的企业，经劳动行政部门严格审批后，可以实行综合计算工作时间。

用人单位对符合下列条件之一的职工，可实行综合计算工时工作制，即分别以周、月、季、年等为周期，综合计算工作时间，但其平均日工作时间和平均周工作时间应与法定标准工作时间基本相同：

1. 交通、铁路、邮电、水运、航空、渔业等行业中因工作性质特殊，需连续作业的职工；

2. 地质及资源勘探、建筑、制盐、制糖、旅游等受季节和自然条件限制的行业的部分职工；

3. 其他适合实行综合计算工时工作制的职工。

【依据】《不定时和综合计算工时办法》第 5 条。

☞重点提示

> 对于实行不定时工作制和综合计算工时工作制等其他工作和休息办法的职工，企业应根据在保障职工身体健康并充分听取职工意见的基础上，采用集中工作、集中休息、轮休调休、弹性工作时间等适当方式，确保职工的休息休假权利和生产、工作任务的完成。

【依据】《不定时和综合计算工时办法》第 6 条。

二、休息休假和工资

休息时间是指劳动者按规定不必进行生产和工作而自行支配的时间。

（一）劳动者享有的休息时间的种类

1. 工作日内的休息时间：在工作过程中给予劳动者必要的休息和用餐时间。一般为 1~2 小时，最少不得少于半个小时。

2. 每周休假日（公休假日）：职工根据国家规定每周休息的时间。多为星期六和星期日，但不能严格实行标准工时制的单位，可根据实际情况灵活安排周休假日，但应当保证劳动者每周至少休息 1 日。

3. 法定节假日休息时间：法律规定用以开展纪念、庆祝等活动的休息时间。我国《劳动法》第 40 条规定用人单位在下列节日期间，应当依法安排劳动者休假：元旦，春节，国际劳动节，国庆节，法律法规规定的其他休假节日。

4. 探亲假：符合国家规定的单位的职工所享有的探望与自己分居两地的父母或配偶的假期。

5. 带薪年休假：职工每年享受的连续休假期间，在此期间工资照付。国家实行带薪年休假制度。劳动者连续工作 1 年以上的，享受带薪年休假。

【依据】《劳动法》第 40、45 条。

（二）工资的范围和形式

劳动法中的"工资"，是指用人单位依据国家有关规定或劳动合同的约定，以货币形式直接支付给本单位劳动者的劳动报酬，一般包括计时工资、计件工资、奖金、津贴和补贴、延长工作时间的工资报酬以及特殊情况下支付的工资等。

"工资"是劳动者劳动收入的主要组成部分。

劳动者的以下劳动收入不属于工资范围：

（1）单位支付给劳动者个人的社会保险福利费用，如丧葬抚恤救济费、生活困难补助费、计划生育补贴等；

（2）劳动保护方面的费用，如用人单位支付给劳动者的工作服、解毒剂、清凉饮料费用等；

（3）按规定未计入工资总额的各种劳动报酬及其他劳动收入，如根据国家规定发放的创造发明奖，合理化建议和技术进步奖等；

（4）实物折款，指职工从单位得到的，按规定未列入工资总额和保险福利费用的各种实物折款；

（5）财产性收入，包括职工从银行和企业获得的存款利息、债券利息、股息和股金分红等；

（6）转移性财产收入，包括职工从职工以外其他阶层人员中得到的赠送收入、遗产收入以及从各种意外事故中得到补偿和由于各种灾害从非营利性机构得到的捐赠收入等；

（7）其他。在上述各项以外职工得到的其他现金收入，如职工的午餐补贴等。

【依据】《劳动法意见》第 53 条。

实践中应注意工资不等于劳动报酬，二者的范围及性质均有所不同，另外工资与其他劳动报酬或劳动收入相比有以下特征：

（1）工资标准必须事先规定。只有事先规定的工资标准才能产生相应的法律后果，用人单位才能获得劳动者的劳动，劳动者也才有权要求用人单位提供工资报酬。

（2）工资是劳动者基于劳动关系所取得的劳动报酬。即只有劳动者与用人单位之间劳动关系的存续期间才存在工资支付问题。

（3）工资必须以法定货币形式定期支付给劳动者本人。一般情况下应当用人民币支付，但是外资企业也可以用外币支付。

（三）工资支付保障

1. 工资应当以法定货币支付。不得以实物及有价证券替代货币支付。

2. 工资必须在用人单位与劳动者约定的日期支付。如遇节假日或休息日，则应提前在最近的工作日支付。工资至少每月支付一次，实行周、日、小时工资制的可按周、日、小时支付工资。

3. 劳动者依法享受年休假、探亲假、婚假、丧假期间以及依法参加社会活动期间（如依法行使选举权或被选举权；当选代表出席乡镇、区以上政府、党派、工会、青年团、妇女联合会等组织召开的会议；出任人民法院证明人；出席劳动模范、先进工作者大会），用人单位应按劳动合同规定的标准支付劳动者工资。

4. 用人单位应将工资支付给劳动者本人。劳动者本人因故不能领取工资时，可由其亲属或委托他人代领。用人单位可委托银行代发工资。

5. 工资应当依法足额支付，除法律明确规定或约定允许扣除工资的情况外，严禁非法克扣或无故拖欠劳动者工资。

【依据】《劳动法》第 50、51 条；《工资支付暂行规定》第 5~11 条。

（四）劳动者受处分后的工资支付

1. 劳动者受行政处分后仍在原单位工作（如留用察看、降级等）或受刑事处分后重新就业的，应主要由用人单位根据具体情况自主确定其工资报酬。

2. 劳动者受刑事处分期间，如拘留、缓刑、监外执行或劳动教养期间，其待遇按国家有关规定执行。

3. 学徒工、熟练工在学徒期、熟练期的工资待遇由用人单位确定，但是不得低于最低保障工资标准。

（五）用人单位可以代扣劳动者工资的情况

用人单位不得克扣劳动者工资。有下列情况之一的，用人单位可以代扣劳动者工资：

1. 用人单位代扣代缴的个人所得税；

2. 用人单位代扣代缴的应由劳动者个人负担的各项社会保险费用；

3. 法院判决、裁定中要求代扣的抚养费、赡养费；

4. 法律、法规规定可以从劳动者工资中扣除的其他费用。

【依据】《工资支付暂行规定》第 15 条。

（六）对用人单位扣除工资金额的限制

因劳动者本人原因给用人单位造成经济损失的，用人单位可按照劳动合同的约定要求其赔偿经济损失。经济损失的赔偿，可从劳动者本人的工资中扣除。但每月扣除的部分不得超过劳动者当月工资的 20%。若扣除后的剩余工资部分低于当地月最低工资标准，则按最低工资标准支付。

【依据】《工资支付暂行规定》第 16 条。

（七）最低工资保障制度

"最低工资"是指劳动者在法定工作时间内履行了正常劳动义务的前提下，由其所在单位支付的最低劳动报酬。

我国实行最低工资保障制度，即用人单位支付给劳动者的工资不得低于当地最低工资标准。

1. 最低工资制度的适用范围。在我国境内的企业、民办非企业单位、有雇工的个体工商户和与之形成劳动关系的劳动者，国家机关、事业单位、社会团体和与之建立劳动合同关系的劳动者，都实行最低工资保障制度。

2. 最低工资的标准。最低工资的具体标准由省、自治区、直辖市人民政府规定，报国务院备案。省、自治区、直辖市范围内的不同行政区域可以有不同的最低工资标准。

3. 最低工资的形式。最低工资标准一般采取月最低工资标准和小时最低工资标准的形式。月最低工资标准适用于全日制就业劳动者，小时最低工资标准适用于非全日制就业劳动者。

4. 最低工资的范围。最低工资不包括：延长工作时间的工资报酬，以货币形式支付的住房和用人单位支付的伙食补贴，中班、夜班、高温、低温、井下、有毒、有害等特殊工作环境和劳动条件下的津贴，国家法律、法规、规章规定的社会保险福利待遇。

5. 劳动者工资低于当地最低工资标准时的处理。用人单位支付给劳动者的工资如果低于当地最低工资标准，由当地的人民政府人力资源与社会保障部门责令用人单位限期改正；逾期没有改正的，由人保部门对用人单位和责任者给予经济处罚，并根据欠付工资时间的长短向劳动者支付赔偿金。

劳动合同履行地与用人单位注册地不一致的，有关劳动者的最低工资标准、劳动保护、劳动条件、职业危害防护和本地区上年度职工月平均工资标准等事项，按照劳动合同履行地的有关规定执行；用人单位注册地的有关标准高于劳动合同履行地的有关标准，且用人单位与劳动者约定按照用人单位注册地的有关规定执行的，从其约定。

【依据】《劳动法》第 48、91 条；《最低工资规定》第 5、12 条；《劳动合同法实施条例》第 14 条。

☞**重点提示**

> 　　劳动者与用人单位形成或建立劳动关系后，试用、熟练、见习期间，在法定工作时间内提供了正常劳动，用人单位应当支付不低于最低工资标准的工资。

【依据】《劳动法意见》第 57 条。

（八）其他

关于工资支付更为详细的规定，可查阅《工资支付暂行规定》、《对〈工资支付暂行规定〉有关问题的补充规定》、《建设领域农民工工资支付管理暂行办法》及各地的工资支付规定。

三、女职工和未成年工的特殊保护

（一）对女职工的特殊保护

由于女职工的生理特点和抚育子女的需要，我国法律对女职工在劳动过程中的安全健康采取了有别于男子的特殊保护。主要保护措施有：

1. 禁止安排女职工从事矿山井下、国家规定的第四级体力劳动强度的劳动和其他禁忌从事的劳动。

2. 不得安排女职工在经期从事高处、低温、冷水作业和国家规定的第三级体力劳动强度的劳动。

3. 不得安排女职工在怀孕期间从事国家规定的第三级体力劳动强度的劳动和孕期禁忌从事的劳动。对怀孕 7 个月以上的女职工，不得安排其延长工作时间和夜班劳动。

4. 女职工生育享受不少于 90 天的产假。

5. 不得安排女职工在哺乳未满 1 周岁的婴儿期间从事国家规定的第三级体力劳动强度的劳动和哺乳期禁忌从事的其他劳动，不得安排其延长工作时间和夜班劳动。

☞**重点提示**

> 关于女职工禁忌劳动的具体范围，可以查阅国务院《女职工劳动保护规定》、劳动部《女职工禁忌劳动范围的规定》和《体力劳动强度分级》标准。

【依据】《劳动法》第 59~63 条。

（二）对未成年工的特殊保护

未成年工是指年满 16 周岁未满 18 周岁的劳动者。对未成年工的特殊保护主要有：

1. 不得安排未成年工从事矿山井下、有毒有害、国家规定的第四级体力劳动强度的劳动和其他禁忌从事的劳动。

2. 用人单位应当对未成年工定期进行健康检查。

☞**重点提示**

> 《劳动法》第 95 条规定："用人单位违反本法对女职工和未成年工的保护规定，侵害其合法权益的，由劳动行政部门责令改正，处以罚款；对女职工或者未成年工造成损害的，应当承担赔偿责任。"

【依据】《劳动法》第 64、65、95 条。

四、劳动争议的处理

（一）劳动争议

劳动争议是指劳动关系当事人因为执行劳动法律、法规或履行劳动合同而发生的纠纷。

劳动者和用人单位是劳动争议的当事人。

我国《劳动争议调解仲裁法》处理的劳动争议基本上包括了劳动关系双方权利义务的所有方面，其规定的具体范围如下：

1. 因确认劳动关系发生的争议；

2. 因订立、履行、变更、解除和终止劳动合同发生的争议；

3. 因除名、辞退和辞职、离职发生的争议；

4. 因工作时间、休息休假、社会保险、福利、培训以及劳动保护发生的争议；

5. 因劳动报酬、工伤医疗费、经济补偿或者赔偿金等发生的争议；

6. 法律、法规规定的其他劳动争议。

【依据】《劳动争议调解仲裁法》第 2 条。

（二）劳动争议解决途径总流程图

（三）劳动争议的几种解决途径

劳动争议发生后，解决途径主要有 4 种：

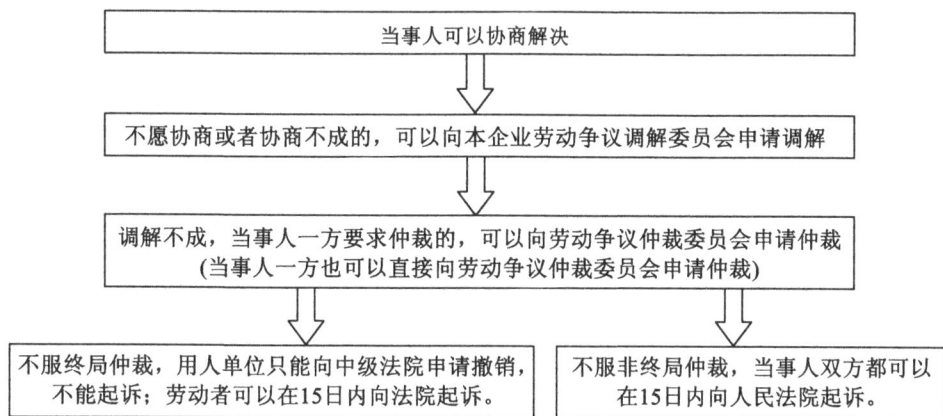

```
┌─────────────────────────────────────────────┐
│              当事人可以协商解决               │
└─────────────────────────────────────────────┘
                      ↓
┌─────────────────────────────────────────────┐
│ 不愿协商或者协商不成的，可以向本企业劳动争议调解委员会申请调解 │
└─────────────────────────────────────────────┘
                      ↓
┌─────────────────────────────────────────────┐
│ 调解不成，当事人一方要求仲裁的，可以向劳动争议仲裁委员会申请仲裁 │
│ (当事人一方也可以直接向劳动争议仲裁委员会申请仲裁) │
└─────────────────────────────────────────────┘
          ↓                        ↓
┌──────────────────────┐  ┌──────────────────────┐
│ 不服终局仲裁，用人单位 │  │ 不服非终局仲裁，当事人 │
│ 只能向中级法院申请撤销， │  │ 双方都可以在15日内向   │
│ 不能起诉；劳动者可以在 │  │ 人民法院起诉。         │
│ 15日内向法院起诉。     │  │                       │
└──────────────────────┘  └──────────────────────┘
```

【依据】《劳动法》第 79 条；《劳动争议调解仲裁法》第 4、5 条。

（四）调解

1. 调解组织。发生劳动争议，当事人可以到下列调解组织申请调解：

（1）企业劳动争议调解委员会；

（2）依法设立的基层人民调解组织；

（3）在乡镇、街道设立的具有劳动争议调解职能的组织。

企业劳动争议调解委员会由下列人员组成：

（1）职工代表（由工会成员担任或者由全体职工推举产生）；

（2）企业代表（由企业负责人指定）。

2. 调解期限。调解委员会调解劳动争议，自劳动争议调解组织收到调解申请之日起 15 日内未达成调解协议的，当事人可以依法申请仲裁。调解委员会调解劳动争议应当遵循当事人双方自愿原则，经调解达成协议的，制作调解协议书，双方当事人应当自觉履行；调解不成的，当事人在规定的期限内，可以向劳动争议仲裁委员会申请仲裁。

调解委员会调解 $\begin{cases} 调解成功，制作调解协议书，当事人自觉履行 \\ 调解不成，可向劳动争议仲裁委员会申请仲裁 \end{cases}$

【依据】《劳动法》第 80 条；《劳动争议调解仲裁法》第 10~16 条。

（五）劳动争议仲裁委员会仲裁

1. 劳动争议仲裁委员会。我国在县、市、市辖区都设有劳动争议仲裁委员会，负责仲裁本行政区域内发生的劳动争议。仲裁委员会组成人员必须是单数，主任由劳动行政主管部门的负责人担任。劳动争议仲裁委员会依法履行下列职责：

（1）聘任、解聘专职或者兼职仲裁员；

（2）受理劳动争议案件；

（3）讨论重大或者疑难的劳动争议案件；

（4）对仲裁活动进行监督。

劳动争议仲裁委员会应当设仲裁员名册。

劳动行政主管部门的劳动争议处理机构是仲裁委员会的办事机构，负责办理仲裁委员会的日常事务。仲裁实行少数服从多数的原则。

仲裁委员会处理劳动争议，应当组成仲裁庭。仲裁庭由三名仲裁员组成。简单劳动争议案件，仲裁委员会可以指定一名仲裁员处理。仲裁庭对重大的或者疑难的劳动争议案件的处理，可以提交仲裁委员会讨论决定；仲裁委员会的决定，仲裁庭必须执行。

【依据】《劳动争议调解仲裁法》第 17、19、20 条。

2. 劳动争议的仲裁管辖。劳动争议仲裁委员会负责管辖本区域内发生的劳动争议。劳动争议由劳动合同履行地或者用人单位所在地的劳动争议仲裁委员会管辖。双方当事人分别向劳动合同履行地和用人单位所在地的劳动争议仲裁委员会申请仲裁的，由劳动合同履行地的劳动争议仲裁委员会管辖。

【依据】《劳动争议调解仲裁法》第 21 条。

3. 仲裁程序如下图：

```
┌─────────────────────────────────────────────────────────────┐
│  当事人在劳动争议发生之日起1年内向仲裁委员会提出仲裁申请       │
└─────────────────────────────────────────────────────────────┘
                              ↓
┌─────────────────────────────────────────────────────────────┐
│      仲裁委员会接到申请后，5日内作出是否受理的决定             │
└─────────────────────────────────────────────────────────────┘
                              ↓
┌─────────────────────────────────────────────────────────────┐
│    仲裁庭受理后先行调解，调解达成协议的，制作调解书，          │
│            调解书自送达之日起具有法律效力                       │
└─────────────────────────────────────────────────────────────┘
                              ↓
┌─────────────────────────────────────────────────────────────┐
│  调解未达成协议或者调解书送达前当事人反悔的，仲裁庭应当在45—60日内裁决 │
└─────────────────────────────────────────────────────────────┘
                              ↓
┌─────────────────────────────────────────────────────────────┐
│ 逾期未作裁决，或对仲裁裁决不服，可自收到仲裁裁决书之日起15日内向人民法院提起诉讼 │
└─────────────────────────────────────────────────────────────┘
                              ↓
┌─────────────────────────────────────────────────────────────┐
│     一方当事人在法定期限内不起诉，又不履行仲裁裁决的，          │
│          另一方当事人可以向法院申请强制执行                     │
└─────────────────────────────────────────────────────────────┘
```

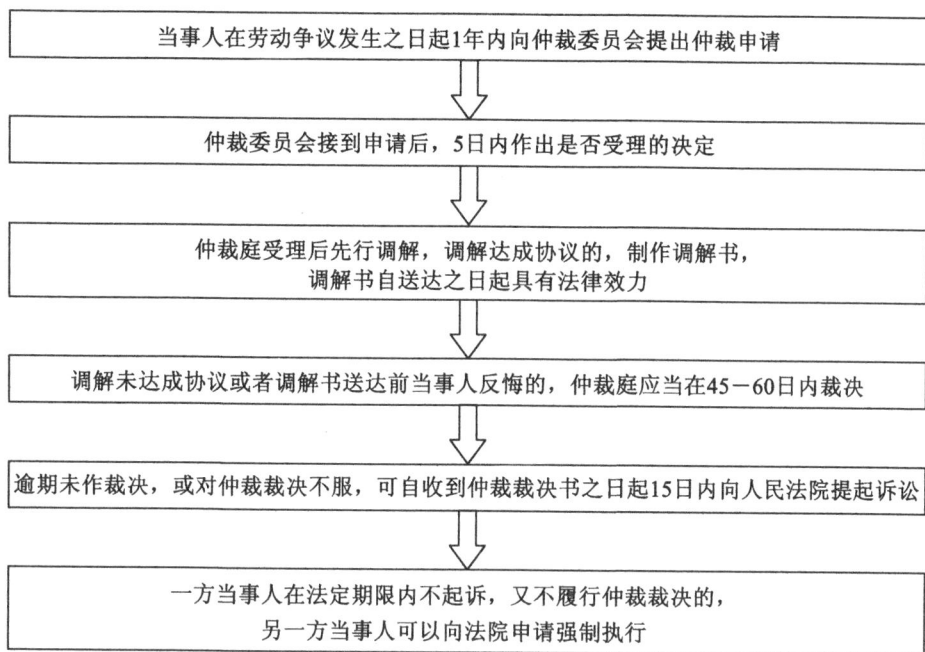

【依据】《劳动法》第 82、83 条；《劳动争议调解仲裁法》第 27、31、43 条。

4. 当事人如何参与仲裁。当事人可以委托 1~2 名律师或者其他人代理参加仲裁活动。委托他人参加仲裁活动，必须向仲裁委员会提交有委托人签名或者盖章的委托书，委托书应当明确委托事项和权限。

无民事行为能力的和限制民事行为能力的职工或者死亡的职工，可以由其法定代理人（如父母、配偶等）代为参加仲裁活动；没有法定代理人的，由仲裁委员会为其指定代理人代为参加仲裁活动。

劳动争议仲裁公开进行，但当事人协议不公开进行或者涉及国家秘密、商业秘密和个人隐私的除外。

【依据】《劳动争议调解仲裁法》第 26 条。

5. 申诉书的写法。当事人向仲裁委员会申请仲裁，应当提交申诉书，并按照被诉人数提交副本。申诉书应当载明下列事项：

（1）劳动者的姓名、性别、年龄、职业、工作单位和住所，用人单位的名称、住所和法定代表人或者主要负责人的姓名、职务；

（2）仲裁请求和所根据的事实、理由；

（3）证据和证据来源、证人姓名和住所。

书写仲裁申请确有困难的，可以口头申请，由劳动争议仲裁委员会记入笔录，并告知对方当事人。

【依据】《劳动争议调解仲裁法》第 **28** 条。

6. 仲裁费。劳动争议仲裁不收费。劳动争议仲裁委员会的经费由财政予以保障。

【依据】《劳动争议调解仲裁法》第 **53** 条。

7. 仲裁委员会成员的回避。仲裁委员会组成人员或者仲裁员有下列情形之一的,应当回避,当事人有权以口头或者书面方式申请其回避:

(1) 是本案当事人或者当事人、代理人的近亲属的;

(2) 与本案有利害关系的;

(3) 与本案当事人、代理人有其他关系,可能影响公正裁决的;

(4) 私自会见当事人、代理人,或者接受当事人、代理人的请客送礼的。

仲裁委员会对回避申请应当及时作出决定,并以口头或者书面方式通知当事人。

【依据】《劳动争议调解仲裁法》第 **33** 条。

8. 举证责任。发生劳动争议,当事人对自己提出的主张,有责任提供证据。与争议事项有关的证据属于用人单位掌握管理的,用人单位应当提供;用人单位不提供的,应当承担不利后果。劳动者无法提供由用人单位掌握管理的与仲裁请求有关的证据,仲裁庭可以要求用人单位在指定期限内提供。用人单位在指定期限内不提供的,应当承担不利后果。

【依据】《劳动争议调解仲裁法》第 **6**、**39** 条。

9. 先予执行和一裁终局。仲裁庭对追索劳动报酬、工伤医疗费、经济补偿或者赔偿金的案件,根据当事人的申请,可以裁决先予执行,移送人民法院执行。仲裁庭裁决先予执行的,应当符合下列条件:(1) 当事人之间权利义务关系明确;(2) 不先予执行将严重影响申请人的生活。劳动者申请先予执行的,可以不提供担保。

下列劳动争议,除本法另有规定的外,仲裁裁决为终局裁决,裁决书自作出之日起发生法律效力:

(1) 追索劳动报酬、工伤医疗费、经济补偿或者赔偿金,不超过当地月最低工资标准 12 个月金额的争议;

(2) 因执行国家的劳动标准在工作时间、休息休假、社会保险等方面发生的争议。

同时,劳动者不服一裁终局的,可以在 15 日内向人民法院起诉。用人单位不服的,可以申请仲裁委员会所在地中级人民法院撤销。

【依据】《劳动争议调解仲裁法》第 **44**、**47~49** 条。

（六）劳动争议诉讼

当事人对劳动仲裁委员会的裁决不服的，可自收到仲裁裁决书之日起 15 日内向法院起诉。

劳动争议案件由用人单位所在地或劳动合同履行地的基层人民法院管辖。

人民法院一审审理终结后，对一审判决不服的，当事人可在收到判决书之日 15 日内向上一级人民法院提起上诉。二审法院所作的裁决是终审裁决，当事人必须履行。

☞**典型案例**

【**案例一**】

周某 12 年前进入某市一家公司工作，打拼多年，为公司立下汗马功劳，对公司深怀感情。可是随着市场持续波动，公司经营状况每况愈下，连员工的工资都很难支付。由于公司不能正常支付工资，一年只发放两三千元的生活费，周某难以度日。2008 年 3 月，已拖欠其工资两年有余的公司，在周某的要求下写了一份承诺书，承诺公司在 2008 年 4 月 4 日前支付拖欠周某的工资共计 20 万元。可等了多日，周某发现公司始终无意支付，眼看着自己打拼多年的心血要打水漂，他再也坐不住了。4 月 14 日，周某向该市人民法院提出支付令申请，要求公司支付其 2005 年 11 月至 2008 年 3 月工资共计 20 万元。法院于 2008 年 5 月对该案作出处理，对周某所在公司发出支付令：责令其自收到支付令之日起 15 日内，支付周某 2005 年 11 月至 2008 年 3 月的工资共计 20 万元及相关诉讼费用。

【**案例二**】

刘先生于 2008 年 1 月 1 日入职某公司，未签劳动合同。刘先生于 2008 年元旦、春节加班，公司未支付任何加班费，遂于 2008 年 3 月向市劳动争议仲裁委员会提出申诉，要求公司支付 2008 年 2 月、3 月双倍工资及 2008 年元旦、春节加班费、解除劳动合同经济补偿金。公司辩称，加班费已支付给刘先生，但未提供证据证明。市劳动争议仲裁委员会查明，该公司未与刘先生签订劳动合同，且刘先生确于 2008 年元旦、春节加班；遂于 2008 年 4 月裁决公司支付刘先生 2008 年 2 月至 3 月的双倍工资以及元旦、春节加班费。该公司不服上述裁决，向法院提出撤销该仲裁裁决的申请。法院经审理认为，公司认可刘先生所述 2008 年元旦加班 1 天、春节加班 4 天的事实且没有证据证明其已支付了加班费，劳动争议仲裁委员会的裁决是正确的，驳回公司要求撤销裁决的申请。

【案例三】

2005 年，姜某入职某公司，2006 年 10 月姜某与公司签订无固定期限劳动合同。2007 年起其年基本工资为 3 万元，目标奖金为 1 万元。2008 年 3 月 11 日，姜某意外地接到公司的解聘通知书。深感委屈的姜某将该公司告上法庭，要求继续履行劳动合同。姜某认为，公司是在无事实依据和法律依据的情况下突然解除劳动合同的。公司辩称，姜某在工作中经常出错，因此同事发邮件提醒她注意工作准确性。随后，姜某给相关负责人发邮件，表示停止参加该项工作。至 2008 年 3 月，因姜某拒绝该工作已两个多月，公司不得不另行招人填补空缺。因此，公司才与姜某解除劳动关系。法院审理认为，劳动者严重违反单位规章制度的，用人单位可以解除劳动合同。公司曾多次与姜某沟通，姜某拒不接受，并擅自停止工作，且不参加公司培训，姜某的行为已严重违反了单位的规章制度。法院认为，该公司以姜某违反公司规章制度为由解除劳动合同并无不妥，于 2008 年 6 月 5 日判决驳回姜某的全部请求。

【案例四】

张先生于 2007 年 6 月入职 A 公司，签订了两年劳动合同，任公司职员。2008 年 1 月，A 公司与他签订了解除劳动合同协议书，并支付其经济补偿金等 3 万余元。张先生被 A 公司辞退后，认为自己不该被辞退，解除合同协议书是 A 公司胁迫所签，且认为他在公司策划的旅游活动中，因吃了公司的食品，使他在活动中脚部严重受伤，不能走路。因此要求公司赔偿破坏其身体健康的经济损失等共计 256 万美元。公司辩称，劳动合同是双方协商解除的，经济补偿金公司也已依法支付。对于张先生"吃了有毒食品"的说法，查无此事。双方因此争执不下。张先生遂于 2008 年 3 月一纸诉状将 A 公司诉诸法院，要求公司赔偿 256 万美元。法院经审理认为，A 公司已支付张先生经济补偿金，张先生不能证明受到胁迫，也不能证明身体受有伤害，A 公司无须再补偿。因此于 2008 年 6 月判决驳回张先生的起诉。该案虽说诉讼标的额达 256 万美元，但因是劳动案件，根据法律规定，仍由基层法院审理。张先生仅为诉讼缴纳了 10 元诉讼费。

法 规 目 录

1.《劳动法》，第八届全国人大常委会第九次会议 1994 年 7 月 5 日通过并公布，1995 年 1 月 1 日施行；

2.《劳动合同法》，第十届全国人大常委会第二十八次会议 2007 年 6 月 29 日通过，2008 年 1 月 1 日施行；

3.《劳动争议调解仲裁法》，第十届全国人大常委会第三十一次会议 2007 年 12 月 29 日通过并公布，2008 年 5 月 1 日施行；

4.《国务院关于职工工作时间的规定》（国务院令第 146 号），简称《职工工作时间规定》，国务院 1995 年 3 月 25 日颁布，5 月 1 日施行；

5.《劳动合同法实施条例》（国务院令第 535 号），国务院第 25 次常务会议 2008 年 9 月 3 日通过，9 月 18 日公布施行；

6.《女职工禁忌劳动范围的规定》，劳动部 1990 年 1 月 18 日发布施行；

7.《违反和解除劳动合同的经济补偿办法》（劳部发〔1994〕481 号），简称《劳动合同补偿办法》，劳动部 1994 年 12 月 3 日颁布，1995 年 1 月 1 日施行；

8.《工资支付暂行规定》（劳部发〔1994〕489 号），劳动部 1994 年 12 月 6 日发布，1995 年 1 月 1 日施行；

9.《关于企业实行不定时工作制和综合计算工时工作制的审批办法》（劳部发〔1994〕503 号），简称《不定时和综合计算工时办法》，劳动部 1994 年 12 月 14 日发布，1995 年 1 月 1 日施行；

10.《〈国务院关于职工工作时间的规定〉的实施办法》（劳部发〔1995〕143 号），简称《职工工作时间办法》，劳动部 1995 年 4 月颁布，5 月 1 日施行；

11.《违反〈劳动法〉有关劳动合同规定的赔偿办法》（劳部发〔1995〕223 号），简称《劳动合同赔偿办法》，劳动部 1995 年 5 月 10 日颁布施行；

12.《对〈工资支付暂行规定〉有关问题的补充规定》（劳部发〔1995〕226 号），劳动部 1995 年 5 月 12 日发布施行；

13.《关于贯彻执行〈中华人民共和国劳动法〉若干问题的意见》（劳部发〔1995〕309 号），简称《劳动法意见》，劳动部 1995 年 8 月 4 日颁布施行；

14.《因工死亡职工供养亲属范围》（劳动和社会保障部令第 18 号），劳动和社会保障部 2003 年 9 月 23 日发布，2004 年 1 月 1 日施行；

15.《最低工资规定》（劳动和社会保障部令第 21 号），劳动和社会保障部 2004 年 1 月 20 日颁布，3 月 1 日施行；

16.《建设领域农民工工资支付管理暂行办法》（劳社部发〔2004〕22 号），劳动和社会保障部和建设部 2004 年 9 月 6 日颁布施行；

17.《关于实施〈工伤保险条例〉若干问题的意见》（劳社部函〔2004〕256 号），劳动和社会保障部 2004 年 11 月 1 日发布施行；

18.《关于做好建筑施工企业农民工参加工伤保险有关工作的通知》（劳社部发〔2006〕44 号），劳动和社会保障部和建设部 2006 年 12 月 5 日发布施行；

19.《劳动人事争议仲裁办案规则》，人力资源与社会保障部 2009 年 1 月 1 日公布施行；

20.《最高人民法院关于审理劳动争议案件适用法律若干问题的解释》（法释〔2001〕14 号），简称《审理劳动争议案件解释》，最高人民法院审判委员会第 1165 次会议 2001 年 3 月 22 日通过并公布，4 月 30 日施行；

21.《最高人民法院关于审理劳动争议案件适用法律若干问题的解释（二）》（法释〔2006〕6 号），简称《审理劳动争议案件解释（二）》，最高人民法院审判委员会第 1393 次会议 2006 年 7 月 10 日通过并公布，10 月 1 日施行。

第 **3** 章
农民外出务工法律实务：工伤与职业病

☞导读

　　在我国，除了一般的劳动争议，农民外出务工常常涉及两个问题，一是工伤，二是职业病。无论工伤还是职业病对劳动者的身体都会成造成极大的危害。

第一节　概　　述

一、工伤保险和职业病法律制度的发展沿革

（一）21 世纪之前的发展

　　我国的职业病和劳动保险制度建立于 20 世纪 50 年代初期。1951 年 2 月 25 日，中央人民政府政务院颁布实施的《中华人民共和国劳动保险条例》中规定了劳动保险。这部行政法规在 1953 年曾经进行过修订，然后一直沿用到我国工伤保险制度改革之前。1957 年 2 月 23 日，卫生部颁布了《职业病范围和职业病患者处理办法的规定》，确定了严重危害工人、职工身体健康，严重影响生产的职业中毒、尘肺病等 14 种职业病。1987 年 11 月 5 日，卫生部、劳动人事部、财政部、中华全国总工会重新修订了《职业病范围和职业病患者处理办法的规定》，将职业病分为九大类共 99 种。

　　20 世纪 80 年代末期，为了适应形势的变化和实际的需要，我国开始进行工伤保险制度的改革。在试点改革的基础上，1992 年 3 月 9 日，劳动部、卫生部、中华全国总工会联合发布了《职工工伤与职业病致残程度鉴定标准》。随后，在 1995 年 1 月 1 日起施行的《劳动法》对职业危害和社会保险作了规定。1996 年，劳动部颁发了《企业职工工伤保险试行办法》；其他有关行政部门也发布了很多关于工

伤社会保险的通知、复函等。①

(二) 进入 21 世纪之后的发展

进入 21 世纪,中国社会保障制度的改革加快了步伐,职业病和工伤保险方面的一系列重要法规相继颁布施行。其特点一是在紧密联系中共同发展,但又有各自的立法进程;二是由于实践中工伤事故的发生率居高不下,而且职业病本身就是一种工伤,所以,工伤保险制度的建立和完善受到越来越多的关注,居于主要地位;三是对农民工的特别保护更多地体现在工伤保险的立法中。

1. 工伤保险法律制度的发展。从立法进程上来看,可以大致分为以下两个阶段。

(1) 2001—2004 年

2001 年 5 月 27 日劳动和社会保障部 (2008 年更名为人力资源和社会保障部,下同) 颁布《社会保险行政争议处理办法》;2002 年 11 月 1 日《安全生产法》生效。2004 年是我国工伤保险制度基本确立的关键一年,且这一领域内的农民工问题也开始并持续得到高度关注。一方面,中央各个层面的有关立法相继出台。2004 年 1 月 1 日《工伤保险条例》和《工伤认定办法》、《非法用工单位伤亡人员一次性赔偿办法》等几部重要法规同时生效施行;同年 1 月 13 日国务院公布施行了《安全生产许可证条例》,将为从业人员缴纳工伤保险费和配备预防职业危害的劳动防护用品确定为矿山企业、建筑施工企业和危险化学品、烟花爆竹、民用爆破器材生产企业取得安全生产许可证的必备安全生产条件 (第 2 条)。为了维护农民工的工伤保险权益,改善农民工的就业环境,劳动和社会保障部于 2004 年 6 月 1 日发布《关于农民工参加工伤保险有关问题的通知》,就农民工参加工伤保险、依法享受工伤保险待遇有关问题专门作出规定。在农民工工伤事故最为集中的建筑行业,建设部于 2004 年 7 月 5 日、8 月 27 日相继发布《建筑施工企业安全生产许可证管理规定》和《建筑施工企业安全生产许可证管理规定实施意见》,以行业规范的形式具体落实上述《安全生产许可证条例》第 2 条的规定。

另一方面,从 2004 年年初开始,各地方关于工伤保险和农民工参加工伤保险的地方立法大量出现。以湖北省为例,湖北省政府发布的《湖北省工伤保险实施办法》于 2004 年 1 月 1 日施行;随后,从 2004 年一直延续到 2005 年上半年,荆州、十堰、襄樊、黄石、荆门、宜昌、恩施 (自治州)、咸宁、武汉、黄冈等地市相继颁布了各自的"工伤保险实施细则 (或办法)"。

(2) 2006 年及以后

针对近几年来农民工问题日益突出,其中之一就是缺乏社会保障,职业病和工

---

① 参见郑尚元:《工伤保险法律制度研究》,北京大学出版社 2004 年版,第 51~55 页。

伤事故多。国务院于 2006 年 3 月 27 日发布了《关于解决农民工问题的若干意见》，要求所属各部门和各级人民政府依法保障农民工职业安全卫生权益（第九项）、高度重视农民工社会保障工作（第十六项）和依法将农民工纳入工伤保险范围（第十七项）。劳动和社会保障部随后分别于 4 月 29 日出台《关于贯彻落实国务院关于解决农民工问题的若干意见的实施意见》、5 月 17 日出台《关于实施农民工"平安计划"加快推进农民工参加工伤保险工作的通知》。针对问题突出的建筑领域，劳动和社会保障部于同年 12 月 5 日发布《关于做好建筑施工企业农民工参加工伤保险有关工作的通知》。对于包括农民工在内的劳动者权益保护具有重要意义的《劳动合同法》于 2007 年 6 月 29 日获得全国人大常委会通过，其第 17 条第 1 款将社会保险和劳动保护、劳动条件以及职业危害防护规定为签订劳动合同的必备条款。

在地方一级同样以湖北省为例。湖北省政府为了贯彻落实上述国务院的意见，于 2006 年 12 月 4 日发布《湖北省人民政府关于解决农民工问题的实施意见》。早于或根据湖北省劳动和社会保障厅 2006 年 7 月 15 日发布的《关于湖北省农民工参加工伤保险和医疗保险的指导意见》，湖北省境内所辖的部分地市也先后针对农民工参加工伤保险的问题发布了一些规章，如宜昌、十堰、黄石、襄樊等。

2010 年见证了《工伤保险条例》及其配套法规的修订和《社会保险法》的通过。2009 年 7 月 24 日，国务院法制办全文公布《国务院关于修改〈工伤保险条例〉的决定（征求意见稿）》，征求社会各界意见。主要内容包括对工伤认定范围、工伤认定、鉴定和争议解决程序、工亡待遇标准等的调整。修订后的《工伤保险条例》扩大了保障范围、提高了工伤待遇、提高了违法成本、简化了争议解决程序。作为新版《工伤保险条例》配套文件——新修订的《工伤认定办法》和《非法用工单位伤亡人员一次性赔偿办法》也开始实施。《社会保险法》填补了多年来我国社会保险领域基本法律的空白，对社会保险的原则、各险种的覆盖范围、社会保险待遇项目和享受条件、社会保险经办机构、社会保险基金监督、各项社会保险的缴纳领取等作出了明确规定。其中专章规定了工伤保险，第一次将工伤保险的有关规定提升至全国性立法的高度，有利于更好地保护劳动者的权益。

2. 职业病法律制度的发展

2002 年 5 月 1 日《职业病防治法》生效。为了配合这部法律的实施，卫生部颁发了一系列于同日生效的规章，如《职业病危害项目申报管理办法》、《职业病诊断与鉴定管理办法》和《职业病危害事故调查处理办法》。针对实践中职业病发生的特点，卫生部于 2006 年 7 月 27 日发布施行了《建设项目职业病危害分类管理办法》。此外，针对职业病诊断和鉴定中所发生的实际问题，卫生部还发布了一些批复。

二、农民工与工伤保险和职业病

作为享有平等权的劳动者①，从我国目前现行的法律法规来看，农民工在参加工伤保险和职业病的医疗保障上理应享受与城镇职工一样的待遇，这一点也始终在中央和地方各级政府的政策中有所强调。但由于诸多原因的限制，农民工应当享受的待遇一直未能落到实处。根据笔者的考察，在参加和享受工伤保险方面，农民工具有以下一些特点：

1. 身份上的相互不予认同。一方面在城镇务工的农民工由于城乡户籍制度的差异，在身份上得不到应有的认同，体现在制度、观念、待遇等多个方面（如得不到当地的法律援助和工会的支持等）。另一方面，有的农民工本身也不把自己看作是城市的一分子，只是打一枪换一个地方，这直接导致了他们不去争取和维护自己应有的权益。

2. 权利意识淡薄、维权手段贫乏。外出务工的农民文化水平普遍不高，权利意识还处于萌芽阶段，一般不与用人单位签订劳动合同（多数情况下也无法与用人单位签订劳动合同）；在遇到用人单位的欺诈、压迫或与其产生矛盾、纠纷时，通常选择忍气吞声的方式；即使能够获得一定的赔偿，也一般看重眼前利益而忽视长远利益。再加之在务工地得不到身份上的认同，缺乏熟人社会的支持，进入不了当地相应的维权体系，缺少基本的维权手段。

3. 流动性大，职业风险高。农民工通常抱着"此处不留爷，自有留爷处"的朴素想法在各个城市之间流动，不愿陷入当地盘根错节的官商关系、政府部门之间的互相推诿和费时耗力的维权索赔过程中去。由于农民工吃苦耐劳且职业技能和用工成本偏低，所以通常从事城镇劳动者不愿从事的脏苦累危的职业，如建筑工、煤矿工等，这些职业通常都具有高风险，而与之形成鲜明对比的则是他们获得工伤权利救济的较小可能性。

4. 用工侧重于短期性和季节性。② 由于农忙和对传统节日的看重，农民工经常从事短期性和季节性的工作，这直接制约着工伤保险法律制度覆盖他们的可能性与操作性。农民工一般不以建立相对稳定的劳动关系为基本就业形式，不在乎是否签订劳动合同。对于这种情形，《工伤保险条例》的相关规定可能就无法适用。如第 64 条将"本人工资"解释为工伤劳动者因工作遭受事故伤害或者患职业病前 12 个月平均月缴费工资；而"缴费工资"一般是指养老保险缴费工资基数。如果遭

---

① 《劳动法》第 3 条规定："劳动者享有平等就业和选择职业的权利、取得劳动报酬的权利、休息休假的权利、获得劳动安全卫生保护的权利、接受职业技能培训的权利、享受社会保险和福利的权利、提请劳动争议处理的权利以及法律规定的其他劳动权利。……"

② 参见郑尚元：《工伤保险法律制度研究》，北京大学出版社 2004 年版，第 127~128 页。

到工伤的农民工只做了三个月的工，而且从未参加过养老保险，那么如何确定有关赔偿或补助数额就成了一个难题。

农民工的流动性大和用工的短期性、季节性，还使得伤残津贴、供养亲属抚恤金和生活护理费等待遇的定期发放（通常按月发放）存在相当难度。针对这一问题，《农民工工伤保险通知》要求针对达到一级至四级伤残等级的跨省农民工的工伤长期待遇，试行一次性支付和长期支付两种方式，供他们选择。

第二节　工 伤 保 险

一、工伤保险的概念和《工伤保险条例》(2010 年修订)的适用范围

（一）工伤保险的概念

一般而言，工伤保险是指劳动者在工作中（包括时间和场所两个因素）或法定的特殊情况下发生意外事故造成人身伤害或死亡，或因法定的职业性有害因素导致职业病，劳动者本人或其供养的亲属依法所获得物质帮助和经济补偿的一种社会保险制度。① 我国《工伤保险条例》即将因工作中遭受事故伤害和患职业病两种情形包括在内。

为建立工伤保险制度，使工伤职工能够得到及时的救助和享受工伤保险待遇而筹集的资金称为工伤保险基金。工伤保险基金由用人单位缴纳的工伤保险费、工伤保险基金的利息和依法纳入工伤保险基金的其他资金构成。

【依据】《工伤保险条例》第 1、7 条。

（二）《工伤保险条例》的适用范围

1. 对民事主体的适用范围。工伤保险对民事主体的适用范围包括用人单位和劳动者两个方面。

（1）用人单位

用人单位包括中华人民共和国境内的企业、事业单位、社会团体、民办非企业单位、基金会、律师事务所、会计师事务所等组织和有雇工的个体工商户。用人单位应当参加工伤保险而未参加的，由社会保险行政部门责令限期参加；未参加工伤保险期间用人单位职工发生工伤的，由该用人单位按照《工伤保险条例》规定的工伤保险待遇项目和标准支付费用。

公务员和参照公务员法管理的事业单位、社会团体的工作人员因工作遭受事故

---

① 参见郑尚元：《工伤保险法律制度研究》，北京大学出版社 2004 年版，第 36 页。

伤害或者患职业病的，由所在单位支付费用。具体办法由国务院社会保险行政部门会同国务院财政部门规定。这一款规定没有明确这些单位制定其工伤保险办法时要参照《工伤保险条例》，那么就可能出现只管正式工、排除临时工的现象。

自 2004 年《工伤保险条例》实施以来，各省也相继制定实施方法落实《工伤保险条例》的实施，其中一些早在《工伤保险条例》修订前就试图扩大工伤保险的适用范围。比如，《湖北省工伤保险实施办法》第 47 条规定："企业化管理的事业单位应依照本办法的规定参加工伤保险。其他国家机关、事业单位、社会团体在《条例》实施以前已经参加工伤保险的，可以继续参加。国家有新的规定的，按新规定执行。"

【依据】《劳动法》第 2 条；《劳动合同法》第 2 条；《工伤保险条例》第 2、62、65 条。

（2）劳动者

劳动者包括我国境内上述各种用人单位的职工和个体工商户的雇工。关于劳动者的范围，我国几部相关法律作了表述略有差异但含义基本相同的规定。如根据《劳动法》第 2 条和《贯彻劳动法意见》第 3 条的规定，与我国境内的企业、个体经济组织形成劳动关系的职工，即劳动者事实上已成为企业、个体经济组织的成员，并为其提供有偿劳动；或者国家机关、事业组织、社会团体实行劳动合同制度的以及按规定应实行劳动合同制度的工勤人员；实行企业化管理的事业组织的人员；其他通过劳动合同与国家机关、事业组织、社会团体建立劳动关系的人员，都是劳动者。①

再如《劳动合同法》第 2 条规定，与我国境内的企业、个体经济组织、民办非企业单位、国家机关、事业单位、社会团体等组织建立劳动关系的职工，都是劳动者。②

《工伤保险条例》规定，中华人民共和国境内的企业、事业单位、社会团体、民办非企业单位、基金会、律师事务所、会计师事务所等组织的职工和个体工商户的雇工，均有依照本条例的规定享受工伤保险待遇的权利。一般情况下，劳动者与用人单位通过订立劳动合同而形成劳动关系。现实中还存在虽然没有订立劳动合同，但已形成事实上的一方提供劳务、另一方给付报酬的劳动关系，即"事实劳动关系"，处于这种关系之中的劳动者，同样受到《工伤保险条例》的保护。

---

① 公务员和比照实行公务员制度的事业组织和社会团体的工作人员，以及农村劳动者（乡镇企业职工和进城务工、经商的农民除外）、现役军人和家庭保姆等不适用劳动法。参见《贯彻劳动法意见》第 4 条。

② 以下在同等意义上使用"职工"和"劳动者"。

【依据】《劳动法》第 2 条；《劳动合同法》第 2 条；《工伤保险条例》第 2 条；《贯彻劳动法意见》第 3 条。

☞重点提示

> 农民工参加工伤保险
>
> 农民工属于劳动者，当然可以参加工伤保险。《农民工工伤保险通知》指出，依法享受工伤保险待遇是《工伤保险条例》赋予包括农民工在内的各类用人单位劳动者的基本权益，各类用人单位招用的农民工均有享受工伤保险待遇的权利。凡是与用人单位建立劳动关系的农民工，用人单位必须及时为他们办理参加工伤保险的手续，尤其是建筑、矿山等工伤风险较大、职业危害较重行业的农民工。
>
> 《农民工问题若干意见》规定，所有用人单位必须及时为农民工办理参加工伤保险手续，并按时足额缴纳工伤保险费。在农民工发生工伤后，要做好工伤认定、劳动能力鉴定和工伤待遇支付工作。未参加工伤保险的农民工发生工伤，由用人单位按照工伤保险规定的标准支付费用。当前，要加快推进农民工较为集中、工伤风险程度较高的建筑行业、煤炭等采掘行业参加工伤保险。建筑施工企业同时应按照《建筑法》规定，为施工现场从事危险作业的农民工办理意外伤害保险。

【依据】《社会保险法》第 95 条；《工伤保险条例》第 2 条；《农民工问题若干意见》第（17）项；《农民工工伤保险通知》第 2 项；《农民工问题实施意见》"总体工作部署"第（8）项；《建筑企业农民工工伤保险通知》第 1 项。

2. 时间上的适用范围。我国《工伤保险条例》自 2004 年 1 月 1 日起施行，其施行前已受到事故伤害或者患职业病的职工尚未完成工伤认定的，可以按照该条例的规定执行。这意味着，在特定情形下，《工伤保险条例》具有溯及既往的效力。

【依据】《工伤保险条例》第 67 条。

二、农民工（劳动者）的权利

1. 免费参加工伤保险。作为劳动者，农民工在外出务工工伤保险方面最主要的权利就是免费参加工伤保险。《工伤保险条例》规定，"职工个人不缴纳工伤保险费"。

【依据】《社会保险法》第 33 条；《劳动法》第 3 条、第 73 条第 1 款；《工伤保险条例》第 10 条第 1 款;《农民工工伤保险通知》第 2 项。

2. 解除劳动合同。用人单位未依法为劳动者缴纳社会保险费(或工伤保险费)的,劳动者可以解除劳动合同。

对于因工致残被鉴定为五级至十级伤残的劳动者,经其本人提出,可以与用人单位解除或者终止劳动关系,由工伤保险基金支付一次性工伤医疗补助金,由用人单位支付一次性伤残就业补助金。具体标准由省、自治区、直辖市人民政府规定。

【依据】《劳动合同法》第 38 条;《工伤保险条例》第 36、37 条。

3. 拒绝管理人员违章指挥、强令冒险作业。劳动者对用人单位管理人员违章指挥、强令冒险作业,有权拒绝执行,且该行为不视为违反劳动合同;对危害生命安全和身体健康的行为,有权提出批评、检举和控告。与之相对,劳动者在劳动过程中负有严格遵守安全操作规程的义务。

【依据】《劳动法》第 56 条;《劳动合同法》第 32 条。

4. 举报工伤保险的违法行为。劳动者有权举报有关工伤保险的违法行为。社会保险行政部门对举报应当及时调查,按照规定处理,并为举报人保密。

【依据】《工伤保险条例》第 52 条。

5. 提出工伤认定申请。劳动者发生工伤事故或者按照职业病防治法规定被诊断、鉴定为职业病,应由所在单位在规定期限内提出工伤认定申请。如果用人单位未在规定期限内提出工伤认定申请,工伤职工或者其近亲属、工会组织在工伤事故发生之日或者被诊断、鉴定为职业病之日起 1 年内,可以直接向用人单位所在地统筹地区社会保险行政部门提出工伤认定申请。

【依据】《工伤保险条例》第 17 条;《工伤认定办法》第 4 条。

6. 依法申请行政复议或提起行政诉讼。有关单位或者个人可以依法申请行政复议,也可以依法向人民法院提起行政诉讼:

(1)申请工伤认定的职工或者其近亲属、该职工所在单位对工伤认定申请不予受理的决定不服的;

(2)申请工伤认定的职工或者其近亲属、该职工所在单位对工伤认定结论不服的;

(3)用人单位对经办机构确定的单位缴费费率不服的;

(4)签订服务协议的医疗机构、辅助器具配置机构认为经办机构未履行有关协议或者规定的;

(5)工伤职工或者其近亲属对经办机构核定的工伤保险待遇有异议的。

【依据】《工伤保险条例》第 55 条。

7. 享受工伤医疗待遇。劳动者因工作遭受事故伤害或者患职业病进行治疗,享受工伤医疗待遇。在停工留薪期满后仍需治疗的,继续享受工伤医疗待遇。但是有下列情形之一的,停止享受工伤保险待遇:

（1）丧失享受待遇条件的；

（2）拒不接受劳动能力鉴定的；

（3）拒绝治疗的。

【依据】《社会保险法》第 43 条；《工伤保险条例》第 30 条第 1 款、第 33 条第 2 款、第 42 条。

三、用人单位的义务

1. 参加工伤保险并缴纳保险费。用人单位的这一主要义务对应于劳动者免费参加工伤保险的主要权利。用人单位必须依法参加工伤保险，为所属劳动者按时缴纳工伤保险费。

【依据】《职业病防治法》第 6 条第 1 款；《安全生产法》第 43 条；《工伤保险条例》第 10 条；《农民工问题若干意见》第（17）项；《农民工工伤保险通知》第 2 项；《农民工问题实施意见》"总体工作部署"第（8）项。

☞**重点提示**

　　用人单位分立、合并、转让的，承继单位应当承担原用人单位的工伤保险责任；原用人单位已经参加工伤保险的，承继单位应当到当地经办机构办理工伤保险变更登记。

　　用人单位实行承包经营的，工伤保险责任由劳动者的劳动关系所在单位承担。

　　劳动者被借调期间受到工伤事故伤害的，由原用人单位承担工伤保险责任，但原用人单位与借调单位可以约定补偿办法。

　　企业破产的，在破产清算时优先拨付依法应由单位支付的工伤保险待遇费用。

【依据】《工伤保险条例》第 43 条。

2. 具备相应的安全生产条件。企业取得安全生产许可证，应当依法参加工伤保险，为从业人员缴纳保险费。否则，不能取得安全生产许可证，不能从事生产活动。

【依据】《安全生产许可证条例》第 2、6 条。

3. 公示工伤保险情况。用人单位应当将参加工伤保险的有关情况在本单位内公示。

【依据】《劳动合同法》第 4 条第 4 款；《工伤保险条例》第 4 条第 1 款。

4. 解除或终止劳动合同时出具相关证明并办理工伤保险转移手续。用人单位应当在解除或者终止劳动合同时出具解除或者终止劳动合同的证明，并在 15 日内为劳动者办理档案和社会保险关系转移手续。

【依据】《劳动合同法》第 50 条第 1 款。

5. 遵守安全生产规定、减少职业危害和及时救治工伤劳动者。用人单位应当遵守有关安全生产和职业病防治的法律法规，执行安全卫生规程和标准，预防工伤事故发生，避免和减少职业病危害。

劳动者发生工伤时，用人单位应当采取措施使工伤劳动者得到及时救治。

【依据】《劳动法》第 52 条；《工伤保险条例》第 4 条第 2、3 款。

6. 劳动部门调查核实工伤时予以协助。社会保险行政部门受理工伤认定申请后，根据审核需要可以对事故伤害进行调查核实，有关单位和个人应当予以协助。用人单位、工会组织、医疗机构以及有关部门应当负责安排相关人员配合工作，据实提供情况和证明材料。

【依据】《工伤保险条例》第 19 条第 1 款；《工伤认定办法》第 12 条。

7. 特定情形下承担举证责任。当发生事故造成伤害时，劳动者或者其近亲属认为是工伤，用人单位不认为是工伤的，由用人单位承担举证责任。用人单位拒不举证的，劳动保障行政部门可以根据受伤害职工提供的证据依法作出工伤认定结论。

【依据】《工伤保险条例》第 19 条第 2 款；《工伤认定办法》第 17 条。

四、用人单位的相关法律责任

1. 用人单位未按时足额缴纳社会保险费的，由社会保险费征收机构责令其限期缴纳或者补足。

用人单位逾期仍未缴纳或者补足社会保险费的，社会保险费征收机构可以向银行或其他金融机构查询其存款账户；并可以申请县级以上有关行政部门作出划拨社会保险费的决定，书面通知其开户银行或者其他金融机构划拨社会保险费。用人单位账户余额少于应当缴纳的社会保险费的，社会保险费征收机构可以要求该用人单位提供担保，签订延期缴费协议。

用人单位未足额缴纳社会保险费且未提供担保的，社会保险费征收机构可以申请人民法院扣押、查封、拍卖其价值相当于应当缴纳社会保险费的财产，以拍卖所得抵缴社会保险费。

用人单位未按时足额缴纳社会保险费的，自欠缴之日起，按日加收 5‰的滞纳金；逾期仍不缴纳的，由有关行政部门处欠缴数额 1 倍以上 3 倍以下的罚款。

【依据】《社会保险法》第 63、86 条。

2. 生产经营单位与从业人员订立协议，免除或者减轻其对从业人员因生产安全事故伤亡依法应承担的责任的，该协议无效；对生产经营单位的主要负责人、个人经营的投资人处 2 万元以上 10 万元以下的罚款。

【依据】《安全生产法》第 89 条。

3. 生产经营单位发生生产安全事故造成人员伤亡、他人财产损失的，应当依法承担赔偿责任；拒不承担或者其负责人逃匿的，由人民法院依法强制执行。

生产安全事故的责任人未依法承担赔偿责任，经人民法院依法采取执行措施后，仍不能对受害人给予足额赔偿的，应当继续履行赔偿义务；受害人发现责任人有其他财产的，可以随时请求人民法院执行。

【依据】《安全生产法》第 95 条。

4. 用人单位依照《工伤保险条例》应当参加工伤保险而未参加的，由社会保险行政部门责令改正；未参加工伤保险期间用人单位职工发生工伤的，由该用人单位按照《工伤保险条例》规定的工伤保险待遇项目和标准支付费用。

【依据】《工伤保险条例》第 62 条。

5. 造成劳动者工伤、医疗待遇损失的，除按国家规定为劳动者提供工伤、医疗待遇外，用人单位还应支付劳动者相当于医疗费用 25% 的赔偿费用。

【依据】《违反劳动合同赔偿办法》第 3 条。

五、农民工办理工伤保险的地点

（一）通常情形

通常情况下，劳动者应当由其用人单位到所在地的工伤保险经办机构办理工伤保险。但有下列几种例外情形：

1. 跨地区、生产流动性较大的行业，可以采取相对集中的方式异地参加统筹地区的工伤保险。具体办法由国务院劳动保障行政部门会同有关行业的主管部门制定。

【依据】《工伤保险条例》第 11 条第 2 款。

2. 劳动者被派遣出境工作，依据前往国家或者地区的法律应当参加当地工伤保险的，参加当地工伤保险，其国内工伤保险关系中止；不能参加当地工伤保险的，其国内工伤保险关系不中止。

【依据】《工伤保险条例》第 44 条。

3. 劳动者在两个或两个以上用人单位同时就业的，各用人单位应当分别在其所在地为劳动者缴纳工伤保险费。劳动者发生工伤，由受到伤害时其工作的单位依法承担工伤保险责任。

【依据】《工伤保险条例意见》第 1 项。

(二) 针对农民工的特殊情形

由于农民工的流动性较大，绝大多数都属于跨越各级行政区划外出务工，所以，确定农民工办理、享受、接转工伤保险和治疗工伤的地点就是一个非常实际的问题。为此，有如下一些专门规定。

1. 用人单位注册地与生产经营地不在同一统筹地区的，原则上在注册地参加工伤保险。未在注册地参加工伤保险的，在生产经营地参加工伤保险。农民工受到事故伤害后，在参保地进行工伤认定、劳动能力鉴定，并按参保地的规定依法享受工伤保险待遇。用人单位在注册地和生产经营地均未参加工伤保险的，农民工受到事故伤害后，在生产经营地进行工伤认定、劳动能力鉴定，并按生产经营地的规定依法由用人单位支付工伤保险待遇。

【依据】《农民工工伤保险通知》第 3 项；《农民工"平安计划"通知》"配套政策"第 (2) ～ (4) 项；《建筑企业农民工工伤保险通知》第 3 项。

2. 跨地区流动就业的农民工，工伤后的长期待遇可试行一次性支付和长期支付两种方式，供工伤农民工选择，进一步方便农民工领取和享受工伤待遇。

【依据】《农民工"平安计划"通知》"配套政策"第 (5) 项。

3. 劳动者发生工伤后，应当在统筹地区的协议医疗机构进行治疗，病情危急时可送往就近医疗机构进行抢救；在统筹区域以外发生工伤的劳动者，可在事故发生地优先选择协议医疗机构治疗。

凡未在统筹地协议医疗机构救治的工伤劳动者，用人单位要及时向经办机构报告工伤劳动者的伤情及救治医疗机构的情况，并待病情稳定后转回统筹地区的协议医疗机构治疗。

【依据】《工伤保险医疗协议通知》第 2 项。

4. 为了使农民工能够确实享有工伤保险方面的权利，我国相关法律法规提供了一些制度上的保障。

(1) 国家采取措施，建立健全劳动者社会保险关系跨地区转移接续制度。

(2) 各级政府探索建立在注册地与生产经营地工伤保险经办机构之间的参保协查机制，以确认用人单位是否确实为所属劳动者办理了工伤保险。用人单位已在注册地为农民工办理了参保手续的，要向生产经营地工伤保险经办机构提供相关证明。用人单位未在注册地为农民工办理参保手续的，由生产经营地工伤保险经办机构根据协查结果，要求其在生产经营地为招用的农民工办理参加工伤保险手续。

【依据】《劳动合同法》第 49 条；《农民工问题实施意见》"总体工作部署"第 (8) 项；《农民工"平安计划"通知》"主要措施"第 (2) 项。

第三节　工　伤　认　定

一、工伤的认定

具体认定工伤，包括以下三种情形：

（一）劳动者有下列情形之一的，应当认定为工伤

1. 在工作时间和工作场所内，因工作原因受到事故伤害的；

"工作时间"是指法律规定的或单位要求劳动者工作的时间。"工作场所"主要指劳动者日常工作所在的场所；如果因工作需要去其他地方受到伤害的，也应当认定为工伤。

2. 工作时间前后在工作场所内，从事与工作有关的预备性或者收尾性工作受到事故伤害的；

该情形主要是指在法律规定的或单位要求的开始工作时间之前，以及在法律规定的或单位要求的结束工作时间之后，劳动者在工作场所内从事与本职工作或领导指派的其他工作有关的工作。

3. 在工作时间和工作场所内，因履行工作职责受到暴力等意外伤害的；

4. 患职业病的；

5. 因工外出期间，由于工作原因受到伤害或者发生事故下落不明的；

6. 在上下班途中，受到非本人主要责任的交通事故或者城市轨道交通、客运轮渡、火车事故伤害的；

这里"上下班途中"既包括劳动者正常工作的上下班途中，也包括劳动者加班加点的上下班途中。"受到机动车事故伤害的"既可以是劳动者驾驶或乘坐的机动车发生事故造成的，也可以是劳动者因其他机动车事故造成的。

7. 法律、行政法规规定应当认定为工伤的其他情形。

【依据】《工伤保险条例》第**14**条；《工伤保险条例意见》第**2**项。

（二）劳动者有下列情形之一的，视同工伤

1. 在工作时间和工作岗位，突发疾病死亡或者在48小时之内经抢救无效死亡的；

这里"突发疾病"包括各类疾病；"48小时"的起算时间，以医疗机构的初次诊断时间作为突发疾病的起算时间。

2. 在抢险救灾等维护国家利益、公共利益活动中受到伤害的；

3. 职工原在军队服役，因战、因公负伤致残，已取得革命伤残军人证，到用

人单位后旧伤复发的。

劳动者有上述第 1、2 项情形的，按照《工伤保险条例》的有关规定享受工伤保险待遇；有第 3 项情形的，按照《工伤保险条例》的有关规定享受除一次性伤残补助金以外的工伤保险待遇。

【依据】《工伤保险条例》第 15 条；《工伤保险条例意见》第 3 项。

（三）劳动者有下列情形之一的，不得认定为工伤或者视同工伤

1. 故意犯罪的；
2. 醉酒或者吸毒的；
3. 自残或者自杀的；
4. 法律、行政法规规定的其他情形。

【依据】《社会保险法》第 37 条；《工伤保险条例》第 16 条。

【案例一】①

请阅读下表中的案例，并分析是否应认定为工伤。

事　件	是否应认定为工伤
某单位组织职工乘车集体外出参加文体活动，车行至途中发生交通事故，司机及大部分人都受伤。	
列车员甲随列车到达 A 站，客车准备完毕后，到库外吃早餐，返回车库途中，遭遇一男性歹徒持刀抢劫，造成身体损伤。	
工人乙负责打磨工作，在超负荷的工作过程中，加班时腰部不适，后疼痛严重，不能活动。门诊诊断为：腰病二年余，近期加重。	
丙由于长期从事宝石打磨，被诊断患有矽肺。	
丁代表公司参加篮球友谊赛，在激烈的对抗中受伤，导致左膝韧带断裂。	
戊是公司的技术骨干，接受指派去外地采购重要设备。任务完成后，对方安排戊在当地风景区旅游，途中不慎遭到歹徒抢劫，将戊刺成重伤。	

---

① 本章部分案例参考 2006 年 12 月武汉大学法学院举办的"公益诉讼的理念与技巧：工伤与职业病中的劳工权益保护"研讨会会议资料，有删改。

事　　件	是否应认定为工伤
己从在建工地二楼摔下，当时送小诊所检查，本人主诉臀部着地受伤，未发现身体其他部位有外伤。6 天后突然昏迷不醒，医院诊断为特重型脑外伤。	

二、工伤认定的机构和申请人

（一）工伤认定的机构

我国工伤认定申请的管辖制度是以地域管辖与级别管辖相结合的管辖制度。工伤认定的申请应当向统筹地区社会保险行政部门提出。统筹地区的社会保险部门分为省级和设区的市级。按照规定应当由省级社会保险行政部门进行工伤认定的事项，根据属地原则由用人单位所在地的设区的市级社会保险行政部门办理。换言之，我国省级社会保险部门不直接承担工伤认定的具体工作。这一规定旨在弥补地域管辖的不足，减少当事人申请工伤认定的不便。

具体来说，已经参加工伤保险的用人单位的工伤认定一般由投保所在地设区的市级社会保险部门负责；如果用人单位参加的是省级工伤保险，则由用人单位所在地设区的市级社会保险行政部门负责；用人单位没有参加工伤保险的，也由用人单位所在地设区的市级社会保险行政部门负责工伤认定。直辖市的工伤认定则由区（县）级的社会保险行政部门负责。

【依据】《工伤保险条例》第 11 条第 1 款、第 17 条第 1、3 款；《工伤认定办法》第 4 条。

（二）工伤认定的申请人

1. 用人单位。用人单位是工伤认定的第一申请人。劳动者发生事故伤害或者按照职业病防治法规定被诊断、鉴定为职业病，用人单位应当自事故伤害发生之日或者被诊断、鉴定为职业病之日起 30 日内，提出工伤认定申请。遇有特殊情况，经报社会保险行政部门同意，申请时限可以适当延长。

2. 工伤职工或其近亲属。如用人单位未按规定提出工伤认定申请，则工伤职工或其近亲属在事故伤害发生之日或者被诊断、鉴定为职业病之日起 1 年内，可以直接提出工伤认定申请。

3. 工会。如用人单位未按规定提出工伤认定申请，则工会组织在事故伤害发生之日或者被诊断、鉴定为职业病之日起 1 年内，可以直接提出工伤认定申请。"工会组织"包括职工所在用人单位的工会组织以及符合《工会法》规定的各级工会组织。

☞**重点提示**

用人单位未按规定为职工提出工伤认定申请，受到事故伤害或者患职业病的职工或者其近亲属、工会组织提出工伤认定申请，不是必须要得到职工所在单位的同意（签字、盖章）。

【依据】《工伤保险条例》第 17 条第 2 款；《工伤保险条例意见》第 4、5 项。

三、申请工伤认定提交的材料

提出工伤认定申请应当填写《工伤认定申请表》和《工伤申报证据清单》，内容包括事故发生的时间、地点、原因以及职工伤害程度等基本情况和有关证据；工伤认定申请表的样式由劳动保障部统一制定。并提交下列材料：

1. 与用人单位存在劳动关系（包括事实劳动关系）的证明材料，如劳动合同文本复印件；

2. 受伤害劳动者的"居民身份证"复印件；

3. 医疗机构出具的受伤后诊断证明书或者职业病诊断证明书（或者职业病诊断鉴定书）；

4. 属于下列情况的还应提供相关证明材料：

（1）工作时间前后在工作场所内，从事与工作有关的预备性或收尾性工作受到事故伤害的，需提交上下班工作时间表及与预备性或收尾性工作内容相关的证明材料；

（2）因履行工作职责受到暴力伤害的，需提交公安机关的证明或人民法院的判决书以及其他有效证明；

（3）因工外出期间，由于工作原因遭受交通事故或者其他意外事故伤害的，需提交如"出差通知书"或者能证明因工外出的原始证明材料；

（4）因工外出期间，由于发生事故下落不明的，需提交人民法院宣告死亡的裁决书；

（5）在上下班途中受机动车事故伤害的，需提交上下班的作息时间表，单位至居住地的正常路线图，公安交通管理部门的责任认定书或其他有效证明；遇肇事者逃逸的，需提交公安交通管理部门的相关证明；个人驾驶机动车发生交通事故的，需提供机动车驾驶证；

（6）在从事抢险、救灾、救人等维护国家利益、公共利益的活动中受到伤害的，需提交单位或者县级政府民政部门、公安部门出具的相关证明；

（7）属于因公、因战致残的复员转业军人旧伤复发的，需提交《革命伤残军人证》、旧伤复发后医院的诊断证明和劳动鉴定委员会的鉴定结论；

（8）属于借用人员的，需提交双方单位的协议书、借用单位对事故调查的材料，并由劳动关系所在单位申报并提交劳动合同文本或其他建立劳动关系的有效证明；

（9）未参加工伤保险的，提供用人单位的营业执照或者工商行政部门的查询证明；

（10）近亲属代表伤亡劳动者提出工伤认定申请的，还需提交有效的委托证明、近亲属关系证明；

（11）单位工会组织代表伤亡劳动者提出工伤认定申请，还需提交单位工会介绍信，办理人身份证明。

5. 其他有关证明材料。

【依据】《工伤保险条例》第 18 条第 1、2 款；《工伤认定办法》第 6 条。

四、工伤认定的受理和调查核实

（一）工伤认定的受理

社会保险行政部门收到工伤认定申请后，应当在 15 日内对申请人提交的材料进行审核，材料完整的，作出受理或者不予受理的决定；材料不完整的，应当以书面形式一次性告知申请人需要补正的全部材料。社会保险行政部门收到申请人提交的全部补正材料后，应当在 15 日内作出受理或者不予受理的决定。

社会保险行政部门决定受理的，应当出具《工伤认定申请受理决定书》；决定不予受理的，应当出具《工伤认定申请不予受理决定书》。

劳动者或者其近亲属、用人单位对不予受理决定不服的，可以依法申请行政复议或者提起行政诉讼。

【依据】《工伤保险条例》第 18 条第 3 款；《工伤认定办法》第 7、8、23 条。

（二）工伤认定的调查核实

社会保险行政部门受理工伤认定申请后，根据审核需要可以对事故伤害和所提供的证据进行调查核实，有关单位和个人应当予以协助。用人单位、医疗机构、有关部门及工会组织应当负责安排相关人员配合工作，据实提供情况和证明材料。

社会保险行政部门在进行工伤认定时，对申请人提供的符合国家有关规定的职业病诊断证明书或者职业病诊断鉴定书，不再进行调查核实。职业病诊断证明书或者职业病诊断鉴定书不符合国家规定的格式和要求的，社会保险行政部门可以要求出具证据部门重新提供。

这一规定表明，职业病诊断结论和职业病诊断鉴定结论具有类似于工伤认定结论的效力，但职业病要被确认为工伤仍须经过工伤认定程序。

社会保险行政部门受理工伤认定申请后，可以根据工作需要，委托其他统筹地区的社会保险行政部门或相关部门进行调查核实。

社会保险行政部门工作人员进行调查核实，应出示执行公务的证件，由两名以上人员共同进行；可以行使下列职权：（1）根据工作需要，进入有关单位和事故现场；（2）依法查阅与工伤认定有关的资料，询问有关人员；（3）记录、录音、录像和复制与工伤认定有关的资料。同时负有下列义务：（1）保守有关单位商业秘密及个人隐私；（2）为提供情况的有关人员保密。

【依据】《工伤保险条例》第 19 条第 1 款；《工伤认定办法》第 9~15 条。

（三）工伤认定中的举证责任

劳动者或者其近亲属认为是工伤，用人单位不认为是工伤的，由该用人单位承担举证责任。用人单位拒不举证的，社会保险行政部门可以根据受伤害劳动者提供的证据依法作出工伤认定结论。

【依据】《工伤保险条例》第 19 条第 2 款；《工伤认定办法》第 17 条。

五、工伤认定的决定

（一）工伤认定决定的作出和送达

1. 社会保险行政部门应当自受理工伤认定申请之日起 60 日内作出工伤认定决定，包括工伤或视同工伤的认定决定和不属于工伤或不视同工伤的认定决定。社会保险行政部门对受理的事实清楚、权利义务明确的工伤认定申请，应当在 15 日内作出工伤认定的决定。

2. 工伤认定决定应当载明下列事项：

（1）用人单位全称；

（2）劳动者的姓名、性别、年龄、职业、身份证号码；

（3）受伤部位、事故时间和诊治时间或职业病名称、伤害经过和核实情况、医疗救治的基本情况和诊断结论；

（4）认定为工伤、视同工伤或认定为不属于工伤、不视同工伤的依据；

（5）不服认定决定申请行政复议或者提起行政诉讼的部门和时限；

（6）作出认定决定的时间。

工伤认定决定应加盖社会保险行政部门工伤认定专用印章。

社会保险行政部门应当自工伤认定决定作出之日起 20 个工作日内，将工伤认定决定送达工伤认定申请人以及受伤害劳动者（或其近亲属）和用人单位，并抄送社会保险经办机构。工伤认定法律文书的送达按照《民事诉讼法》有关送达的规定执行。

工伤认定结束后，社会保险行政部门应将工伤认定的有关资料至少保存 50 年。

【依据】《工伤保险条例》第 20 条；《工伤认定办法》第 18~25 条。

（二）其他规定

1. 社会保险行政部门工作人员与工伤认定申请人有利害关系的，应当回避。

劳动者或者其近亲属、用人单位对工伤认定决定不服的，可以依法申请行政复议或者提起行政诉讼。

【依据】《工伤保险条例》第 20 条第 4 款；《工伤认定办法》第 23 条。

2. 社会保险行政部门工作人员有下列情形之一的，依法给予行政处分；情节严重，构成犯罪的，依法追究刑事责任：

（1）无正当理由不受理工伤认定申请，或者弄虚作假将不符合工伤条件的人员认定为工伤职工的；

（2）未妥善保管申请工伤认定的证据材料，致使有关证据灭失的；

（3）收受当事人财物的。

【依据】《工伤保险条例》第 57 条。

六、非法用工情形

非法用工的工伤包括两种情形，一是指无营业执照或者未经依法登记、备案的单位以及被依法吊销营业执照或者撤销登记、备案的单位的劳动者因工受伤或者患上职业病，即用人单位本身的经营资格存在非法的情形；二是用人单位违法使用的童工出现伤残或死亡，即用人单位在招聘、使用劳动者方面存在非法的情形。

【依据】《工伤保险条例》第 66 条第 1 款。

值得注意的是，在非法用工情形下，双方当事人并不成立有效的劳动关系，我国劳动法的调整范围是特定的用人单位与劳动者之间的劳动关系，该范围之外的雇佣关系严格意义上讲不属于劳动法的调整范畴。但为了更好保护劳动者，避免不法分子利用调整范围的差异让劳动者承受不利后果，《非法用工单位伤亡人员一次性赔偿办法》适当扩大了保护范围，对于部分雇佣关系中受到事故伤害或患职业病的职工或童工给予特别保护。

另外，《非法用工单位伤亡人员一次性赔偿办法》并没有针对非法用工情形下当事人是否需要工伤认定作出规定，但是在实践中，当事人一定要进行劳动能力鉴定，否则无法计算赔偿数额。此类案件的当事人申请仲裁之前或申请过程中仍应考虑向当地社会保险行政部门申请工伤认定，以免出现有关部门以未经工伤认定为由驳回申诉或诉讼请求的情况。

七、工伤认定流程图

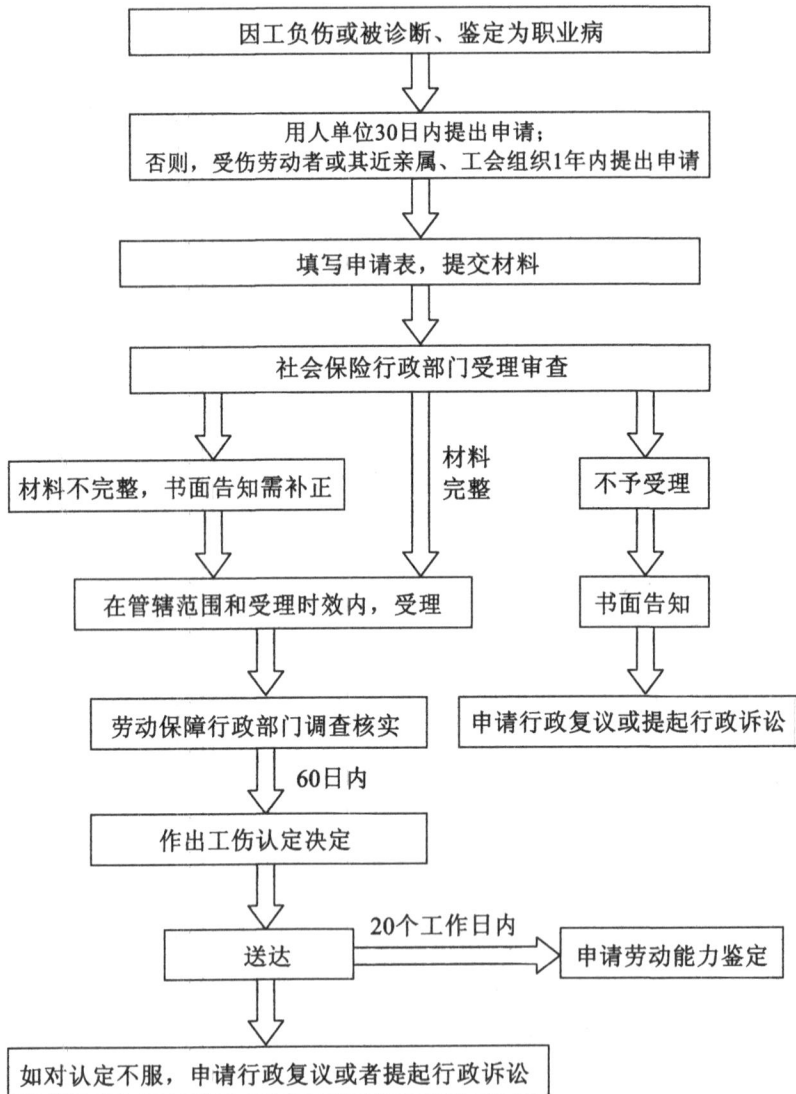

```
┌─────────────────────────────────────┐
│  因工负伤或被诊断、鉴定为职业病        │
└─────────────────────────────────────┘
                  ↓
┌─────────────────────────────────────┐
│  用人单位30日内提出申请；              │
│  否则，受伤劳动者或其近亲属、工会组织1年内提出申请 │
└─────────────────────────────────────┘
                  ↓
┌─────────────────────────────────────┐
│        填写申请表，提交材料            │
└─────────────────────────────────────┘
                  ↓
┌─────────────────────────────────────┐
│      社会保险行政部门受理审查          │
└─────────────────────────────────────┘
     ↓              ↓ 材料完整      ↓
┌──────────────┐          ┌──────────┐
│材料不完整，书面 │          │ 不予受理  │
│告知需补正     │          └──────────┘
└──────────────┘              ↓
     ↓                    ┌──────────┐
┌──────────────────┐      │ 书面告知  │
│在管辖范围和受理时效│      └──────────┘
│内，受理          │          ↓
└──────────────────┘    ┌──────────────────┐
     ↓                  │申请行政复议或提起行政诉讼│
┌──────────────────┐    └──────────────────┘
│劳动保障行政部门调查核实│
└──────────────────┘
     ↓ 60日内
┌──────────────────┐
│   作出工伤认定决定  │
└──────────────────┘
     ↓
┌────────┐  20个工作日内  ┌──────────────┐
│  送达   │ ──────────→ │ 申请劳动能力鉴定│
└────────┘              └──────────────┘
     ↓
┌──────────────────────────────────┐
│如对认定不服，申请行政复议或者提起行政诉讼│
└──────────────────────────────────┘
```

【案例二】

乙在一家化工厂打工一年有余，某日在搬运货物时，被货物砸为重伤，送院治疗。

问题：

1. 乙与化工厂没有签订用工合同，二者之间是否构成劳动关系？如不是劳动关系，是什么法律关系？

2. 乙要求化工厂向劳动保障行政部门（以下简称"劳动部门"）提出工伤认定申请，被化工厂拒绝，乙应该如何进行工伤认定？

3. 乙向劳动部门提出工伤认定申请，劳动部门要求先就构成劳动关系进行劳动仲裁，没有劳动合同，乙用什么证据证明存在劳动关系？

4. 乙在受伤 3 个月时，向劳动部门提出工伤认定申请，并初步提交材料，劳动部门认为材料不全，应当告知乙哪些内容？如果劳动部门审查材料后，书面告知乙申请不予受理，乙不服应当如何提出异议？

5. 如果劳动部门受理申请之后，化工厂认为乙之所以被砸伤，是因为自己工作的疏忽，不应认定为工伤，乙如何证明自身并非出于疏忽？劳动部门应当在多少个工作日内作出决定？

6. 如果劳动部门认为不构成工伤，乙是否可以提起行政诉讼？

7. 如果劳动部门最后认定乙构成工伤，那么乙是否可以直接要求享受工伤保险待遇？

8. 如果乙被认定为工伤，可以享受工伤待遇，但是却与化工厂就具体数额不能达成一致，乙应当在多少日之内提起劳动争议仲裁？

9. 如果乙在申请工伤认定的时候，发现其工作的化工厂一直没有营业执照，那么乙应该怎么办？

第四节　劳动能力鉴定

在工伤事故中受到损害或患上职业病的劳动者经过治疗，可能痊愈，也可能会残疾，导致失去部分或全部劳动能力。这时，就需要对其进行劳动能力鉴定或称为伤残鉴定。另外，停工留薪超过一定时限的、旧伤复发的、工亡劳动者亲属完全丧失劳动能力享受抚恤待遇的和工亡劳动者安装辅助器具的，也需进行劳动能力鉴定。

一、劳动能力鉴定及其标准

（一）劳动能力鉴定

劳动能力鉴定是指相关机构对劳动者身体或精神所受到的损害导致本人工作能力减弱状况所作的专业性结论意见或证明①，《工伤保险条例》将之定义为"劳动功能障碍程度和生活自理障碍程度的等级鉴定"。劳动者发生工伤，经治疗伤情相对稳定后存在残疾、影响劳动能力的，应当进行劳动能力鉴定。劳动功能障碍分为十个伤残等级，最重的为一级，最轻的为十级。生活自理障碍分为三个等级：生活完全不能自理、生活大部分不能自理和生活部分不能自理。

劳动能力鉴定标准由国务院社会保险行政部门会同国务院卫生行政部门等部门制定。在该标准颁布前，暂按照《职工工伤与职业病致残程度鉴定标准》（GB/T16180—1996）（以下简称为《工伤致残标准》）执行。

【依据】《工伤保险条例》第 21、22 条；《关于劳动能力鉴定有关问题的通知》（劳社部发〔2003〕25 号，劳动和社会保障部、人事部、卫生部、中华全国总工会、中国企业联合会 2003 年 9 月 26 日发布）。

（二）标准

职工工伤与职业病致残程度鉴定，是指有关授权机构对劳动者在职业活动中因工负伤或患职业病后，于国家社会保险法规所规定的医疗期满时通过医学检查对伤残失能程度作出的判定结论。目前，我国在劳动能力鉴定方面适用的是国家标准《工伤致残标准》。该标准根据器官损伤、功能障碍、医疗依赖及护理依赖四个方面将工伤、职业病伤残程度分解为五个门类，划分为十个等级 470 个条目，是工伤、职业病患者于国家社会保险法规所规定的医疗期满后进行医学技术鉴定的准则和依据。根据该标准，伤残等级划分如下：

等级	评定标准
一级	器官缺失或功能完全丧失，其他器官不能代偿，存在特殊医疗依赖，生活完全或大部分不能自理；共 12 种情形。
二级	器官严重缺损或畸形，有严重功能障碍或并发症，存在特殊医疗依赖，或生活大部分不能自理；共 34 种情形。

---

① 参见郑尚元：《工伤保险法律制度研究》，北京大学出版社 2004 年版，第 89 页。

续表

等级	评定标准
三级	器官严重缺损或畸形，有严重功能障碍或并发症，存在特殊医疗依赖，或生活部分不能自理；共 37 种情形。
四级	器官严重缺损或畸形，有严重功能障碍或并发症，存在特殊医疗依赖，生活可以自理者；共 58 种情形。
五级	器官大部分缺损或明显畸形，有较重功能障碍或并发症，存在一般医疗依赖，生活能自理者；共 60 种情形。
六级	器官大部分缺损或明显畸形，有中等功能障碍或并发症，存在一般医疗依赖，生活能自理者；共 55 种情形。
七级	器官大部分缺损或畸形，有轻度功能障碍或并发症，存在一般医疗依赖，生活能自理者；共 59 种情形。
八级	器官部分缺损，形态异常，轻度功能障碍，有医疗依赖，生活能自理者；共 61 种情形。
九级	器官部分缺损，形态异常，轻度功能障碍，无医疗依赖，生活能自理者；共 43 种情形。
十级	器官部分缺损，形态异常，无功能障碍，无医疗依赖，生活能自理者；共 51 种情形。

其中，生活自理情况取决于护理依赖的程度。护理依赖指伤、病致残者因生活不能自理需依赖他人护理的状况。生活自理范围主要包括下列五项：（1）进食；（2）翻身；（3）大、小便；（4）穿衣、洗漱；（5）自我移动。护理依赖的程度分为三级：（1）完全护理依赖，指生活不能自理，上述五项均需护理者；（2）大部分护理依赖，指生活大部不能自理，上述五项中三项需要护理者；（3）部分护理依赖，指部分生活不能自理，上述五项中一项需要护理者。

【依据】《职工工伤与职业病致残程度鉴定标准》（GB/T16180—1996）。

二、劳动能力鉴定程序

1. 申请劳动能力鉴定。劳动能力鉴定采"不告不理"原则，由用人单位、工伤职工或者其近亲属向设区的市级劳动能力鉴定委员会提出申请，并提供工伤认定决定和劳动者工伤医疗的有关资料。

【依据】《工伤保险条例》第 23 条。

工伤认定程序实际上是劳动能力鉴定程序的前置程序。工伤认定的目的是决定劳动者能否享受工伤保险待遇，劳动能力鉴定的目的则是决定劳动者能够享受什么样的工伤保险待遇。

2. 费用承担。对于劳动能力鉴定费用的负担，目前并没有明确具体的规定。但根据《工伤保险条例》和某些地方性法规（如《湖北省工伤保险实施办法》）的有关规定，一般而言，初次劳动能力鉴定所需费用，参加了工伤保险的由工伤保险基金支付；未参加工伤保险的由用人单位支付。用人单位或个人申请再次鉴定的，由申请方预交鉴定费，再次鉴定结论与初次鉴定结论一致的，或者再次鉴定结论认为丧失劳动能力的原因与工伤无因果关系的，鉴定费用由申请方承担；再次鉴定结论与初次鉴定结论不一致的，鉴定费用由统筹地区的工伤保险基金支付。

【依据】《工伤保险条例》第 12 条第 1 款；《湖北省工伤保险实施办法》第 26 条。

3. 作出鉴定结论。设区的市级劳动能力鉴定委员会收到劳动能力鉴定申请后，应当依法组成专家组，由专家组提出鉴定意见；然后根据这一鉴定意见作出工伤劳动者劳动能力鉴定结论；必要时，可以委托具备资格的医疗机构协助进行有关的诊断。

设区的市级劳动能力鉴定委员会应当自收到劳动能力鉴定申请之日起 60 日内作出劳动能力鉴定结论，必要时，作出劳动能力鉴定结论的期限可以延长 30 日。劳动能力鉴定结论应当及时送达申请鉴定的单位和个人。

劳动能力鉴定委员会组成人员或参加鉴定的专家与当事人有利害关系的，应当回避。

【依据】《工伤保险条例》第 25、27 条。

4. 申请再次鉴定。申请鉴定的单位或者个人对设区的市级劳动能力鉴定委员会作出的鉴定结论不服的，可以在收到该鉴定结论之日起 15 日内向省、自治区、直辖市劳动能力鉴定委员会提出再次鉴定申请。省、自治区、直辖市劳动能力鉴定委员会作出的劳动能力鉴定结论为最终结论。

【依据】《工伤保险条例》第 26 条。

这条规定实际上涉及劳动能力鉴定结论的可诉性问题，即该鉴定结论是不可诉的。不服者只能申请再次鉴定，且第二次鉴定结论为最终结论。工伤认定是行政部门作出的具体行政行为，是可诉的；而劳动能力鉴定结论则似乎应当是由社会中介机构作出的专业医学鉴定，是不可诉的，只能申请再次鉴定或重新鉴定。但目前我国的劳动能力鉴定委员会依附于劳动行政部门，而且，劳动能力鉴定结论也是由劳动行政部门根据劳动能力鉴定委员会所出具的鉴定意见作出的，似乎又应当属于可诉的具体行政行为范畴。同样的情形也存在于职业病诊断的鉴定程序中，但卫生部门和劳动部门的做法又略有不同。当事人对职业病诊断有异议的，可以向作出诊断的医疗卫生机构所在地的卫生部门申请鉴定，设区的市级以上卫生部门组织职业病鉴定委员会进行鉴定（职业病鉴定委员会同样附属于卫生行政部门）；对职业病诊断的鉴定结论不服的，只能申请省级卫生行政部门再鉴定，而不能申请行政复议或提起行政诉讼。

5. 申请复查鉴定。自劳动能力鉴定结论作出之日起 1 年后，工伤劳动者或者其近亲属、所在单位或者经办机构认为伤残情况发生变化的，可以申请劳动能力复查鉴定。

【依据】《工伤保险条例》第 28 条。

这一规定在一定程度上可以消除伤残程度和劳动能力鉴定结论一经确定终其一身的现象，使工伤劳动者的伤残情况变化与工伤保险待遇的调整有机地结合了起来。如尘肺病就是一种随着时间的延长而不断恶化直至死亡的疾病。

三、劳动能力鉴定流程图

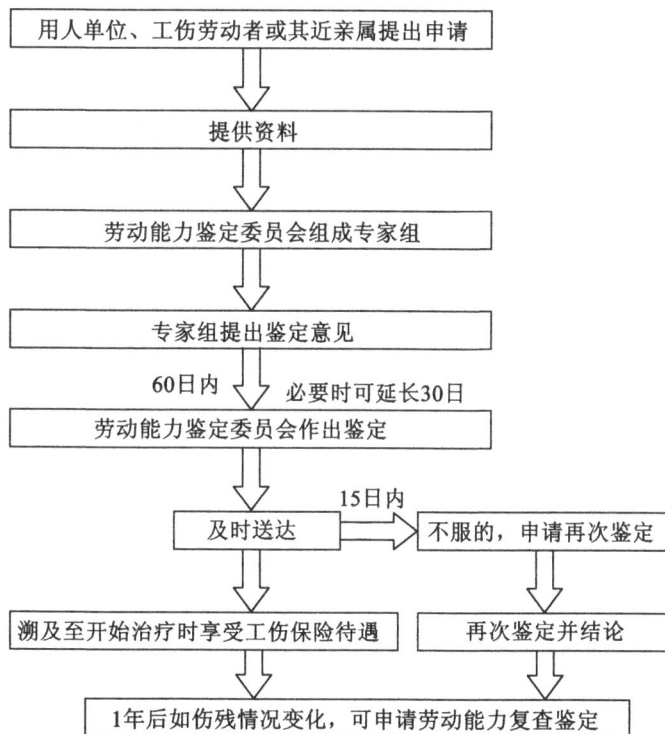

《工伤保险条例》实施的实践证明，工伤维权程序冗长，成为工伤维权的主要障碍。《社会保险法》规定："工伤认定和劳动能力鉴定应当简捷、方便。"这一方向性规定确立了工伤认定和劳动能力鉴定简捷、方便原则，但仍然需要细化。

【依据】《社会保险法》第36条第2款。

第五节　工伤保险待遇

工伤保险待遇是工伤保险制度的主体内容，从程序上看，工伤认定和劳动能力鉴定的目的都是为了最终确定工伤保险待遇。理论上，狭义的工伤保险待遇应当由社会保险经办机构提供，即根据工伤劳动者所受到的人身伤害程度、劳动能力降低和医疗诊治情况等因素，确定给予工伤劳动者的物质性帮助。广义的工伤保险待遇则还包括了有关法律法规强制用人单位向工伤劳动者提供的某些特定待遇，如劳动者住院治疗工伤期间的伙食补助费、外出治疗工伤的交通食宿费用等。我国《工伤保险条例》采广义说，将工伤保险待遇分为工伤医疗待遇（包括停工留薪待遇）、因工伤残待遇、因工死亡待遇和职业病待遇。其中，职业病待遇将在第六节详述。

一、工伤医疗待遇

工伤医疗待遇是指劳动者在工伤医疗期间所享有的待遇。劳动者因工作遭受事故伤害或者患职业病进行治疗，享受工伤医疗待遇；工伤劳动者治疗非工伤引发的疾病，不享受工伤医疗待遇，按照基本医疗保险办法处理。在我国，工伤医疗期属于法定期限，由《工伤保险条例》第33条所规定，基本上与停工留薪期重合。因此，我国的工伤医疗待遇包括了停工留薪待遇。根据该条规定，工伤医疗期一般限定在12个月以内，特定情形下可以适当延长，但延长不得超过24个月。

1. 治疗机构。劳动者治疗工伤应当在统筹地区签订服务协议的医疗机构就医，情况紧急时可以先到就近的医疗机构急救。在统筹区域以外发生工伤的劳动者，可在事故发生地优先选择协议医疗机构治疗。

凡未在统筹地协议医疗机构救治的工伤劳动者，用人单位要及时向经办机构报告工伤劳动者的伤情及救治医疗机构的情况，并待病情稳定后转回统筹地区的协议医疗机构治疗。

工伤劳动者因旧伤复发需要治疗的，用人单位凭协议医疗机构的诊断证明，向经办机构申请并经核准后列入工伤保险医疗服务管理范围。

【依据】《工伤保险条例》第30条第2款；《工伤保险医疗协议通知》第2项。

2. 治疗和康复费用。治疗工伤所需费用（包括康复性治疗的费用）符合工伤保险诊疗项目目录、工伤保险药品目录、工伤保险住院服务标准的，包括劳动者工伤认定前已由医疗保险基金、用人单位或劳动者个人垫付的工伤医疗费用，由经办机构从工伤保险基金中按规定予以支付。工伤保险诊疗项目目录、工伤保险药品目录、工伤保险住院服务标准，由国务院社会保险行政部门会同国务院卫生行政部门、药品监督管理部门等部门规定。

对于工伤劳动者治疗非工伤疾病所发生的费用、符合出院条件拒不出院继续发生的费用，未经经办机构批准自行转入其他医疗机构治疗所发生的费用和其他违反工伤保险有关规定的费用，工伤保险基金不予支付。

【依据】《工伤保险条例》第 30 条第 3、6 款；《工伤保险医疗协议通知》第 4 项。

3. 有关费用。职工住院治疗工伤的伙食补助费，以及经医疗机构出具证明，报经办机构同意，工伤职工到统筹地区以外就医所需的交通、食宿费用由工伤保险基金支付，基金支付的具体标准由统筹地区人民政府规定。

【依据】《工伤保险条例》第 30 条第 4 款。

4. 工伤保险待遇的享受期间。《工伤保险条例》规定了一些期限制度，唯独没有规定工伤保险待遇享受的期限或期日。根据相应条款可以判断享受待遇的时间：工伤医疗待遇从接受治疗起；伤残待遇从劳动能力鉴定作出当月起；因工死亡待遇从死亡起。

5. 停工留薪待遇。劳动者因工作遭受事故伤害或者患职业病需要暂停工作接受工伤医疗的，在停工留薪期内，原工资福利待遇不变，由所在单位按月支付。

停工留薪期一般不超过 12 个月。伤情严重或者情况特殊，经设区的市级劳动能力鉴定委员会确认，可以适当延长，但延长不得超过 12 个月。工伤劳动者评定伤残等级后，停发原待遇，按照本章的有关规定享受伤残待遇。工伤劳动者在停工留薪期满后仍需治疗的，继续享受工伤医疗待遇。

生活不能自理的工伤劳动者在停工留薪期需要护理的，由所在单位负责。

【依据】《工伤保险条例》第 33 条。

6. 旧伤复发。工伤劳动者工伤复发，确认需要治疗的，可享受上述《工伤保险条例》规定的工伤待遇。

用人单位、工伤劳动者、经办机构因治疗旧伤复发需要治疗发生争议的，须凭协议医疗机构的诊断证明，经劳动能力鉴定委员会鉴定后确认。

【依据】《工伤保险条例》第 38 条；《工伤保险医疗协议通知》第 2 项。

二、因工伤残待遇

因工伤残待遇是指劳动者在工伤治疗结束并经劳动能力鉴定机构作出劳动能力鉴定结论后，根据其伤残等级所享受的社会保险待遇，由经办机构从工伤保险基金中支付。劳动者在工伤治疗期间结束后，经过劳动能力鉴定，即开始享受因工伤残待遇。我国《工伤保险条例》规定了如下几项因工伤残待遇：

1. 辅助器具的安装。工伤劳动者因日常生活或者就业需要，经劳动能力鉴定委员会确认，可以安装假肢、矫形器、假眼、假牙和配置轮椅等辅助器具，所需费用按照国家规定的标准由工伤保险基金支付。但是，目前还未出台关于辅助器具配置的国家标准。

【依据】《工伤保险条例》第 32 条。

2. 生活护理费。工伤劳动者已经评定伤残等级并经劳动能力鉴定委员会确认需要生活护理的，从工伤保险基金按月支付生活护理费。

生活护理费按照生活完全不能自理、生活大部分不能自理或者生活部分不能自理 3 个不同等级支付，其标准分别为统筹地区上年度职工月平均工资的 50%、40% 或者 30%。

【依据】《工伤保险条例》第 34 条。

3. 一次性伤残补助金。一次性伤残补助金一般是指职工因工负伤或患职业病，由劳动能力鉴定机构确认致残和进行劳动能力鉴定后，从工伤保险基金按其伤残程度一次性给付的补偿。

（1）劳动者因工致残被鉴定为一级至四级伤残的，保留劳动关系，退出工作岗位，从工伤保险基金按伤残等级支付一次性伤残补助金，标准为：一级伤残为 27 个月的本人工资，二级伤残为 25 个月的本人工资，三级伤残为 23 个月的本人工资，四级伤残为 21 个月的本人工资；

（2）劳动者因工致残被鉴定为五级、六级伤残的，从工伤保险基金按伤残等级支付一次性伤残补助金，标准为：五级伤残为 18 个月的本人工资，六级伤残为 16 个月的本人工资；

（3）劳动者因工致残被鉴定为七级至十级伤残的，从工伤保险基金按伤残等级支付一次性伤残补助金，标准为：七级伤残为 13 个月的本人工资，八级伤残为 11 个月的本人工资，九级伤残为 9 个月的本人工资，十级伤残为 7 个月的本人工资。

需要注意的是，在劳动者享受一次性伤残补助金方面有一项例外性规定，即劳动者原在军队服役，因战、因公负伤致残，已取得革命伤残军人证，到用人单位后旧伤复发的不能享受一次性伤残补助金待遇，但可以依法享受定期性的工伤保险待遇。这是因为国家对持有革命军人伤残证的伤残军人已经给付了一次性伤残补助，所以他们不能重复取得。

【依据】《工伤保险条例》第 15、35、36、37 条。

4. 定期伤残津贴和其他有关待遇。定期伤残津贴是指工伤保险经办机构依法按一定标准，定期、连续发给工伤劳动者的生活补助。这项待遇对于劳动者而言至关重要，是工伤劳动者维持其基本生活的主要来源。目前，这项待遇只适用于被评为一级至六级伤残的工伤劳动者：

（1）劳动者因工致残被鉴定为一级至四级伤残的，保留劳动关系，退出工作岗位，从工伤保险基金按月支付伤残津贴，标准为：一级伤残为本人工资的 90%，二级伤残为本人工资的 85%，三级伤残为本人工资的 80%，四级伤残为本人工资的 75%。伤残津贴实际金额低于当地最低工资标准的，由工伤保险基金补足差额；

用人单位和职工个人以伤残津贴为基数，缴纳基本医疗保险费；

工伤劳动者达到退休年龄并办理退休手续后，停发伤残津贴，享受基本养老保险待遇。基本养老保险待遇低于伤残津贴的，由工伤保险基金补足差额。

（2）劳动者因工致残被鉴定为五级、六级伤残的，保留与用人单位的劳动关系，由用人单位安排适当工作。难以安排工作的，由用人单位按月发给伤残津贴，标准为：五级伤残为本人工资的 70%，六级伤残为本人工资的 60%，并由用人单位按照规定为其缴纳应缴纳的各项社会保险费。伤残津贴实际金额低于当地最低工资标准的，由用人单位补足差额。

需要注意的是，一至四级伤残的劳动者其伤残津贴由工伤保险基金支付，而五级至六级伤残的劳动者其伤残津贴由用人单位支付。

【依据】《工伤保险条例》第 35、36 条。

☞重点提示

> 对农民工的特别规定
>
> 对跨省流动的农民工，即户籍不在参加工伤保险统筹地区（生产经营地）所在省（自治区、直辖市）的农民工，一级至四级伤残长期待遇的支付，可实行一次性支付和长期支付两种方式，供农民工选择。

【依据】《农民工工伤保险通知》第 4 项。

5. 一次性医疗补助金和就业补助金。该项补助金针对五级至十级伤残的劳动者发放，前提是他们与用人单位解除劳动关系。这一部分工伤劳动者生活能够自理，只是大部分或部分丧失劳动能力，仍保留参与就业的权利。

（1）劳动者因工致残被鉴定为五级、六级伤残的，经其本人提出，可以与用人单位解除或者终止劳动关系，由工伤保险基金支付一次性工伤医疗补助金，由用人单位支付一次性伤残就业补助金。

（2）劳动者因工致残被鉴定为七级至十级伤残的，劳动合同期满终止，或者其本人提出解除劳动合同的，由工伤保险基金支付一次性工伤医疗补助金，由用人单位支付一次性伤残就业补助金。

上述具体标准均由省、自治区、直辖市人民政府规定。

【依据】《工伤保险条例》第 36、37 条。

三、因工死亡待遇

(一) 因工死亡待遇的种类

因工死亡待遇是指劳动者因工伤事故导致死亡的,社会保险经办机构向其所供养的亲属支付的相关待遇。该项待遇包括丧葬补助金、供养亲属抚恤金和一次性工亡补助金:

1. 丧葬补助金为 6 个月的统筹地区上年度劳动者月平均工资;

2. 供养亲属抚恤金按照劳动者本人工资的一定比例发给由因工死亡劳动者生前提供主要生活来源、无劳动能力的亲属。标准为:配偶每月 40%,其他亲属每人每月 30%,孤寡老人或者孤儿每人每月在上述标准的基础上增加 10%。核定的各供养亲属的抚恤金之和不应高于因工死亡劳动者生前的工资。供养亲属的具体范围由国务院社会保险行政部门规定;

3. 一次性工亡补助金标准为上一年度全国城镇居民人均可支配收入的 20 倍。

因工死亡包括因工伤事故立即死亡和在停工留薪期内因工伤死亡以及一级至四级伤残劳动者在停工留薪期满后死亡三种情形,最后一种情形的近亲属只能享受上述第 1 项和第 2 项的待遇。

【依据】《工伤保险条例》第 39 条。

(二) 宣告工亡待遇

这是一种特殊的因工死亡待遇。劳动者因工外出期间发生事故或者在抢险救灾中下落不明的,从事故发生当月起 3 个月内照发工资,从第 4 个月起停发工资,由工伤保险基金向其供养亲属按月支付供养亲属抚恤金。生活有困难的,可以预支一次性工亡补助金的 50%。劳动者被人民法院宣告死亡的,则依法享受正常的因工死亡待遇。

【依据】《工伤保险条例》第 41 条。

(三) 因工死亡劳动者供养亲属的范围

1. 因工死亡劳动者供养亲属,是指该劳动者的配偶、子女、父母、祖父母、外祖父母、孙子女、外孙子女、兄弟姐妹。"子女",包括婚生子女、非婚生子女、养子女和有抚养关系的继子女,其中,婚生子女、非婚生子女包括遗腹子女;"父母",包括生父母、养父母和有抚养关系的继父母;"兄弟姐妹",包括同父母的兄弟姐妹、同父异母或者同母异父的兄弟姐妹、养兄弟姐妹、有抚养关系的继兄弟姐妹。这些人员的身份即其享受抚恤金待遇的资格,由统筹地区社会保险经办机构核定。

2. 以上列举的人员，依靠因工死亡劳动者生前提供主要生活来源，并有下列情形之一的，可按规定申请供养亲属抚恤金：

（1）完全丧失劳动能力的；

（2）工亡劳动者配偶男年满 60 周岁、女年满 55 周岁的；

（3）工亡劳动者父母男年满 60 周岁、女年满 55 周岁的；

（4）工亡劳动者子女未满 18 周岁的；

（5）工亡劳动者父母均已死亡，其祖父、外祖父年满 60 周岁，祖母、外祖母年满 55 周岁的；

（6）工亡劳动者子女已经死亡或完全丧失劳动能力，其孙子女、外孙子女未满 18 周岁的；

（7）工亡职工劳动者均已死亡或完全丧失劳动能力，其兄弟姐妹未满 18 周岁的。

因工死亡劳动者供养亲属的劳动能力鉴定，由其生前单位所在地设区的市级劳动能力鉴定委员会负责。

3. 满足上述条件领取抚恤金的人员如出现下列情形之一的，停止享受抚恤金待遇：

（1）年满 18 周岁且未完全丧失劳动能力的；

（2）就业或参军的；

（3）工亡劳动者配偶再婚的；

（4）被他人或组织收养的；

（5）死亡的。

【依据】《死亡职工亲属范围》第 2~4、6 条。

四、非法用工情形下的因工伤亡待遇

针对非法用工的情形，《工伤保险条例》和《非法用工伤亡赔偿办法》作了专门规定。

非法用工造成的工伤，用人单位必须依法（即《非法用工伤亡赔偿办法》）向伤残职工或死亡职工的近亲属、伤残童工或者死亡童工的近亲属给予一次性赔偿。

【依据】《工伤保险条例》第 66 条第 1 款；《非法用工伤亡赔偿办法》第 2 条。

1. 一次性赔偿的范围和标准。非法用工情形下因工伤亡时的一次性赔偿，包括受到事故伤害或患职业病的劳动者或童工在治疗期间的费用、一次性赔偿金和劳动能力鉴定费。一次性赔偿金数额应当在受到事故伤害或患职业病的劳动者或童工死亡或者经劳动能力鉴定后确定，其标准如下：

等级	一次性赔偿金的数额
一级伤残	赔偿基数的 16 倍
二级伤残	赔偿基数的 14 倍
三级伤残	赔偿基数的 12 倍
四级伤残	赔偿基数的 10 倍
五级伤残	赔偿基数的 8 倍
六级伤残	赔偿基数的 6 倍
七级伤残	赔偿基数的 4 倍
八级伤残	赔偿基数的 3 倍
九级伤残	赔偿基数的 2 倍
十级伤残	赔偿基数的 1 倍

赔偿基数，是指单位所在地工伤保险统筹地区上年度职工平均工资。

受到事故伤害或者患职业病造成死亡的，按照上一年度全国城镇居民人均可支配收入的 20 倍支付一次性赔偿金，并按照上一年度全国城镇居民人均可支配收入的 10 倍一次性支付丧葬补助等其他赔偿金。

劳动能力鉴定按属地原则由用人单位所在地设区的市级劳动能力鉴定委员会办理。

【依据】《非法用工伤亡赔偿办法》第 3、5~6 条。

2. 救济措施。用人单位拒不支付一次性赔偿的，伤残或死亡职工的近亲属、伤残或死亡童工的直系亲属可以向人力资源和社会保障行政部门举报。经查证属实的，人力资源和社会保障行政部门应责令该单位限期改正。

伤残或死亡职工的近亲属、伤残或死亡童工的近亲属就赔偿数额与单位发生争议的，按照处理劳动争议的有关规定处理。

【依据】《工伤保险条例》第 66 条第 2 款；《非法用工伤亡赔偿办法》第 7、8 条。

3. 有关费用。职工或童工受到事故伤害或者患职业病，在劳动能力鉴定之前进行治疗期间的生活费按照统筹地区上年度职工月平均工资标准确定，医疗费、护理费、住院期间的伙食补助费以及所需的交通费等费用按照《工伤保险条例》规定的标准和范围确定，并全部由伤残职工或童工所在单位支付。

【依据】《非法用工伤亡赔偿办法》第 4 条。

五、停止享受工伤保险待遇的情况

工伤劳动者有下列情形之一的，停止享受工伤保险待遇：

1. 丧失享受待遇条件的；
2. 拒不接受劳动能力鉴定的；
3. 拒绝治疗的。

【依据】《社会保险法》第 43 条；《工伤保险条例》第 42 条。

第六节　职业病概述

一、职业病的概念和《职业病防治法》的适用范围

（一）职业病的概念

《职业病防治法》对职业病所下的定义：指企业、事业单位和个体经济组织（以下统称用人单位）的劳动者在职业活动中，因接触粉尘、放射性物质和其他有毒、有害物质等因素而引起的疾病。职业病的分类和目录由国务院卫生行政部门会同国务院劳动保障行政部门规定、调整并公布。

【依据】《职业病防治法》第 2 条第 2、3 款。

（二）《职业病防治法》的适用范围

《职业病防治法》的适用范围包括地域、民事主体和职业病种类三个方面。

1. 地域范围。《职业病防治法》适用于我国领域内的职业病防治活动。

【依据】《职业病防治法》第 2 条第 1 款。

2. 民事主体。《职业病防治法》对适用对象作了现在看来不尽合理的限制，即将用人单位限定为企业、事业单位和个体经济组织，其范围窄于《工伤保险条例》和《劳动合同法》（少了民办非企业单位、国家机关、社会团体）以及《劳动法》（少了国家机关和社会团体）。虽然该法第 78 条作出了"本法第 2 条规定的用人单位以外的单位，产生职业病危害的，其职业病防治活动可以参照本法执行"的规定，但由于"可以参照"的用词不具有强制性，所以其实际意义非常有限。至于劳动者，《职业病防治法》未做具体的规定，可以认为与《劳动法》、《劳动合同法》和《工伤保险条例》保持一致。

【依据】《职业病防治法》第 2 条第 2 款、第 78 条。

3. 职业病范围。根据卫生部、劳动和社会保障部联合发布的《职业病目录》，目前我国将职业病大致划分为尘肺（13 种）、职业性放射性疾病（11 种）、职业中

毒（56 种）、物理因素所致职业病（5 种）、生物因素所致职业病（3 种）、职业性皮肤病（8 种）、职业性眼病（3 种）、职业性耳鼻喉口腔疾病（3 种）、职业性肿瘤（8 种）和其他职业病（5 种）等十大类共 115 种职业病。

【依据】《职业病目录》。

4. 农民工的职业病防治。农民工属于劳动者，而职业病属于工伤的一种，所以，前述关于农民工参加工伤保险的政策规定同样适用于农民工的职业病防治。

☞**重点提示**

> 职业病与工伤
>
> 根据《工伤保险条例》第 14 条之规定，职业病在我国是应当认定为工伤的情形之一。这就意味着，劳动者在确诊患有职业病之后，还需要进行工伤认定、劳动能力鉴定才可以享受工伤保险待遇。

【依据】《工伤保险条例》第 14 条；《农民工问题若干意见》第（17）项；《农民工工伤保险通知》第 2 项；《农民工问题实施意见》"总体工作部署"第（8）项；《建筑企业农民工工伤保险通知》第 1 项。

二、农民工（劳动者）的权利

同样基于职业病的工伤属性，前述劳动者在工伤保险中所享有的权利同样是他们在职业病防治中的权利，而鉴于职业病的特殊性，劳动者在职业病防治中还享有以下权利：

1. 职业卫生保护。具体而言，劳动者享有下列职业卫生保护权利：

（1）获得职业卫生教育、培训；

（2）获得职业健康检查、职业病诊疗、康复等职业病防治服务；

（3）了解工作场所产生或者可能产生的职业病危害因素、危害后果和应当采取的职业病防护措施；

（4）要求用人单位提供符合防治职业病要求的职业病防护设施和个人使用的职业病防护用品，改善工作条件；

（5）对违反职业病防治法律、法规以及危及生命健康的行为提出批评、检举和控告；

（6）拒绝违章指挥和强令进行没有职业病防护措施的作业；

（7）参与用人单位职业卫生工作的民主管理，对职业病防治工作提出意见和建议。

【依据】《职业病防治法》第 4 条第 1 款、第 36 条第 1 款；《劳动合同法》第 42 条。

2. 索取本人职业健康档案复印件。劳动者离开用人单位时，有权索取本人职业健康监护档案复印件，用人单位应当如实、无偿提供，并在所提供的复印件上签章。

【依据】《职业病防治法》第 33 条第 3 款。

3. 选择职业病诊断机构并申请诊断。劳动者可以选择用人单位所在地或者本人居住地的职业病诊断机构进行诊断。

【依据】《职业病防治法》第 40 条；《职业病办法》第 10 条。

4. 申请职业病诊断的鉴定或再鉴定。在申请劳动能力鉴定之前，如劳动者对职业病诊断有异议的，可以在接到职业病诊断证明书之日起 30 日内，向作出诊断的医疗卫生机构所在地设区的市级府卫生行政部门申请鉴定。

劳动者对设区的市级职业病诊断鉴定委员会的鉴定结论不服的，可以在接到职业病诊断鉴定书之日起 15 日内，向原鉴定机构所在地省级卫生行政部门申请再鉴定。

【依据】《职业病防治法》第 45 条第 1、3 款；《职业病办法》第 19 条第 1、3 款。

5. 随机抽取职业病诊断鉴定的专家。申请鉴定的当事人可以在职业病诊断鉴定办事机构的主持下，从专家库中以随机抽取的方式确定参加职业病诊断鉴定的专家。

当事人也可以委托职业病诊断鉴定办事机构抽取专家。

【依据】《职业病防治法》第 46 条第 2 款；《职业病办法》第 23 条第 1、2 款。

6. 享受职业病待遇。职业病病人依法享受国家规定的职业病待遇。

【依据】《职业病防治法》第 50 条第 1 款。

7. 工作单位变动时待遇不变。职业病病人变动工作单位，其依法享有的待遇不变。

【依据】《职业病防治法》第 54 条第 1 款。

三、用人单位的义务

用人单位的义务与其在工伤保险中的义务基本相同，包括参加工伤保险并缴纳保险费；不得解除劳动合同（《职业病防治法》第 30 条、第 49 条第 2 款）；遵守安全生产规定和及时救治工伤劳动者；出具相关证明并办理工伤保险转移手续；公示工伤保险情况和职业病防治的有关事项（《职业病防治法》第 22 条）；在法定期限内提出工伤认定申请或负担有关费用；特定情形下承担举证责任；发给、报销或承担有关费用；用人单位发生变化时承担工伤保险；具备相应的安全生产条件。

《职业病防治法》的立法导向是通过赋予用人单位各种职业病的防治义务来保护劳动者的权益，据笔者统计，其用于此项目的的法条（29条）占到该法全部法条（79条）的36.7%。除上述义务外，用人单位在职业病防治中还承担以下义务：

1. 建立、健全劳动安全卫生制度，创造职业卫生环境。用人单位必须建立、健全劳动安全卫生制度，对劳动者进行劳动安全卫生教育。用人单位应当为劳动者创造符合国家职业卫生标准和卫生要求的工作环境和条件，提供符合国家规定的劳动安全卫生条件和必要的劳动防护用品，并采取有效的措施和职业病防护设施保障劳动者获得职业卫生保护。

【依据】《劳动法》第52、54条；《职业病防治法》第4条第2款、第20条；《关于解决农民工问题的若干意见》第9项。

2. 组织劳动者定期进行职业健康检查。对从事有职业病危害作业的劳动者应当定期进行健康检查。具体而言，对从事接触职业病危害作业的劳动者，用人单位应当按照国务院卫生行政部门的规定组织上岗前、在岗期间和离岗时的职业健康检查，并将检查结果如实告知劳动者。职业健康检查费用由用人单位承担。

用人单位不得安排未经上岗前职业健康检查的劳动者从事接触职业病危害的作业；不得安排有职业禁忌的劳动者从事其所禁忌的作业；对在职业健康检查中发现有与所从事的职业相关的健康损害的劳动者，应当调离原工作岗位，并妥善安置；对未进行离岗前职业健康检查的劳动者不得解除或者终止与其订立的劳动合同。

职业健康检查应当由省级以上人民政府卫生行政部门批准的医疗卫生机构承担。

所谓职业禁忌，是指劳动者从事特定职业或者接触特定职业病危害因素时，比一般职业人群更易于遭受职业病危害和罹患职业病或者可能导致原有自身疾病病情加重，或者在从事作业过程中诱发可能导致对他人生命健康构成危险的疾病的个人特殊生理或者病理状态。

【依据】《劳动法》第54条；《职业病防治法》第32、77条；《关于解决农民工问题的若干意见》第9项。

3. 建立、健全职业病防治责任制。用人单位应当建立、健全职业病防治责任制，加强对职业病防治的管理，提高职业病防治水平，对本单位产生的职业病危害承担责任。

【依据】《职业病防治法》第5条。

4. 工作场所应当达标。产生职业病危害的用人单位的设立除应当符合法律、行政法规规定的设立条件外，其工作场所还应当符合下列职业卫生要求：

（1）职业病危害因素的强度或者浓度符合国家职业卫生标准；

（2）有与职业病危害防护相适应的设施；

（3）生产布局合理，符合有害与无害作业分开的原则；

（4）有配套的更衣间、洗浴间、孕妇休息间等卫生设施；

（5）设备、工具、用具等设施符合保护劳动者生理、心理健康的要求；

（6）法律、行政法规和国务院卫生行政部门关于保护劳动者健康的其他要求。

职业病危害，是指对从事职业活动的劳动者可能导致职业病的各种危害。职业病危害因素包括：职业活动中存在的各种有害的化学、物理、生物因素以及在作业过程中产生的其他职业有害因素。

【依据】《职业病防治法》第 13、77 条。

5. 申报职业病危害项目。存在或者产生职业病危害项目的用人单位，应当及时、如实向所在地县级卫生行政部门申报，提交《职业病危害项目申报表》，接受监督。

职业病危害项目申报不收取费用。

具体事宜可参见《危害项目管理办法》。

【依据】《职业病防治法》第 14 条第 2 款；《危害项目管理办法》第 2～6、11 条。

6. 特定情形下提交职业病危害预评价报告和进行职业病危害控制效果评价。新建、扩建、改建建设项目和技术改造、技术引进项目（以下统称建设项目）可能产生职业病危害的，建设单位在可行性论证阶段应当向卫生行政部门提交职业病危害预评价报告。

建设项目在竣工验收前，建设单位应当进行职业病危害控制效果评价。建设项目竣工验收时，其职业病防护设施经卫生行政部门验收合格后，方可投入正式生产和使用。

【依据】《职业病防治法》第 15 条第 1 款、第 16 条第 3 款。

7. 劳动过程中防护与管理的义务。《职业病防治法》第三章"劳动过程中的防护与管理"用第 19～24 条、第 29～36 条和第 38 条共 15 个条文规定了用人单位在劳动过程中的诸多义务。除了上面已经提到的以外，比较重要的还有：

（1）采取多种职业病防治管理措施：

①设置或者指定职业卫生管理机构或者组织，配备专职或者兼职的职业卫生专业人员，负责本单位的职业病防治工作；

②制定职业病防治计划和实施方案；

③建立、健全职业卫生管理制度和操作规程；

④建立、健全职业卫生档案和劳动者健康监护档案；

⑤建立、健全工作场所职业病危害因素监测及评价制度；

⑥建立、健全职业病危害事故应急救援预案。

【依据】《职业病防治法》第 **19** 条。

（2）如实告知有关事项。用人单位与劳动者订立劳动合同（含聘用合同，下同）时，应当将工作过程中可能产生的职业病危害及其后果、职业病防护措施和待遇等如实告知劳动者，并在劳动合同中写明，不得隐瞒或者欺骗。

用人单位要向新招用的农民工告知劳动安全、职业危害事项。

劳动者在已订立劳动合同期间因工作岗位或者工作内容变更，从事与所订立劳动合同中未告知的存在职业病危害的作业时，用人单位应当依照上述规定，向劳动者履行如实告知的义务，并协商变更原劳动合同相关条款。

用人单位不如实履行告知义务的，劳动者有权拒绝从事存在职业病危害的作业，用人单位不得因此解除或者终止与劳动者所订立的劳动合同。

【依据】《职业病防治法》第 **30** 条；《关于解决农民工问题的若干意见》第 **9** 项。

（3）建立、保存劳动者职业健康档案并无偿提供复印件。用人单位应当为劳动者建立职业健康监护档案，并按照规定的期限妥善保存。

职业健康监护档案应当包括劳动者的职业史、职业病危害接触史、职业健康检查结果和职业病诊疗等有关个人健康资料。

劳动者离开用人单位时，有权索取本人职业健康监护档案复印件，用人单位应当如实、无偿提供，并在所提供的复印件上签章。

【依据】《职业病防治法》第 **33** 条。

（4）及时报告并应对（急性）职业病危害事故。发生或者可能发生（急性）职业病危害事故时，用人单位应当立即采取应急救援和控制措施，并及时报告所在地县级卫生行政部门和有关部门。卫生行政部门接到报告后，应当及时会同有关部门组织调查处理；必要时，可以采取临时控制措施。

发生职业病危害事故时，用人单位应当根据情况立即采取以下紧急措施：

①停止导致职业病危害事故的作业，控制事故现场，防止事态扩大，把事故危害降到最低限度；

②疏通应急撤离通道，撤离作业人员，组织泄险；

③保护事故现场，保留导致职业病危害事故的材料、设备和工具等；

④对遭受或者可能遭受急性职业病危害的劳动者，及时组织救治、进行健康检查和医学观察；

⑤按照规定进行事故报告；

⑥配合卫生行政部门进行调查，按照卫生行政部门的要求如实提供事故发生情况、有关材料和样品；

⑦落实卫生行政部门要求采取的其他措施。

对遭受或者可能遭受急性职业病危害的劳动者，用人单位应当及时组织救治、进行健康检查和医学观察，所需费用由用人单位承担。

【依据】《职业病防治法》第 34 条；《职业病办法》第 6、12 条；《职业病事故处理办法》第 6、12 条。

（5）注意保护特定劳动者。用人单位不得安排未成年工从事接触职业病危害的作业；不得安排孕期、哺乳期的女性劳动者从事对本人和胎儿、婴儿有危害的作业。

【依据】《职业病防治法》第 35 条。

（6）保障劳动者行使职业卫生方面的权利。这一义务对应于劳动者的享有职业卫生保护的权利。用人单位应当保障劳动者行使前款所列权利。因劳动者依法行使正当权利而降低其工资、福利等待遇或者解除、终止与其订立的劳动合同的，其行为无效。

【依据】《职业病防治法》第 36 条第 2 款。

8. 报告职业病病人或疑似职业病病人并及时安排疑似职业病病人诊断。用人单位和医疗卫生机构发现职业病病人或者疑似职业病病人时，应当及时向所在地卫生行政部门报告。确诊为职业病的，用人单位还应当向所在地劳动保障行政部门报告。卫生行政部门和劳动保障行政部门接到报告后，应当依法作出处理。

用人单位应当及时安排对疑似职业病病人进行诊断；在疑似职业病病人诊断或者医学观察期间，不得解除或者终止与其订立的劳动合同。疑似职业病病人在诊断、医学观察期间的费用，由用人单位承担。

【依据】《职业病防治法》第 43 条，第 49 条第 2、3 款；《职业病办法》第 16 条。

9. 承担有关费用。职业健康检查费用、职业病诊断鉴定费用和疑似职业病病人在诊断、医学观察期间的费用，由用人单位承担。

对遭受或者可能遭受急性职业病危害的劳动者，用人单位应当及时组织救治、进行健康检查和医学观察，所需费用由用人单位承担。

【依据】《职业病防治法》第 32 条第 1 款、第 34 条第 2 款、第 46 条第 3 款、第 49 条第 3 款；《职业病办法》第 31 条。

10. 如实提供有关职业卫生和健康监护资料。职业病诊断、鉴定需要用人单位提供有关职业卫生和健康监护等资料时，用人单位应当如实提供，劳动者和有关机构也应当提供与职业病诊断、鉴定有关的资料。

【依据】《职业病防治法》第48条;《职业病办法》第11条第2款、第27条第3款;《职业病诊断鉴定管理工作通知》第"2(4)"项。

11. 妥善安排职业病病人的治疗、复查和工作。用人单位应当按照国家有关规定,安排职业病病人进行治疗、康复和定期检查;对不适宜继续从事原工作的职业病病人,应当调离原岗位,并妥善安置;对从事接触职业病危害的作业的劳动者,应当给予适当岗位津贴。

确诊为职业病的患者,用人单位应当按照职业病诊断证明书上注明的复查时间安排复查。

【依据】《职业病防治法》第50条第2~4款;《职业病办法》第18条。

12. 承担未参加工伤保险的职业病病人的医疗和生活保障。

劳动者被诊断患有职业病,但用人单位没有依法参加工伤社会保险的,其医疗和生活保障由最后的用人单位承担;最后的用人单位有证据证明该职业病是先前用人单位的职业病危害造成的,由先前的用人单位承担。

【依据】《职业病防治法》第53条。

13. 用人单位发生特定情形时的义务。用人单位发生分立、合并、解散、破产等情形的,应当对从事接触职业病危害的作业的劳动者进行健康检查,并按照国家有关规定妥善安置职业病病人。

【依据】《职业病防治法》第54条第2款。

四、职业病待遇

1. 职业病是一种工伤,那么,患职业病的劳动者如符合《工伤保险条例》所规定的工伤保险待遇享受条件,自然可以享受前述各种工伤保险待遇。所以,职业病病人的诊疗、康复费用,伤残以及丧失劳动能力的职业病病人的社会保障,按照国家有关工伤社会保险的规定执行。

【依据】《职业病防治法》第51条。

2. 但是罹患职业病与因事故而遭受工伤毕竟有所区别,故职业病病人除依法享受工伤保险待遇外,还依法享受国家规定的职业病待遇。此外,用人单位应当按照国家有关规定,安排职业病病人进行治疗、康复和定期检查;用人单位对不适宜继续从事原工作的职业病病人,应当调离原岗位,并妥善安置;用人单位对从事接触职业病危害的作业的劳动者,应当给予适当岗位津贴。

【依据】《职业病防治法》第50条。

3. 劳动者被诊断患有职业病,但用人单位没有依法参加工伤社会保险的,其医疗和生活保障由最后的用人单位承担;最后的用人单位有证据证明该职业病是先前用人单位的职业病危害造成的，由先前的用人单位承担。

【依据】《职业病防治法》第 53 条。

第七节　职业病的诊断和鉴定

职业病的诊断和鉴定是职业病防治过程中的重要环节，是患职业病的劳动者能否享受相关待遇的决定因素。实践中，很多有关职业病纠纷的症结就在于职业病诊断和鉴定的机构。

一、职业病的诊断机构

1. 有资格从事职业病诊断工作的医疗卫生机构应当经过省级以上人民政府卫生行政部门的批准。

【依据】《职业病防治法》第 39 条；《职业病办法》第 3 条。

2. 从事职业病诊断的医疗卫生机构，应当具备以下条件：

（1）持有《医疗机构执业许可证》；

（2）具有与开展职业病诊断相适应的医疗卫生技术人员，具体指"三名以上"与所申请的诊断项目相适应的有资格的诊断医师；

（3）具有与开展职业病诊断相适应的仪器、设备；

（4）具有健全的职业病诊断质量管理制度。

【依据】《职业病办法》第 4 条；《卫生部关于职工病诊断与鉴定有关问题的批复》第 2 项。

3. 职业病诊断机构的职责如下：

（1）在批准的职业病诊断项目范围内开展职业病诊断；

（2）职业病报告；

（3）承担卫生行政部门交付的有关职业病诊断的其他工作。

【依据】《职业病办法》第 7 条。

4. 职业病诊断机构依法独立行使诊断权，并对其作出的诊断结论承担责任。

【依据】《职业病办法》第 9 条。

二、职业病的诊断

（一）职业病诊断的地点

1. 劳动者可以选择用人单位所在地或者本人居住地依法承担职业病诊断的医疗卫生机构进行职业病诊断，包括用人单位所在地或本人居住地的本县（区）、本县所在市和省（自治区、直辖市）的任何职业病诊断机构。具体而言，职业病诊断机构是指用人单位所在地或劳动者居住地所在县及其县所在设区的市、自治州，及其市、州所在的省、自治区或者直辖市辖区内依法承担职业病诊断的县级、设区的市级和省级的任何医疗卫生机构；不包括横向跨县（区）、跨设区的市（自治州）或者跨省、自治区、直辖市的职业病诊断机构。

☞重点提示

> "居住地"是指劳动者的经常居住地。根据《中华人民共和国民法通则》第15条，公民以其户籍所在地的居住地为住所，经常居住地与住所不一致的，经常居住地视为住所。另根据最高人民法院《关于贯彻执行〈中华人民共和国民法通则〉若干问题的意见（试行）》第9条规定："公民离开住所地最后连续居住1年以上的地方，为经常居住地。但住医院治病的除外。公民由其户籍所在地迁出后至迁入另一地之前，无经常居住地的，仍以其原户籍所在地为住所。"

【依据】《职业病防治法》第40条；《民法通则》第25条；《职业病办法》第10条；《职业病批复（二）》第2项；《职业病诊断鉴定管理工作通知》第2（7）项；《职业病批复（三）》。

2. 劳动者申请职业病诊断时，应当首选本人居住地或用人单位所在地（以下简称本地）的县（区）行政区域内的职业病诊断机构进行诊断；如本地县（区）行政区域内没有职业病诊断机构，可以选择本地市行政区域内的职业病诊断机构进行诊断；如本地市行政区域内没有职业病诊断机构，可以选择本地省级行政区域内的职业病诊断机构进行诊断。

【依据】《职业病诊断机构权限范围》第3项。

（二）申请职业病诊断应提供的材料

1. 职业史、既往史；

2. 职业健康监护档案复印件；

3. 职业健康检查结果；

4. 工作场所历年职业病危害因素检测、评价资料；

5. 既往诊断活动资料；

6. 诊断机构要求提供的其他必需的有关材料。

用人单位和有关机构应当按照诊断机构的要求，如实提供必要的资料。

没有职业病危害接触史或者健康检查没有发现异常的，诊断机构可以不予受理。

【依据】《职业病办法》第 11 条；《异地职业病诊断批复》第 1 项；《职业病诊断鉴定管理工作通知》第 2（7）项。

（三）作出职业病诊断

1. 没有证据否定职业病危害因素与病人临床表现之间的必然联系的，在排除其他致病因素后，应当诊断为职业病。

职业病诊断机构在进行职业病诊断时，应当组织三名以上取得职业病诊断资格的执业医师进行集体诊断。

对职业病诊断有意见分歧的，应当按多数人的意见诊断；对不同意见应当如实记录。

【依据】《职业病防治法》第 42 条第 2、3 款；《职业病办法》第 13、14 条。

2. 职业病诊断与鉴定需要用人单位提供有关职业卫生和健康监护等资料时，用人单位应当如实提供，用人单位不提供或者不如实提供的，卫生行政部门可视其为未按照规定建立健全职业卫生档案和劳动者健康监护档案或者未按照规定安排职业病病人、疑似职业病病人进行诊治，依据《职业病防治法》第 63 条第（2）项、第 64 条第（4）项、第 65 条第（6）项规定情形处理。

用人单位不提供或者不如实提供诊断所需资料的，职业病诊断与鉴定机构应当根据当事人提供的自述材料、相关人员证明材料和卫生监督机构或取得资质的职业卫生技术服务机构提供的有关材料，按照《职业病防治法》第 42 条的规定作出诊断或鉴定结论。

【依据】《职业病诊断鉴定管理工作通知》第 "2（4）~（5）" 项。

3. 职业病诊断是技术行为，不是行政行为，没有行政级别区分，任何一个职业病诊断机构出具的职业病诊断证明均具有同等效力。对任何一个职业病诊断结论不服的，当事人都应按照《职业病办法》第 19 条规定的程序申请职业病鉴定。

【依据】《职业病批复（二）》第 3 项；《职业病诊断鉴定管理工作通知》第 "2（2）" 项；《职业病诊断机构权限范围》第 2 项。

4. 职业病诊断机构在职业病诊断过程中应当严格执行职业病诊断的相关规定，按照职业病目录和职业病诊断标准进行。凡违反规定作出的诊断结论，视为无效诊断，卫生行政部门应当按照《职业病防治法》第 72、73 条的规定进行处理。

【依据】《异地职业病诊断批复》第 3 项；《职业病诊断鉴定管理工作通知》第 2（1）项。

（四）职业病诊断说明书

职业病诊断机构作出职业病诊断后，应当向当事人出具职业病诊断证明书。职业病诊断证明书应当明确是否患有职业病，对患有职业病的，还应当载明所患职业病的名称、程度（期别）、处理意见和复查时间。

职业病诊断证明书应当由参加诊断的医师共同签署，并经职业病诊断机构审核盖章。

职业病诊断证明书应当一式三份，劳动者、用人单位各执一份，诊断机构存档一份。

职业病诊断证明书的格式由卫生部统一规定。

【依据】《职业病防治法》第 42 条第 4 款；《职业病办法》第 15 条；《职业病诊断鉴定管理工作通知》第 2（2）项。

（五）重新诊断

某一诊断机构已作出职业病诊断的，在没有新的证据资料时，其他诊断机构不得进行重复诊断。

在尘肺病诊断中涉及晋级诊断或复查的，原则上应当在原诊断机构进行诊断。对职业病诊断结论不服的，应当按照《职业病办法》申请鉴定，而不宜寻求其他机构再次诊断。

【依据】《异地职业病诊断批复》第 1、2 项；《职业病诊断鉴定管理工作通知》第 2（8）项。

三、职业病的鉴定

1. 当事人对职业病诊断有异议的，在接到职业病诊断证明书之日起 30 日内，可以向作出诊断的医疗卫生机构所在地设区的市级卫生行政部门申请鉴定。设区的市级卫生行政部门组织的职业病诊断鉴定委员会负责职业病诊断争议的首次鉴定。

当事人对设区的市级职业病诊断鉴定委员会的鉴定结论不服的，在接到职业病诊断鉴定书之日起 15 日内，可以向原鉴定机构所在地省级卫生行政部门申请再鉴定。

省级职业病诊断鉴定委员会的鉴定为最终鉴定。

【依据】《职业病防治法》第 45 条；《职业病办法》第 19 条。

2. 职业病诊断与劳动能力鉴定一样不可诉，其争议的处理即职业病的鉴定。

当事人对职业病诊断结论有异议时，应当按照职业病诊断鉴定的有关规定申请鉴定。在没有新的证据资料时，不应重新申请诊断。

【依据】《职业病诊断鉴定管理工作通知》第 2（8）项。

3. 职业病诊断鉴定委员会承担职业病诊断争议的鉴定工作。职业病诊断鉴定委员会由卫生行政部门组织。

【依据】《职业病办法》第 21 条。

4. 参加职业病诊断鉴定的专家，由申请鉴定的当事人在职业病诊断鉴定办事机构的主持下，从专家库中以随机抽取的方式确定。

当事人也可以委托职业病诊断鉴定办事机构抽取专家。

【依据】《职业病办法》第 23 条第 1、2 款。

5. 申请职业病诊断鉴定时需提供的材料：

（1）职业病诊断鉴定申请书；

（2）职业病诊断证明书；

（3）职业史、既往史；

（4）职业健康监护档案复印件；

（5）职业健康检查结果；

（6）工作场所历年职业病危害因素检测、评价资料；

（7）既往诊断活动资料；

（8）其他有关资料。

【依据】《职业病办法》第 11 条、第 25 条第 1、2 款。

6. 职业病诊断鉴定办事机构应当自收到申请资料之日起 10 日内完成材料审核，对材料齐全的发给受理通知书；材料不全的，通知当事人补充。

职业病诊断鉴定办事机构应当在受理鉴定之日起 60 日内组织鉴定。

【依据】《职业病办法》第 26 条。

7. 职业病诊断鉴定书应当包括以下内容：

（1）劳动者、用人单位的基本情况及鉴定事由；

（2）参加鉴定的专家情况；

（3）鉴定结论及其依据，如果为职业病，应当注明职业病名称及程度（期别）；

（4）鉴定时间。

参加鉴定的专家应当在鉴定书上签字，鉴定书加盖职业病诊断鉴定委员会印章。

职业病诊断鉴定书应当于鉴定结束之日起 20 日内由职业病诊断鉴定办事机构

发送当事人。

【依据】《职业病办法》第 29 条第 2~4 款。

四、疑似职业病问题

实践中，劳动者常常在出现疑似职业病症状，未进行职业病诊断或者在诊断过程中尚未确诊的时候被解除劳动关系。针对这种情况，《职业病防治法》第 49 条规定："医疗卫生机构发现疑似职业病病人时，应当告知劳动者本人并及时通知用人单位。用人单位应当及时安排对疑似职业病病人进行诊断；在疑似职业病病人诊断或者医学观察期间，不得解除或者终止与其订立的劳动合同。"

《劳动合同法》第 42 条规定："劳动者有下列情形之一的，用人单位不得依照本法第 40 条、第 41 条的规定解除劳动合同：（1）从事接触职业病危害作业的劳动者未进行离岗前职业健康检查，或者疑似职业病病人在诊断或者医学观察期间的；（2）在本单位患职业病或者因工负伤并被确认丧失或者部分丧失劳动能力的。"第 45 条规定："劳动合同期满，有本法第 42 条规定情形之一的，劳动合同应当续延至相应的情形消失时终止。但是，本法第 42 条第 2 项规定丧失或者部分丧失劳动能力劳动者的劳动合同的终止，按照国家有关工伤保险的规定执行。"

五、工伤职业病劳动争议的解决

《工伤保险条例》第 54 条规定："职工与用人单位发生工伤待遇方面的争议，按照处理劳动争议的有关规定处理。"因此，有关工伤职业病的争议适用劳动争议的处理规定，具体可以参照本书劳动合同的相关章节。但是以下工伤职业病的相关问题需要在争议解决中予以注意。

（一）工伤职业病争议的劳动仲裁申请时效

《劳动争议调解仲裁法》第 27 条规定："劳动争议申请仲裁的时效期间为 1 年。仲裁时效期间从当事人知道或者应当知道其权利被侵害之日起计算。前款规定的仲裁时效，因当事人一方向对方当事人主张权利，或者向有关部门请求权利救济，或者对方当事人同意履行义务而中断。从中断时起，仲裁时效期间重新计算。因不可抗力或者有其他正当理由，当事人不能在本条第 1 款规定的仲裁时效期间申请仲裁的，仲裁时效中止。从中止时效的原因消除之日起，仲裁时效期间继续计算。"

在《劳动争议调解仲裁法》实施之前的法律法规中，亦有仲裁时效从"劳动争议发生之日"起算的说法。《劳动部关于贯彻〈中华人民共和国劳动法〉意见》

第 85 条规定："劳动争议发生之日"是指当事人知道或者应当知道其权利被侵害之日。"知道"是指明确知道，"应当知道"是没有证据证明明确知道，但根据其他证据能够推定知道的情况。可见，两种表达在实质上没有差别。

但是，"知道或应该知道其权利侵害之日"并不等于"工伤发生或职业病确诊之日"。例如劳动者在工伤认定后与用人单位就赔偿问题发生争议，那么这个争议发生之时，才是"知道或应该知道权利受到侵害之日"。因此，仲裁申请时效的起算时间需要具体情况具体分析。

（二）职业病争议解决时工伤保险待遇和人身损害赔偿的关系

1. 由于第三人的原因造成工伤，第三人不支付工伤医疗费用或者无法确定第三人的，由工伤保险基金先行支付。工伤保险基金先行支付后，有权向第三人追偿。因用人单位以外的第三人侵权造成劳动者人身损害，赔偿权利人请求第三人承担民事赔偿责任的，人民法院应予支持。

【依据】《社会保险法》第 42 条；《最高人民法院关于审理人身损害赔偿案件适用法律若干问题的解释》（以下简称《人身损害赔偿解释》）第 12 条。

2. 对于是否可以对用人单位提起人身损害诉讼，《职业病防治法》第 52 条规定："职业病病人除依法享有工伤社会保险外，依照有关民事法律，尚有获得赔偿的权利的，有权向用人单位提出赔偿要求。"《安全生产法》第 48 条规定："因生产安全事故受到损害的从业人员，除依法享有工伤社会保险外，依照有关民事法律尚有获得赔偿的权利的，有权向本单位提出赔偿要求。"

但是，《人身损害赔偿解释》第 12 条规定："依法应当参加工伤保险统筹的用人单位的劳动者，因工伤事故遭受人身损害，劳动者或者其近亲属向人民法院起诉请求用人单位承担民事赔偿责任的，告知其按《工伤保险条例》的规定处理。"

虽然该规定并不支持向用人单位主张民事赔偿，仅支持追究用人单位以外的第三人的侵权责任，但是实践中越来越多的劳动者以人身损害为由直接将未依法进行安全防护、职业病保护的用人单位诉诸法庭。

实践中人民法院对此类案件的观点有两种，一种是按最高人民法院的司法解释予以驳回；另一种是审查实体问题，即如果确认用人单位已依法完成劳动保护要求，则驳回劳动者诉讼请求，如果确认用人单位存在违法情形或防护不足，则按人身损害判决用人单位承担侵权责任。

因此，在实践中，被诊断患有职业病的劳动者不应随意放弃人身损害赔偿的请求，也可以两种赔付作为"筹码"要求用人单位为之办理工伤保险或者申请进行工伤认定。

六、职业病诊断、鉴定流程图

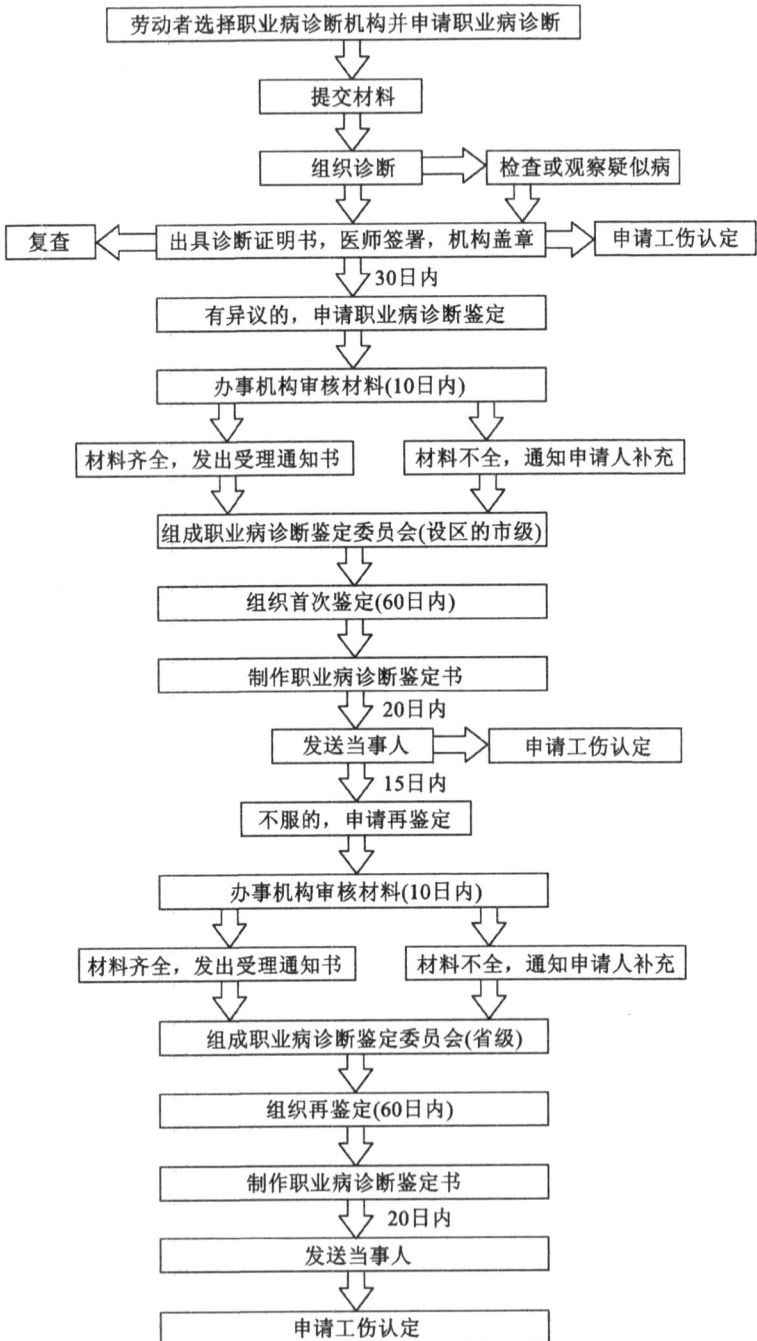

```
劳动者选择职业病诊断机构并申请职业病诊断
                    ↓
                 提交材料
                    ↓
              组织诊断  ⇒  检查或观察疑似病
                    ↓
复查 ⇐ 出具诊断证明书,医师签署,机构盖章 ⇒ 申请工伤认定
                    ↓ 30日内
            有异议的,申请职业病诊断鉴定
                    ↓
            办事机构审核材料(10日内)
              ↓                    ↓
材料齐全,发出受理通知书      材料不全,通知申请人补充
                    ↓
        组成职业病诊断鉴定委员会(设区的市级)
                    ↓
              组织首次鉴定(60日内)
                    ↓
            制作职业病诊断鉴定书
                    ↓ 20日内
          发送当事人  ⇒  申请工伤认定
                    ↓ 15日内
            不服的,申请再鉴定
                    ↓
            办事机构审核材料(10日内)
              ↓                    ↓
材料齐全,发出受理通知书      材料不全,通知申请人补充
                    ↓
        组成职业病诊断鉴定委员会(省级)
                    ↓
              组织再鉴定(60日内)
                    ↓
            制作职业病诊断鉴定书
                    ↓ 20日内
                 发送当事人
                    ↓
                申请工伤认定
```

【案例三】

丙1998年进入广东省某宝石厂工作，2003年3月体检时发现肺部有阴影，要求休息被厂方以旷工为由赶出工厂。2003年4月厂方迫于压力带丙到广东省职业病防治院检查为"无尘肺O，考虑双肺结核"。丙回到家乡重庆并与同年11月到重庆市职业病防治院检查，结论为：矽肺Ⅱ期。丙随后回到用人单位所在地的劳动和社会保障局申请工伤认定，却因程序不合规定不予认定。2004年元月，丙提起行政诉讼，被驳回。根据《职业病防治法》提起民事诉讼，也因程序不符合规定被驳回。上诉至上一级人民法院，因同一原因被驳回。

2005年9月，丙到广东省职防院再次进行职业病诊断，2006年依法取得职业病诊断证明书。

问题：

1. 劳动者可以选择哪里的职业病诊断机构进行诊断？

2. 劳动者对诊断结论不服的，应当如何提出异议？可否重新选择诊断机构重新诊断？对诊断结论不服的，可否提起行政诉讼？

3. 劳动者可否在原诊断机构重新进行职业病诊断？条件是什么？可否在原诊断机构以外的机构进行重新诊断？条件是什么？

4. 丙2006年已经依法取得职业病诊断证明书，被诊断为职业病，他可以直接进行民事诉讼，并请求人身损害赔偿吗？

【案例四】

丁进入深圳市某宝石厂A做工。一年后该厂搬迁至惠州并更名为B厂。一天丁因身体不适请假回家养病。三年后被家乡四川省职业病防治院诊断为矽肺Ⅰ期，但是厂方不认可诊断结果。是年年底，B厂搬迁到海丰县并重新注册为C公司。搬迁时B厂承诺：由C公司承担B厂在经营期间和搬迁前后发生的所有债权债务（包括职业病赔偿款项）。

第二年8月，丁被广东省职防院诊断为矽肺Ⅱ期+，随后向惠州市人力资源和社会保障局申请工伤认定。8月18日，该局复函认为丁和B厂没有现存的劳动关系，应当到海丰县人保局申请工伤认定。丁向海丰县人保局申请工伤认定，该局随后下达不予受理通知书，认为丁和C公司不存在劳动关系。丁不服，向海丰县人民法院提起行政诉讼，要求海丰县人保局认定工伤。次年3月B厂注销，同月惠州人保局下达不予受理通知书，理由是丁和B厂没有现存的劳动关系。4月，海丰县人民法院下达行政判决书，认为丁和C公司没有劳动关系，驳回起诉。随后，丁向惠城区法院提起行政诉讼，要求惠城区人保局为其认定工伤。

问题：

1. 丁究竟应该向哪里的社会保险行政部门申请工伤认定？

2. 哪里的劳动仲裁机构和人民法院对本案中的劳动争议应当行使管辖权？

3. C 公司是否本案中的职业病赔偿责任主体？

【案例五】

戊 2002 年 10 月被聘到某健康咨询有限公司工作，负责体检拍 X 光片。戊在工作中发现公司体检部的 X 光机操作间安全防护不合格。经过权威部门测试，证实操作间的门 X 线泄漏严重超标。工作的 4 年中，戊受到严重的放射线辐射，血小板大量减少，服药治疗每月需要花费 1500 多元。更为严重的是，这种病没有办法治愈，只能维持治疗。在职业病防治院观察期间，戊被公司解聘。

问题：

1. 本案中某公司在戊职业病观察期间与之解除劳动关系，是否符合法律规定？

2. 由于戊尚没有进行职业病诊断和工伤认定，其如何证明自己可能患有职业病而用人单位不能解除劳动关系？

☞案例解析①

【案例一】

1. 认定结论：给予单位的专职司机认定工伤，其他受伤职工不予认定工伤。

一般来讲，旅游活动不涉及工作而主要是企业给予职工的一种福利，因此旅游活动中发生的意外伤害不属于工伤范围。但是司机是因工作原因即开车受伤，应予认定，而其他职工不是因工作原因受伤，不予认定。

2. 认定结论：不予认定。

甲遭遇抢劫发生的伤害，不是由于工作原因引起的。甲在列车到站之后，完成了客车准备的工作，外出吃早点，在返回的途中遭遇抢劫伤害。根据《工伤保险条例》第 14 条第 (5) 项的规定"因工外出期间，由于工作原因受到伤害或者发生事故下落不明的"应当认定为工伤，丙遭遇抢劫致伤事件与工作无关，不予认定工伤。

3. 认定结论：不予视同工伤。

---

① 感谢广东瀚诚律师事务所律师彭小坤和罗静波对本章的案例解析和其他部分内容作出的贡献。

腰病两年余说明乙腰部疼痛的症状，并非工作过程中受到了事故伤害造成的，而是其本身原有的疾病在工作中突发造成的。因此，根据《工伤保险条例》第 15 条第 1 款的规定，不予视同工伤。

4. 认定结论：应当认定工伤。

矽肺属于职业病，职业病属于工伤的一种形式。

5. 认定结论：应该认定为工伤。

对于丁是否认定为工伤，存在两种截然不同的意见，一种意见认为本来就是娱乐，又不是工作，所以不能认定为工伤；另一种意见则认为虽然是一种娱乐活动，但却是公司组织的一项集体活动，是企业文化建设的一项内容，应当认定为工伤。

后一种意见正确。所谓工作原因并非只包含自己的专职工作，工作时间并非只指平常固定的上班时间，工作场所也并非只是固定意义（狭义）上的办公地点、上班地点（如车间、办公室）。只要是用人单位从自身利益出发给职工安排的与公务有关的各项任务，都可以视为工作。

丁积极参加单位组织的篮球友谊赛，是积极投身企业文化建设，可以说是积极工作的表现。丁为此受伤，应该说是在工作时间和工作地点，因为工作原因而受伤，应该认定为工伤。

6. 认定结论：应当认定为工伤。

戊在单位安排的情况下到外地出差，又是在与合作伙伴洽谈业务的过程中接受合作伙伴的活动安排而遭遇伤害，虽然是旅游活动，但是与工作密切相关，根据《工伤保险条例》第 14 条第（5）项，符合工伤认定的范围。

7. 认定结论：认定为工伤。

主要基于以下原因：（1）认定遵循反举证原则，单位承认受伤事实，但无法出具证明证实受伤人的脑伤不是在工作中发生的同一次伤害造成的；（2）医院的诊断是脑外伤，伤后 6 天属于脑部发病的合理期限。

【案例二】

1. 构成事实劳动关系。

2. 如果化工厂用人单位 30 日内不提出申请，乙或其近亲属、化工厂的工会组织可以在 1 年内向用人单位所在地统筹地区社会保险行政部门提出申请。

3. 工作制服、工资条、工资用银行卡、银行存折出入证明、工资签名表等均可以证明存在劳动关系。上述证据如没有工资签名表，可以找负责财务的人复印。如果以上证据均无法取得，详细描述受伤的地点和过程，也可使仲裁员采信存在事实劳动关系。

4. 尚缺的材料明细，并告知在 15 个工作日内补正；申请行政复议或提起行政诉讼。

5. 乙无须证明自己不是出于疏忽，根据《工伤保险条例》第 19 条，如果用人单位主张不是工伤的，应当由用人单位承担举证责任，用人单位拒不举证的，劳动保障部门可以依据劳动者提供的证据依法作出工伤认定结论；劳动保障部门应当在 60 日①内作出决定。

6. 可以。根据《工伤认定办法》第 23 条："职工或者其近亲属、用人单位对不予受理决定不服或者对工伤认定决定不服的，可以依法申请行政复议或者提起行政诉讼"。

7. 不可以，乙应当在收到工伤认定决定的 20 个工作日内提起劳动能力鉴定。如果不进行劳动能力鉴定，无法确认其工伤保险待遇的标准。

8. 1 年。《劳动争议调解仲裁法》第 27 条规定，劳动争议申请仲裁的时效期间为 1 年。仲裁时效期间从当事人知道或者应当知道其权利被侵害之日起计算。前款规定的仲裁时效，因当事人一方向对方当事人主张权利，或者向有关部门请求权利救济，或者对方当事人同意履行义务而中断。从中断时起，仲裁时效期间重新计算。

因不可抗力或者有其他正当理由，当事人不能在本条第 1 款规定的仲裁时效期间申请仲裁的，仲裁时效中止。从中止时效的原因消除之日起，仲裁时效期间继续计算。

9. 此种情况化工厂的行为已构成非法用工，根据《非法用工伤亡赔偿办法》，无营业执照或者未经依法登记、备案的单位以及被依法吊销营业执照或者撤销登记、备案的单位的职工受到事故伤害或者患职业病的，由该单位向伤残职工或者死亡职工的近亲属给予一次性赔偿……前款规定的伤残职工或者死亡职工的近亲属就赔偿数额与单位发生争议的……按照处理劳动争议的有关规定处理。乙应当进行劳动能力鉴定并提起劳动争议仲裁并要求化工厂作出不低于工伤保险待遇的一次性赔偿。

【案例三】

1. 劳动者可选择用人单位所在地或者经常居住地的职业病诊断机构进行职业病诊断。

2. （1）劳动者对诊断结论有异议的，应当在收到职业病诊断证明书 30 日内，向作出诊断的医疗卫生机构所在区的市级卫生行政部门（卫生局）申请职业病鉴定。对职业病鉴定不服的，还可以申请再鉴定。

---

① 注意不是工作日。

（2）丙不可以重新选择诊断机构重新诊断。因为，《卫生部关于对异地职业病诊断有关问题的批复》（卫法监发〔2003〕298 号）规定，某一诊断机构已作出职业病诊断的，在没有新的证据资料时，其他诊断机构不再进行重复诊断。在尘肺病诊断中涉及晋级诊断的，原则上应当在原诊断机构进行诊断。对职业病诊断结论不服的，应当按照《职业病诊断与鉴定管理办法》申请鉴定，而不宜寻求其他机构再次诊断。职业病诊断机构应当严格按照《职业病诊断与鉴定管理办法》的规定进行诊断，凡违反规定作出的诊断结论，应当视为无效诊断。

（3）丙对于诊断结论不服，亦不可以就诊断结论提起行政诉讼。原因在于职业病诊断由获得省级以上卫生行政部门批准的医疗卫生机构作出，与行政部门无关，故这一诊断结论不可诉，有异议的只能申请鉴定。

3. 根据《职业病诊断鉴定管理工作通知》规定，当事人对职业病诊断结论有异议时，应当按照职业病诊断鉴定的有关规定申请鉴定。在没有新的证据资料时，不应重新申请诊断。职业病诊断机构对其他诊断机构按规定已经作出职业病诊断的病例，在没有新的证据资料时，不得进行重复诊断。无论是在原诊断机构还是重新选择诊断机构，都应以"有新的证据材料"为前提。另外，根据该通知，尘肺病的复查，原则上应当在原诊断机构进行。

4. 丙不可以直接提起诉讼请求人身损害赔偿，而是应当进行工伤认定程序。

【案例四】

1. 《工伤保险条例》第 17 条规定：职工发生事故伤害或者按照职业病防治法规定被诊断、鉴定为职业病，所在单位应当自事故伤害发生之日或者被诊断、鉴定为职业病之日起 30 日内，向统筹地区社会保险行政部门提出工伤认定申请。遇有特殊情况，经报社会保险行政部门同意，申请时限可以适当延长。用人单位未按前款规定提出工伤认定申请的，工伤职工或者其近亲属、工会组织在事故伤害发生之日或者被诊断、鉴定为职业病之日起 1 年内，可以直接向用人单位所在地统筹地区社会保险行政部门提出工伤认定申请。按照本条第 1 款规定应当由省级社会保险行政部门进行工伤认定的事项，根据属地原则由用人单位所在地的设区的市级社会保险行政部门办理。

上述规定确定了"属地原则"，由统筹地区社会保险行政部门作为工伤认定机构，因此丁应当在惠州市劳动部门申请工伤认定。虽然 B 厂是从深圳搬迁且更名而来，但丁是于搬迁之后在 B 厂请假，且被诊断为矽肺Ⅰ期，上述期间 B 厂应当在惠州缴纳社会保险，统筹地区为惠州，惠城区人力资源和社会保障局认为丁与 B 厂"没有现存的劳动关系"，并认为应当与 C 公司所在地海丰县人力资源和社会保障局申请工伤认定不能成立。

本案中用人单位从深圳搬迁至惠州并不影响工伤认定机构为惠城区人力资源和社会保障局，因为统筹地区为惠州。用人单位再次搬迁后注册了独立法人，虽然新注册成立的 C 公司有过承诺，但承诺是针对承担法律责任而言的，工伤认定机构仍应按《工伤保险条例》的规定确定，而丁确实与 C 公司没有劳动关系，不宜由 C 公司注册所在地的海丰县人力资源和社会保障局进行工伤认定。

2. 《劳动争议调解仲裁法》第 21 条规定，劳动争议仲裁委员会负责管辖本区域内发生的劳动争议。劳动争议由劳动合同履行地或者用人单位所在地的劳动争议仲裁委员会管辖。双方当事人分别向劳动合同履行地和用人单位所在地的劳动争议仲裁委员会申请仲裁的，由劳动合同履行地的劳动争议仲裁委员会管辖。

《审理劳动争议案件解释》第 8 条规定：劳动争议案件由用人单位所在地或者劳动合同履行地的基层人民法院管辖。劳动合同履行地不明确的，由用人单位所在地的基层人民法院管辖。

上述规定确认了劳动争议适用属地管辖原则。本案的用人单位为 B 厂，无论该厂是否已被注销，惠城区劳动争议仲裁委员会都应当受理本案。该委员会以工厂已注销为由不予受理没有法律依据。工厂注销后影响仲裁或诉讼主体的判断，但并不影响确认管辖。

本案中，惠城区既是用人单位所在地也是劳动合同履行地，人民法院依法应当受理；而 C 公司为新注册法人企业，丁与其并无劳动关系，虽因承诺而成为适格主体，但并不影响惠州 B 厂的法律责任及管辖地的确认。

3. 因为 C 公司的承诺，职业病赔偿责任主体变成了 C 公司，而 B 厂亦告终结，所以本案中形成比较特别的情况：工伤认定机构并非实际承担赔偿责任者住所地的人力资源和社会保障部门。

如果 C 公司不做承诺，诉讼中该公司难以成为诉讼主体，赔偿责任主体应按公司法的规定区分不同情况予以确认。在不涉及公司设立、分立、合并和破产等事项时，一般而言用人单位地址等登记事项的变更对职业病赔偿责任主体的确定没有影响，即搬迁后的职业病赔偿责任仍由原单位承担。分立情形下的赔偿责任由分立后的各公司共同承担，合并情形中的赔偿责任由合并后的公司承担。用人单位自行清算的，清算结束后，职业病赔偿责任主体应为用人单位原股东，由原股东承担原用人单位应当承担的法律责任。

而若用人单位搬迁了，虽未申请破产、注销等，但劳动者已经找不到该用人单位，建议劳动者可以到原用人单位所在地申请工伤认定或职业病诊断。虽然实际上由于找不到原用人单位而使得工伤认定或职业病诊断无法完成，但是，这样做劳动者主张工伤补偿、赔偿权利的时效会中断，以保护在将来找到原用人单位后追溯权利的时效。

【案例五】

1. 某公司与之解除劳动关系不符合法律规定。《劳动合同法》第 42 条规定：从事接触职业病危害作业的劳动者未进行离岗前职业健康检查，或者疑似职业病病人在诊断或者医学观察期间的用人单位不得依照本法第 40 条、第 41 条的规定解除劳动合同。

2.《职业病防治法》第 43 条规定："用人单位和医疗卫生机构发现职业病病人或者疑似职业病病人时，应当及时向所在地卫生行政部门报告。"本案中，戊可以请求治疗所在地的医院写出职业病疑似报告，并以此作为用人单位不能解除劳动关系的依据。

法 规 目 录

（一）法律

1.《劳动法》，第八届全国人大常委会第八次会议 1994 年 7 月 5 日通过，1995 年 1 月 1 日施行；

2.《职业病防治法》，第九届全国人大常委会第二十四次会议 2001 年 10 月 27 日通过，2002 年 5 月 1 日施行；

3.《安全生产法》，第九届全国人大常委会第二十八次会议 2002 年 6 月 29 日通过并公布，11 月 1 日施行；

4.《劳动合同法》，第十届全国人大常委会第二十八次会议 2007 年 6 月 29 日通过并公布，2008 年 1 月 1 日施行；

5.《劳动争议调解仲裁法》，第十届全国人大常委会第三十一次会议 2007 年 12 月 29 日通过，2008 年 5 月 1 日施行；

6.《社会保险法》，第十一届全国人民代表大会常务委员会第十七次会议 2010 年 10 月 28 通过，2011 年 7 月 1 日施行。

（二）行政法规

1.《工伤保险条例》（国务院令第 375 号），国务院第 5 次常务会议 2003 年 4 月 16 日通过，4 月 27 日颁布，2004 年 1 月 1 日施行，根据 2010 年 12 月 20 日《国务院关于修改〈工伤保险条例〉的决定》修订；

2.《安全生产许可证条例》（国务院令第 397 号），国务院第 34 次常务会议 2004 年 1 月 7 日通过，1 月 13 日公布施行；

3.《关于解决农民工问题的若干意见》，简称《农民工问题若干意见》，国务院 2006 年 3 月 27 日发布。

（三）关于工伤保险的部门规章

1. 《关于贯彻实施〈劳动法〉的意见》，劳动部 1994 年 8 月 22 日发布。

2. 《违反〈劳动法〉有关劳动合同规定的赔偿办法》，简称《违反劳动合同赔偿办法》，劳动部 1995 年 5 月 10 日发布实行。

3. 《关于贯彻执行〈中华人民共和国劳动法〉若干问题的意见》，简称《贯彻劳动法意见》，劳动部 1995 年 8 月 4 日发布。

4. 《关于工伤保险费率问题的通知》（劳社部发〔2003〕29 号），劳动和社会保障部 2003 年 10 月 29 日发布。

5. 《工伤认定办法》（中华人民共和国人力资源和社会保障部令第 8 号），人力资源和社会保障部 2010 年 12 月 31 日颁布，2011 年 1 月 1 日起施行。劳动和社会保障部 2003 年 9 月 23 日颁布的《工伤认定办法》同时废止。

6. 《因工死亡职工供养亲属范围规定》（劳动和社会保障部令第 18 号），简称《死亡职工亲属范围》，劳动和社会保障部 2003 年 9 月 23 日颁布，2004 年 1 月 1 日施行。

7. 《非法用工单位伤亡人员一次性赔偿办法》（中华人民共和国人力资源和社会保障部令第 9 号），简称《非法用工伤亡赔偿办法》，人力资源和社会保障部 2010 年 12 月 31 日颁布，2011 年 1 月 1 日起施行。劳动和社会保障部 2003 年 9 月 23 日颁布的《非法用工单位伤亡人员一次性赔偿办法》同时废止。

8. 《关于农民工参加工伤保险有关问题的通知》（劳社部发〔2004〕18 号），简称《农民工工伤保险通知》，劳动和社会保障部 2004 年 6 月 1 日发布。

9. 《建筑施工企业安全生产许可证管理规定》（建设部令第 128 号），建设部 2004 年 7 月 5 日公布施行。

10. 《建筑施工企业安全生产许可证管理规定实施意见》（建质〔2004〕148 号），建设部 2004 年 8 月 27 日发布。

11. 《国家基本医疗保险和工伤保险药品目录》（劳社部发〔2004〕23 号），简称《药品目录》，劳动和社会保障部 2004 年 9 月 13 日发布。

12. 《关于实施〈工伤保险条例〉若干问题的意见》（劳社部函〔2004〕256 号），简称《工伤保险条例意见》，劳动和社会保障部 2004 年 11 月 1 日发布。

13. 《关于贯彻〈安全生产许可证条例〉做好企业参加工伤保险有关工作的通知》（劳社部发〔2005〕8 号），劳动和社会保障部 2005 年 4 月 4 日发布。

14. 《关于贯彻落实国务院关于解决农民工问题的若干意见的实施意见》（劳社部发〔2006〕15 号），简称《农民工问题实施意见》，劳动和社会保障部 2006 年 4 月 29 日发布。

15.《关于实施农民工"平安计划"加快推进农民工参加工伤保险工作的通知》（劳社部发〔2006〕19 号），简称《农民工"平安计划"通知》，劳动和社会保障部 2006 年 5 月 17 日发布。

16.《关于做好建筑施工企业农民工参加工伤保险有关工作的通知》（劳社部发〔2006〕44 号），简称《建筑企业农民工工伤保险通知》，劳动和社会保障部 2006 年 12 月 5 日发布。

17.《关于加强工伤保险医疗服务协议管理工作的通知》（劳社部发〔2007〕7 号），简称《工伤保险医疗协议通知》，劳动和社会保障部、卫生部、国家中医药管理局 2007 年 2 月 27 日发布。

（四）关于职业病的部门规章

1.《职业病范围和职业病患者处理办法的规定》（〔87〕卫防字第 60 号），卫生部、劳动人事部、财政部、中华全国总工会 1987 年 11 月 5 日发布，1988 年 1 月 1 日施行，其中的"职业病名单"已于 2002 年 4 月 18 日失效。

2.《职业病危害项目申报管理办法》（卫生部令第 21 号），简称《危害项目管理办法》，卫生部 2002 年 3 月 28 日发布，5 月 1 日施行。

3.《职业病诊断与鉴定管理办法》（卫生部令第 24 号），简称《职业病办法》，卫生部 2002 年 3 月 28 日发布，5 月 1 日施行。

4.《职业病危害事故调查处理办法》（卫生部令第 25 号），简称《职业病事故处理办法》，卫生部 2002 年 3 月 28 日发布，5 月 1 日施行。

5.《职业病目录》（卫法监发〔2002〕108 号），卫生部、劳动保障部 2002 年 4 月 18 日印发施行。

6.《建设项目职业病危害分类管理办法》（卫生部令第 49 号），卫生部 2006 年 7 月 27 日发布施行。

（五）其他中央政策性文件、批复

1.《关于职业病诊断与鉴定有关问题的批复》（卫法监发〔2002〕173 号），简称《职业病批复》，卫生部 2002 年 7 月 19 日发布。

2.《关于职业病诊断与鉴定有关问题的批复（二）》（卫法监发〔2002〕200 号），简称《职业病批复（二）》，卫生部 2002 年 8 月 12 日发布。

3.《关于对异地职业病诊断有关问题的批复》（卫法监发〔2003〕298 号），简称《异地职业病诊断批复》，卫生部 2003 年 10 月 17 日发布。

4.《关于进一步加强职业病诊断鉴定管理工作的通知》（卫法监发〔2003〕350 号），简称《职业病诊断鉴定工作通知》，卫生部 2003 年 12 月 23 日发布。

5.《工伤保险经办业务管理规程（试行）》（劳社厅发〔2004〕6 号），劳动和社会保障部办公厅 2004 年 6 月 17 日发布。

6.《关于职业病诊断鉴定有关问题的批复》（卫监督发〔2005〕293 号），简称《职业病批复（三）》，卫生部 2005 年 7 月 18 日发布。

7.《关于尘肺病病理诊断有关问题的批复》（卫监督发〔2005〕339 号），卫生部 2005 年 8 月 17 日发布。

8.《关于如何确定职业病诊断机构权限范围的批复》（卫监督发〔2007〕36 号），简称《职业病诊断机构权限范围》，卫生部 2007 年 1 月 26 日发布。

（六）地方性规章（以湖北省为例）①

1.《湖北省工伤保险实施办法》（省人民政府令第 257 号），湖北省人民政府 2003 年 12 月 31 日发布，2004 年 1 月 1 日施行。

2.《湖北省人民政府关于解决农民工问题的实施意见》，湖北省人民政府 2006 年 12 月 4 日发布。

3.《荆州市工伤保险实施细则》（荆政发〔38〕号），荆州市人民政府 2004 年 5 月 8 日发布，6 月 1 日施行。

4.《十堰市工伤保险实施细则》，十堰市人民政府 2004 年 7 月 27 日发布，8 月 27 日施行。

5.《襄樊市工伤保险实施细则》，襄樊市人民政府 2004 年 7 月 29 日印发，8 月 1 日施行。

6.《黄石市工伤保险实施细则》，黄石市人民政府 2004 年 8 月 5 日印发，9 月 1 日施行。

7.《荆门市工伤保险实施细则》（荆政发〔2004〕26 号），荆门市人民政府 2004 年 8 月 13 日印发施行。

8.《宜昌市工伤保险实施细则》（宜府令 117 号），宜昌市人民政府 2004 年 9 月 9 日发布，10 月 1 日施行。

9.《恩施土家族苗族自治州工伤保险实施细则》（恩施州政发〔2004〕20 号），恩施土家族苗族自治州人民政府 2004 年 10 月 8 日通过，11 月 17 日发布施行。

10.《咸宁市工伤保险实施细则》（咸政发〔2004〕23 号），咸宁市人民政府 2004 年 11 月 6 日印发施行。

11.《武汉市工伤保险实施办法》（市人民政府令第 161 号），武汉市人民政府 2004 年 12 月 18 日公布，2005 年 1 月 1 日施行。

---

① 其他不同省份可以参照本教程"法律文书搜索技巧"一章进行查找，并请及时注意法律法规的更新。

12.《黄冈市工伤保险实施细则》（黄政发〔2005〕14 号），黄冈市人民政府 2005 年 6 月 3 日印发，7 月 1 日施行。

13.《宜昌市城区农民工工伤保险暂行办法》（宜府发〔2006〕019 号），宜昌市人民政府 2006 年 4 月 27 日发布，5 月 1 日施行。

14.《襄樊市农民工综合保险暂行办法》（襄樊政发〔2007〕31 号），襄樊市人民政府 2007 年 4 月 23 日发布，5 月 1 日施行。

（七）其他地方政策性文件（以湖北省为例）

1.《关于湖北省农民工参加工伤保险和医疗保险的指导意见》（鄂劳社文〔2006〕103 号），湖北省劳动和社会保障厅 2006 年 7 月 15 日发布。

2.《十堰市农民工参加基本医疗保险暂行办法》（十劳社发〔2006〕54 号），十堰市劳动和社会保障局发布，2006 年 10 月 1 日施行。

3.《十堰市农民工工伤保险暂行办法》（十劳社发〔2006〕49 号），十堰市劳动和社会保障局发布，2006 年 10 月 1 日施行。

4.《黄石市农民工参加工伤保险试行办法》、《黄石市农民工参加基本医疗保险试行办法》（黄政办发〔2007〕11 号），黄石市人民政府办公厅 2007 年 3 月 6 日印发施行。

第 **4** 章
农村婚姻家庭法律实务

☞**导读**

　　新形势下，农村经济的发展给农村婚姻法制建设提出许多新的问题，主要体现在：（1）未婚同居现象渐增；（2）男女离婚时涉及的财产分割和子女抚养问题越来越复杂；（3）家庭暴力不容忽视；（4）欠缺遗产继承的知识导致继承纠纷增多。本章将力图对上述问题作出说明和解答。

第一节　结婚相关法律问题

一、同居

　　1. 当事人起诉请求解除同居关系的，人民法院不予受理。但当事人请求解除的同居关系，属于婚姻法第 3 条、第 32 条、第 46 条规定的"有配偶者与他人同居"的，人民法院应当受理并依法予以解除。

　　2. 同居关系解除后，双方可以就同居期间财产、债务的偿还以及所生子女的抚养问题进行协商；协商不成的，可以起诉到法院，法院应当受理。

　　3. 当不能协商分割同居期间所取得的财产时，按照一般共有财产处理，原则上平等分割，但是应适当照顾妇女、儿童的利益。如甲与乙未婚同居期间购买了一台电视机，同居关系解除后，就电视机归谁发生了争议。按照法律，这台电视机应当属于两人共有，每人可分得电视机价值的一半。如何承担为共同生产或生活发生的债务在协商不成时，按共同债务由双方共同偿还。除此以外的债务，属于个人债务，由个人负责偿还。同居期间所生的子女，享有与婚姻期间所生子女相同的地位；对于其抚养，协商不成的，由法院依据离婚的有关子女抚养问题的规定判决。

【依据】《最高人民法院关于适用〈中华人民共和国婚姻法〉若干问题的解释（二）》（以下简称《婚姻法解释（二）》）第1条。

4. 男女双方根据《婚姻法》第8条的规定补办结婚登记的，婚姻关系从双方均符合《婚姻法》所规定的结婚的实质要件时起算。如甲男在与乙女"结婚"（未办理登记）时，乙只有19周岁，两年后，甲乙补办登记，婚姻关系应当从乙满20周岁那天起算。

【依据】《最高人民法院关于适用〈中华人民共和国婚姻法〉若干问题的解释（一）》（以下简称《婚姻法解释（一）》）第4条。

5. 同居期间一方死亡，除非死亡的一方生前通过遗嘱将财产留给另一方，否则，另一方不能以配偶的身份继承遗产。但是，如果双方在1994年2月1日《婚姻登记管理条例》（民政部）公布实施之前以夫妻名义共同生活，且符合结婚的实质要件，则构成事实婚姻；那么，一方死亡后，另一方可以配偶身份继承其遗产。

【依据】《婚姻法解释（一）》第5、6条。

二、订婚

1. 在我国，男女双方的婚约或订婚行为没有法律效力，不能约束男女双方。
2. 彩礼的处理，如下图：

一般情况	视为赠与，给付方不能要求接受方返还。	
特殊情况	给付方可以要求接受方返还。	（1）双方未办理结婚登记手续的；
		（2）双方办理结婚登记手续但确未共同生活的；（以离婚为前提）
		（3）婚前给付并导致给付人生活困难的。（以离婚为前提）

【依据】《婚姻法解释（二）》第10条。

三、结婚的实质要件

年龄	男方不得早于22周岁，女方不能早于20周岁。出生的时间以户籍为准，没有户籍证明的，以医院出具的出生证明为准，没有医院证明的，参照其他有关证明认定。	【依据】《婚姻法》第6条；《民法通则若干问题的意见》第1条

血亲	直系血亲与三代以内旁系血亲禁止结婚。直系血亲是"己从所生，和从己所生"的血亲关系（见图示1）。旁系血亲在我国主要包括兄弟姐妹、堂兄弟姐妹、表兄弟姐妹，自己与伯伯、叔叔、舅舅、姑姑、姨母之间的血亲（见图示2）。	**【依据】**《婚姻法》第7条
疾病	患有医学上认为不应当结婚的疾病的，禁止结婚。哪些属于应当禁止结婚的疾病，由医学的诊断来决定。	**【依据】**《婚姻法》第7条

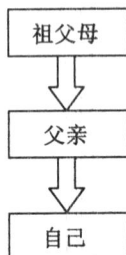

（图示1）

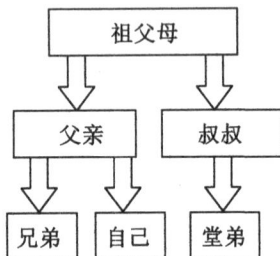

（图示2）

四、婚姻的形式要件

1. 要求结婚的男女双方必须亲自到婚姻登记机关进行结婚登记

取得结婚证，即确立夫妻关系。否则，从1994年2月1日起，未办理登记而生活在一起的男女是同居关系。

【依据】《婚姻法》第8条。

2. 婚姻登记的机关

内地办理婚姻登记的机关是县级人民政府部门或者乡（镇）人民政府，农民可以到省、自治区、直辖市人民政府按照便民原则确定的具体机关办理登记。男女双方应当共同到一方当事人常住户口所在地的婚姻登记机关办理登记。

内地居民与香港居民、澳门居民、台湾居民、华侨在中国内地结婚的，男女双方应当共同到内地居民常住户口所在地的婚姻登记机关办理登记。

3. 婚姻登记须具备的证件和材料

（1）本人的户口薄、身份证。

特殊情况	处理
当事人无法提交居民身份证	登记机关可以根据当事人出具的有效的临时身份证办理。
当事人无法出具户口簿	登记机关可以凭公安机关或有关户籍管理机构出具的加盖印章的户籍证明办理婚姻登记。
当事人属于集体户口	婚姻登记机关可以凭集体户口簿内本人的户口卡片或加盖单位印章的记载其户籍的户口簿复印件办理婚姻登记。
当事人未办理落户手续	户口迁出地或另一方当事人户口所在地的婚姻登记机关可以凭公安机关或有关户籍管理机构出具的证明材料办理婚姻登记。

（2）本人无配偶以及与对方没有直系血亲和三代以内旁系血亲的签字声明。

（3）3 张 2 寸的双方近期半身免冠合影照片。少数民族当事人提交的照片是否免冠，从当地习俗。

【依据】《婚姻登记条例》第 2、4、5 条；《关于贯彻执行〈婚姻登记条例〉若干问题的意见》第 1、2 项。

五、事实婚姻

1. 男女双方没有办理结婚登记，就以夫妻名义公开同居生活的构成事实婚姻。在我国，1994 年 2 月 1 日《婚姻登记条例》公布实施以前，男女双方符合结婚实质要件但未登记的，按事实婚姻对待；在此之后的，按同居关系处理。（见上述"同居"）

2. 事实婚姻的夫妻双方享有与登记婚姻夫妻双方相同的法律地位，适用婚姻法关于夫妻权利义务的规定，婚姻关系存续期间所生子女与登记婚姻期间出生的子女一样属于婚生子女。

【依据】《婚姻法解释（一）》第 5 条。

六、重婚

1. 重婚所结成的第二个婚姻是无效婚姻。如甲男与乙女已经在家乡登记结婚，甲男外出打工结识丙女，又与之办理结婚登记，甲与丙之间的婚姻是无效婚姻。

2. 在我国，以下几种情形按重婚罪处理：

（1）有配偶者与他人再次登记结婚的；

（2）有配偶者与他人以夫妻名义共同生活的。

【依据】《最高人民法院关于〈婚姻登记管理条例〉施行后发生的以夫妻名义

非法同居的重婚案件是否以重婚罪定罪处罚给四川省高级人民法院的批复》。

七、非法干涉婚姻自由

情形	后果
（1）包办婚姻； （2）暴力干涉婚姻自由，暴力是指殴打、捆绑、禁闭、强抢等对人身实施打击和强制的行为； （3）买卖婚姻； （4）收买被拐卖的妇女，并强行与她结婚的。	干涉婚姻自由违反了婚姻自由的原则，其中暴力干涉婚姻自由可能构成犯罪行为，实施暴力者会被判处 2 年有期徒刑；该暴力行为造成被害人死亡的（无论自杀或他杀），实施暴力者最多可以被判处 7 年有期徒刑。收买被拐卖的妇女，可能构成"收买被拐卖妇女罪"；如果有其他行为，如强奸、限制其人身自由等还可以与"强奸罪"、"非法拘禁罪"、"故意伤害罪"等进行数罪并罚。

八、无效婚姻和可撤销婚姻

	无效婚姻	可撤销婚姻
情形	重婚的；直系血亲与三代以内的旁系血亲之间结婚；患有医学上认为不应当结婚的疾病，婚后尚未治愈的；未达到法定婚龄的。 **【依据】**《婚姻法》第 10 条。	因受胁迫而结婚。 胁迫是指行为人以给另一方当事人或者其近亲属的生命、身体健康、名誉、财产等方面造成损害为要挟，迫使另一方当事人违背真实意愿结婚的情况。
可以向法院申请宣告婚姻无效/撤销婚姻的利害关系人	以重婚为由申请宣告婚姻无效的，为当事人的近亲属及基层组织； 以未到法定婚龄为由申请宣告婚姻无效的，为未达法定婚龄者的近亲属； 以有禁止结婚的亲属关系为由申请宣告婚姻无效的，为当事人的近亲属； 以婚前患有医学上认为不应当结婚的疾病，婚后尚未治愈为由申请宣告婚姻无效的，为与患病者共同生活的近亲属。 近亲属包括配偶、父母、子女、兄弟姐妹、祖（外祖）父母。	受胁迫一方的婚姻关系当事人本人。

	无效婚姻	可撤销婚姻
法院处理程序	1. 无效婚姻宣告的请求可以在婚后任何时间内提出，但是申请时，法定的无效婚姻情形已经消失的，人民法院不予支持。 2. 人民法院审理宣告婚姻无效案件，对婚姻效力的审理不适用调解，应当依法作出判决。经审查确属无效婚姻的，应当依法作出宣告婚姻无效的判决。原告申请撤诉的，不予准许。有关婚姻效力的判决一经作出，即发生法律效力。 涉及财产分割和子女抚养的，可以调解。调解达成协议的，另行制作调解书。对财产分割和子女抚养问题的判决不服的，当事人可以上诉。	1. 受胁迫的一方撤销婚姻的请求应当向婚姻登记机关或人民法院提出。在不涉及子女抚养、财产及债务问题时，受胁迫的一方可以向婚姻登记机关提出撤销婚姻的申请，但应出具下列证明材料： （1）本人的身份证、结婚证； （2）能够证明受胁迫结婚的材料。 【依据】《婚姻法解释（一）》第10条；《婚姻登记条例》第9条。 2. 受胁迫的一方撤销婚姻的请求，应当自结婚登记之日起1年内提出。被非法限制人身自由的当事人请求撤销婚姻的，应当自恢复人身自由之日起1年内提出。否则丧失该项撤销权。该"1年"为固定不变期间。 3. 撤销婚姻的诉讼不能采用调解方式结案，只能以判决形式作出撤销与否的判决。但涉及财产分割和子女抚养的，可以调解。
法律后果	1. 无效婚姻从婚姻成立之日起就不具有法律效力。双方不具有夫妻的权利和义务。 2. 被宣告无效的婚姻，双方同居期间所得的财产，除有证据证明为一方所有的外，由双方共有，双方对这些财产享有平等的权利。分割时，原则上平等分割，但要照顾妇女、儿童的利益。 3. 双方与其子女之间的关系仍然适用《婚姻法》关于父母子女权利义务关系的规定。 【依据】《婚姻法》第12条；《婚姻法解释（一）》第7~9条。	同无效婚姻。 【依据】《婚姻法》第11条；《婚姻法解释（一）》第12条。

【案例一】

2000 年 11 月 2 日，被告甲之父在甲外出打工的情形下，代甲与原告乙到婚姻登记机关领取了甲乙的结婚证，甲回来后二人举行了结婚仪式。婚后二人感情一直不好，2001 年 6 月原告乙持该结婚证起诉至当地人民法院，要求解除婚姻关系，并主张被告给付其 2 万元抚养费及合理分割家庭财产。甲辩称双方是同居关系，应按照解除同居关系处理。

第二节　夫妻关系与家庭关系

一、夫妻财产关系

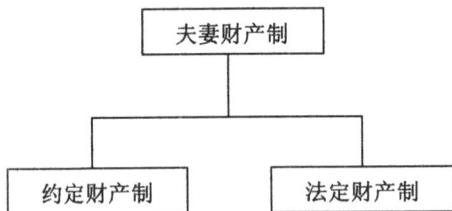

1. 约定财产制

（1）夫妻可以对婚姻关系存续期间所取得的财产以及婚前财产归谁作出约定。既可以约定为各自所有，也可以约定为两人共有，或部分各自所有、部分两人共有。如甲与乙约定结婚后各自取得的财产仍归各自所有。

（2）关于财产归谁的约定应当采用书面形式。

（3）财产归谁的约定受法律的保护，对双方具有约束力。

（4）财产约定的有效以有效的婚姻为前提，婚姻无效的，那么夫妻财产的约定也无效。

【依据】《婚姻法》第 19 条第 1、2 款。

2. 法定财产制

（1）在夫妻双方未作出约定时，原则上夫妻在婚姻关系存续期间所得下列财产归夫妻共同共有。

①工资、奖金。

②生产、经营的收益；无论是以一方个人财产还是共同财产投资，也无论是一

方还是双方经营，在婚姻期间从事个体工商户，农村承包经营，合伙企业、独资企业、公司等经营获得的收益（孳息和自然增值除外）。

③知识产权的收益；即婚姻关系存续期间，实际取得或者已经明确可以取得的财产性收益，如一方已经与他人签订了专利权许可使用合同，则无论其是否已实际取得报酬，如在离婚后才取得实际报酬，该收益都属于共同财产。

④继承或赠与所得的财产，但是在遗嘱中或赠与合同中明确规定只归夫或妻一方所有的财产，则属于夫或妻一方。

⑤男女双方实际取得或者应当取得的住房补贴、住房公积金。

⑥男女双方实际取得或者应当取得的养老保险金、破产安置补偿费。

⑦发放到军人名下的复员费、自主择业费等一次性费用的，以夫妻婚姻关系存续年限乘以年平均值，所得数额为夫妻共同财产。年平均值，是指将发放到军人名下的上述费用总额按具体年限均分得出的数额。其具体年限为人均寿命 70 岁与军人入伍时实际年龄的差额。

⑧由一方婚前承租、婚后用共同财产购买的房屋，房屋权属证书登记在一方名下的，应当认定为夫妻共同财产。

⑨婚姻存续期间，以一方名义存入银行的存款，为夫妻共同财产。

【依据】《婚姻法》第 17 条、第 18 条第 3 款；《婚姻法解释（二）》第 12 条、14 条；《婚姻法解释（三）》第 5 条。

（2）但下列财产不属于共同财产，而属于夫或妻一方的个人财产：

①一方的婚前财产，不因婚姻关系的存续转变为共同财产。

②一方因身体受到伤害获得的医疗费、残疾人生活补助费等费用。

③一方专用的生活用品。

④军人的伤亡保险金、伤残补助金、医药生活补助费。

【依据】《婚姻法》第 18 条；《婚姻法解释（二）》第 11 条、13 条。

3. 夫妻对共有财产的权利

夫妻对共有财产，有平等的处理权：

（1）夫或妻在处理夫妻共有财产上的权利是平等的，因日常生活需要而处理夫妻共有财产的，任何一方均有权决定。如甲去商店购买日用消费品，不需要取得乙的同意。

（2）夫或妻非因日常生活需要对夫妻共有财产作重要处理决定的，夫妻双方应当平等协商，取得一致意见。如甲为了在乡里跑运输，要用与乙的共同储蓄购买一辆东风汽车时，应与乙协商一致。

（3）他人有理由相信其为夫妻双方共同决定的财产处理，夫或妻一方不得以不同意或不知道为由对他人主张财产处理无效。如甲在乡里是著名的"妻管严"，凡事都要取得妻子乙的同意，现在甲从丙那里买了一辆二手拖拉机；事后，甲与乙想反悔，于是乙提出甲买拖拉机没有取得自己的同意，是无效的。乙的理由不能成立。

【依据】《婚姻法》第 17 条第 2 款；《婚姻法解释（一）》第 17 条。

4. 夫妻对共同债务的偿还

（1）共同债务，一般发生在婚姻关系存续期间，不论是以双方名义还是以个人名义，债务的发生是为了满足共同的生活和生产经营需要。如抚养子女、赡养老人、一方投资但收益用于共同生活而产生的债务等。一方虽在婚前欠下，但如果是为了满足婚后共同生活的，也应当认定为共同债务。如为购买新房，一方在结婚前借的钱。

（2）对共同债务，应当先用夫妻的共有财产予以偿还；共有财产不足以偿还的，夫或妻都负有以个人财产予以偿还的责任。

（3）债权人如果有合理理由不知道夫妻关于财产归属的约定，该约定不能对债权人产生效力。如甲与妻子乙约定，甲结婚后取得的财产归乙所有。甲为了增加收入，向丙借钱开小卖铺，现在丙要求甲还钱，甲拿出与乙的财产约定，声称无力偿还，这种约定不能对抗丙。

【依据】《婚姻法》第 19 条第 3 款、第 41 条。

二、夫妻人身关系

1. 夫妻在家庭中地位平等。

【依据】《婚姻法》第 13 条。

2. 夫妻双方都有参加生产、生活、学习和社会活动的自由，一方不得对他方加以干涉和限制。

【依据】《婚姻法》第 15 条。

3. 夫妻双方有计划生育的义务。

（1）夫妻有按计划生育的规定生育子女的权利，也有不生育的自由，他人不得干涉。

（2）国家提倡一对夫妻生育一个子女。符合法律、法规规定条件的可以安排生育第二个子女。少数民族也要实行计划生育。

（3）违反计划生育的，要依法缴纳社会抚养费。未在规定期限内缴纳的，自欠缴之日起，按照国家的规定加收滞纳金；仍不缴纳的，由作出征收决定的部门依法向人民法院申请强制执行。

【依据】《婚姻法》第 16 条；《人口与计划生育法》第 18、41 条。

4. 夫妻之间有相互继承遗产的权利。配偶继承权以夫妻关系的存在为前提，离婚后，不再享有配偶继承权。

5. 夫妻间有相互扶养的义务。

（1）夫妻间的扶养义务从婚姻有效成立之日起产生，至婚姻终止之日结束。

（2）夫妻间的扶养义务包括经济上的相互扶助和生活上的相互扶助。

（3）一方对需要扶养的另一方不履行扶养义务的，另一方有要求对方给付扶养费的权利。

【依据】《婚姻法》第 **20** 条。

三、父母子女关系

1. 这里的父母子女包括生父母与生子女、养父母与养子女以及有扶养关系的继父（母）与继子女。

2. 父母对子女有扶养教育和管教义务。

3. 成年子女对父母的义务

子女应当尊重父母的婚姻权利	子女应当尊重父母的婚姻权利。不得干涉父母再婚及婚后的生活。暴力干涉老人婚姻自由的，情节严重者将承担刑事责任。 **【依据】**《婚姻法》第 **30** 条。
成年子女对父母的赡养扶助义务	（1）有独立生活能力的成年子女对父母负有赡养扶助义务。 （2）赡养扶助的内容包括提供必要的生活费用、给予物质上的帮助以及精神上的安慰和生活上的照料。赡养人有义务耕种父母承包的田地、照管父母的林木和牲畜等，收益归父母所有。父母自有的住房，赡养人有维修的义务。 （3）赡养人不得以分家产或继承权等其他理由为条件履行赡养义务，赡养义务的履行应当是无条件的。 （4）子女可以就赡养父母签订协议，并征得父母的同意。村民委员会等组织监督协议的执行。 （5）子女不履行赡养义务时，无劳动能力的或生活困难的父母，有要求子女付给赡养费的权利。赡养费不得低于当地的平均生活水平。无固定收入的子女，可以按收益季节，支付现金或实物。 （6）子女对父母的赡养义务，不因为父母婚姻关系的变化而终止。对于再婚的父母，仍需负担赡养义务。 **【依据】**《婚姻法》第 **21、30、48** 条；《老年人权益保障法》第 **15** 条。

4. 父母子女间有相互的继承权。

【依据】《继承法》第 **10** 条。

四、收养的形式条件

1. 收养应当向县级以上人民政府民政部门登记。收养关系自登记之日起成立。

【依据】《收养法》第 15 条。

（1）登记机关。收养社会福利机构抚养的查找不到生父母的弃婴、儿童和孤儿的，在社会福利机构所在地的收养登记机关办理登记。

收养非社会福利机构抚养的查找不到生父母的弃婴和儿童的，在弃婴和儿童发现地的收养登记机关办理登记。

收养生父母有特殊困难无力抚养的子女或者由监护人监护的孤儿的，在被收养人生父母或者监护人常住户口所在地（组织作监护人的，在该组织所在地）的收养登记机关办理登记。

收养三代以内同辈旁系血亲的子女，以及继父或者继母收养继子女的，在被收养人生父或者生母常住户口所在地的收养登记机关办理登记。

（2）收养人应提交的材料：

①收养人的居民户口簿和居民身份证；

②由收养人所在单位或者村民委员会、居民委员会出具的本人婚姻状况、有无子女和抚养教育被收养人的能力等情况的证明；

③县级以上医疗机构出具的未患有在医学上认为不应当收养子女的疾病的身体健康检查证明。收养查找不到生父母的弃婴、儿童的，并应当提交收养人经常居住地计划生育部门出具的收养人生育情况证明；其中收养非社会福利机构抚养的查找不到生父母的弃婴、儿童的，收养人还应当提交下列证明材料：

a. 收养人经常居住地计划生育部门出具的收养人无子女的证明；

b. 公安机关出具的捡拾弃婴、儿童报案的证明。收养继子女的，可以只提交居民户口簿、居民身份证和收养人与被收养人生父或者生母结婚的证明。

（3）送养人应当提交的材料：

①送养人的居民户口簿和居民身份证（组织作监护人的，提交其负责人的身份证件）；

②收养法规定送养时应当征得其他有抚养义务的人同意的，并提交其他有抚养义务的人同意送养的书面意见；

③社会福利机构为送养人的，并应当提交弃婴、儿童进入社会福利机构的原始记录，公安机关出具的捡拾弃婴、儿童报案的证明，或者孤儿的生父母死亡或者宣告死亡的证明；

④监护人为送养人的，并应当提交实际承担监护责任的证明，孤儿的父母死亡

或者宣告死亡的证明，或者被收养人生父母无完全民事行为能力并对被收养人有严重危害的证明；

⑤生父母为送养人的，并应当提交与当地计划生育部门签订的不违反计划生育规定的协议；有特殊困难无力抚养子女的，还应当提交其所在单位或者村民委员会、居民委员会出具的送养人有特殊困难的证明。其中，因丧偶或者一方下落不明由单方送养的，还应当提交配偶死亡或者下落不明的证明；子女由三代以内同辈旁系血亲收养的，还应当提交公安机关出具的或者经过公证的与收养人有亲属关系的证明；

⑥被收养人是残疾儿童的，并应当提交县级以上医疗机构出具的该儿童的残疾证明。

【依据】《中国公民收养子女登记办法》（以下简称《收养登记办法》）第 **5**、**6** 条。

2. 收养法实施前形成的收养关系的确定

（1）对依照当时有关规定办理了收养公证或户籍登记手续的收养关系，承认其合法有效性。

（2）收养法实施前形成的事实收养关系（符合实质要件，未予以登记），按收养关系对待。

（3）"过继子女"（未办理法定登记手续）如长期与养父母共同生活，形成抚养关系，构成事实收养，也可作为收养对待。

【依据】《最高人民法院关于贯彻执行民事政策法律若干问题的意见》第 **28** 条。

3. 收养关系成立后，需要为被收养人办理户口登记或者迁移手续的，由收养人持收养登记证到户口登记机关按照国家有关规定办理。

【依据】《收养登记办法》第 **8** 条。

五、兄弟姐妹之间的关系

1. 兄弟姐妹之间的抚（扶）养义务是有条件的。有负担能力的兄、姐对父母已经死亡或父母无能力扶养的未成年的弟、妹有扶养的义务；由兄、姐抚养长大的有负担能力的弟、妹对于缺乏劳动能力又缺乏生活来源的兄、姐有扶养的义务。

【依据】《婚姻法》第 **29** 条。

2. 这里的兄弟姐妹包括同父母的兄弟姐妹、同父异母的兄弟姐妹、同母异父的兄弟姐妹、养兄弟姐妹、有扶养关系的继兄弟姐妹。

3. 兄弟姐妹之间有相互的继承权（第二顺位）。

【依据】《继承法》第 **10** 条。

六、祖（外祖）父母与孙（外孙）子女的关系

1. 祖（外祖）父母与孙（外孙）子女的抚（赡）养义务是有条件的。有负担能力的祖父母、外祖父母对父母已经死亡或父母无能力扶养的未成年孙子女、外孙子女负有扶养义务。有负担能力的孙子女、外孙子女对子女已经死亡或子女无能力赡养的祖父母、外祖父母，有赡养的义务。

2. 祖（外祖）父母与孙（外孙）子女之间有相互的继承权（第二顺位）。

【依据】《婚姻法》第 28 条；《继承法》第 10 条。

七、家庭暴力

1. 禁止施行家庭暴力。家庭暴力是指行为人以殴打、捆绑、残害、强行限制人身自由或者其他手段，给其家庭成员的身体、精神等方面造成一定伤害后果的行为。持续性、经常性的家庭暴力，构成虐待。

2. 实施家庭暴力的，受害人有权提出请求，居民委员会或村民委员会以及所在单位，应当予以劝阻、调解。对正在实施的家庭暴力，受害人有权提出请求，居民委员会或村民委员会应当予以劝阻，公安机关应当予以制止。

对实施家庭暴力的成员，受害人提出请求的，公安机关应当依据《治安管理处罚条例》的规定予以行政处罚。

【依据】《婚姻法》第 43 条；《婚姻法解释（一）》第 1 条。

实施家庭暴力情节严重的，受害人可以向法院提起刑事自诉，要求追究实施暴力一方的刑事责任。实施方最多会被判处 2 年徒刑。当实施家庭暴力严重到造成受害人重伤或死亡的，暴力实施方将构成故意伤害罪，公安机关会主动介入调查。

3. 实施家庭暴力可以作为判定夫妻离婚的依据。受害方在离婚后可以因为受到暴力而对施行暴力的一方要求损害赔偿。

【依据】《婚姻法》第 32、46 条。

第三节　离　　婚

一、协议离婚

1. 夫妻双方自愿离婚，并就子女、财产、债务等问题的处理达成一致意见的，经婚姻登记机关认可，可以解除婚姻关系。

（1）协议离婚的办理机关是婚姻登记机关。

（2）协议离婚的双方当事人必须是完全民事行为能力人，夫或妻一方为无民事行为能力或限制民事行为能力人的离婚应依诉讼程序，由其法定代理人代理

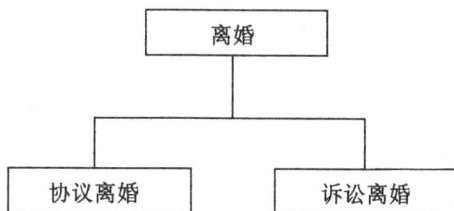

```
        ┌──────────┐
        │   离婚   │
        └────┬─────┘
      ┌──────┴──────┐
 ┌────┴────┐   ┌────┴────┐
 │ 协议离婚 │   │ 诉讼离婚 │
 └─────────┘   └─────────┘
```

诉讼。

（3）双方必须亲自到婚姻登记机关办理离婚登记，应当出具下列证件和材料：本人的户口簿、身份证；本人的结婚证。

双方当事人共同签署的离婚协议书，应当载明双方当事人自愿离婚的意思，以及对子女、财产和债务等事项协商一致的意见。

【依据】《婚姻法》第 31 条；《婚姻登记条例》第 11、12 条。

2. 自婚姻登记机关发给离婚证时，双方的婚姻关系解除。

3. 一方当事人在协议离婚后又反悔的，应当向婚姻登记机关申请解决；婚姻登记机关未发现订立离婚协议时存在欺诈、胁迫等情形，应当依法驳回当事人的请求。

4. 男女双方协议离婚后 1 年内就财产分割问题反悔，请求变更或者撤销财产分割协议的，人民法院应当受理。人民法院审理后，未发现订立财产分割协议时存在欺诈、胁迫等情形的，应当依法驳回当事人的诉讼请求。

【依据】《婚姻法解释（二）》第 9 条。

5. 离婚协议中关于财产分割的条款或者当事人因离婚就财产分割达成的协议，对男女双方具有法律约束力。当事人因履行上述财产分割协议发生纠纷提起诉讼的，人民法院应当受理。

【依据】《婚姻法解释（二）》第 8 条。

二、诉讼离婚

适用情形	（1）夫妻一方要求离婚，另一方不同意离婚的；	【依据】《婚姻法》第 32 条第 1 款
	（2）夫妻双方都愿意离婚，但是在子女抚养、财产分割和债务偿还等问题上不能达成一致意见的；	
	（3）夫妻一方为无民事行为能力或限制民事行为能力人。	

限制情形	（1）对男方离婚诉权的限制	女方在怀孕期间、分娩后 1 年内或中止妊娠后 6 个月内，男方不得提出离婚。但女方提出离婚的，或人民法院认为确有必要受理男方离婚请求的，不在此限。中止妊娠包括自然流产和人工流产。	【依据】《婚姻法》第 24 条；《妇女权益保障法》第 42 条
	（2）现役军人的配偶要求离婚的限制条件	现役军人的配偶要求离婚，须得军人同意；否则，法院一般应当判决不准离婚。但军人一方有重大过错的除外。 这里的现役军人是指参加中国人民解放军和人民武装警察部队服役、具有军籍的干部和战士（包括军队中的文职人员）。现役军人的配偶应是非军人，如果配偶也是军人的，不受此限制。 军人一方的重大过错主要是指： ①军人重婚或有配偶者与他人同居的； ②实施家庭暴力或虐待、遗弃家庭成员的； ③有赌博、吸毒等恶习屡教不改的。	【依据】《婚姻法》第 32 条第 3 款、第 33 条；《婚姻法解释（一）》第 23 条
	（3）再次起诉离婚的限制	判决不准离婚和调解和好的离婚案件，没有新情况、新理由，原告在 6 个月内又起诉的，法院不予受理。	【依据】《民事诉讼法》第 111 条第 7 项

三、法院调解离婚的原则

程序	法院审理离婚案件，必须经过调解程序。未经调解，一般不得即行作出离婚判决。		
法院调解可能出现的结果	（1）调解和好。	对这种情况法院可以不制作调解书，但应将调解和好的协议内容记入笔录。	【依据】《婚姻法》第 32 条第 2 款；《民事诉讼法》第 89、90 条
	（2）双方达成离婚协议，包括同意离婚、妥善安排子女的抚养、合理分割夫妻共有财产等。	法院应当按照协议的内容制作调解书。离婚调解书经双方签收后，具有法律效力。	
	（3）调解无效，包括双方对是否离婚、子女抚养、财产分割等达不成协议。	这种情况下，离婚诉讼继续进行。	

四、判决离婚的标准

夫妻感情破裂是判决离婚的唯一法定标准。	夫妻感情确已破裂的具体认定。以下几种情形，在调解无效时，应判决离婚：	（1）重婚或有配偶者与他人同居的； 与他人同居是指与婚外异性，不以夫妻名义，持续、稳定地共同居住。 （2）实施家庭暴力或虐待、遗弃家庭成员的； （3）有赌博、吸毒等恶习屡教不改的，除此之外，其他严重危害夫妻感情的恶习，如酗酒、嫖娼、卖淫等也应包括在内； （4）因感情不和分居满 2 年的； 2 年是从夫妻最后一次分居之日起持续分居 2 年以上，分居期间不得累加。 （5）其他导致夫妻感情破裂的情形（如夫妻双方因是否生育发生纠纷，致使感情确立破裂）。	【依据】《婚姻法》第 32 条；《婚姻法解释（三）》第 9 条
一方被宣告失踪，另一方提出离婚诉讼的，应准予离婚。	夫妻一方下落不明满 2 年的，经利害关系人向法院申请，可以宣告其失踪。一方被宣告失踪的，另一方可以向法院提起离婚诉讼，法院应当作出离婚判决。		

五、判决离婚的法律后果

1. 夫妻双方有财产约定的，按照约定清算财产

如甲与乙约定结婚后取得的财产归各自所有，则在离婚时，按照约定的内容由甲、乙取得各自财产。无约定的，按照婚后共有财产的分割来处理。但是夫妻书面约定婚姻关系存续期间所得的财产归各自所有，一方因抚育子女、照料老人、协助另一方工作等付出较多义务的，离婚时有权向另一方请求补偿，另一方应当予以补偿。

【依据】《婚姻法》第 40 条。

2. 共同财产的分割

离婚时，夫妻的共同财产由双方协议处理；协议不成时，由人民法院根据财产的具体情况，依照男女平等、照顾子女和女方权益的原则判决。

【依据】《婚姻法》第 39 条第 1 款。

具体来说，按照以下办法分割：

（1）夫或妻在家庭土地承包经营中享有权益，应当予以保护。妇女的责任田、口粮田、宅基地等不因离婚而改变。

妇女离婚，仍在原居住地生活或者不在原居住地生活但在新居住地未取得承包地的，发包方不得收回其原承包地。

【依据】《婚姻法》第 39 条第 2 款；《妇女权益保障法》第 30 条第 2 款；《农村土地承包法》第 30 条。

（2）分割股票、债券、投资基金份额等有价证券以及未上市股份有限公司股份时，夫妻协商不成或者按市价分配有困难的，人民法院可以根据数量按比例分配。

（3）涉及分割夫妻共同财产中以一方名义在有限责任公司的出资额，另一方不是该公司股东的，按以下情形分别处理：

夫妻双方协商一致将出资额部分或者全部转让给该股东的配偶，过半数股东同意、其他股东明确表示放弃优先购买权的，该股东的配偶可以成为该公司股东；

夫妻双方就出资额转让份额和转让价格等事项协商一致后，过半数股东不同意转让，但愿意以同等价格购买该出资额的，人民法院可以对转让出资所得财产进行分割。过半数股东不同意转让，也不愿意以同等价格购买该出资额的，视为其同意转让，该股东的配偶可以成为该公司股东。

（4）涉及分割夫妻共同财产中以一方名义在合伙企业中的出资，另一方不是该企业合伙人的，当夫妻双方协商一致，将其合伙企业中的财产份额全部或者部分转让给对方时，按以下情形分别处理：

其他合伙人一致同意的，该配偶依法取得合伙人地位；

其他合伙人不同意转让，在同等条件下行使优先受让权的，可以对转让所得的财产进行分割；

其他合伙人不同意转让，也不行使优先受让权，但同意该合伙人退伙或者退还部分财产份额的，可以对退还的财产进行分割；

其他合伙人既不同意转让，也不行使优先受让权，又不同意该合伙人退伙或者退还部分财产份额的，视为全体合伙人同意转让，该配偶依法取得合伙人地位。

（5）夫妻以一方名义投资设立独资企业的，人民法院分割夫妻在该独资企业中的共同财产时，应当按照以下情形分别处理：

一方主张经营该企业的，对企业资产进行评估后，由取得企业一方给予另一方相应的补偿；

双方均主张经营该企业的，在双方竞价基础上，由取得企业的一方给予另一方相应的补偿；

双方均不愿意经营该企业的，可以解散该独资企业，在依次清偿了所欠职工工资和社会保险费用、所欠税款和其他债务后，剩余财产作为夫妻共同财产予以分割。

（6）双方对夫妻共同财产中的房屋价值及归属无法达成协议时，人民法院按以下情形分别处理：

双方均主张房屋所有权并且同意竞价取得的，应当准许；

一方主张房屋所有权的，由评估机构按市场价格对房屋作出评估，取得房屋所有权的一方应当给予另一方相应的补偿；

双方均不主张房屋所有权的，根据当事人的申请拍卖房屋，就所得价款进行分割。

（7）离婚时双方对尚未取得所有权或者尚未取得完全所有权的房屋有争议且协商不成的，人民法院不宜判决房屋所有权的归属，应当根据实际情况判决由当事人使用。

当事人就前款规定的房屋取得完全所有权后，有争议的，可以另行向人民法院提起诉讼。

（8）当事人结婚前，父母为双方购置房屋出资的，该出资应当认定为对自己子女的个人赠与，但父母明确表示赠与双方的除外。

婚后由一方父母出资为子女购买的不动产，产权登记在出资人子女名下的，视为只对自己子女一方的赠与，该不动产应认定为夫妻一方个人财产。

由双方父母出资购买的不动产，产权登记在一方子女名下的，该不动产可认定为双方按照各自父母的出资份额按份共有，当事人另有约定的除外。

夫妻一方婚前签订不动产买卖合同，以个人财产支付首付款并在银行贷款，婚后用夫妻共同财产还贷，不动产登记于首付款支付方名下的，离婚时该不动产由双方协议处理。不能达成协议的，法院可以判决不动产归产权登记一方，尚未归还的贷款为产权登记一方的个人债务，双方婚后共同还贷支付的款项及其相应财产增值部分，离婚时由产权登记一方对另一方进行补偿。

【依据】《婚姻法解释（二）》第15~20条；《婚姻法解释（三）》第7、10条。

（9）婚后，一方对婚前一方所有的房屋进行修缮、装修、原拆原建，离婚时未变更产权的，房屋仍归原所有方所有，增值部分中属于另一方应得份额，由房屋所有权人折价补偿。进行扩建的，扩建部分的房屋应按夫妻共同财产予以处理。对不宜分割使用的，应根据双方的住房情况和照顾直接抚养子女和无过错方的原则分给一方所有，分得房屋的一方应当给予另一方相当于房屋价值一半的补偿。在双方条件等同的情况下，应照顾女方。

3. 夫妻共同债务的分割与清偿

（1）婚姻关系存续期间，以夫妻双方名义所负的债务，应当认定为夫妻共同债务。

（2）债权人就婚姻关系存续期间夫妻一方以个人名义所负债务主张权利的，应当按夫妻共同债务处理。但夫妻一方能够证明债权人与债务人明确约定为个人债务，或者能够证明属于婚姻法第19条第3款规定情形的除外。

【依据】《婚姻法解释（二）》第24条。

（3）离婚时，共同债务应当由夫妻共同偿还。

（4）共同债务，应先由夫妻的共同财产予以偿还，共同财产不足以偿还的，或财产归各自所有的，由双方协议各自清偿的份额。但这种协议仅对夫妻之间有效，债权人可以就没有清偿完的债务向夫妻任何一方主张全部或部分清偿。夫妻一方超过自己协议份额清偿的，可以向另一方要求偿还。

（5）夫妻双方之间为逃避债务达成的将财产归于一方，将债务由另一方承担的协议是无效的。

（6）双方协议不成的，由人民法院判决各自应清偿的份额。

【依据】《婚姻法》第 **41** 条。

（7）当事人的离婚协议或者人民法院的判决书、裁定书、调解书已经对夫妻财产分割问题作出处理的，债权人仍有权就夫妻共同债务向男女双方主张权利。

（8）夫或妻一方死亡的，生存一方应当对婚姻关系存续期间的共同债务承担清偿责任。

【依据】《婚姻法解释（二）》第 **25** 条、**26** 条。

4. 离婚经济帮助

（1）离婚时，一方生活困难，另一方应当从其住房等个人财产中给予适当的帮助。

生活困难是指在分割财产后，依靠个人财产和离婚时分得的财产，无法维持当地的基本生活水平。一方离婚后，没有住处的，属于生活困难。

（2）提供帮助的一方必须具有相应的能力。

离婚时，一方以个人财产中的住房对生活困难者进行帮助的形式，可以是房屋的居住权或者房屋的所有权。

（3）具体帮助的办法由双方协商；协商不成的，由人民法院判决。

（4）在提供帮助期间，受资助的一方另行结婚的或经济收入足以维持生活的，可以停止帮助。

（5）原定帮助执行完毕后，一般不得继续要求对方给予帮助。

【依据】《婚姻法》第 **42** 条；《婚姻法解释（一）》第 **27** 条。

5. 离婚损害赔偿

（1）提出离婚损害赔偿的条件：由于下列情形之一而导致离婚的，无过错方可以请求损害赔偿：

重婚的；

有配偶者与他人同居的；

实施家庭暴力的；

虐待、遗弃家庭成员的。

（2）损害赔偿的责任方必须是夫妻中另一方，而不是他人；如甲与乙结婚后，因为丙（与甲同居）的第三者插足，导致离婚，乙作为受害人不能向丙要求离婚损害赔偿，只能向甲要求离婚损害赔偿。

（3）人民法院判决不准离婚的，夫妻一方不得向另一方要求损害赔偿；

（4）在婚姻关系存续期间，夫妻一方不起诉离婚，而单独根据上述所列四种情形要求损害赔偿的，人民法院不予支持。

【依据】《婚姻法》第 46 条；《婚姻法解释（一）》第 29 条。

（5）当事人在婚姻登记机关办理离婚登记手续后，根据上述（1）所列事由向人民法院提出损害赔偿请求的，人民法院应当受理。但当事人在协议离婚时已经明确表示放弃该项请求，或者在办理离婚登记手续 1 年后提出的，不予支持。

（6）离婚损害赔偿请求权的行使：人民法院受理离婚案件时，应当将该项权利书面告知当事人。

符合上述第（1）项情形的无过错方作为原告基于该条规定向人民法院提起损害赔偿请求的，必须在离婚诉讼的同时提出；否则，视为放弃自己的权利。

无过错方作为被告的离婚诉讼案件，如果被告不同意离婚也不提起损害赔偿请求的，可以在离婚后 1 年内就此单独提起诉讼。如甲因为要与第三者丙生活在一起，而对妻子乙提出离婚，乙不同意，于是甲起诉到法院，法院判决甲与乙离婚。乙可以在判决后 1 年内，提出要求甲损害赔偿的诉讼。

无过错方作为被告的离婚诉讼案件，一审时被告未提出损害赔偿请求，二审期间提出的，人民法院应当进行调解；调解不成的，告知当事人在离婚后 1 年内另行起诉。

【依据】《婚姻法》第 46 条；《婚姻法解释（一）》第 30 条。

（7）离婚损害赔偿的赔偿范围既包括物质损害，也包括精神损害。前者是财产利益的损失，表现为财产价值的减少。后者是对方的行为造成的受害方精神上的痛苦。物质损害的赔偿范围与受害方财产减少的范围相等；精神损害赔偿的数额无法具体测量，由人民法院根据侵害人的行为、手段、方式、过错程度、造成的后果以及其经济实力等来判决。

【依据】《婚姻法》第 46 条；《婚姻法解释（一）》第 28 条；《最高人民法院关于确定民事侵权精神损害赔偿责任若干问题的解释》第 10 条。

【案例二】

原告甲与被告乙于 2002 年 4 月登记结婚。2003 年 2 月甲拿出 5000 元给乙用于缴纳乙单位集资。乙缴款后又将其连本带利取出 5750 元。2004 年二人协议离婚时未对夫妻共同财产进行分割。2007 年甲向乙追要该款，乙之子被告丙写了借条，乙丙在其上签名。甲送上诉法院要求乙、丙返还 5000 元欠款。乙辩称该款取出后已全部用于原、被告生活费、原告母亲生活费及儿子学费，之所以打借条是为了让原告尽快离开其居所，故这笔钱属于夫妻共同财产而非借款，不应返还。

第四节　继　　承

一、继承发生的一般条件——被继承人死亡

死亡的时间就是继承开始的时间。死亡包括自然死亡和宣告死亡。

1. 自然死亡

呼吸停止和心脏脉搏停止的时间作为自然人死亡的时间。具体按下列情况确定：

医院死亡证书中记载自然人死亡时间的，以死亡证书中记载的为准；

户籍登记册中记载自然人死亡时间的，以户籍登记的为准；

死亡证书与户籍登记册记载不一致的，以死亡证书为准；

继承人对被继承人死亡时间有争议的，应当以人民法院查证的时间为准。

【依据】《继承法》第 2 条。

2. 宣告死亡

（1）宣告死亡的条件如下：

①从当事人离开最后居住地没有音讯开始，持续地下落不明满 4 年，或者因意外事故下落不明满 2 年，或者因意外事故下落不明，经有关机关证明他不可能生存。

②他的利害关系人应当向其住所地所在的基层人民法院提出宣告死亡的申请。利害关系人的顺序是：配偶，父母子女，兄弟姐妹、祖（外）父母、孙（外）子女，其他有利害关系的人。

同一顺序的人有的同意宣告当事人死亡，有的不同意的，则应当宣告死亡。

人民法院受理申请后，应当发出寻找公告，公告期为 1 年（因意外事故下落不明，有关机关证明不可能生存的，公告期为 3 个月）。公告期满，如果被申请人仍未出现，应当作出死亡宣告的判决。

（2）被宣告死亡的人，判决宣告之日为其死亡的日期，也是其继承人继承开始的时间。

（3）被宣告死亡的人与其配偶的婚姻关系，自死亡宣告之日起消灭。死亡宣告被人民法院撤销的，如果其配偶尚未再婚的，夫妻关系从撤销死亡宣告之日起自行恢复；如果其配偶再婚后又离婚或再婚后配偶又死亡的，则不得认定夫妻关系自行恢复。

【依据】《民法通则》第 23 条，最高人民法院《关于贯彻执行〈中华人民共和国民法通则〉若干问题的意见（试行）》第 24、29、37 条。

3. 相互有继承关系的几个人在同一事件中死亡，如不能确定死亡先后时间的，推定没有继承人的人先死亡。死亡人各自都有继承人的，如几个死亡人辈分不同，推定长辈先死亡；几个死亡人辈分相同，推定同时死亡，彼此不发生继承，由他们各自的继承人分别继承。

二、继承的方式

1. 遗赠扶养协议。个人可以与扶养人、集体所有制组织签订遗赠扶养协议。按照协议，扶养人承担该个人生养死葬的义务，享有受遗赠的权利。

（1）对于遗赠扶养协议，扶养人或集体组织无正当理由不履行，致该协议解除的，不能享有受遗赠的权利，其支付的供养费用一般不予补偿；遗赠人无正当理由不履行，致该协议解除的，则应偿还扶养人或集体组织已支付的供养费用。

（2）集体组织对"五保户"实行"五保"时，双方有扶养协议的，按协议处理；没有扶养协议，死者有遗嘱继承人或法定继承人要求继承的，按遗嘱继承或法定继承处理，但集体组织有权要求扣回"五保"费用。

2. 遗嘱继承（见下文）。

3. 法定继承（见下文）。

4. 以上几种继承方式在适用上的顺序依次是遗赠扶养协议、遗嘱、法定继承（见图示）。遗嘱与遗赠扶养协议内容相抵触的，遗嘱无效。如甲生前与乙订有遗赠扶养协议，约定乙负责甲的生老死葬，甲将自己居住的房屋给乙。乙履行了自己的义务，甲却在临终前将房屋留给自己的养子。根据遗赠扶养协议，甲的遗嘱无效。在没有遗赠扶养协议和遗嘱时才适用法定继承。

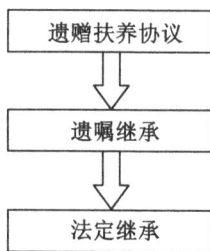

```
遗赠扶养协议
    ↓
遗嘱继承
    ↓
法定继承
```

【依据】《继承法》第 5、31 条；《最高人民法院关于贯彻执行〈中华人民共和国继承法〉若干问题的意见》（以下简称《继承法意见》）第 55、56 条。

三、遗产的范围

被继承的财产是被继承人的生前个人的合法财产及个人未清偿的债务。

1. 在确定被继承的遗产时，首先要从夫妻共同财产及家庭共同财产中分出属于被继承人个人的财产，主要包括：

> 公民的收入；
> 公民的房屋、储蓄和生活用品；
> 公民的林木、牲畜和家禽；
> 公民的文物、图书资料；
> 法律允许公民所有的生产资料；
> 公民的著作权、专利权中的财产权利；
> 有价证券和履行标的为财物的债权。

【依据】《继承法》第3条；《继承法意见》第3条。

2. 个人通过农村土地承包获得的利益可以被继承。承包人死亡时尚未取得承包收益的，可把死者生前对承包所投入的资金和所付出的劳动及其增值和孳息，由发包单位或者接续承包合同的人合理折价、补偿，其价额作为遗产。

林地承包人在承包期限内死亡的，其继承人可以在承包期内继续承包。

除非农村土地承包法另有规定，发包人在承包期内不得收回承包地。

【依据】《继承法》第4条；《继承法意见》第4条；《物权法》第131条；《农村土地承包法》第31条。

四、继承权

1. 继承人的范围

继承人主要是被继承人的近亲属，包括配偶、父母（生父母、养父母和有扶养关系的继父母）、子女（婚生子女、非婚生子女、养子女和有扶养关系的继子女）、兄弟姐妹（同父母的兄弟姐妹、同父异母或者同母异父的兄弟姐妹、养兄弟姐妹、有扶养关系的继兄弟姐妹）、祖（外）祖父母、孙（外）子女。另外丧偶儿媳对公、婆，丧偶女婿对岳父、岳母，尽了主要赡养义务的，也可作为继承人。

胎儿一般不作为继承人，但是遗产分割时，应当保留胎儿的继承份额。胎儿出生时是死体的，保留的份额按照法定继承办理。

【依据】《继承法》第10条、第28条。

2. 继承权的行使

无民事行为能力人的继承权由其法定代理人代理行使。限制民事行为能力人的继承权由法定代理人代理行使，或征得法定代理人同意后行使。

法定代理人代理被代理人行使继承权，不得损害被代理人的利益。法定代理人一般不能代理被代理人放弃继承权。明显损害被代理人利益的，应认定其代理行为无效。

【依据】《继承法》第 6 条；《继承法意见》第 8 条。

3. 继承权的丧失

（1）以下几种情形会导致继承权的丧失：

①故意杀害被继承人的，不论是既遂还是未遂；

②为争夺遗产而杀害其他继承人的；

③遗弃被继承人的，或者虐待被继承人情节严重的，但是如以后确有悔改表现，而且被虐待人、被遗弃人生前又表示宽恕，可不确认其丧失继承权。

④伪造、篡改或者销毁遗嘱，情节严重的，继承人伪造、篡改或者销毁遗嘱，侵害了缺乏劳动能力又无生活来源的继承人的利益，并造成其生活困难的，应认定其行为情节严重。

【依据】《继承法》第 7 条；《继承法意见》第 11、13、14 条。

（2）具有上述所列四种情形之一的，继承人当然丧失继承权，无须法院予以宣告。如当事人之间就是否丧失继承权有争议的，应当由人民法院依法作出判决。

【依据】《继承法意见》第 9 条。

4. 继承权的放弃

（1）放弃继承的表示应当在继承开始后，遗产分割前作出。遗产分割后，放弃的表示，为对所有权的放弃。没有表示的，视为接受继承。

（2）继承人放弃继承应当以书面形式向其他继承人表示。用口头方式表示放弃继承，本人承认，或有其他充分证据证明的，也应当认定其有效。

在诉讼中，继承人向人民法院以口头方式表示放弃继承的，要制作笔录，由放弃继承的人签名。

（3）遗产处理前或在诉讼进行中，继承人对放弃继承反悔的，由人民法院根据其提出的具体理由，决定是否承认。遗产处理后，继承人对放弃继承反悔的，不予承认。

（4）放弃继承的效力，追溯到继承开始时。

（5）继承人因放弃继承权，致其不能履行法定义务的，放弃继承权的行为无效。

【依据】《继承法》第 25 条；《继承法意见》第 46 条、第 47 条、第 48 条、第 49 条、第 50 条、第 51 条。

5. 继承权纠纷的诉讼时效

（1）继承人因自己的继承权被他人否认而丧失遗产权利时，属于继承纠纷，适用《继承法》上规定的时效。

继承权纠纷提起诉讼的期限为 2 年，自继承人知道或者应当知道其权利被侵犯之日起计算。但是，自继承开始之日起超过 20 年的，不得再提起诉讼。

（2）但继承开始后，继承人未明确表示放弃继承的，视为接受继承，遗产未分割的，即为共同共有。诉讼时效的中止、中断、延长均适用民法通则的规定。

【依据】《继承法》第 8 条；《继承法意见》第 177 条。

五、遗嘱继承

1. 遗嘱人生前可以通过遗嘱决定将自己的财产由法定继承人中的一人或数人继承。

遗嘱人生前通过遗嘱将自己的财产决定由法定继承人之外的人继承的，称为遗赠。

遗嘱优先于法定继承适用。

2. 遗嘱的有效条件：

（1）遗嘱人在立遗嘱时必须具有完全的民事行为能力，无行为能力人所立的遗嘱，即使其本人后来有了行为能力，仍属无效遗嘱。遗嘱人立遗嘱时有行为能力，后来丧失了行为能力，不影响遗嘱的效力。

（2）遗嘱人所立的遗嘱应为其真实的意思的表示，如果因被胁迫或欺诈立下遗嘱，则遗嘱无效。

（3）遗嘱应当符合法律的形式要求，一般采用书面形式，只有在危急情况下，才能采取口头形式，且须有两个以上的见证人在场。

【依据】《继承法》第 22 条；《继承法意见》第 41 条。

3. 遗嘱的形式主要有 5 种：

（1）公证遗嘱

①遗嘱人必须亲自到公证机关办理遗嘱公证。遗嘱公证由遗嘱人住所地或者遗嘱行为发生地公证处管辖。遗嘱公证应当由两名公证人员共同办理，由其中一名公证员在公证书上署名。

公证人员不得办理本人、配偶或本人与配偶的近亲属的遗嘱公证事务，也不得办理与本人或近亲属有利害关系的遗嘱公证。遗嘱人有权申请公证人员回避。

因特殊情况由一名公证员办理时，应当有一名见证人在场，见证人应当在遗嘱和笔录上签名。

②申办遗嘱公证，遗嘱人应当填写公证申请表，并提交下列证件和材料：

居民身份证或者其他身份证件；

遗嘱涉及的不动产、交通工具或者其他有产权凭证的财产的产权证明。

③公证遗嘱应当包括以下内容：

> 遗嘱人的姓名、性别、出生日期、住址；
> 遗嘱处分的财产状况（名称、数量、所在地点以及是否共有、抵押等）；
> 对财产和其他事务的具体处理意见；
> 有遗嘱执行人的，应当写明执行人的姓名、性别、年龄、住址等；
> 遗嘱制作的日期以及遗嘱人的签名。

④公证遗嘱采用打印形式。遗嘱人根据遗属原稿核对后，应当在打印的公证遗嘱上签名。遗嘱人不会签名或者签名有困难的，可以盖章方式代替在申请表、笔录和遗嘱上的签名；遗嘱人既不能签字又无印章的，应当以按手印方式代替签名或者盖章。有以上情形的，公证人员应当在笔录中注明。以按手印代替签名或者盖章的，公证人员应当提取遗嘱人全部的指纹存档。

【依据】《遗嘱公证细则》第 4、5、6、7、9、13、18 条。

（2）自书遗嘱

①须由遗嘱人亲笔书写全部内容，不能由他人代笔，不能用打字机打印。

②须由遗嘱人签名，不能以盖章、手印或画押方式替代。

③须注明年、月、日。

公民在遗书中涉及死后个人财产处分的内容，确为死者真实意思的表示，有本人签名并注明了年、月、日，又无相反证据的，可按自书遗嘱对待。

【依据】《继承法》第 17 条第 2 款；《继承法意见》第 40 条。

（3）代书遗嘱

①由遗嘱人口授遗嘱内容，而由一见证人代书。

②代书遗嘱必须由两人以上的见证人在场，其中一名可以作为代书人。

下列人员不能作为见证人：

无民事行为能力人，限制民事行为能力人；

继承人，受遗赠人；

与继承人，受遗赠人有利害关系的人，包括继承人、受遗赠人的债权人、债务人，共同经营的合伙人。

③代书人、其他见证人、和遗嘱人必须在遗嘱上签名、并注明年、月、日。

【依据】《继承法》第 17 条第 3 款、第 18 条；《继承法意见》第 36 条。

（4）录音遗嘱

以录音形式立的遗嘱，应当有两个以上的见证人（见证人的条件见前述）在场。

【依据】《继承法》第 17 条第 4 款。

（5）口头遗嘱

①遗嘱人处于危急的情况下，不能以其他方式设立遗嘱的，可以采用口头遗嘱。

②口头遗嘱须有两个以上的见证人（见证人的条件见前述）在场。

③危急情况解除后，遗嘱人能够用书面或者录音形式立遗嘱的，所立的口头遗嘱无效。

【依据】《继承法》第 17 条第 5 款。

4. 遗嘱的无效情形：

（1）无行为能力人或者限制行为能力人所立的遗嘱无效。

（2）遗嘱必须表示遗嘱人的真实意思，受胁迫、欺骗所立的遗嘱无效。

（3）伪造的遗嘱无效。

（4）遗嘱被篡改的，篡改的内容无效。

【依据】《继承法》第 22 条。

5. 遗嘱变更和撤销的情形：

（1）遗嘱人可以撤销、变更自己所立的遗嘱。

（2）自书、代书、录音、口头遗嘱，不得撤销、变更公证遗嘱。公证遗嘱生效前，非经遗嘱人申请并履行公证程序，不得撤销或者变更公证遗嘱。遗嘱人以不同形式立有数份内容相抵触的遗嘱，其中有公证遗嘱的，以最后所立公证遗嘱为准。

（3）没有公证遗嘱的，以最后所立的遗嘱为准。

（4）遗嘱人生前的行为与遗嘱的意思表示相反，而使遗嘱处分的财产在继承开始前灭失，部分灭失或所有权转移、部分转移的，遗嘱视为被撤销或部分被撤销。

【依据】《遗嘱公证细则》第 22 条，《继承法》第 20 条；《继承法意见》第 39 条、第 42 条。

6. 附义务的遗嘱相关问题如下：

（1）遗嘱所附的义务应符合以下条件：

①所设定的义务，只能由遗嘱继承人或受遗赠人来承担。

②所设定的义务必须有可能实现。

③继承人或受遗赠人所应当履行的义务不得超过继承人或受遗赠人取得的财产利益。

（2）遗嘱继承或者遗赠附有义务的，继承人或者受遗赠人应当履行义务。没有正当理由不履行义务的，经受益人或其他继承人请求，人民法院可以取消他接受附义务那部分遗产的权利，由提出请求的继承人或受益人负责按遗嘱人的意愿履行义务，接受遗产。

【依据】《继承法》第 21 条；《继承法意见》第 43 条。

7. 遗嘱的必留份制度相关问题如下：

（1）遗嘱应当对缺乏劳动能力又没有生活来源的继承人保留必要的遗产份额。

继承人是否缺乏劳动能力又没有生活来源，应按遗嘱生效时该继承人的具体情况确定。

（2）遗嘱人未保留缺乏劳动能力又没有生活来源的继承人的遗产份额，遗产处理时，应当为该继承人留下必要的遗产，所剩余的部分，才可参照遗嘱确定的分配原则处理。

【依据】《继承法》第 19 条；《继承法意见》第 37 条。

六、法定继承

1. 法定继承适用的范围

（1）遗嘱继承人放弃继承或者受遗赠人放弃受遗赠的；

（2）遗嘱继承人丧失继承权的；

（3）遗嘱继承人、受遗赠人先于遗嘱人死亡的；

（4）遗嘱无效部分所涉及的遗产；

（5）遗嘱未处分的遗产。

2. 法定继承的顺序

（1）第一顺序：配偶、子女、父母。第二顺序：兄弟姐妹、祖父母、外祖父母。

子女，包括婚生子女、非婚生子女、养子女和有扶养关系的继子女。

父母，包括生父母、养父母和有扶养关系的继父母。

兄弟姐妹，包括同父母的兄弟姐妹、同父异母或者同母异父的兄弟姐妹、养兄弟姐妹、有扶养关系的继兄弟姐妹。

（2）丧偶儿媳对公、婆，丧偶女婿对岳父、岳母，尽了主要赡养义务的，作为第一顺序继承人。

继承开始后，由第一顺序继承人继承，第二顺序继承人不继承。没有第一顺序继承人继承的，由第二顺序继承人继承。

3. 代位继承

在法定继承中才发生代位继承。

（1）代位继承的条件：

①被继承人的子女先于被继承人死亡。被继承人的子女包括亲生子女、养子女、与被继承人具有抚养关系的继子女。

②代位继承人须为被代位人的直系晚辈血亲。

被继承人的孙子女、外孙子女、曾孙子女、外曾孙子女都可以代位继承，代位继承人不受辈数的限制。

被继承人的养子女、已形成扶养关系的继子女的生子女可代位继承；被继承人亲生子女的养子女可代位继承；被继承人养子女的养子女可代位继承；与被继承人已形成扶养关系的继子女的养子女也可以代位继承。

③被代位人没有丧失继承权。

如该代位继承人缺乏劳动能力又没有生活来源，或对被继承人尽赡养义务较多的，可适当分给遗产。

【依据】《继承法》第11条；《继承法意见》第25条、第26条。

（2）代位继承人只能继承被代位人有权继承的遗产份额。代位继承人缺乏劳动能力又没有生活来源，或者对被继承人尽过主要赡养义务的，分配遗产时，可以多分。

4. 法定继承中遗产分配的原则

同一顺序继承人继承遗产的份额，一般应当均等。继承人协商同意的，也可以不均等。

对生活有特殊困难的缺乏劳动能力的继承人，分配遗产时，应当予以照顾。

对被继承人尽了主要扶养义务或者与被继承人共同生活的继承人，分配遗产时，可以多分。

有扶养能力和有扶养条件的继承人，不尽扶养义务的，分配遗产时，应当不分或者少分。

5. 非继承人对遗产的取得

（1）在法定继承中，下列两类人虽然不属于法定继承人，但是亦可酌情要求分得遗产：

对继承人以外的依靠被继承人扶养的缺乏劳动能力又没有生活来源的人；

或者继承人以外的对被继承人扶养较多的人，可以分给他们适当的遗产。

（2）可以分给适当遗产的人，分给他们遗产时，按具体情况可多于或少于继承人。

（3）适当分得遗产的请求应当在遗产分割时提出，明知而未提出的，其权利法院不予保护，未知而未提出的，应当在两年内提起诉讼。

【依据】《继承法》第14条；《继承法意见》第31、32条。

七、遗产的分割

1. 转继承

（1）转继承的条件如下：

①继承人于继承开始后，遗产分割前死亡。

②继承人没有丧失继承权，也未放弃继承权。

（2）继承开始后，继承人没有表示放弃继承，并于遗产分割前死亡的，其继承遗产的权利转移给他的合法继承人，代其接受其实际有权继承的遗产。

【依据】《继承法意见》第52、53条。

2. 遗产分割的时间

每个继承人都有请求随时分割遗产的权利，遗产分割的时间由继承人协商决定。协商不成的，可以由人民调解委员会调解或向人民法院提起诉讼。

【依据】《继承法》第 15 条。

3. 遗产分割的方法

(1) 依被继承人的遗嘱分割。当遗嘱中规定了遗产的分割方法时，按照遗嘱来执行。

(2) 当遗嘱没有规定分割方法，则由继承人协商来决定分割方法。

(3) 具体的方法：一般采取实物分割，当不宜采取实物分割时，则采用折价、补偿或共同共有的方法。

人民法院在分割遗产中的房屋、生产资料和特定职业所需要的财产时，应依据有利于发挥其使用效益和继承人的实际需要，兼顾各继承人的利益进行处理。

【依据】《继承法》第 29 条；《继承法意见》第 58 条。

【案例三】

甲男与乙女系夫妻，二人于 1993 年 2 月某日于家中双双中枪至重度颅脑损伤死亡。其后，二人财产经清理有：甲生前所在单位为其投保的人身保险金 12 万元，甲婚前购得的房屋一套，二人婚后存款 60 万元。乙与前夫有一女丙，离婚后一直随其父生活。丙与甲母在遗产继承问题上发生财产争执，遂上诉至法院。

☞案例解析

【案例一】

《婚姻法》第 8 条规定："要求结婚的男女双方必须亲自到婚姻登记机关进行结婚登记，符合本法规定的，予以登记，发给结婚证。取得结婚证，即确立夫妻关系。未办理结婚登记的，应当补办登记。"第 11 条规定："因胁迫结婚的，受胁迫的一方可以向婚姻登记机关或人民法院请求撤销该婚姻。受胁迫的一方撤销婚姻的请求，应当自结婚登记之日起 1 年内提出。"本案中，双方当事人结婚登记时不违反实质要件，仅是登记程序上有瑕疵，不能当然作为认定婚姻无效或可撤销的必要条件。若是受胁迫结婚的，受胁迫一方应提起撤销之诉，不提起的，不能以受胁迫为由宣布婚姻无效。故而被告自认为是同居关系没有事实和法律依据，应按照离婚处理，财产也应按照夫妻共同财产处理。

【案例二】

　　《婚姻法》第19条规定："夫妻可以约定婚姻关系存续期间所得的财产以及婚前财产归各自所有、共同所有或部分各自所有、部分共同所有。……夫妻对婚姻关系存续期间所得的财产以及婚前财产的约定，对双方具有约束力。"我国现行的夫妻财产制为法定和约定相结合的财产制，其中，法定共同财产制是指夫妻关系存续期间所得的财产，除双方约定归各自所有及法定归个人所有以外的财产归双方共同所有的一种财产制度。本案中，被告未能充分举证证明原告于婚后不到1年的时间交付被告的5000元是以"所得"形式存在的夫妻共同财产；同时，也不能以二人离婚时未分割夫妻共同财产为由，认为这5000元就属于夫妻共同财产。其次，根据证明责任与证据规则的要求，原告起诉时提出的借条已足以证明二人的借款关系，被告若要推翻这个事实，必须提出更具优势的相反证据，而不是仅仅以"让其尽快离开居所"为由作出否定。最后，值得注意的是，原告给付时的性质如何是认定争议款项性质的根本所在。本案认定5000元款是借款还是夫妻共同财产，应以原告拿出交付于被告乙时为准，不应涉及付款后的用途如何，也即不能以该款的实际用途如何作为认定其性质的标准。故本案中的5000元应认定为借款，原告的返款请求应得到支持。

【案例三】

　　本案的关键是正确认定本案被继承人死亡的时间和顺序，以决定继承人的继承顺序和应继承份额。被继承人甲乙系夫妻关系，在同一事件中死亡，各自均有法定继承人，即甲母及乙与前夫所生女丙。根据《继承法意见》第2条规定："相互有继承关系的几个人在同一事件中死亡，如不能确定死亡先后时间的，推定没有继承人的人先死亡。死亡人各自都有继承人的，如几个死亡人辈分不同，推定长辈先死亡；几个死亡人辈分相同，推定同时死亡，彼此不发生继承，由他们各自的继承人分别继承。"故该遗产继承纠纷中，甲的个人财产以及其与乙共同财产中的二分之一应由甲母作为第一顺序法定继承人继承；甲与乙的共同财产的另二分之一为乙的遗产，由其女丙继承。

法 规 目 录

　　1.《婚姻法》，第五届全国人大第三次会议1980年9月10日通过，1981年1月1日施行，第九届全国人大常委会第二十一次会议2001年4月28日修正；

2.《继承法》，第六届全国人大第三次会议 1985 年 4 月 10 日通过并公布，10 月 1 日施行；

3.《义务教育法》，第六届全国人大第四次会议 1986 年 4 月 12 日通过，第十届全国人大常委会第二十二次会议 2006 年 6 月 29 日修订并公布，2006 年 9 月 1 日施行；

4.《民事诉讼法》，第七届全国人大第四次会议 1991 年 4 月 9 日通过并公布施行，第十届全国人大常委会第三十次会议 2007 年 10 月 28 日修正；

5.《收养法》，第七届全国人大常委会第二十三次会议 1991 年 12 月 29 日通过，第九届全国人大常委会第五次会议 1998 年 11 月 4 日修正并公布，1999 年 4 月 1 日施行；

6.《未成年人保护法》，第七届全国人大常委会第二十一次会议 1991 年 9 月 4 日通过，第十届全国人大常委会第二十五次会议 2006 年 12 月 29 日修订并公布，2007 年 7 月 1 日施行；

7.《妇女权益保障法》，第七届全国人大第五次会议 1992 年 4 月 3 日通过，10 月 1 日施行，第十届全国人大常委会第十七次会议 2005 年 8 月 28 日修正并公布；

8.《老年人权益保障法》，第八届全国人大常委会第二十一次会议 1996 年 8 月 29 日通过并公布，10 月 1 日施行；

9.《人口与计划生育法》，第九届全国人大常委会第二十五次会议 2001 年 12 月 29 日通过并公布，2002 年 9 月 1 日施行；

10.《农村土地承包法》，第九届全国人大常委会第二十九次会议 2002 年 8 月 29 日通过并公布，2003 年 3 月 1 日施行；

11.《物权法》，第十届全国人大第五次会议 2007 年 3 月 16 日通过并公布，10 月 1 日施行；

12.《婚姻登记条例》，国务院 2003 年 7 月 30 日通过并公布，10 月 1 日施行；

13.《遗嘱公证细则》，司法部 2000 年 3 月 24 日公布，7 月 1 日施行；

14.《中国公民收养登记办法》，民政部 1999 年 5 月 25 日公布施行；

15.《关于贯彻执行〈婚姻登记条例〉若干问题的意见》，民政部 2004 年 3 月 29 日公布施行；

16.《最高人民法院关于贯彻执行民事政策法律若干问题的意见》，简称《民事政策法律意见》，最高人民法院 1984 年 8 月 30 日公布施行。

17.《最高人民法院关于贯彻执行〈中华人民共和国继承法〉若干问题的意见》，简称《继承法意见》，最高人民法院 1985 年 9 月 11 日公布施行；

18.《最高人民法院关于贯彻执行〈中华人民共和国民法通则〉若干问题的意见（试行）》，简称《民法通则意见》，最高人民法院审判委员会 1988 年 1 月 26 日通过，4 月 2 日公布施行；

19.《最高人民法院关于人民法院审理离婚案件处理子女抚养问题的若干具体意见》，简称《离婚案件子女抚养意见》，最高人民法院 1993 年 11 月 3 日公布施行；

20.《最高人民法院〈关于确定民事侵权精神损害赔偿责任若干问题的解释〉》，简称《民事侵权精神损害赔偿解释》，最高人民法院审判委员会第 1161 次会议 2001 年 2 月 26 日通过并公布，3 月 10 日施行；

21.《最高人民法院关于适用〈中华人民共和国婚姻法〉若干问题的解释（一）》，简称《婚姻法解释（一）》，最高人民法院审判委员会 1202 次会议 2001 年 12 月 24 日通过并公布，12 月 27 日施行；

22.《最高人民法院关于适用〈中华人民共和国婚姻法〉若干问题的解释（二）》，简称《婚姻法解释（二）》，最高人民法院审判委员会 1299 次会议 2003 年 12 月 4 日通过并公布，2004 年 4 月 1 日施行；

23.《最高人民法院关于审理涉及农村土地承包纠纷案件适用法律问题的解释》，最高人民法院审判委员会第 1346 次会议 2005 年 3 月 29 日通过，9 月 1 日施行。

24.《最高人民法院关于适用〈中华人民共和国婚姻法〉若干问题的解释（三）》，简称《婚姻法解释（三）》，最高人民法院审判委员会 1525 次会议，2011 年 7 月 4 日通过，8 月 13 日施行。

第 **5** 章
农村人身损害法律实务

☞导读

　　本章重点讲解人身损害的一般知识以及农村较为常见的几种侵权类型，结合最新颁布的《中华人民共和国侵权责任法》分析和探讨人身损害的主要问题，以期为农村基层法律工作者在处理上述纠纷时提供帮助。

第一节　基　础　知　识

　　侵权行为，是指行为人由于过错侵害他人的财产和人身而依法应当承担民事责任的行为，以及依法律的特别规定应当承担民事责任的其他致害行为。一般侵权行为的构成要件包括：（1）损害事实的客观存在；（2）行为的违法性；（3）违法行为与损害事实之间存在因果关系；（4）行为人的过错。

一、归责原则

　　归责原则是指侵权损害赔偿责任的成立与分配原则。我国法律规定的侵权责任归责原则主要有过错责任原则、推定过错责任原则、无过错责任原则、公平责任原则四种。

　　1. 过错责任原则，是以行为人的过错为承担侵权责任的归责事由，只有当行为人有过错的情况下才承担民事责任，无过错则无责任。

　　【依据】《民法通则》第106条第2款；《侵权责任法》第6条第1款。

　　2. 推定过错责任原则，是指当行为人致人损害时，如果不能证明其没有过错，则推定其有过错而承担民事责任。

　　【依据】《民法通则》第125、126条；《侵权责任法》第6条第2款。

　　3. 无过错责任原则，是指在法律规定的情况下，不以过错的存在为责任要件的归责原则。

【依据】《民法通则》第 106 条第 3 款;《侵权责任法》第 7 条。

4. 公平责任原则,是指在法律没有规定适用无过错责任原则,但适用过错责任又显失公平时,依据公平原则在当事人之间分配损害的归责原则。

【依据】《民法通则》第 132 条;《民法通则意见》第 155~157 条。

归责原则	构成要件	适用范围	举证责任	影响
过错责任原则	主观过错、违法行为、损害事实、违法行为和损害事实之间的因果关系。	一般人身伤害的侵权行为。	受害人承担。	(1) 双方均有过错,可过失相抵;(2) 共同侵权,责任人对外承担连带责任,对内按过错比例分担责任。
推定过错责任原则	主观过错、违法行为、损害事实、违法行为与损害事实之间的因果关系。	(1) 地面施工致害;(2) 建筑物及其他地上物致害;(3) 无民事行为能力人或限制民事行为能力人致害;(4) 法人及其他组织法定代表人、负责人及工作人员在执行职务中致害;(5) 雇员在执行雇佣活动中致害;(6) 交通、医疗、工伤和学生伤害事故;(7) 定做人对定做、指示或选任有过失。	推定致害人主观上有过错,致害人对自己没有过错承担举证责任。	致害人证明受害人自己也有过错,则按过错责任的大小,减轻致害人的责任。
无过错责任原则	违法行为、损害事实、违法行为与损害事实之间的因果关系。	(1) 产品责任;(2) 高度危险责任;(3) 饲养动物损害责任;(4) 环境污染责任。	致害人需证明自己具有法定免责事由。	(1) 致害人有无过错对承担责任与否没有影响;(2) 致害人既证明自己无过错,又证明受害人对损害结果的发生有故意或过失,即可免除赔偿责任。

续表

归责原则	构成要件	适用范围	举证责任	影响
公平责任原则	损害事实、损害事实与致害人行为之间的因果关系。	（1）见义勇为的行为；（2）帮助行为；（3）其他使他人生命权、健康权、身体权遭受损失的行为。	受害人对自己的善意行为有举证责任，受益人对自己没有过错承担举证责任。	（1）受益人是善意行为，受害人有过错，则受益人承担赔偿责任；（2）受害人有过错，受益人无过错，则受益人不承担赔偿责任。①

二、抗辩事由

抗辩事由是指不履行合同或法律规定的义务而致人损害者依法可以免除民事责任的事由。我国法律规定的侵权损害赔偿的抗辩事由主要有以下几种：

1. 正当防卫，指当公共利益、他人或本人的人身或其他利益遭到不法侵害时，行为人所采取的防卫措施。

【依据】《民法通则》第 128 条；《侵权责任法》第 30 条。

2. 紧急避险，指为了使公共利益、本人或他人的合法利益免受现实和紧急的损害危险，不得已而采取的致他人或本人损害的行为。

【依据】《民法通则》第 129 条；《民法通则意见》第 156 条；《侵权责任法》第 31 条。

3. 职务授权行为，指依法律的授权及有关规定，在必要时因行使职权而损害他人的财产和人身的行为。

4. 受害人过错，即受害人对损害结果的发生也有过错的情形。受害人有过错而加害人无过错时，只要加害人能证明自己已经尽到防止损害发生所应尽到的注意义务，则可免责；受害人、加害人双方都有过错时，根据双方过错大小确定其各自的民事责任。

【依据】《人身损害赔偿解释》第 2 条；《侵权责任法》第 26、27 条。

5. 第三人过错，即第三人对损害结果的发生存在过错的情形。如果加害人无过错而第三人有过错，或加害人只有轻微过失而第三人有故意或重大过失，则应由第三人单独或主要承担民事责任。

【依据】《人身损害赔偿解释》第 6 条第 2 款、第 7 条第 2 款、第 11、14 条；《侵权责任法》第 28 条。

---

① 　参见高文：《人身侵权法律研究》，湖南人民出版社 2008 年版，第 30~34 页。

☞重点提示

> 《侵权责任法》第 28 条规定：损害是因第三人造成的，第三人应当承担侵权责任。

【依据】《侵权责任法》第 28 条。

6. 自助行为，指权利人为了保护自己的权利，在情势紧迫而又不能及时求救于国家机关的情况下，对他人的财产或人身施加的为法律或社会公德所认可的强制行为。

7. 意外事件，指非因当事人的故意或过失而偶然发生的不可预见的损害。

8. 不可抗力，即不能预见、不能避免并不能克服的客观情况。

【依据】《民法通则》第 107 条;《合同法》第 117 条;《侵权责任法》第 29 条。

抗辩事由	构成要件	法律后果	备注
正当防卫	（1）防卫意图是保护公共利益、自己或他人的合法权益，同正在进行的不法侵害行为作斗争；（2）防卫起因是不法侵害；（3）防卫对象是不法侵害人；（4）防卫时间是不法侵害正在进行时；（5）防卫造成的损害没有超过必要的限度。	（1）正当防卫在正当限度内免除赔偿责任；（2）正当防卫超过必要限度，造成不应有的损害，应承担适当的民事责任。	正当防卫与紧急避险的相同点：（1）目的相同，都是为了保护公共利益、自己或他人的合法权益；（2）时间相同，都是合法权益正在受到损害时；（3）责任相同，超出必要限度造成的损害，均应承担责任。 正当防卫与紧急避险的不同点：（1）危害来源不同，前者来源于不法侵害人的行为，后者来源可以是人的行为、自然灾害、动物的袭击以及人的生理病患等；（2）行为限度不同，前者造成的损害可以大于不法侵害可能造成的损害，后者造成的损害须小于其所避免的损害；（3）行为对象不同，前者的对象是不法侵害人，后者的对象是第三人。
紧急避险	（1）避险意图是保护公共利益、自己和他人的合法权益；（2）起因是存在需要避免的危险；（3）时间是危险正在发生时；（4）对象是第三人；（5）须出于迫不得已；（6）所引起的损害须小于所避免的损害；（7）为避免本人遭受危险的紧急避险不适用于职务上、业务上有特定责任的人。	（1）因紧急避险造成损害的，由引起险情发生的人承担民事责任；（2）危险是自然原因引起的，紧急避险人不承担责任或承担适当责任；（3）紧急避险采取措施不当或超出必要限度，造成不应有的损害的，紧急避险人承担适当责任。	

续表

抗辩事由	构成要件	法律后果	备注
职务授权行为	（1）行为具有合法的授权；（2）执行职务的行为合法；（3）执行职务的行为为必要。	（1）依据法律规定的权限履行职务的过程中，为了保护社会公共利益和公民的合法权益必要时损害他人财产和人身的，不承担民事责任；（2）执行职务的过程中有违法行为的，要承担民事责任。	《侵权责任法》未规定。
受害人同意	（1）受害人有处分该权利的能力和权限；（2）遵循一般的意思表示规则；（3）受害人须以明示的方式作出意思表示；（4）受害人事前放弃损害赔偿请求权；（5）所作出的同意不违反法律和公序良俗。	在受害人同意的范围内，加害人对其造成的损害免除民事责任。	《侵权责任法》未规定。
受害人过错	（1）受害人对损害的产生或扩大存在故意或过失；（2）损害的产生或扩大源于受害人的故意或过失。	（1）受害人有过错而加害人无过错时，只要加害人能证明自己已经尽到防止损害发生所应尽的注意义务，则可免责；（2）受害人、加害人双方都有过错时，根据双方过错大小确定其各自的民事责任。	（1）在加害人因故意或重大过失致人损害，而受害人只有一般过失的，不减轻加害人的赔偿责任；（2）无过错责任原则的特殊侵权，只有受害人有重大过错时，加害人才能主张减轻赔偿责任；（3）法院可依职权减免加害人的民事责任。《侵权责任法》规定：（1）被侵权人对损害的发生也有过错的，可以减轻侵权人的责任；（2）损害是因受害人故意造成的，行为人不承担责任。

抗辩事由	构成要件	法律后果	备注
自助行为	（1）是为了保护自己的正当权益；（2）自助人是为了让被侵害的权利恢复到原有状态；（3）不法侵害状态已经存在，且被损害的权利可以被恢复；（4）情况紧急而来不及请求公权力的救济；（5）自助行为为法律和道德所允许，且不超过必要限度。	加害人免除民事责任。	《侵权责任法》未规定。
不可抗力	（1）不可预见；（2）不能避免；（3）即使预见也不能克服；（4）造成损害的是一种客观情况。	（1）发生不可抗力的一方可免除民事责任；（2）发生不可抗力的一方负有及时通知对方的义务，并需证明不可抗力的存在。	不可抗力的范围双方可约定。
意外事件	（1）非因当事人的故意或过失；（2）属于偶然发生的事故；（3）该事故不可预见。	加害人免除民事责任。	意外事件仅适用于过错责任。

三、侵权损害赔偿

（一）侵权损害赔偿原则

1. 全面赔偿原则（适用于财产损害），是指对致害人的侵权行为，无论行为人主观上是出于故意或过失，也无论行为人是否受刑事、行政制裁，均应根据造成损害的大小（包括对直接受害人和间接受害人造成的损害）确定民事赔偿的范围。

【依据】《民法通则》第 **117** 条。

2. 限定赔偿原则（适用于人身伤害、非财产损害），是指为了避免过分加重加害人负担（针对人身伤害），或为了对非财产损害进行抚慰，而实行限额赔偿。

3. 过失相抵原则，是指受害人对于损害的发生或扩大自己也有过错时，可以减轻或免除加害人的赔偿责任。

【依据】《民法通则》第 131 条；《人身损害赔偿解释》第 2 条。

过失相抵原则的适用范围主要在过错责任领域和无过错责任领域。适用过失相抵原则主要存在两种限制：加害人有故意或重大过失致人损害，而受害人只有一般过失；适用无过错责任原则时仅限于受害人有重大过失。

【依据】《人身损害赔偿解释》第 2 条第 1 款；《民法通则》第 123、127 条；《侵权责任法》第 1 条。

（二）赔偿权利人

1. 直接受害人

如果受害人先伤后死，则死前因抢救治疗而产生的医药费和误工费，受害人是赔偿权利人；如果受害人不治身亡，其因抢救治疗所发生的财产损失的损害赔偿请求权由其继承人继承。

【依据】《人身损害赔偿解释》第 1 条第 2 款。

2. 间接受害人

（1）被扶养人，即直接受害人依法承担扶养义务的被扶养人，包括未满 18 周岁的未成年人以及丧失劳动能力又没有其他生活来源的成年人。

（2）近亲属，包括配偶、父母、子女、兄弟姐妹、祖父母、外祖父母、孙子女、外孙子女。

【依据】《人身损害赔偿解释》第 1 条第 2 款、第 28 条；《民法通则意见》第 12 条。

3. 近亲属赔偿请求权的顺位

（1）死亡赔偿金。依《继承法》第 10 条规定的法定继承顺序确定，第一顺序继承人共同继承，无第一顺序继承人则由第二顺序继承人继承。

（2）办理丧葬事宜的支出费用。实际支出费用的近亲属依前述继承顺序享有赔偿请求权，近亲属以外的第三人支出的，适用无因管理的规定。

（3）精神损害抚慰金。自然人因侵权行为而死，或自然人死亡后其人格或遗体遭受损害，死者的配偶、父母、子女可以向法院提起诉讼要求精神损害赔偿；没有配偶、父母、子女的，可由其他近亲属提起诉讼。

【依据】《民事侵权精神损害赔偿解释》第 7 条。

（三）赔偿义务人

赔偿义务人主要分为以下几类：因自己的侵权行为自己承担责任的赔偿义务人；因他人的侵权行为承担替代责任的赔偿义务人（如雇主责任、监护人责任）；因动物、物件致人损害承担赔偿责任的赔偿义务人；因活动致人损害承担赔偿责任的赔偿义务人。

（四）人身损害赔偿范围

1. 受害人遭受人身损害，因就医治疗和康复支出的各项费用以及因误工减少的收入，包括医疗费、误工费、护理费、交通费、住宿费、住院伙食补助费、必要的营养费，赔偿义务人应当予以赔偿。

2. 受害人因伤致残的，其因增加生活上需要所支出的必要费用以及因丧失劳动能力导致的收入损失，包括残疾赔偿金、残疾辅助器具费、被扶养人生活费，以及因康复护理、继续治疗实际发生的必要的康复费、护理费、后续治疗费，赔偿义务人也应当予以赔偿。

3. 受害人死亡的，赔偿义务人除应当根据抢救治疗情况赔偿第 1 项中各项相关费用外，还应当赔偿丧葬费、被扶养人生活费、死亡补偿费以及受害人亲属办理丧葬事宜支出的交通费、住宿费和误工损失等其他合理费用。

4. 受害人遭受严重精神损害的，赔偿义务人还应进行精神损害赔偿。

【依据】《人身损害赔偿解释》第 17 条；《侵权责任法》第 16、22 条。

（五）人身损害赔偿的项目

1. 医疗费。医疗费根据医疗机构出具的医药费、住院费等收款凭证，结合病历和诊断证明等相关证据确定。赔偿义务人对治疗的必要性和合理性有异议的，应当承担相应的举证责任。医疗费的赔偿数额，按照一审法庭辩论终结前实际发生的数额确定。器官功能恢复训练所必要的康复费、适当的整容费以及其他后续治疗费，赔偿权利人可以待实际发生后另行起诉。但根据医疗证明或者鉴定结论确定必然发生的费用，可以与已经发生的医疗费一并予以赔偿。

【依据】《人身损害赔偿解释》第 19 条。

2. 误工费。误工费根据受害人的误工时间和收入状况确定。误工时间根据受害人接受治疗的医疗机构出具的证明确定。受害人因伤致残持续误工的，误工时间可以计算至定残日前一天。受害人有固定收入的，误工费按照实际减少的收入计算。受害人无固定收入的，按照其最近三年的平均收入计算；受害人不能举证证明其最近三年的平均收入状况的，可以参照受诉法院所在地相同或者相近行业上一年度职工的平均工资计算。

【依据】《人身损害赔偿解释》第 20 条。

3. 护理费。护理费根据护理人员的收入状况和护理人数、护理期限确定。护理人员有收入的，参照误工费的规定计算；护理人员没有收入或者雇佣护工的，参照当地护工从事同等级别护理的劳务报酬标准计算。护理人员原则上为一人，但医疗机构或者鉴定机构有明确意见的，可以参照确定护理人员人数。护理期限应计算至受害人恢复生活自理能力时止。受害人因残疾不能恢复生活自理能力的，可以根据其年龄、健康状况等因素确定合理的护理期限，但最长不超过 20 年。受害人定残后的护理，应当根据其护理依赖程度并结合配制残疾辅助器具的情况确定护理级别。

　　【依据】《人身损害赔偿解释》第 21 条。

　　4. 交通费。交通费根据受害人及其必要的陪护人员因就医或者转院治疗实际发生的费用计算。交通费应当以正式票据为凭；有关凭据应当与就医地点、时间、人数、次数相符合。

　　【依据】《人身损害赔偿解释》第 22 条。

　　5. 住院伙食补助费。住院伙食补助费可以参照当地国家机关一般工作人员的出差伙食补助标准予以确定。受害人确有必要到外地治疗，因客观原因不能住院，受害人本人及其陪护人员实际发生的住宿费和伙食费，其合理部分应予赔偿。

　　【依据】《人身损害赔偿解释》第 23 条。

　　6. 营养费。营养费根据受害人伤残情况参照医疗机构的意见确定。

　　【依据】《人身损害赔偿解释》第 24 条。

　　7. 残疾赔偿金。残疾赔偿金根据受害人丧失劳动能力的程度或者伤残等级，按照受诉法院所在地上一年度城镇居民人均可支配收入或者农村居民人均纯收入标准，自定残之日起按 20 年计算。但 60 周岁以上的，年龄每增加 1 岁减少 1 年；75 周岁以上的，按 5 年计算。受害人因伤致残但实际收入没有减少，或者伤残等级较轻但造成职业妨害严重影响其劳动就业的，可以对残疾赔偿金作相应调整。

　　【依据】《人身损害赔偿解释》第 25 条。

　　8. 残疾辅助器具费。残疾辅助器具费按照普通适用器具的合理费用标准计算。伤情有特殊需要的，可以参照辅助器具配制机构的意见确定相应的合理费用标准。辅助器具的更换周期和赔偿期限参照配制机构的意见确定。

　　【依据】《人身损害赔偿解释》第 26 条。

　　9. 丧葬费。丧葬费按照受诉法院所在地上一年度职工月平均工资标准，以 6 个月总额计算。

　　【依据】《人身损害赔偿解释》第 27 条。

　　10. 被扶养人的生活费。被扶养人生活费根据扶养人丧失劳动能力程度，按照受诉法院所在地上一年度城镇居民人均消费性支出和农村居民人均年生活消费支出标准计算。被扶养人为未成年人的，计算至 18 周岁；被扶养人无劳动能力又无其他生活来源的，按 20 年计算。但 60 周岁以上的，年龄每增加 1 岁减少 1 年；75 岁以上的，按 5 年计算。被扶养人是指受害人依法应当承担扶养义务的未成年人或者丧失劳动能力又无其他生活来源的成年近亲属。被扶养人还有其他扶养人的，赔偿义务人只赔偿受害人依法应当负担的部分。被扶养人有数人的，年赔偿总额累计不超过上一年度城镇居民人均消费性支出额或者农村居民人均年生活消费支出额。

　　【依据】《人身损害赔偿解释》第 28 条。

　　11. 死亡赔偿金。死亡赔偿金按照受诉法院所在地上一年度城镇居民人均可支配收入或者农村居民人均纯收入标准，按 20 年计算。但 60 周岁以上的，年龄每增加 1 岁减少 1 年；75 周岁以上的，按 5 年计算。

【依据】《人身损害赔偿解释》第 29 条；《侵权责任法》第 17 条。

☞**重点提示**

> 赔偿权利人举证证明其住所地或者经常居住地城镇居民人均可支配收入或者农村居民人均纯收入高于受诉法院所在地标准的，被扶养人的生活费、残疾赔偿金以及死亡赔偿金可以按照其住所地或者经常居住地的相关标准计算。

【依据】《人身损害赔偿解释》第 30 条。

（六）人身损害赔偿的给付

1. 人身损害赔偿原则上应当一次性给付。

2. 超过确定的护理期限、辅助器具费给付年限或者残疾赔偿金给付年限，赔偿权利人向人民法院起诉请求继续给付护理费、辅助器具费或者残疾赔偿金的，人民法院应予受理。赔偿权利人确需继续护理、配制辅助器具，或者没有劳动能力和生活来源的，人民法院应当判令赔偿义务人继续给付相关费用 5 至 10 年。

3. 赔偿义务人请求以定期金方式给付残疾赔偿金、被扶养人生活费、残疾辅助器具费的，应当提供相应的担保。人民法院可以根据赔偿义务人的给付能力和提供担保的情况，确定以定期金方式给付相关费用。但一审法庭辩论终结前已经发生的费用、死亡赔偿金以及精神损害抚慰金，应当一次性给付。

4. 人民法院应当在法律文书中明确定期金的给付时间、方式以及每期给付标准。执行期间有关统计数据发生变化的，给付金额应当适时进行相应调整。

5. 定期金应按照赔偿权利人的实际生存年限给付。

【依据】《人身损害赔偿解释》第 31~34 条。

第二节　农村常见侵权类型

一、机动车交通事故

机动车发生交通事故造成损害的，依照道路交通安全法的有关规定承担赔偿责任。道路包括公路、城市街道、虽在单位管辖范围但允许社会机动车通行的地方，如广场、公共停车场等用于公众通行的场所。机动车交通事故致人损害，是指机动车在道路上因过错或意外造成人身伤亡的事件。

【依据】《侵权责任法》第 48 条；《道路交通安全法》第 119 条第 5 项。

（一）构成要件

1. 以机动车在道路上发生交通事故为起因；
2. 机动车交通事故责任的一方主体是机动车；
3. 受害人在机动车交通事故中有人身伤亡；
4. 造成损害的原因是过错或意外。

（二）归责原则

1. 保险公司在机动车强制保险责任限额范围内予以赔偿。
【依据】《侵权责任法》第 49 条。
2. 道路交通事故社会救济基金管理机构在特定情况下垫付受害人的损害赔偿，适用无过错责任。
【依据】《道路交通安全法》第 17、75 条；《侵权责任法》第 53 条。
3. 机动车之间的交通车事故适用过错责任；机动车与非机动车驾驶人、行人之间的交通事故责任适用无过错责任。
【依据】《道路交通安全法》第 76 条。

（三）处理规则

1. 当事人对交通事故损害赔偿的争议，可以请求公安机关交通管理部门调解，也可以向人民法院提起民事诉讼。
2. 经交通管理部门调解后，当事人未达成协议或调解书生效后不履行的，当事人可向人民法院提起民事诉讼。
3. 伤、残者需要住院、转院，应有医院证明，并经交警部门同意。擅自住院、转院、使用医护人员、自购药品或超过医院通知的出院日期拒不出院的，其费用由伤、残者自己承担。

（四）赔偿主体

1. 保险公司。肇事车辆参加机动车第三者责任强制保险的，由保险公司在责任限额范围内支付抢救费用。
2. 道路交通事故社会救助基金管理机构。抢救费用超过保险责任限额，或未参加机动车第三者责任强制保险，或肇事逃逸的，由该机构先行垫付部分或全部抢救费用。

3. 机动车所有人。

4. 机动车驾驶人。

（五）机动车所有人和驾驶人的认定

1. 机动车所有人自主驾驶和受雇佣人驾驶造成交通事故，所有人或雇主为损害赔偿的责任主体。

2. 驾驶盗窃机动车造成交通事故的，由肇事人承担损害赔偿责任。

3. 购买人使用分期付款的车辆从事运输，造成交通事故的，由购买人承担赔偿责任。

4. 车辆在买卖未过户的情况下造成交通事故的，由买受人承担赔偿责任，登记车主承担垫付责任。

5. 机动车在送交修理或保管期间，因试车或使用过程中发生交通事故的，由修理厂和保管人承担赔偿责任。

【依据】《人身损害赔偿解释》第9条；《侵权责任法》第52条；《最高人民法院关于被盗机动车肇事后由谁承担损害赔偿责任问题的批复》；《最高人民法院关于购买使用分期付款购买的车辆从事运输因交通事故造成他人财产损失保留车辆所有权的出卖方不应承担民事责任的批复》。

☞**重点提示**

《侵权责任法》规定：

1. 因租赁、借用等情形机动车所有人与使用人不是同一人时，发生交通事故后属于该机动车一方责任的，由保险公司在机动车强制保险责任限额范围内予以赔偿。不足部分，由机动车使用人承担赔偿责任；机动车所有人对损害的发生有过错的，承担相应的赔偿责任。

2. 当事人之间已经以买卖等方式转让并交付机动车但未办理所有权转移登记，发生交通事故后属于该机动车一方责任的，由保险公司在机动车强制保险责任限额范围内予以赔偿。不足部分，由受让人承担赔偿责任。

3. 以买卖等方式转让拼装或者已达到报废标准的机动车，发生交通事故造成损害的，由转让人和受让人承担连带责任。

【依据】《侵权责任法》第 49~51 条。

二、地面施工致人损害

地面施工致人损害，是指在公共场所、道旁或道路上挖坑、修缮安装地下设施等，没有设置明显标志和采取有效安全措施造成他人损害的情形。

（一）构成要件

1. 在公共场所、道旁或道路上挖坑、修缮安装地下设施等；
2. 未设置明显警示标志和采取有效安全措施；
3. 由于没有设置明显标志和采取有效安全措施造成他人的损害。

（二）归责原则

1. 适用过错推定原则。

2. 只要施工人没有设置明显安全标志和采取有效安全措施，造成他人人身损害，即推定其有过错。施工人不能证明自己无过错的，则应承担赔偿责任。

3. 施工人是否设置了明显警示标志和采取了有效安全措施应以事故发生时的状态为准。如果施工人曾经设置了警示标志，采取了措施，但后来设施被损坏，造成他人人身损害，施工人仍应承担民事责任。

【依据】《民法通则》第 125 条；《侵权责任法》第 91 条第 1 款。

（三）赔偿主体

地面施工致人损害的赔偿主体是地面设施的施工人。

【依据】《民法通则》第 125 条。

☞重点提示

《侵权责任法》规定：窨井等地下设施造成他人损害，管理人不能证明尽到管理职责的，应当承担侵权责任。

【依据】《侵权责任法》第 91 条第 2 款。

【案例一】 乡村公路上"打场"致人伤亡，应由谁买单？①

2006 年，湖北某县某村村民周某驾一辆摩托从镇上回家，路经一段乡村公路。另一村民王某在该地段打晒麦秸，麦秸铺在路中央，附近未设置任何安全警示标志。周某通过麦秸时，被麦秸下一块石头绊倒。倒地时，不幸把舌头咬断，前期已花去医药费约 2 万元。周某的损伤应由谁承担赔偿责任？

【案例二】 乡村公路致人损害，受害者本人有一定过错，如何赔偿？

2005 年 9 月 2 日大雨将某市某乡村公路冲开一缺口，事后某市交通局出资由公路所在乡镇政府组织对毁损地段采取填土等措施，但未能将路面压实浇铺沥青，车辆行驶后造成该地面坑洼不平。同年 10 月 24 日左手残疾的杨某驾驶助力车行驶至上述路段时跌倒摔伤。杨某受伤后被送往医院治疗 22 天花去医疗费 46819.49 元。此案，原告如何主张人身损害赔偿？原告可起诉市交通局及事故路段所在的乡镇人民政府吗？

【案例三】 高速公路突然蹿出猪致车祸，谁负事故责任？

2005 年 1 月 27 日，来自成都的袁某和 4 位同事乘坐大连某房地产公司司机方某驾驶的别克车，经哈大高速公路到大庆办事。当日 19 时 50 分，疾驰的别克车驶入肇东路段时，突然车内发出惊叫："前面有猪，快刹车！"但司机已来不及刹车，只听"砰"的一声，别克车撞在道路中间的隔离带上，又反弹回行驶的快车道上。车祸使车上 6 人受到了不同程度的伤害，其中最重的袁某后被鉴定为一级伤残。6 位伤者经多方医治，各种费用共花去了合计 120 多万元。当地交警作出了交通事故责任认定：本事故属于单方交通事故，司机方某应负全部责任。他们的损失应如何得到赔偿？

三、建筑物及地上物致人损害

建筑物及其他地上物致人损害，是指建筑物及其他地上物因设置或保管不善，给他人的人身造成伤亡的情形。

---

① 本章案例主要来自最高法院案例公报、中国法院网及《人民法院案例选》，有部分删改。

（一）适用情形

1. 建筑物或者其他设施以及建筑物上的搁置物、悬挂物发生倒塌、脱落、坠落造成他人损害的；

2. 道路、桥梁、隧道等人工建造的构筑物因维护、管理瑕疵致人损害的；

3. 堆放物品滚落、滑落或者堆放物倒塌致人损害的；

4. 树木倾倒、折断或者果实坠落致人损害。

【依据】《民法通则》第 126 条；《人身损害赔偿解释》第 16 条；《侵权责任法》第 85、88~90 条。

（二）构成要件

1. 存在建筑物及其他地上物发生倒塌、脱落、坠落等事实；

2. 建筑物及其他地上物发生倒塌、脱落、坠落造成了人身损害。

（三）归责原则

建筑物及其他地上物致人损害适用过错推定原则。如果建筑物及其他地上物发生倒塌、脱落、坠落造成他人人身损害，其所有人或管理人不能证明自己无过错的，推定其有过错，应承担民事责任。

堆放物致人损害的，如果双方均无过错，则适用公平责任原则酌情处理。

【依据】《民法通则》第 126 条；《民法通则意见》第 155 条；《侵权责任法》第 85、88~90 条。

（四）赔偿主体

1. 所有人。指依法对建筑物及其他地上物享有占有、使用、收益和处分权利的人。

2. 管理人。指非所有人依据法律规定或合同约定对建筑物及其他地上物进行经营管理的人，当建筑物及其他地上物由非所有人管理、使用时，赔偿主体是管理人。

3. 其他占有者。依承包、租赁等经营、使用他人建筑及其他设施的，由所有人或占有人承担，有约定的依约定，无约定的原则上由所有人承担。建筑物上的搁置物和悬挂物致人损害的，由该物件的设置者承担责任；设置者不明的，由该建筑物的所有人或管理人承担。

4. 设计人、施工人。道路、桥梁、隧道等人工建造的构筑物因维护、管理瑕疵致人损害的，因涉及施工缺陷造成损害的，设计施工者与所有人、管理人承担连带责任。

☞**重点提示**

《侵权责任法》规定：

1. 建筑物、构筑物或者其他设施倒塌造成他人损害的，由建设单位与施工单位承担连带责任。建设单位、施工单位赔偿后，有其他责任人的，有权向其他责任人追偿。

2. 因其他责任人的原因，建筑物、构筑物或者其他设施倒塌造成他人损害的，由其他责任人承担侵权责任。

【依据】《侵权责任法》第**86**条。

四、饲养动物致人损害

（一）构成要件

1. 致害物为饲养的动物，包括一切为人所饲养（喂养和放养）的家禽、家畜、野兽等动物；
2. 由于动物基于本能而加害他人人身的行为，利用动物伤害他人的不属于此情况；
3. 受害人有人身伤亡的事实；
4. 动物加害与人身伤害事实之间有因果关系。

（二）对于饲养动物的认定

1. 该动物为特定的人所有或占有；
2. 饲养者、管理者对该动物具有相当程度的控制力；
3. 该动物依其自身的特征有可能对他人的人身或财产造成损害；
4. 该动物为家禽、家畜、宠物或驯养的野兽等。

（三）归责原则

动物饲养人和管理人承担无过错责任。

【依据】《民法通则》第**127**条；《侵权责任法》第**78**条。

（四）抗辩事由

1. 受害人因故意或重大过失致使动物伤害自己，可以免除动物饲养人或管理人的民事责任，否则只能减轻责任；

2. 由第三人的过错造成损害的，第三人承担民事责任；

3. 其他事由，如不可抗力、职务行为、受害人同意等。

【依据】《民法通则》第 127 条；《侵权责任法》第 78 条。

☞**重点提示**

> 《侵权责任法》规定：
>
> 1. 违反管理规定，未对动物采取安全措施造成他人损害的，动物饲养人或者管理人应当承担侵权责任。
>
> 2. 禁止饲养的烈性犬等危险动物造成他人损害的，动物饲养人或者管理人应当承担侵权责任。
>
> 3. 遗弃、逃逸的动物在遗弃、逃逸期间造成他人损害的，由原动物饲养人或者管理人承担侵权责任。
>
> 4. 因第三人的过错致使动物造成他人损害的，被侵权人可以向动物饲养人或者管理人请求赔偿，也可以向第三人请求赔偿。动物饲养人或者管理人赔偿后，有权向第三人追偿。

【依据】《侵权责任法》第 79～82 条。

【案例四】　小狗吓坏儿童，谁应承担责任？

某傍晚，刘女士带着她心爱的小狗在家附近散步时，遇上熟人，便聊起天来，小狗也就跑开自己玩去了。此时，赵女士带着 6 岁的孩子也在附近散步，走到一个两米高的水泥平台附近时，孩子要到平台上玩耍，赵女士将孩子抱上去后，就与其他散步的人闲谈起来，没注意到刘女士的小狗的到来。由于小狗突然蹿出，朝孩子狂叫，孩子心里一慌，一脚踏空，从平台上摔了下来，造成左腿骨折，手臂、胸部多处擦伤，医疗费用需 2000 余元。赵女士找到小狗的主人刘女士，要求她赔偿医疗费和其他损失，可刘女士说她家的狗又没有咬孩子，是孩子本人不小心摔下来的，自己没有责任，无须赔偿。双方各执己见。那么刘女士究竟是否应当负赔偿责任呢？

【案例五】　挑逗狼狗被咬伤，由谁赔偿？

6 岁的张某与栾某系东西邻居。栾某家饲养着一只狼狗。一天，张某与其表哥

(6 岁) 在栾某家墙外的石子堆上玩耍，并不时往栾某家院子里以扔石子的方式引逗栾家的狼狗，由于频繁挑逗，栾家狼狗大声狂叫，并突然蹿出，将张某咬伤。张某被送往医院住院治疗，共花去医疗费 1085.22 元。栾某主动到医院交纳押金 800 元。虽经治疗但法医鉴定，张某的面部损伤已构成九级伤残。张某因此诉至人民法院，要求栾某赔偿各种损失 35719.37 元。法院最终判决张某、栾某各承担 30% 和 70% 的责任。

【案例六】 被狗咬伤，主动堕胎，可要求赔偿吗？

张女士被其邻居刘某家养的狗咬伤，医生说必须注射狂犬疫苗。当时张女士已怀孕两个多月了，害怕对胎儿有影响，无奈，她做了流产手术。后张女士要求刘某赔偿人工流产手术费和精神损害费时被拒绝，刘某说其养的狗是健康的，况且注射狂犬疫苗对胎儿也没有影响。请问，刘某应否赔偿张女士的损失？

【案例七】 未成年人被动物伤害，动物主人有免责可能吗？

某日，李某领着其 3 岁男孩在路旁与邻居杨某闲聊时，李某的小孩独自玩耍，被邻居孙某家的白公鸡扑上，将小孩右眼眼眉处和下巴颏各啄了一个小口子，第二天小孩右眼角红肿、充血，经甘河镇林业局医院检查未确诊。后转到地区医院住院 7 天治疗无效，又转到哈尔滨医大二医院，诊断为"右眼球外伤，角膜血染"，致小孩右眼失明。在此期间李某为小孩治疗所花费用为 450.56 元（转外地治疗旅费 93.75 元，药费 153.98 元，宿费 66.10 元，误工工资 136.73 元）。李某是否可要求孙某赔偿？

五、产品致人损害

产品致人损害，是指因产品的缺陷，造成他人伤害的情形。

（一）构成要件

1. 流通中的产品有缺陷；
2. 存在损害的事实；
3. 损害是由产品缺陷所致。

缺陷是指产品存在危及人身、他人财产安全的不合理危险；产品有保障人体健康和人身、财产安全的国家标准、行业标准的，是指不符合该标准。一般包括：

（1）设计上的缺陷，即产品设计的结构、配方等存在不合理的危险；
（2）生产上的缺陷，即产品的生产工序没有严格按照设计要求进行；
（3）包装上的缺陷，即产品没有按照要求进行包装；

（4）警示上的缺陷，即产品缺乏合理、恰当、充分的安全使用指示、说明、警示等内容。

【依据】《产品质量法》第 **46** 条。

（二）归责原则

产品致人损害适用无过错责任原则。产品生产者需证明其产品符合以下要求：

1. 不存在危及人身、财产安全的不合理危险，有保障人体健康和人身、财产安全的国家标准、行业标准的，应当符合该标准；

2. 具备产品应当具备的使用性能，但是，对产品存在使用性能的瑕疵作出说明的除外；

3. 符合在产品或其外包装上注明采用的产品标准，符合产品说明、实物样品等方式表明的质量状况。

【依据】《民法通则》第 **122** 条；《产品质量法》第 **26** 条。

（三）抗辩事由

1. 未将产品投入流通领域，投入流通领域包括任何形式的出售、出租、租赁、抵押、出典等；

2. 产品流通时引起损害的缺陷尚不存在，缺陷出现在运输、仓储、销售过程中，生产者免责；

3. 将产品投入流通时的科技水平尚不能发现缺陷的存在。

【依据】《产品质量法》第 **41** 条。

（四）惩罚性赔偿

明知产品存在缺陷仍然生产、销售，造成他人死亡或者健康严重损害的，被侵权人有权请求相应的惩罚性赔偿。

【依据】《侵权责任法》第 **47** 条。

六、高度危险责任

高度危险责任，是指从事高度危险的作业造成他人损害，应当承担的责任。

【依据】《侵权责任法》第 **69** 条。

（一）判断高危作业的标准

1. 该作业对周围环境具有危险性；
2. 该作业的危险性变为现实损害的概率很大；

3. 该作业只有在采取技术安全的特别方法时才能进行。

（二）构成要件

1. 须有高度危险作业的行为；
2. 要有人身损害的事实存在；
3. 人身损害是因高危作业产生。

（三）归责原则

高危作业致人损害适用无过错责任原则，只要存在损害事实，且该损害事实与高危作业存在因果关系，作业人就应承担民事责任。只有在该损害是受害人故意造成的，作业人才能免除民事责任。

【依据】《民法通则》第 **123** 条;《侵权责任法》第 **69** 条。

☞**重点提示**

《侵权责任法》规定：

1. 占有或者使用易燃、易爆、剧毒、放射性等高度危险物造成他人损害的，占有人或者使用人应当承担侵权责任，但能够证明损害是因受害人故意或者不可抗力造成的，不承担责任。被侵权人对损害的发生有重大过失的，可以减轻占有人或者使用人的责任。

2. 从事高空、高压、地下挖掘活动或者使用高速轨道运输工具造成他人损害的，经营者应当承担侵权责任，但能够证明损害是因受害人故意或者不可抗力造成的，不承担责任。被侵权人对损害的发生有过失的，可以减轻经营者的责任。

3. 遗失、抛弃高度危险物造成他人损害的，由所有人承担侵权责任。所有人将高度危险物交由他人管理的，由管理人承担侵权责任；所有人有过错的，与管理人承担连带责任。

4. 非法占有高度危险物造成他人损害的，由非法占有人承担侵权责任。所有人、管理人不能证明对防止他人非法占有尽到高度注意义务的，与非法占有人承担连带责任。

5. 未经许可进入高度危险活动区域或者高度危险物存放区域受到损害，管理人已经采取安全措施并尽到警示义务的，可以减轻或者不承担责任。

【**依据**】《侵权责任法》第 72~76 条。

七、电力致人损害

（一）赔偿主体

因电力运行事故给用户或第三人造成损害的，电力设施的占有人或使用人是赔偿主体。

【**依据**】《民法通则》第 **123** 条；《电力法》第 **60** 条；《侵权责任法》第 **69** 条；《触电人身损害赔偿解释》第 **2** 条。

电力设施的产权分界点如下：

1. 低压电用户，以用户接户线的最后支持物为分界点，最后支持物属供电企业；

2. 10KV 及以下的高压电用户，以用户厂界外或配电室前的第一断路器或配电室进线套管为分界点，第一断路器或进线套管的维护管理责任由双方协商；

3. 35KV 及以上的高压电用户，以用户厂界外或用户变电所外第一基电杆为分界点，第一基电杆属供电企业；

4. 采用电缆线路供电的用户，以供电点或受电点的电缆接线头为分界点；

5. 供电线路产权属于用户的，以公用供电线路上的分支点或公用变电所外第一基电杆为分界点，第一基电杆的维护管理责任由双方协商决定。

（二）归责原则

电力致人损害适用无过错责任原则。

【**依据**】《民法通则》第 **123** 条；《侵权责任法》第 **69** 条。

（三）抗辩事由

1. 不可抗力，包括自然灾害（如地震、台风等）和社会事件（如战争、社会动乱等）。

2. 受害人的故意行为，包括受害人以触电方式自杀、自伤，以及从事与电力设施相关的犯罪行为。

3. 在电力设施保护区内从事电力法律、法规所禁止的行为。

4. 被侵权人对损害的发生有过失的，可以减轻占有人或使用人的责任。（提请注意：根据《侵权责任法》第 72 条和第 73 条的规定，对于占有或者使用易燃、易爆、剧毒、放射性等高度危险物造成他人损害的，被侵权人对损害的发生有"重大过失"的，可以减轻占有人或者使用人的责任。但对电力致害而言，只要被侵权人对损害的发生有"过失"，即可减轻占有人或者使用人的责任，这种过失不要求是"重大过失"。）

　　【依据】《民法通则》第 106、123 条；《电力法》第 60 条。

【案例八】 高压电穿屋而过致人伤亡，谁应承担赔偿责任？

　　瞿某诉宜阳县电业局高度危险作业致人损害赔偿纠纷上诉案：

　　2000 年 4 月 3 日，瞿某在其家中玩耍时，被穿过其宅院的 3.5 万伏高压电击伤。经鉴定，瞿某左上肢及右下肢损伤属三级伤残，阴茎缺损属五级伤残，左足损伤属十级伤残，综合评定为三级伤残。另查明：击伤瞿某的高压线路系 1970 年初由原洛阳地区电业局设计，1984 年原洛阳地区电业局将该线路产权移交给了宜阳县电业局。1994 年 11 月，宜阳县建筑安装总公司第六工程处将瞿某家现住之宅院征用，宜阳县土地管理规划局给该工程处颁发了土征字（1994）第 6 号建设用地批准书，该批准书载明建设项目为职工宿舍及生产配套设施。后来，瞿某之直系亲属在没有办理有关批准手续的情况下，将该块用地作为宅院使用至今。

【案例九】 钓鱼触电身亡，鱼塘承包人是否应当承担赔偿责任？

　　2005 年 8 月 20 日下午，原告阮某之夫陈某到被告洪某承包的鱼塘钓鱼。下午四点三十分左右，陈某手持的鱼竿不慎碰到头顶西侧上方的高压线后当即触电死亡。触电事故发生后，当地派出所接到报警派员赶到事发现场，就陈某在钓鱼过程中因钓鱼竿不慎碰到被告新长铁路的高压线导致触电身亡的事实向原告出具了书面证明。原告于 2006 年 7 月 19 日诉至法院，要求被告新长铁路作为事发地段的高压线的产权人，被告洪某作为鱼塘的经营者，对陈某死亡造成的损失予以赔偿。

　　被告新长铁路有限责任公司辩称：陈某的死因是否因钓鱼竿不慎碰到我公司的高压线路所致难以认定；我公司架设的高压线路完全符合国家及行业的相关标准，我公司在原告诉称的事发地段无设置警示标志的义务。陈某作为完全民事行为能力人，应当知道架空的线路属于高压线，应当预见到在高压线下钓鱼的危险性。因此陈某的死亡与我公司无关，我公司不应当承担赔偿责任。

　　被告洪某辩称：本案中受害人陈某系钓鱼时鱼竿碰到被告新长铁路公司的高压线后触电身亡的，应当由电力线路的产权人承担赔偿责任。我承包的鱼塘不是经营性质的，与陈某之间不存在服务合同关系，原告要求我承担赔偿责任缺乏事实依据和法律依据，请求驳回原告对我的诉讼请求。

【案例十】 高压触电致人死亡，有多个责任主体时，如何分担责任？

1997—1998 年，被告宋某与某村委签订承包合同，经营该村的三根台田沟（鱼池），1998 年以后双方未续签承包合同，但宋某继续使用该台田沟进行经营（钓鱼）。宋某经营的台田沟中间位置上方架有三根 10 千伏高压电线，该线路的架设符合国家电力法规定的高度。台田沟周围和电线杆上无任何警示标志。2000 年 5 月 2 日上午 8 时左右，马某骑车到被告宋某所经营的三根台田沟钓鱼。宋某与马某口头商定好钓鱼价格后，马某即开始垂钓，宋某则去了他所经营的其他田沟，下午 2：30 左右，宋某到马某钓鱼的地方查看时，发现马某已倒在离他钓鱼的位置约十米处的沟上面的麦田里，已经死亡。经法医鉴定，马某系左手触电致电击死亡。马某的妻女作为原告向法院提起诉讼，请求依法判令被告电业局赔偿原告各项费用135365 元。在案件审理过程中，原告于 2001 年 2 月 20 日申请追加宋某及某村委作为共同被告参加诉讼。

八、被监护人致人损害

无民事行为能力人、限制民事行为能力人造成他人损害的，由监护人承担民事责任。监护人尽了监护责任的，可以适当减轻其民事责任。

【依据】《民法通则》第 133 条；《侵权责任法》第 32 条。

（一） 构成要件

1. 损害是由被监护人造成的；
2. 存在监护关系。

（二） 归责原则

被监护人致人损害，监护人责任适用无过错责任原则。监护人无论有否过错，无论是否尽到监护义务，都不能免除民事责任。但尽到监护义务的，可以适当减轻责任。

【依据】《民法通则》第 133 条；《侵权责任法》第 32 条。

（三）监护人承担责任的规则

1. 致人损害的被监护人如果有财产的，应先从其财产中支付，不足清偿部分由监护人适当赔偿。

【依据】《民法通则》第 **133** 条第 **2** 款。

2. 侵权行为发生时不满 18 周岁，诉讼时满了 18 周岁的致害人，由其独立承担民事责任；其没有独立经济能力的，由原监护人承担民事责任。

【依据】《民法通则意见》第 **161** 条。

3. 夫妻离婚后，同致人损害的未成年子女共同生活的一方承担民事责任。独立承担确有困难的，可以责令另一方承担相应的补充责任。

【依据】《民法通则意见》第 **158** 条。

4. 监护人可以将监护职责部分或全部委托他人。被监护人致人损害由监护人承担责任，但有约定的依约定；被委托人有过错的，承担连带责任。

【依据】《民法通则意见》第 **22** 条。

5. 无明确的监护人时，由顺序在前的有监护能力的监护人承担民事责任。

【依据】《民法通则意见》第 **159** 条。

6. 擅自改变监护人的，由变更前后的监护人共同承担民事责任。

【依据】《民法通则意见》第 **18** 条。

（四）教育机构监护责任

1. 对未成年人依法负有教育、管理义务的学校、幼儿园及其他教育机构，未尽职责范围内的监护义务而使未成年人受到人身损害，或未成年人致他人人身损害的，该教育机构依其过错大小承担相应的民事责任。

2. 第三人造成未成年人人身损害的，应承担民事责任，教育机构有过错的，应承担相应的补充责任。

3. 未成年人的监护人未尽监护义务的，也应当承担相应的民事责任。

【依据】《民法通则意见》第 **160** 条；《人身损害赔偿解释》第 **7** 条。

4. 教育机构责任的适用范围包括：

（1）属于在学校实施的教育教学活动或者学校组织的校外活动，以及在学校负有管理责任的校舍、场地及其他教育、生活设施发生的引起在校学生人身损害的情形。

（2）属于在校学生在校学习期间，包括上课、课间休息以及午休时间，从进入学校起至出校门止。

☞**重点提示**

> 《侵权责任法》规定:
>
> 1. 无民事行为能力人在幼儿园、学校或者其他教育机构学习、生活期间受到人身损害的, 幼儿园、学校或者其他教育机构应当承担责任, 但能够证明尽到教育、管理职责的, 不承担责任。
>
> 2. 限制民事行为能力人在学校或者其他教育机构学习、生活期间受到人身损害, 学校或者其他教育机构未尽到教育、管理职责的, 应当承担责任。
>
> 3. 无民事行为能力人或者限制民事行为能力人在幼儿园、学校或者其他教育机构学习、生活期间, 受到幼儿园、学校或者其他教育机构以外的人员人身损害的, 由侵权人承担侵权责任; 幼儿园、学校或者其他教育机构未尽到管理职责的, 承担相应的补充责任。

【依据】《侵权责任法》第 **38~40** 条。

【案例十一】 学生淹死河中, 谁的错?

2007 年 6 月 12 日下午, 某市第六小学根据市教育学会、市教研室下发的关于进行小学大课间活动评优的通知精神, 按期组织全校学生进行大课间活动, 活动内容是广播操比赛。学校在比赛结束后放学, 比平时正常放学时间稍早。五年级男生刘某 (13 岁) 与另一同学张某一起回到家里换上凉鞋后, 前往附近的大沙河洗澡, 不幸身亡。

刘某的法定监护人认为, 刘某年方 13 岁, 属于民法上的限制民事行为能力人, 在学校学习期间, 学校负有监护职责, 校方不遵守学校作息制度, 提前放学, 在天气炎热的情况下, 特别是在进行广播操比赛后, 未加强对学生安全防范教育, 刘某溺水身亡与校方失职有直接的因果关系; 因此, 刘某的父亲向区人民法院提出诉讼请求, 要求被告赔偿 188100 元。

人民法院认为, 第六小学根据市教委的安排, 于 2007 年 6 月 21 日下午组织全校学生参加大课间活动, 活动结束后, 于 16:00 左右放学。根据《小学管理规程》的有关规定, 应属于正常调整放学时间。小学对刘某之死无过错。遂判决驳回刘某父亲的诉讼请求。对该案判决, 你有何评价?

【案例十二】 学生被停课期间在集体水库溺亡，责任由谁负？

15 岁的初三学生王某是某学校的美术特长生，由于专业成绩优异被当地的一所重点高中提前录取。学校考虑到王某提前录取，且平时课堂上经常打扰其他同学，便将王某的课桌搬走，但具体如何安置王某并没有明确说明。2006 年 6 月 6 日上午，当其他学生正在学校补课时，王某跑到村口水库洗澡。该水库是本村集体所有和管理，平时用于本村的农田灌溉，水深岸陡，没有设置围栏，且平日无专人看守。王某兴奋地跳进水库游泳，但不幸溺水身亡。本案如何赔偿？

另外，悲剧发生后，王某的家长与学校达成协议，学校支付家属 15 万元。事隔一个月，王某的家属一纸诉状将水库所属的村委会告上法庭，表示水库归村委会管理和收益，孩子的死亡是村委会对水库的管理不当所致，理应赔偿孩子死亡的所有费用。你认为王某家长在与学校达成和解协议后，是否还可起诉村委会？

【案例十三】 学生打架受伤连带赔偿，学校有责任吗？

鲍某、孙某、吕某、王某是某镇中学同一班级的学生。2002 年 6 月 2 日是个星期天，4 名学生都到学校参加补课，上午第一节课课间，孙某、吕某、王某因遭到罗某等人的殴打，认为与鲍某有关，于是吕某回教室打了鲍某一耳光，并称"你等着"走出教室。三人到王某的奶奶家取了根木棒再次返回教室，吕某先踹了鲍某一脚，随后孙某用木棒打了鲍某头部一棒子，鲍某倒在地上。鲍某被送到医院救治，花去医药费数万元。

一审法院认为，孙某、王某、吕某故意打伤鲍某，其行为侵害了原告的生命健康权，某镇中学疏于管理，四被告应对原告支付合理的医疗费及其他费用，负相应的赔偿责任：孙某应负 60% 的赔偿责任，吕某两次先动手殴打鲍某，是导致损害事实发生的直接原因，应负 20% 的赔偿责任，王某及某镇中学各负 10% 的赔偿责任。同时，法院判决，四被告负连带赔偿责任。

判决后，某镇中学不服，上诉至市法院。市法院认为，某镇中学在星期日补课期间对学生疏于管理，致学生打群架造成此案，应适当承担赔偿责任，但判令该中学与三被告人间负连带责任没有法律依据，故判决，撤销"四被告负连带赔偿责任"一项，其他维持原判。对该判决，你有何看法？

☞**小结**

1. 关于校园人身损害赔偿案件的立法现状：

1986 年公布的《民法通则》；

1988 年《关于贯彻执行〈中华人民共和国民法通则〉若干问题的意见（试行）》第 160 条；

1986 年《义务教育法》第 16 条；

1992 年《未成年人保护法》第 47 条；

1995 年《教育法》第 81 条；

1999 年最高人民法院在《关于肖涵诉上海市第五十四中学等赔偿一案的复函》；

2003 年最高院关于审理人身损害赔偿案件适用法律的解释；

2009 年《侵权责任法》第 38、39、40 条。

2. 学校与学生的关系：监护、合同还是其他？

关于学校过错的表现形式，《人身损害赔偿解释》否定了过去认为学校对学生存在监护义务的观点，明确规定"学校对未成年人依法负有教育、管理、保护的义务"，这种教育管理保护义务，也是由《教育法》作为法律支撑的。

因此，学校过错的表现形式主要有 3 种：学校未尽教育义务；学校未尽管理义务；学校未尽保护义务。

《学生伤害事故处理办法》第 9 条明确列举了 12 种学校承担责任的情况。

3. 归责原则

过错责任或过错推定责任原则

《侵权责任法》第 38 条规定："无民事行为能力人在幼儿园、学校或者其他教育机构学习、生活期间受到人身损害的，幼儿园、学校或者其他教育机构应当承担责任，但能够证明尽到教育、管理职责的，不承担责任。"根据此条规定，对"无民事行为能力人"而言，学校承担的是过错推定责任。

所谓过错推定，是介于过错责任与无过错责任之间的一种责任方式，亦即指法律规定侵害人就其所致的损害后果不能证明自己没有过错的就应当负赔偿责任。从本质上讲，过错推定责任是过错责任的特殊形式，其目的是为了减轻受害人举证的难度，更大限度地保护受害人的合法权益。

《侵权责任法》第 39 条规定："限制民事行为能力人在学校或者其他教育机构学习、生活期间受到人身损害，学校或者其他教育机构未尽到教育、管理职责的，应当承担责任。"根据该规定，对"限制民事行为能力人"而言，学校承担的是过错责任。

所谓过错责任，是指行为人因过错侵害他人造成他人财产权、人身权等方面的损害而承担民事责任，这种责任轻于过错推定责任。

但如果学生在校内受到的侵害来自校外的"第三方"，则应适用《侵权责任法》第40条的规定。该条规定："无民事行为能力人或者限制民事行为能力人在幼儿园、学校或者其他教育机构学习、生活期间，受到幼儿园、学校或者其他教育机构以外的人员人身损害的，由侵权人承担侵权责任；幼儿园、学校或者其他教育机构未尽到管理职责的，承担相应的补充责任。"可见，在学生受到幼儿园、学校或其他教育机构以外的"第三人"侵害情况下，无论是针对"无民事行为能力人"还是"限制民事行为能力人"，学校承担的均是过错责任。

另外，在学校、学生均无过错的情况下，法院还可以根据自身裁量权，能动适用公平责任原则。

公平责任是指当事人双方在对造成损害均无过错的情况下，由人民法院根据公平的观念，在考虑当事人的财产状况及其他情况的基础上，责令加害人对受害人的财产损失给予适当补偿。

我国《民法通则》第132条关于"当事人对造成损害都没有过错的，可以根据实际情况，由当事人分担民事责任"的规定，就是公平责任原则的重要法律依据。

这里所说的"没有过错"是指：第一，不能推定行为人有过错。第二，不能找到有过错的当事人。第三，确定当事人一方或双方的过错，显失公平。

4. 关于学校承担损害赔偿的责任大小

从审判实践来看，因在校学生起诉学校承担赔偿责任而判决学校承担责任的原则一般可归纳为两种观点：

（1）部分赔偿原则说，也称适当赔偿原则。此观点持有者认为，当学校有过错时，应对学生的伤害承担损害赔偿责任，根据过错程度大小给予相应的赔偿。

（2）全部赔偿原则说。所谓全部赔偿原则是指致害人的侵权行为，不论行为人在主观上是出于故意还是过失，也不论行为人是否受过刑事、行政制裁，均应根据财产损失的多少、精神损失大小来确定赔偿范围。该赔偿原则是目前世界各国司法实践的通例。

目前我国中小学生在校伤害事故赔偿不适用全部赔偿原则，而应适用适当赔偿原则兼衡平原则。所谓衡平原则是指致害人一方对侵权事实的发生无过错或双方当事人对侵权事实的发生均无过错，双方当事人应公平、合理地分担损失。

九、提供劳务致人损害

（一）提供劳务致人损害

个人之间形成劳务关系，提供劳务一方因劳务造成他人损害的，由接受劳务一方承担侵权责任。（说明：新的侵权责任法，取消了对无偿帮工和有偿帮工的区别，全部统一为提供劳务的法律关系。）

【依据】《侵权责任法》第 35 条。

（二）提供劳务人受人身损害

提供劳务一方因劳务自己受到损害的，根据双方各自的过错承担相应的责任。

【依据】《侵权责任法》第 35 条。

【案例十四】 义务帮工受伤害，由谁赔偿？

李某和王某系邻居。一日，李某请王某为其缮瓦（修房子），结束后，李某给王某两盒香烟和一件旧衣服，王某放之回家后又返回李某家吃饭。在等待吃饭的过程中，李某之妻随口说道：院中间这棵榆树太大，虫子多，晾不成衣服。王某遂上到树上去修树枝，不慎从树上跌下造成 9 级伤残。王某将李某诉至法院，要求赔偿。该案应如何处理？

【案例十五】 帮工致人损害，责任谁来担？

某村民小赵搬到镇上的新居，就叫了邻居一起去帮忙。当小刘和另一个同乡小杨一起抬着一张书桌上小赵新居的楼梯时，由于楼梯比较窄，上到三楼时突然一个 9 岁的小男孩从小刘身后蹿出，想从他们抬着的书桌底下钻过上楼，谁知他碰了一下桌子，小刘的手一滑书桌的抽屉掉下来刚好就砸中小孩的腰部。结果小孩住院治疗花去了 5743 元，现在小孩的父亲拿着这堆票据，要小刘和小杨赔偿。他们应该赔偿吗？

【案例十六】 义务帮工致人损害有重大过失，应承担何种赔偿责任？

2007 年 7 月 28 日，郝某应尚某的要求，临时无偿为其驾车外出办事。途中，郝某所驾车辆与相对方向的一辆摩托车相撞，致对方摩托车乘坐人余某重伤，造成各项经济损失共 10 余万元。事后，经公安交通警察大队认定：被告郝某应负该起事故的全部责任；余某无责任。日前，余某诉至法院，要求郝某、尚某共同赔偿其各项经济损失。他们都该赔吗？

十、雇工致人损害

(一) 适用范围

雇佣关系存在于私营企业、三资企业、个体工商户、个人合伙、承包经营户、个人雇工等情况中。

(二) 雇主替代责任

1. 雇工在雇佣活动中致人损害，雇主承担替代责任。
2. 雇员因故意或重大过失致人损害的，雇主与雇工承担连带责任。
3. 雇主承担连带责任之后，可向雇工追偿。
4. 雇主的替代责任属于无过错责任。
【依据】《人身损害赔偿解释》第9条；《侵权责任法》第34条。

(三) 雇佣活动的范围

1. 从事雇主授权、指示范围内的生产经营或其他劳务活动。
2. 虽超出雇主授权范围，但其表现形式是履行职务或与履行职务有内在联系的活动。
【依据】《人身损害赔偿解释》第9条第2款。

(四) 雇员工伤的雇主责任

1. 雇主对雇工的工伤承担赔偿责任，属于无过错责任。
2. 雇佣关系以外的第三人造成雇工人身损害的，雇工可以同时请求第三人和雇主承担赔偿责任。
3. 第三人造成雇工人身损害的，雇主承担责任后可向第三人追偿。
【依据】《人身损害赔偿解释》第11条。

☞重点提示

> 《侵权责任法》规定：个人之间形成劳务关系，提供劳务一方因劳务自己受到损害的，根据雇主和雇工双方各自的过错承担相应的责任。

【依据】《侵权责任法》第35条。

（五）雇员工伤的民事赔偿与工伤保险的关系

1. 劳动关系中的劳动者因工伤事故遭受的人身损害，应根据《工伤保险条例》的规定请求工伤保险赔偿，不能直接向用人单位请求人身损害赔偿。

2. 无论用人单位是否给劳动者建立工伤保险关系，只要该单位依法应当参加工伤保险统筹，即应适用《工伤保险条例》。

3. 如果劳动者或其近亲属对工伤保险赔偿有异议的，属劳动争议案件，应首先向劳动争议仲裁委员会提请仲裁。

4. 用人单位以外的第三人致劳动者人身损害的，可以直接向第三人请求民事赔偿。但若原告受第三人损害系履行职务所致，也可选择向单位主张工伤赔偿。至于原告是否可同时获得第三人民事侵权和单位工伤损害双份赔偿，在理论和实践中仍存争议。通说看法是，员工此时应首先直接向第三人请求赔偿，但若工伤赔偿标准高于民事侵权赔偿额，单位对差额承担补充赔偿责任。

【依据】《人身损害赔偿解释》第 12 条。

☞案例解析

【案例一】

根据《侵权责任法》第 89 条规定，在公共道路上堆放、倾倒、遗撒妨碍通行的物品造成他人损害的，有关单位或者个人应当承担侵权责任。

同时，根据《中华人民共和国公路法》、《道路交通安全法》、《湖北省农村公路条例》的相关规定，乡村公路的养护、施工单位在道路上进行养护、维修时，应当按照规定设置规范的安全警示标志和安全防护措施。否则，应承担相应的赔偿责任。

【案例二】

本案应适用过失相抵原则，由原告对其身体受伤的后果承担主要责任，被告乡镇人民政府承担次要责任，交通局无责。

理由如下：《中华人民共和国民法通则》第 131 条规定："受害人对于损害的发生也有过错的，可以减轻侵害人的民事责任"，这是我国民法规定的过失相抵的规则。

事发后交通局出资并由乡镇人民政府组织力量对事故路段及时进行了修复，但交通局的管理义务并非仅限于"出资"，其还应对乡镇人民政府未能充分履行修路职责的行为承担连带责任。

原告杨某左手残疾，驾驶电动自行车时不能紧握车把，对自己身体残疾不符合安全驾驶的条件，说明原告主观上存在过错。

本案中，受害一方的过失与公路管理维护者的过失从程度上进行比较，显然受害一方的过失更大，故由原告负事故的主要责任，被告应承担次要责任。

【案例三】

哈大高速公路属全封闭道路，不论这头猪从何而来，它上了高速公路，显然说明公路监管工作存在漏洞。同时，路管单位没能及时发现并清除障碍，也存在过错。故，发生这起事故与肇东路段的管理者即东北高速公路股份有限公司管理不善有因果关系，路管单位收取了车辆通行费，就应确保公路安全、畅通。就此事件来说，东北高速公路股份有限公司应承担6位原告（伤者）部分损失。

【案例四】

《侵权责任法》第78条规定："饲养的动物造成他人损害的，动物饲养人或者管理人应当承担侵权责任，但能够证明损害是因被侵权人故意或者重大过失造成的，可以不承担或者减轻责任。"

刘女士的小狗虽然没有直接撕咬赵女士的孩子，但孩子的摔伤的确是由小狗的狂叫直接造成的，而且刘女士对小狗看管不严，具有过错，其责任难以推脱，应当承担主要责任，必须对大部分医疗费和其他损失进行赔偿。赵女士将年仅6岁的孩子放到具有一定危险性的平台上玩耍，又没有注意看护，致使孩子受惊吓而摔伤，也应当承担部分责任。

【案例五】

《侵权责任法》第78条规定："饲养的动物造成他人损害的，动物饲养人或者管理人应当承担侵权责任，但能够证明损害是因被侵权人故意或者重大过失造成的，可以不承担或者减轻责任。"第80条规定："禁止饲养的烈性犬等危险动物造成他人损害的，动物饲养人或者管理人应当承担侵权责任。"张某被狼狗咬伤，是其用石子频繁挑逗栾某家的狗，导致被狗咬伤，其自己具有过错，应当自己承担责任；栾某没有采取措施，对狗严加管理，致使其轻易蹿出，咬伤张某，栾某也要承担部分责任。但本案还有一个特点，若根据张某所居住区域的动物饲养相关行政性规定，饲养的狼狗必须办理相关证件，但张某并未办理的情况下，这种情况构成

"禁止饲养的烈性犬"致人损害，即便受害者有过错，饲养人也应承担全额赔偿责任。

【案例六】

本案中存在一个争议的焦点，即张女士被狗咬伤注射狂犬疫苗对胎儿有无影响，进行人工流产所造成的损失是否应予赔偿。有关专家认为：注射狂犬疫苗对胎儿一般没有影响，但是不能肯定绝无影响。由于一般人不了解狂犬疫苗是否对胎儿会有影响，在保证优生优育，避免更大损害后果发生的情况下，进行人工流产，张女士是没有过错的。同时，本案中有两个同时值得保护的权利，一个是张女士所享有的"生命健康权"，另一个是刘某所享有的对扩大损失部分的"财产权"。根据侵权法一般原理，在两个权利发生竞合时，应优先保护更为基本和重大的权利。本案中，在注射狂犬疫苗是否会导致胎儿畸形，出现鉴定不能的情况下，无疑更应倾向于保护张女士的生命健康权。故，因刘某对其饲养的狗管理不善，由此造成的损失理应由其赔偿。

【案例七】

最高人民法院关于李桂英诉孙桂清鸡啄眼赔偿一案的函复

（1982 年 1 月 22 日）

【发布单位】最高人民法院；【发布日期】1982-01-22；【生效日期】1982-01-22；【失效日期】——（民法通则 1986 年）

内蒙古自治区高级人民法院：

你院<81>内法民字第 15 号函"关于李桂英诉孙桂清赔偿一案的请示报告"及所附卷三宗均收悉。经审阅研究，现函复如下：

根据你院的报告和所附原审卷宗（无你院复查卷）所载材料来看，我们认为：认定李桂英的 3 岁男孩是被孙桂清家饲养的公鸡啄伤右眼致残的事实，直接证据不足，原一、二审法院判决孙桂清负担医疗费用 70%（即 315.39 元）是缺乏法律根据的。黑龙江省高级人民法院以审判监督程序进行了审查，裁定撤销大兴安岭地区中级人民法院<78>大法民上字第 30 号判决是正确的。因此，不同意你院建议我院撤销黑龙江省高级人民法院<79>法民监字第 198 号民事裁定的意见。

该案从法律责任来说，李桂英带领自己 3 岁男孩外出，应认识到对小孩负有看护之责。李桂英抛开孩子，自己与他人在路上闲聊，造成孩子被鸡啄伤右眼，这是李桂英做母亲的过失，与养鸡者无直接关系。因此，判决孙桂清负担医药费是没有法律根据的。但如经过工作孙桂清出于睦邻友好，同情孩子的遭遇，自愿补给李桂英家一部分医药费是可以的。

请你院按照上述意见精神进行处理。

【案例八】

《侵权责任法》第73条规定："从事高空、高压、地下挖掘活动或者使用高速轨道运输工具造成他人损害的，经营者应当承担侵权责任，但能够证明损害是因受害人故意或者不可抗力造成的，不承担责任。被侵权人对损害的发生有过失的，可以减轻经营者的责任。"

一审法院判决：电业局赔偿翟某医疗费、交通费、住宿费、营养费、护理费、住院伙食补助费、生活补助费、残疾用具费共计960567.69元的30%，即258170.31元。二审认为，结合本案的实际情况，电业局应承担较少的责任，赔偿翟某全部费用960567.69元的10%为宜。遂判决电业局赔偿翟某医疗费、交通费、住宿费、营养费、护理费、住院伙食补助费、生活补助费、残疾用具费共计960567.69元的10%即96056.80元。

【案例九】

本案在审理中，对被告新长铁路有限责任公司作为高压电路的产权人，根据最高人民法院《关于审理触电人身损害赔偿案件若干问题的解释》第2条的规定，依照《民法通则》第123条的规定承担民事责任，以及受害人陈某在架设的电力线路下方钓鱼，应当预见到自身行为的危险性，对造成自己触电死亡的损害后果，也具有一定的过错，可以减轻被告新长铁路公司的赔偿责任，均不持异议。本案争议的焦点，就是被告洪某作为鱼塘承包人，对陈某触电死亡是否存在过错，应否承担赔偿责任？

我们认为，洪某不应当承担责任。其理由：首先，洪某作为鱼塘承包人，主要从事的是养殖业，而不是经营钓鱼业务，对外也不收费，洪某与陈某之间不构成消费或服务性质的合同关系，洪某承包的鱼塘不是经营场所，因此洪某不具有相应的安全保障义务。其次，洪某承包鱼塘从事养殖业，并没有从事法律、法规禁止行为，陈某触电死亡与洪某承包鱼塘没有必然的因果关系。再次，洪某从事养殖的鱼塘上方虽为铁路沿线高压线，其亦未封闭通向高压线处的小路，但其不是高压线的产权人，没有设置必要的警示标志和提醒注意的义务，退一步讲，陈某作为完全民事行为能力人，在高压线下垂钓，应当注意自身安全，而不能将该注意义务强加给洪某。

【案例十】

本案涉及的焦点问题有两个，一是被告宋某和村委会为什么应当承担责任？二是被告电业局是否承担赔偿责任？

被告宋某和村委的行为均构成消极的侵权行为：

首先，两被告主观上均存有过错。宋某作为鱼池的经营者、管理者和受益者，其应在台田沟周围或电线杆上做一些警示标志，并告知马某要注意安全，但是这些基本的义务宋某都没有做到，其主观上存在过失。被告村委在承包合同到期后应明确表示是续签合同让被告宋某继续经营台田沟，还是及时收回台田沟不再让宋某继续经营。但村委对此不管不问，对宋某继续经营的做法没有制止，其怠于行使对台田沟的管理权，最终导致马某死亡事故的发生，主观上也存在过失。

其次，马某触电死亡的损害事实是客观存在的，且与两被告的过错存在因果关系。应当指出的是，两被告的过错作为马某死亡的原因只能是间接原因，而不是直接原因。

同时，根据《民法通则》第 123 条之规定，电业局应承担无过错责任。我国《民法通则》第 123 条规定："从事高空、高压、易燃、易爆、剧毒、放射性、高速运输工具等对周围环境有高度危险的作业造成他人损害的，应当承担民事责任；如果能够证明损害是由受害人故意造成的，不承担民事责任。"《侵权责任法》第 73 条也规定："从事高空、高压、地下挖掘活动或者使用高速轨道运输工具造成他人损害的，经营者应当承担侵权责任，但能够证明损害是因受害人故意或者不可抗力造成的，不承担责任。被侵权人对损害的发生有过失的，可以减轻经营者的责任。"这就是有关高度危险作业致人损害法律适用的依据所在。故，本案中对电力设施负有管理义务的主体均有赔偿责任。

【案例十一】

从本案审理过程看，法院认为，学校组织学生参加大课间活动结束时间比平时放学时间早，属于学校正常调整放学时间，不是提前放学，刘某溺死发生于放学之后，超出学校管理活动时间范围，与学校教育教学活动没有联系，学校因此不负责任。

这里的问题是，学校比平时放学早，是不是"提前"放学？放学时间早晚与学校对刘某死亡责任承担有何联系？

本案中，原告用学科课（室内课）的时间来判断学校活动课的时间，所采用的标准不适当。

但强调活动课的时间相对独立，并不是说活动课的时间就可随心所欲。从事故整个过程看，该学校对这次活动的安排是规范、认真、周到的：

有明确的时间表，并预先告知了各参赛学校；

学校和班主任教师在前一天就在班级中进行了布置，并要求着装，请家长帮助把参赛的"铃铛"准备好；

活动原定于14：20开始，14：55结束，由于天气太热，学校从爱护学生健康角度考虑，提出推后比赛，获得评委同意；

刘某溺死发生在校外场所并在学校作息时间之外，有证据表明，刘某是放学之后又回到家换了鞋，才到河里洗澡的，显然刘某的行为已经超出学校管理职责范围，事故的发生与学校管理没有直接的因果联系，学校对该事件的发生不负有责任；

事故发生之后，学校配合家长积极做好有关善后处理工作。从事故发生的前前后后看，学校尽到了教育和管理职责，无任何过错。

同时，新颁布的《侵权责任法》第38、39、40条，分别将学校对"无民事行为能力人"、"限制民事行为能力人"受损害情况下的赔偿责任与归责原则，作了新的区别对待。这表明，立法的趋势是尽量限缩学校的赔偿责任，防止学校责任异化为一个类似于监护人的"无限的监护职责"。本案中，学校对损害的发生并无过错，不应当承担赔偿责任。

【案例十二】

第一种意见认为：村委会不应承担任何赔偿责任。

孩子死亡的主要原因是学校监管失职所造成的。学校对孩子的溺亡应承担责任。另外，村委会作为水库的所有人和管理者，没有在水库上设置必要的安全设施、警示标志和配备必要的看管人，没有尽到必要的管理职责，村委会对孩子的溺亡也应承担责任。但是，村委会在王某的家属和学校达成调解以后，就不应承担赔偿责任。因为家属和学校达成调解后，意味着对该死亡的赔偿获得了最终的结果。

第二种意见认为：村委会应该再赔偿所有费用。

家属和学校协商以后，又将村委会告上法院，是通过法律的途径来向村委会问责。因为家属和学校在责任的分担上达成一致，但学校却并不承认自己负有责任，所以，将应负有监管责任的村委会告上法庭是依法确定承担责任的一个有效形式，村委会应该赔偿相关费用。

第三种意见认为：村委会应该承担部分赔偿责任。

村委会承担的具体赔偿数额应考虑学校已赔偿的数额，以及家长应承担的监护责任。学校和村委会承担的是一种补充责任。村委会和学校对孩子的溺亡都有一定的责任，但双方的监管过失彼此之间没有连带关系，是一种偶然的结果。补充责任要求双方都有全部履行的义务，并因为债务人之一的履行而使全体债务人的债务归于消灭的债务。学校尽管是采用协商确定数额的方式，虽然没有对责任的承担明确说明，但在实际效果上已经做到了对死者一定范围的赔偿，至于要承担多大范围的赔偿，还需要具体分析补充责任在学校和村委会之间的划分。另外，死者只有15岁，家长也应承担一定的监护责任。

侵权连带责任是基于共同侵权行为而产生的，损害后果的发生是基于一个侵权行为，数个共同侵权行为人的行为是一个行为；在主观状态上，共同行为人必须具有共同过错，各行为人在主观上互相关联，或是共同故意，或是共同过失，共同过错将每个人的行为连接在一起，成为一个行为；在责任的承担上，行为之间是连带责任，但是在内部有潜在的份额划分，即内部存在求偿权。对此，我国《侵权责任法》第 8 条规定："二人以上共同实施侵权行为，造成他人损害的，应当承担连带责任。"第 10 条规定："二人以上实施危及他人人身、财产安全的行为，其中一人或者数人的行为造成他人损害，能够确定具体侵权人的，由侵权人承担责任；不能确定具体侵权人的，行为人承担连带责任。"第 11 条规定："二人以上分别实施侵权行为造成同一损害，每个人的侵权行为都足以造成全部损害的，行为人承担连带责任。"本案中，村委会与学校并不是共同侵权人，其不符合承担连带责任的条件。

按份责任是基于违反安全保障义务而产生的，责任的产生要求损害后果有不同的发生原因，即数个行为人与受害人造成损害的原因是不同的法律事件，不是一个行为而是几个行为，他们之间的责任关系必须基于不同的法律事实而产生；按份责任的数个行为人没有共同的过错，行为人各自具有单一的主观状态，没有任何意思上的联络；在责任的承担上，按份责任的行为人之间不存在内部分担关系，有按份责任的人超过份额承担了赔偿责任，有向其他的加害人请求赔偿的求偿权，但是这个权利不是因为分担关系，而是基于最终的责任承担。

本案中，孩子溺亡的原因在于学校对孩子监管过失和村委会对该水库的管理过失，即学校是对人的安全保障义务过失，另一个是对水库的安全保障措施监管的过失。

学校和村委会虽有过失，但是彼此之间并没有共同故意或共同过失，也没有意识相互联络的状态。另外，客观上，孩子的溺亡，缺少任何一方的行为都不会造成悲剧的发生。所以，认定学校和村委会之间根据过错分别承担相应责任不存在法理上的问题。前两个观点，实际上都是建立在连带赔偿责任基础上的，所以由此而产生的处理结果必定有一定的偏差。

同时，和解是权利人对自己权利的处分，和解协议也具有相对性。权利人与一方赔偿义务人达成调解协议，并不能成为免除其他赔偿义务人责任的条件和理由。

因此，原告在与学校达成和解协议后，有权再起诉村委会。若法院经过判决认定村委会应承担赔偿责任，村委会应在自己赔偿责任范围内支付赔偿金。

【案例十三】

所谓连带赔偿责任，是指各赔偿主体之间在法律上有连带关系，表现在执行阶段，申请执行人可以要求各被告依判决承担责任，也可选择连带责任承担人先予全额赔偿。如果连带责任不能被免除，就可能不是承担部分责任而是首先承担全部责任。

根据我国《侵权责任法》第40条的规定，无民事行为能力人或者限制民事行为能力人在幼儿园、学校或者其他教育机构学习、生活期间，受到幼儿园、学校或者其他教育机构以外的人员人身损害的，由侵权人承担侵权责任；幼儿园、学校或者其他教育机构未尽到管理职责的，承担相应的补充责任。本案中，形成伤害后果的根本原因或主要原因，是学校以外的被告实施侵害造成的，学校只是疏于管理，只能承担相应的责任，让其承担连带赔偿责任，不仅于法无据，也有违公平。

【案例十四】

我国《侵权责任法》第35条规定："个人之间形成劳务关系，提供劳务一方因劳务造成他人损害的，由接受劳务一方承担侵权责任。提供劳务一方因劳务自己受到损害的，根据双方各自的过错承担相应的责任。"因此，李某应当承担赔偿责任，但若王某自己在操作方面有过错，或未尽到安全注意义务，应自行承担部分损失。

【案例十五】

我国《侵权责任法》第35条规定："个人之间形成劳务关系，提供劳务一方因劳务造成他人损害的，由接受劳务一方承担侵权责任。提供劳务一方因劳务自己受到损害的，根据双方各自的过错承担相应的责任。"因此，对于小孩的损害，应由小赵承担赔偿责任。

另外，小孩的监护人对其小孩未能完全尽到监护责任，因此对小孩遭受的损害也应承担一定的责任。

【案例十六】

我国司法解释规定："帮工人存在故意或者重大过失，赔偿权利人请求帮工人和被帮工人承担连带责任的，人民法院应予支持。"我国《侵权责任法》第 35 条规定："个人之间形成劳务关系，提供劳务一方因劳务造成他人损害的，由接受劳务一方承担侵权责任。提供劳务一方因劳务自己受到损害的，根据双方各自的过错承担相应的责任。"

本案中，由于郝某驾车违反交通规则，未能尽到一个驾驶员应尽的注意义务，导致交通事故发生，且交警部门也认定郝某负此事故全部责任，故此，可以说郝某在劳务活动中致人损害存在着重大过失行为，应当与车主尚某承担连带赔偿责任。

余某作为交通事故中的受害人，要求郝某连带承担赔偿责任，法院应予支持。

法 规 目 录

1.《侵权责任法》，第十一届全国人大常委会第十二次会议 2009 年 12 月 26 日通过，2010 年 7 月 1 日施行；

2.《交通安全法》，第十届全国人大常委会第五次会议 2003 年 10 月 28 日通过，2004 年 5 月 1 日施行；

3.《合同法》，第九届全国人大第二次会议 1999 年 3 月 15 日通过，10 月 1 日施行；

4.《电力法》，第八届全国人大常委会第十七次会议 1995 年 12 月 28 日通过，1996 年 4 月 1 日施行；

5.《产品质量法》，第七届全国人大常委会第三十次会议 1993 年 2 月 22 日通过，9 月 1 日施行；

6.《民法通则》，第六届全国人大第四次会议 1986 年 4 月 12 日通过，1987 年 1 月 1 日施行；

7.《最高人民法院关于审理人身损害赔偿案件适用法律若干问题的解释》，简称《人身损害赔偿解释》，最高人民法院审判委员会第 1299 次会议 2003 年 12 月 4 日通过，2004 年 5 月 1 日施行；

8.《最高人民法院关于确定民事侵权精神损害赔偿责任若干问题的解释》，简称《民事侵权精神损害赔偿解释》，最高人民法院审判委员会第 1161 次会议 2001 年 2 月 26 日通过并公布，3 月 10 日施行；

9.《最高人民法院关于审理触电人身损害赔偿案件若干问题的解释》，简称《触电人身损害赔偿解释》，最高人民法院审判委员会第 1137 次会议 2000 年 11 月

13 日通过，2001 年 1 月 21 日施行；

　　10.《最高人民法院关于贯彻执行〈中华人民共和国民法通则〉若干问题的意见（试行）》，简称《民法通则意见》，最高人民法院审判委员会 1988 年 1 月 26 日通过，4 月 2 日公布施行。

第 **6** 章
农村医疗法律实务

☞**导读**

　　医疗活动关乎人的身体健康甚至生命。医患纠纷中，由于农村当事人与医方相较，在经济状况、社会影响力等方面处于弱势地位，权利往往得不到主张。在这种情况下，为了主张权利，某些当事人可能会采取极端的解决方式，造成严重后果。所以，农村基层法律工作者在解决农村医患纠纷的过程中起着"社会润滑剂"的作用，在处理具体纠纷时，应尽量引导当事人通过协商、调解、诉讼等法律途径解决纠纷，维护农村的和谐稳定。

第一节　医患纠纷的分类和医患法律关系

一、医患纠纷的分类

医患纠纷分类图：民事责任是过失，故意则构成刑事责任

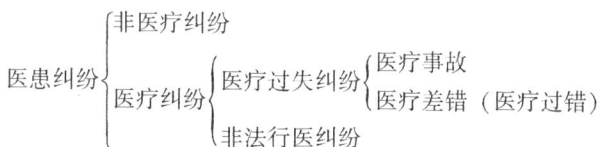

医患纠纷
- 非医疗纠纷
- 医疗纠纷
  - 医疗过失纠纷
    - 医疗事故
    - 医疗差错（医疗过错）
  - 非法行医纠纷

（一）非医疗纠纷

非医疗纠纷发生在医患双方之间，对诊疗护理服务本身没有争议的其他纠纷①，即

---

① 参见周伟主编：《常见医疗事故的鉴识与纠纷处理》，人民法院出版社 2003 年版，第 10 页。

与医疗行为无关的人身、财产损害，如患者自杀、被杀、被盗抢、新生儿被盗及医疗费用纠纷等。

（二）医疗纠纷

医疗纠纷是指患方对医方的医疗服务本身不满意而产生的纠纷①，包括：

1. 医疗过失纠纷

（1）医疗事故：医疗事故是指医疗机构及其医务人员在医疗活动中，违反医疗卫生管理法律、行政法规、部门规章和诊疗护理规范、常规，过失造成患者人身损害的事故。

【依据】《医疗事故处理条例》第 2 条。

①医疗事故的构成要件：

a. 主体限于合法的医疗机构和医务人员。"医疗机构"是指按照《医疗机构管理条例》的规定取得医疗机构执业许可证的机构；"医务人员"是指按照《执业医师法》依法取得执业资格的医疗专业技术人员，包括取得乡村医生证书的乡村医生。

【依据】《医疗事故处理条例》第 60 条第 1 款。

【案例 1】

甲牙痛难耐，欲往县医院拔牙，在去往医院途中看到乙在路边摆摊拔牙，考虑到县医院花费会比较高，于是就在乙处拔了一颗牙。由于乙处卫生消毒不达标，导致甲口腔感染，在县医院花费 1000 余元才恢复正常。

分析：本案例中，由于乙尽管取得了医师资格证书，但并没有注册为执业医师，且并没有取得医疗机构执业许可证。因此，本案例并不构成医疗事故。

b. 行为的违法性。表现在医疗机构及其医务人员的诊疗行为违反了医疗卫生管理法律、行政法规、部门规章和诊疗护理规范、常规。

c. 主观上具有过失。医疗事故的行为人在主观上只能是过失，而不是故意，这里的过失包括疏忽大意的过失和过于自信的过失。如果医务人员明知自己的行为会产生不良后果，却积极实施或放任行为的发生，造成损害后果发生的，不构成医疗事故，而应当结合其主观故意的内容和损害后果程度追究其刑事责任。

d. 出现一定的损害后果。医疗事故的认定以损害后果的发生为必要条件，如果没有发生人身损害就不能认定为医疗事故。例如由于医院多收费而发生的纠纷就

---

① 参见周伟主编：《常见医疗事故的鉴识与纠纷处理》，人民法院出版社 2003 年版，第 9~10 页。

不认定为医疗事故。

e. 过失与损害结果之间存在因果关系。只有当患者的人身损害是医务人员的过失行为造成的，才能认定二者之间存在因果关系，医疗机构和医务人员才应当对患者遭受的损害承担责任。

【案例 2】

患者甲是一个心脏病患者，住院期间，护士将其他病人使用的维生素 C 错发给了甲，甲吃药后不久，由于心脏疾病发作死亡。

分析：本案例中，护士发错药显然是存在过失的，但是患者甲的死亡是心脏疾病发作，与服用的药物维生素 C 没有因果关系，因此，医院也不应当承担患者甲死亡的赔偿责任。

②医疗事故的分级。

根据对患者人身造成的损害程度，《医疗事故处理条例》将医疗事故分为四级：

一级医疗事故：造成患者死亡、重度残疾的；

二级医疗事故：造成患者中度残疾、器官组织损伤导致严重功能障碍的；

三级医疗事故：造成患者轻度残疾、器官组织损伤导致一般功能障碍的；

四级医疗事故：造成患者明显人身损害的其他后果的。

☞**重点提示**

> 卫生部于 2002 年 7 月 31 日颁布了《医疗事故分级标准（试行）》，对四个等级的医疗事故做了具体规定，将一级医疗事故分为甲、乙两等；二级医疗事故分为甲至丁四等；三级医疗事故分为甲至戊五等；四级医疗事故不分等。其中，医疗事故一级乙等至三级戊等对应伤残等级一至十级。专家鉴定组在进行医疗事故技术鉴定、卫生行政部门在判定重大医疗过失行为是否为医疗事故或医疗事故争议双方当事人在协商解决医疗事故争议时，应当按照《医疗事故分级标准（试行）》确定的基本原则和实际情况具体判定医疗事故的等级。

③非医疗事故情形：

● 在紧急情况下为抢救垂危患者生命而采取紧急医学措施造成不良后果的；

- 在医疗活动中由于患者病情异常或者患者体质特殊而发生医疗意外的；
- 在现有医学科学技术条件下，发生无法预料或者不能防范的不良后果的；
- 无过错输血感染造成不良后果的；
- 因患方原因延误诊疗导致不良后果的；
- 因不可抗力造成不良后果的。

经患者同意，医疗机构及其医务人员依法对患者实施实验性诊疗而发生不良后果的，一般也不会认定为医疗事故。

（2）医疗差错（或医疗过错）：是指医务人员在实施诊疗活动中，没有履行相应的注意义务，导致患者出现人身或财产损害的。

与医疗事故的区别：

a. 判定是否存在过失的标准不同：医疗事故是违反了医疗卫生管理法律、行政法规、部门规章和诊疗护理规范、常规；医疗过错是指没有履行相应的注意义务。

【案例3】

张某某，女，24岁，因感冒患气管炎到医院就诊，自述月经超过时间还未来，怀疑已怀孕。医生依据常规为她做了尿检阴性，随后给其使用了抗生素治疗。两周后，该患者血液检查呈现HCG阳性结果，证明已怀孕，但因为使用了抗生素不得不做了流产手术。

分析：本案例中，张某某第一次就诊时，并没有任何的客观检查结果证实其怀孕，医师给予抗生素处理也没有违反任何的诊疗规范。但是从医疗过错的角度来看，使用尿检判定是否怀孕时，有一个月经停经7天的窗口期，这个时候的阴性结果，并不能完全排除怀孕的可能性，法庭审理后认为接诊的医师是没有尽到足够的注意义务，因此承担了赔偿责任。

b. 损害后果的范围不同：医疗事故的损害后果仅限于人身损害，而医疗差错的损害后果则包括人身损害和财产损失。

2. 医疗故意：医务人员个人利用工作之便，为达到某种目的而故意实施杀人、故意伤害、强奸、盗窃等行为，构成犯罪，依照《刑法》追究个人刑事责任。

【依据】《刑法》第232条。

3. 非法行医，包括以下情况：

（1）未取得医疗机构执业许可证；

（2）未取得医师执业证书；

（3）超越执业地点，擅自外出会诊；

（4）超越执业范围、超出登记的诊疗科目。

【依据】《医疗机构管理条例实施细则》第 80、81 条。

（5）在未取得医疗机构执业许可证的药品经营机构开展诊疗活动的；

（6）医疗机构未经批准在登记的执业地点以外开展诊疗活动的；

（7）非本医疗机构人员或者其他机构承包、承租医疗机构科室或房屋并以该医疗机构名义开展诊疗活动的；

（8）未取得母婴保健技术许可，擅自从事婚前医学检查、遗传病诊断、产前诊断、终止妊娠手术和新生儿疾病筛查；

（9）未经许可擅自从事性病诊疗活动、医学美容、人工授精。

☞**重点提示**

> 非法行医——刑事责任。《刑法》第 335 条：医务人员由于严重不负责任，造成就诊人死亡或者严重损害就诊人身体健康的处 3 年以下有期徒刑或者拘役。《刑法》第 336 条：未取得医生执业资格的人非法行医，情节严重的，处 3 年以下有期徒刑、拘役或者管制，并处或者单处罚金；严重损害就诊人身体健康的处 3 年以上 10 年以下有期徒刑，并处罚金；造成就诊人死亡的，处 10 年以上有期徒刑，并处罚金。
>
> 合法行医——民事责任。合法行医发生医疗纠纷的，适用《医疗事故处理条例》、《民法通则》、《侵权责任法》和《人身损害赔偿解释》。

二、医患法律关系

医患之间的法律关系概括起来有三种。除因医方对患者实施事实上的医疗行为而产生的无因管理法律关系（如抢救因交通事故而身负重伤的患者），以及国家基于医疗的特殊性与对国民生命和身体健康的维护在法律上赋予医方以强制诊疗和患者的强制受诊义务而产生的强制医疗关系（如麻风病人要被强制隔离治疗）等两种医患关系外，大部分医患关系是患方与医方之间的合同关系，该关系经由当事人的自由意思而成立，即医疗合同。①

在一些特殊情况下，医疗合同的成立不以患方挂号为标志：

---

① 参见周伟主编：《常见医疗事故的鉴识与纠纷处理》，人民法院出版社 2003 年版，第 7 页。

1. 急诊。患者因患危、急、重病到医院紧急就医时，有些情况下，来不及挂号，而是直接到急诊室请求医师紧急医治。这种情况下，患者向医师展示伤病或请求医治，属于要约，医师或医院无正当理由必须承诺收诊。所以，在急诊来不及挂号的情况下，应当以患者进入急诊医师接诊范围为合同成立的标志。

2. 120 急救。120 急救为社会急救医疗事业，其急救对象是急、危、重伤病员以及灾害性、突发性事件伤病员的现场救护和转送，从其功能和职责配置看，急救中心承担了法定的救护职责和义务。因此，患方打 120 电话求助的行为为要约，急救中心答应出诊为承诺。自急救中心承诺出诊时起，医患双方医疗合同成立。

3. 非急诊情况下未挂号就诊。有时，因为医院内部管理的疏漏，患者得以在未挂号的情况下就诊。这种情况下，判断患者与医院之间是否存在医疗合同关系，关键看医师对患者的诊治是以医院的名义还是以个人的名义进行。如果医师接诊后使用医院病历记录诊断说明，用医院处方笺开处方，患者根据处方从医院买药，就说明接诊医师是以医院名义为患者诊断。此时，尽管患者未挂号，患者直接找医生就诊的行为属于要约，医师以医院名义接诊即为承诺，患者和医院之间成立医疗合同。

【依据】《医疗机构管理条例实施细则》第 80、81 条。

☞**重点提示**

> 　　医疗合同当事人的确定，对患者维护合法权利具有重要意义。一般而言，患者就医疗损害可以提起侵权诉讼和违约诉讼。如果以违约为由提起医疗诉讼，患方只能以医疗合同的对方当事人作为被告。所以，尽管是医师的诊疗过错给患者造成了损害，患者提起违约诉讼时，仍应当以医疗机构而不是以实施诊疗行为的医师本人为被告。

案 例 分 析

阅读【案例一】～【案例七】，分析案件的类型和应适用的法律法规和程序。

【案例一】

朱某因患前列腺炎去某专科医院治疗，住院期间，医院以电视台拍摄为名，要求朱某配合拍摄了一些主治医生查房的录像。朱某出院后半年到该医院复诊，发现该医院"性传染病防治中心"的墙上张贴了自己面目清晰的照片，并配有性病防治常识的文字。

【案例二】

徐某不慎从塔楼 2 层摔倒在地，致左脚踝部内侧伤口长约 10 厘米，左脚根部开放性粉碎性骨折。经 A 医院下属卫生所处理并在 A 医院住院两天后，徐某患破伤风死亡。B 医学会出具的医疗事故技术鉴定认为，A 医院下属卫生所医生在为徐某治疗时违反外科无菌操作常规，在处理伤口时未戴手套就为患者缝针，且未能及时为"开放损伤"患者注射"破伤风抗毒素"，违反了相关诊疗常规。

【案例三】

婴儿刘某在某市保健院出生，孕期 31 周，出生时体重仅 1.57 公斤，四肢青紫，医方为其进行面罩吸氧，四肢青紫症状改善。刘某被转入新生儿科后，出现呼吸急促、不规则现象，医方给予持续面罩吸氧后好转。刘某出院时医嘱门诊随诊。后在定期保健检查中，发现刘某"两眼上眼睑下垂、视网膜发育不良"。刘某的法定监护人从医学资料中了解到早产儿视网膜病变与氧中毒有关，认为医方行为构成医疗事故。医疗事故技术鉴定结论认为：医方在紧急情况下对婴儿的给氧措施并未违反诊疗常规，虽然经查明医方存在涂改病历和未明确告知患儿家属早产儿出院后 3 个月内定期进行眼科复检的过失，但此过失与损害结果并不构成医疗事故上的因果关系，所以医方的医疗行为不构成医疗事故。

【案例四】

张某与王某有仇，张某是医生，其在为王某做手术时故意违反操作规程，致王某死亡。

【案例五】

赵某在未取得医生执业资格和办理医疗机构执业许可证的情况下，应邻居张某要求深夜出诊为张某妻子接生，致就诊孕妇胎儿死亡。

【案例六】

乙行走在路边晕倒，路过的医生丙运用人工呼吸等方法对其实施紧急医疗救助。

【案例七】

丁为被确诊的非典型性肺炎病人，其从医院逃出后，医院在公安机关的配合下，将其强制押解回治疗地点进行救治。①

第二节　医患纠纷中的证据问题

案 例 分 析

阅读【案例八】，分析本案应该收集哪些证据及如何收集，完成"证据收集图"：

期望获得的证据	证据可证明的内容	获取证据的可能障碍	可能的解决方法

【案例八】

原告甲（女）系高三学生，成绩优异。高考临近时感觉颈部不适，到其所在某县人民医院就诊。经 X 光片检查初步诊断为颈椎反弓。为进一步确诊，甲的妈妈将其带到某市某医院骨科就医，由乙教授接诊。门诊时女孩能正常口述、举手、抬脚、走路。医方经过 CT 检查，决定为其实施牵引治疗。医方当晚对女孩连续实施躺下牵引 18 小时，其间甲多次表示自己头晕胸闷，医方表示这是正常现象。次

---

① 案例二、三、四、六转引自常永春、彭瑶主编：《医患之争——医患纠纷典型案例评析》，法律出版社 2006 年版，第 51、255、279、318 页，有删改。

日下午甲突然四肢不能活动并且不能呼吸。经抢救后，颈部以下全部瘫痪，无自主呼吸，依靠呼吸机维生。

一、医患纠纷中患者应收集的证据

（一）尽早复制客观性病历资料，封存主观性病历资料

1. 病历资料的分类

根据《医疗事故处理条例》和《医疗机构病历管理》规定，病历资料可分为两大类：客观性病历资料和主观性病历资料。客观性病历资料是指记录患者的症状、体征、病史、辅助检查结果、医嘱等客观情况的资料，还包括为患者进行手术、特殊检查及其他特殊治疗时向患者交代情况、患者及近亲属签字的医学文书资料；主观性病历资料是指医疗活动过程中医务人员通过对患者病情发展、治疗过程进行观察、分析、讨论并提出诊治意见等而记录的资料，多反映医务人员对患者疾病及其诊治情况的主观认识。

病历资料	记录内容	表现形式	保存方式	程序	注意事项
客观性病历资料	症状、体征、病史、辅助检查结果、医嘱等	门诊病历、住院志、体温单、长期医嘱单、临时医嘱单、化验单（检验报告）、医学影像检查资料、特殊检查同意书、手术及麻醉同意书、手术及麻醉记录单、病理资料、护理记录等	复印或复制	①患者提出要求，医疗机构提供复印或者复制服务；②应当有患者在场；③医疗机构可以按照有关规定收取工本费。	为确保证据证明力，应当要求医疗机构在复印或者复制的病历资料上盖章或以其他方式对其真实性予以确认。
主观性病历资料	医务人员通过对患者病情发展、治疗过程进行观察、分析、讨论并提出诊治意见等	死亡病历讨论记录、疑难病历讨论记录、上级医师查房记录、会诊意见、病程记录等	封存	①医患双方在场；②封存的病历资料为复印件时，医患双方可以共同加盖印记证明；③封存的病历资料由医疗机构保管。	患者既可以向医疗机构提出封存要求，也可以直接向人民法院提出诉前保全予以封存。

【依据】《医疗事故处理条例》第 10 条；《侵权责任法》第 61 条；《医疗机构病历管理规定》第 16 条。

2. 病历资料的复印

（1）可以申请复印或复制的病历资料包括：

①门（急）诊病历内容包括门诊病历首页（门诊手册封面）、病历记录、化验单（检验报告）、医学影像检查资料等。门（急）诊病历记录分为初诊病历记录和复诊病历记录。初诊病历记录书写内容应当包括就诊时间、科别、主诉、现病史、既往史、阳性体征、必要的阴性体征和辅助检查结果、诊断及治疗意见和医师签名等。复诊病历记录书写内容应当包括就诊时间、科别、主诉、病史、必要的体格检查和辅助检查结果、诊断、治疗处理意见和医师签名等。

急诊病历书写就诊时间应当具体到分钟。门（急）诊病历记录应当由接诊医师在患者就诊时及时完成。

【依据】《病历书写基本规范（试行）》第 12、14、15 条。

☞重点提示

对于患者来说，最好在医院形成相应的病历资料时，就立即要求复印一份并加盖医院公章，以便发生医疗纠纷时作为证据使用。

②住院志是指患者入院后，由经治医师通过问诊、查体、辅助检查获得有关资料，并对这些资料归纳分析书写而成的记录。住院志的书写形式分为入院记录、再次或多次入院记录、24 小时内入出院记录、24 小时内入院死亡记录。

入院记录、再次或多次入院记录应当于患者入院后 24 小时内完成；24 小时内入出院记录应当于患者出院后 24 小时内完成；24 小时内入院死亡记录应当于患者死亡后 24 小时内完成。

【依据】《病历书写基本规范（试行）》第 18~22 条。

③体温单是指患者住院期间的体温、脉搏、血压及呼吸等的测量记录。

④医嘱单是指医师对患者进行诊查后，根据患者的病情、诊断所下达的治疗和护理意见。

⑤化验单（检验报告）是指记录患者所接受的各种实验室检验结果的报告单。

⑥医学影像检查资料是指患者接受的 X 光、CT、MRI 等医学影像检查的影像资料和结果报告单。

⑦特殊检查、特殊治疗同意书是指在实施特殊检查、特殊治疗前，经治医师向

患者告知特殊检查、特殊治疗的相关情况，并由患者签署同意检查、治疗的医学文书。内容包括特殊检查、特殊治疗项目名称、目的、可能出现的并发症及风险、患者签名、医师签名等。

【依据】《病历书写基本规范（试行）》第 26 条。

⑧手术同意书是指手术前，经治医师向患者告知拟施手术的相关情况，并由患者签署同意手术的医学文书。内容包括术前诊断、手术名称、术中或术后可能出现的并发症、手术风险、患者签名、医师签名等。

【依据】《病历书写基本规范（试行）》第 25 条。

☞ **重点提示**

> 　　医院和医生不能因家属签字同意其所采取的治疗措施而免除其在治疗和护理过程中所应负的责任，医疗机构也不得因患者家属拒绝签字而拒绝给予必要的抢救措施。

⑨麻醉记录是指麻醉医师在麻醉实施中书写的麻醉经过及处理措施的记录。麻醉记录应当另页书写，内容包括患者一般情况、麻醉前用药、术前诊断、术中诊断、麻醉方式、麻醉期间用药及处理、手术起止时间、麻醉医师签名等。

【依据】《病历书写基本规范（试行）》第 24 条第 12 项。

⑩手术记录是指手术者书写的反映手术一般情况、手术经过、术中发现及处理等情况的特殊记录，应当在术后 24 小时内完成。特殊情况下由第一助手书写时，应由手术者签名。手术记录应当另页书写，内容包括一般项目（患者姓名、性别、科别、病房、床位号、住院病历号或病案号）、手术日期、术前诊断、术中诊断、手术名称、手术者及助手姓名、麻醉方法、手术经过、术中出现的情况及处理等。

【依据】《病历书写基本规范（试行）》第 24 条第 13 项。

⑪病理资料是指穿刺活检标本、手术标本等的病理检查报告。

⑫手术护理记录是指巡回护士对手术患者术中护理情况及所用器械、敷料的记录，应当在手术结束后即时完成。手术护理记录应当另页书写，内容包括患者姓名、住院病历号（或病案号）、手术日期、手术名称、术中护理情况、所用各种器械和敷料数量的清点核对、巡回护士和手术器械护士签名等。

【依据】《病历书写基本规范（试行）》第 24 条第 14 项。

（2）患者及（或）其近亲属或其代理人申请复印或复制病历资料时，应当提供下列有关证明材料：

①申请人为患者本人的，应当提供其有效身份证明；

②申请人为患者代理人的，应当提供患者及其代理人的有效身份证明、申请人与患者代理关系的法定证明材料；

③申请人为死亡患者近亲属的，应当提供患者死亡证明及其近亲属的有效身份证明、申请人是死亡患者近亲属的法定证明材料；

④申请人为死亡患者近亲属代理人的，应当提供患者死亡证明、死亡患者近亲属及其代理人的有效身份证明，死亡患者与其近亲属关系的法定证明材料，申请人与死亡患者近亲属代理关系的法定证明材料；

⑤申请人为保险机构的，应当提供保险合同复印件、承办人员的有效身份证明、患者本人或者其代理人同意的法定证明材料；患者死亡的，应当提供保险合同复印件、承办人员的有效身份证明、死亡患者近亲属或者其代理人同意的法定证明材料。合同或者法律另有规定的除外。

【依据】《医疗机构病历管理规定》第 13 条。

（3）复印复制病历资料的程序：

《医疗事故处理条例》没有对患者要求复印或复制病历资料规定具体的程序，一般而言，应按以下程序进行①：

①患者向医疗机构的医疗服务质量监控部门或有关人员提出复印或复制病历资料的要求；

②医疗机构的医疗服务质量监控部门或有关人员应在规定时限内受理患者的申请；

③医疗机构受理复印或者复制病历资料申请后，由负责医疗服务质量监控的部门或有关人员通知负责保管门（急）诊病历档案的部门（人员）或者病区，将需要复印或者复制的病历资料在规定时间内送至指定地点；

④在医患双方在场的情况下，由医疗机构的医疗服务质量监控部门的负责人主持进行复印或复制病历；

⑤复印或复制完成后，由医疗机构的医疗服务质量监控部门的有关人员进行核对；

⑥在核对无误后，医疗机构应在复印或复制的病历资料的每一页上加盖医疗机构印章。

【依据】《医疗事故处理条例》第 10 条；《医疗机构病历管理规定》第 13、16、17 条。

3. 病历资料的封存

需要注意的是，发生医疗纠纷时，并不是所有的病历资料患者都可以要求复印或复制，如死亡病例讨论记录、疑难病例讨论记录、上级医师查房记录、会诊意

---

① 参见史敏、赵同刚、吴明江主编：《〈医疗事故处理条例〉百问》，法律出版社 2002 年版，第 23 页。

见、病程记录就是如此。这些记录应当在医患双方在场的情况下封存和启封。封存的病历资料可以是复印件，由医疗机构保管。

【依据】《医疗事故处理条例》第 **16** 条；《医疗机构病历管理规定》第 **19** 条。

（1）死亡病例讨论记录是指在患者死亡一周内，由科主任或具有副主任医师以上专业技术职务任职资格的医师主持，对死亡病例进行讨论、分析的记录。内容包括讨论日期、主持人及参加人员姓名、专业技术职务、讨论意见等。

【依据】《病历书写基本规范（试行）》第 **29** 条。

（2）疑难病例讨论记录是指由科主任或具有副主任医师以上专业技术职务任职资格的医师主持、召集有关医务人员对确诊困难或疗效不确切病例讨论的记录。内容包括讨论日期、主持人及参加人员姓名、专业技术职务、讨论意见等。

【依据】《病历书写基本规范（试行）》第 **24** 条第 **4** 项。

（3）上级医师查房记录是指上级医师查房时对患者病情、症候、诊断、鉴别诊断、当前治疗措施疗效的分析及下一步诊疗意见等的记录。

主治医师首次查房记录应当于患者入院 48 小时内完成。内容包括查房医师的姓名、专业技术职务、补充的病史和体征、诊断依据与鉴别诊断的分析及诊疗计划等。主治医师日常查房记录间隔时间视病情和诊疗情况确定，内容包括查房医师的姓名、专业技术职务、对病情的分析和诊疗意见等。科主任或具有副主任医师以上专业技术职务任职资格医师查房的记录，内容包括查房医师的姓名、专业技术职务、对病情的分析和诊疗意见等。

【依据】《病历书写基本规范（试行）》第 **24** 条第 **3** 项。

（4）会诊记录（含会诊意见）是指患者在住院期间需要其他科室或者其他医疗机构协助诊疗时，分别由申请医师和会诊医师书写的记录。内容包括申请会诊记录和会诊意见记录。申请会诊记录应当简要载明患者病情及诊疗情况、申请会诊的理由和目的，申请会诊医师签名等。会诊意见记录应当有会诊意见、会诊医师所在的科别或者医疗机构名称、会诊时间及会诊医师签名等。

【依据】《病历书写基本规范（试行）》第 **24** 条第 **9** 项。

（5）病程记录是指继住院志之后，对患者病情和诊疗过程所进行的连续性记录。内容包括患者的病情变化及症候变化情况、重要的辅助检查结果及临床意义、上级医师查房意见、会诊意见、医师分析讨论意见、所采取的诊疗措施及效果、医嘱更改及理由、向患者及其近亲属告知的重要事项等。

【依据】《病历书写基本规范（试行）》第 **23** 条。

（二）及时要求尸检以查明死因

患者死亡，医患双方当事人不能确定死因或者对死因有异议的，应当在患者死亡后 48 小时内进行尸检；具备尸体冻存条件的，可以延长至 7 日。尸检应当经死者近亲属同意并签字。

尸检应当由按照国家有关规定取得相应资格的机构和病理解剖专业技术人员进行。承担尸检任务的机构和病理解剖专业技术人员有进行尸检的义务。

医疗事故争议双方当事人可以请法医病理学人员参加尸检，也可以委派代表观察尸检过程。拒绝或者拖延尸检，超过规定时间，影响对死因判定的，由拒绝或者拖延的一方承担责任。

【依据】《医疗事故处理条例》第18条；《医疗事故争议中尸检机构及专业技术人员资格认定办法》。

（三）注意收集证人证言

发生医疗纠纷后，医疗单位往往提出病人的叙述不真实，与病历记载不一致，而根据病历记载，医疗单位是没有过失的。在这种情况下，当病人和家属怀疑治疗存在问题且医疗单位有可能予以否认时，应注意记录当时在场者或了解情况者（如同房病人）的姓名、工作单位或住址以及联系方式，既可当时进行取证，也可过后再进行调查取证。

二、医患纠纷中的举证责任分配

☞重点提示

> 由于举证责任分配因提起的诉讼不同而不同，所以当事人应根据案件具体情况选择请求权。

（一）相关法律规定

1. 在追究医院违约责任的案件中，患者一方只需要证明医院有违约行为即可，不要求证明有侵害结果的发生。

【依据】《合同法》第107条；《最高人民法院关于民事诉讼证据的若干规定》（以下简称《民事诉讼证据规定》）第5条。

2. 在追究医院侵权责任的案件中，受害方需要就对方存在侵权行为和损害后果承担举证责任，由医方就医疗行为是否存在过错和医疗行为与损害结果之间是否存在因果关系承担举证责任，即举证责任倒置。

【依据】《民事诉讼证据规定》第4条第8款。

案 例 对 比

对比阅读【案例九】和【案例十】，思考两个案件主张不同请求权的原因。

【案例九】

2004 年 4 月 5 日，孕妇胡某入住某医院妇产科待产，医患双方签订了《住院病人同意书》，医院交代了生产可能造成的不利后果。当日 15 时 50 分，胡某身体检查正常。晚上 19 时 45 分，胎膜破。晚上 21 时 45 分，宫口开全。晚上 23 时 15 分，某医院考虑到产妇过期孕，先露下降延缓，从外形观察胎儿较大，决定进行剖宫手术分娩，医患双方签订了《手术协议书》，对手术的必要性、手术中的可能意外及可能发生的主要并发症等进行了说明。23 时 45 分，主治医师检查决定实施胎吸助产。23 时 50 分，医师进行会阴侧切加胎吸术助娩一男婴。胎儿娩出后无自主呼吸，心率 150 次／分，略有肌张力，紧急清理呼吸道，气管插管，脐静脉注射，症状无好转。经治疗无效，患儿于次日凌晨 0 时 30 分心跳消失。在经过两次医疗事故鉴定均被认定为医院的诊治行为不构成医疗事故的情况下，胡某选择了违约之诉起诉法院，最终获得赔偿。

【案例十】

小张是一个 9 岁男孩，2005 年 7 月初一天，小张放学回家后喊头痛，父亲老张猜想儿子可能是感冒了，于是找了些药给儿子服下。几天后，儿子病情不但没有好转，反而慢慢开始出现看东西有重影、四肢抽搐等症状，老张连夜将儿子送到省医院神经内科救治。医方初步诊断小张可能是颅内感染或者症状性癫痫，于是让小张住院，并给予腰椎穿刺等治疗。住院后 36 天，小张出现四肢抽搐、头眼歪斜、呼之不应的情况，经治疗后有所恢复。2 天后，小张被转入脑外科治疗，先后作双侧硬脑膜下积液钻孔引流术、左侧枕顶部硬膜外血肿清除术，确诊为结核性脑膜炎，并进行有关治疗。1 个月后，小张因经济困难要求出院。小张出院后，又先后到其他城市医院就诊。当年 12 月，小张在北京一家医院实施腹腔分流手术。次年 1 月，小张因并发感染死亡。老张以省医院在为小张诊治过程中存在误诊、存在医疗过错、侵犯小张生命健康权为由要求赔偿。经法医学鉴定，结论为省医院在诊疗过程中无明显医疗损害和医疗过错。据此，法院驳回老张诉请。

（二）实践中应注意的问题

1. 适用举证责任倒置并不免除患者的全部举证责任，患者仍然要向法院证明自己确实在医方就诊过，而且医方对自己的权益造成了损害。因此，患者仍要有强烈的证据意识和风险意识。

2. 虽然患方没有对医方过错和因果关系的举证责任，但是患者仍然有收集证据的权利。为了更好地维护患者的权益，患方在诉讼中仍应积极收集相关证据。

三、医患纠纷中的证据效力

证据效力是指证据依法定程序经司法人员审查或当事人提供经法庭质证后认定为该案件证据的法律效力。在医患纠纷中，病历是原始书证，具有完全的证明力，同时也是医疗事故鉴定和计算损害赔偿金额的必要依据。此外，鉴定结论作为一种间接通过各种鉴定材料对客观事实的反映和判断结果，具有特殊的客观真实性，但并不具有当然的证明能力和诉讼能力，其证明力也不是当然优于其他证据，因此患者需要特别注意对所有证明材料的综合运用。①

证据无证明力的几种情况：

1. 不符合证据要件。比如通过抢夺、偷盗等非法手段取得的病例，伪造和涂改过的病例，没有鉴定资格的主体出具的鉴定结论，超过举证时限而提供的证据等。

2. 未经质证。我国《民法》、《刑事诉讼法》、《证据规定》中都规定：证据应当在法庭上出示，由当事人质证。

3. 法定无证明力的证据。比如在诉讼中当事人为达成调解或和解的目的，作出妥协所涉及的对案件事实的认可，不得在其后的诉讼中作为对其不利的证据；孤证一般无证明力，特别是未成年人所作的与其年龄和智力状况不相当的证言、与一方当事人或者其代理人有利害关系的证人出具的证言、存有疑点的视听资料、无法与原件原物核对的复印件及复制品、无正当理由未出庭作证的证人证言。

【依据】《最高人民法院关于民事诉讼证据的若干规定》第 **47、67~69、77** 条。

四、推定过失的情形

患者有损害，因下列情形之一的，推定医疗机构有过错：

1. 违反法律、行政法规、规章以及其他有关诊疗规范的规定；

---

① 赵敏、邓虹主编：《医疗事故争议与法律处理》，武汉大学出版社 2007 年版，第 257~259 页。

2. 隐匿或者拒绝提供与纠纷有关的病历资料；

3. 伪造、篡改或者销毁病历资料。

上述三种情形的成立是需要由患者方进行举证的。

【依据】《侵权责任法》第 58 条。

【案例 4】

小陈因右肾结石到 A 医院住院进行了体外碎石术，术后复查均显示正常。但因经治医师李某疏忽大意，将小陈术前进行 B 超检查的报告单遗失了。2 年后，小陈的右肾出现慢性肾功能衰竭，再次就诊，并发现 2 年前进行左肾检查的报告单遗失了。

分析：本案例中，李医师将小陈左肾检查的 B 超单遗失，对于该次医疗行为可以推定其存在过错，但是与 2 年后小陈右肾出现肾功能衰竭没有因果关系。因此，即使推定存在过错，也要考虑是否存在因果关系，只有在上述两种因素同时成立的情况下，医疗机构才会承担赔偿责任。

五、医疗机构免责的情形

患者有损害，因下列情形之一的，医疗机构不承担赔偿责任：

1. 患者或者其近亲属不配合医疗机构进行符合诊疗规范的诊疗；

2. 医务人员在抢救生命垂危的患者等紧急情况下已经尽到合理诊疗义务；

3. 限于当时的医疗水平难以诊疗。

前款第一项情形中，医疗机构及其医务人员也有过错的，应当承担相应的赔偿责任。

【依据】《侵权责任法》第 60 条。

【案例 5】

李某在丈夫肖某的陪同下来到 A 医院就诊，初步诊断为重症肺炎和怀孕 36 周。李某入院后，由于病情危重，随时可能危及母胎生命，医生建议马上实施剖宫产终止妊娠，以挽救母子生命。肖某签字称："拒绝剖腹产生孩子，后果自负。"医生反复劝说其在手术同意书上签字，肖某始终拒绝。最终，李某因抢救无效，母胎双亡。经尸体解剖鉴定，李某死于妊娠晚期患肺炎，继发重度肺水肿最后呼吸衰竭。

分析：李某入院时自身病情危重，医院履行了医疗方面法律法规的要求，但患方却不予配合，导致病情的进一步恶化。对此，医院不承担赔偿责任。

第三节　医患双方的基本权利与义务

一、患者的基本权利

患者的基本权利是指患者在医疗卫生服务中应该享受的基本权利，具体包括生命健康权、知情权、医疗同意权、隐私权、医疗诉讼权等。

1. 生命健康权

生命健康权是宪法所规定的一项基本的人身权利，指每个公民的生命和健康都不能受到非法的侵害。任何非法的侵害只要伤害了公民的生命和健康，都要承担相应的法律责任，对于医务人员也不例外。

【依据】《宪法》第 21、33、45 条；《民法通则》第 98 条。

2. 知情权

在医疗卫生服务中，患者享有知晓自己病情和医务人员所要采取的诊治措施的权利，这就是患者享有的知情权。知情权主要体现在以下几个方面：

（1）患者有了解自己疾病的权利，即患者有权知道自己的疾病现在处于一种什么样的状况；

（2）患者有权知道针对其疾病状况，其所就诊医院的治疗水平，以及主治医生有哪些治疗方案；

（3）患者有权了解每一种治疗方案可能会产生的后果，包括好的后果和坏的后果。这是知情权最重要的一个方面；

（4）医院应当在用药之前就用药的规格与患方沟通，使患方了解所接受的医疗服务应支付的费用。

一般情况下，知情权由患者本人享有并行使；但在特定情况下，如果患者清楚地知道自己的病情反而会对其治疗不利，那么，出于对患者的保护，医疗机构可以不向患者本人说明有关情况，而将情况通知其家属。

【依据】《执业医师法》第 26 条；《医疗事故处理条例》第 11 条；《医疗机构管理条例》第 26 条；《医疗机构管理条例实施细则》第 62 条。

3. 医疗同意权

医疗同意权是患者在真正了解并理解与医疗相关情况的基础上，自主选择合适的诊治措施的权利。该权利包括两个要点：一是要建立在知情的基础上，即患者已经清楚地了解了知情权所涉及的几个方面；二是作出的决定是真实意思表示，即在自愿而非受强迫的情况下表示同意。

《医疗机构管理条例》明确规定：医疗机构施行手术、特殊检查或者特殊治疗时，必须征得患者同意，并应当取得其家属或者关系人同意并签字；无法取得患者意见时，应当取得家属或者关系人同意并签字；无法取得患者意见又无家属或者关系人在场，或者遇到其他特殊情况时，经治医师应当提出医疗处置方案，在取得医疗机构负责人或者被授权负责人员的批准后实施。

医疗机构应当尊重患者对自己的病情、诊断、治疗的医疗同意权，在实施手术或特殊检查、特殊治疗时，应当向患者作必要的解释；因实施保护性医疗措施不宜向患者说明情况的，应当将有关情况通知患者家属。

☞**重点提示**

> "特殊检查、特殊治疗"是指具有下列情形之一的诊断、治疗活动：
> （1）有一定危险性，可能产生不良后果的检查和治疗；
> （2）由于患者体质特殊或者病情危急，可能对患者产生不良后果和危险的检查和治疗；
> （3）临床试验性检查和治疗；
> （4）收费可能对患者造成较大经济负担的检查和治疗。

【依据】《医疗机构管理条例》第 33 条；《医疗机构管理条例实施细则》第 62、88 条。

4. 隐私权

基于医疗行为的特殊性，在接受诊疗的过程中，患者的一些私密信息会为医生所了解，诸如患者的生理缺陷、疾病状况、疾病史、家庭生活信息以及工作和财产情况等。对于这些因工作特性而获知的信息，医生都应当为患者保密，也就是说，患者对这些信息拥有隐私的权利。

☞**重点提示**

> 在实践中，患者的隐私权主要体现在两个方面：一是医生不能随意扩散因工作原因而了解到的有关患者生理缺陷、疾病状况、疾病史、家庭生活信息以及工作和财产情况的信息；二是医院在进行特殊检查和治疗前，应当取得患者的同意。比如，如果在进行暴露患者隐私部位的检查和治疗时进行临床教学，就必须取得患者的同意，否则不应安排教学观摩；进行实验性临床医疗，应当征得患者本人或者其家属同意。

【依据】《合同法》第 60 条；《执业医师法》第 22 条；《母婴保健法》第 43 条；《传染病防治法》第 43 条。

5. 医疗诉讼权

患者在医疗过程中受到损害后，有权对医疗机构提起诉讼，这就是患者的医疗诉讼权，是患者保护自己合法权利、解决医疗纠纷的一条重要途径。

二、患者的义务

在医疗关系中，患者在享有与获得医疗服务有关的权利的同时，也负有多方面的义务，简要可以归纳为以下几项：

1. 提供疾病信息的义务

病理病情具有多变性，医生往往要综合考虑患者的各种症状，并结合医疗检验的结果来确定患者的疾病。因此，患者应当根据医生的提问，如实陈述病情，积极提供有关疾病变化的信息，以便医生全面掌握病情，及时调整治疗方案，提高治疗效果。在临床治疗过程中，有些患者认为疾病的诊断治疗完全是医生的事，对于自己身体的症状和与产生病情有关的信息也不积极提供，这不仅对自己疾病的治疗不利，也是对医学科学片面认识的表现。

2. 配合诊疗的义务

疾病的治疗不仅需要医生对症下药，采取适当的治疗方案，也需要患者积极配合医生实施治疗方案。在临床治疗过程中，医生会对患者提出一些配合的要求，患者应当充分履行配合义务。如服药期间饮食的禁忌、用药周期与药量的要求等，都需要患者遵守医嘱。如果患者没有尽到配合诊疗的义务，那么由此产生的损害结果，医院一般无须承担法律责任。

3. 遵守医院诊疗秩序的义务

作为医疗服务的提供机构，医院往往制定有比较详尽的规章制度，如门诊就诊制度、病房管理制度、查房制度、手术制度、药物管理制度、病人探视制度、陪护制度等，这些都是保证治疗质量的重要规定。为保证诊疗秩序，保障患者疾病得以康复，患者和家属应当认真遵守执行。

4. 支付医疗费用的义务

基于医患双方医疗合同关系，医院向患者提供医疗服务，患者应当向医院支付接受治疗服务的费用，即医药费，这是患者作为医疗服务合同一方当事人的一项基本义务。

5. 接受强制诊疗的义务

在医患法律关系中，有一类比较特别的强制诊疗关系。当患者患有甲类的鼠疫、霍乱或乙类的非典型性肺炎、肺炭疽、人感染高致病性禽流感等五种疾病之一时，就必须接受医院的治疗。这种治疗是强制性的，如果患者拒绝治疗或者擅自脱离治疗，可以由公安机关协助医疗机构采取强制治疗措施。

三、医疗机构与医务人员的权利

基于医生职业的特性，法律赋予医务人员一系列权利，集中体现在以下两方面：

1. 行医自主权。行医自主权是指医生通过获取与患者疾病相关的信息，在必要的检查之后经自主判断作出有关的诊断并确定医疗处置方案的权利，任何个人和部门都不能干扰、妨碍这一过程。医生的行医自主权来自两个方面，一是根据法律规定，医生在执业范围内进行医学诊查、疾病调查、医学处置、出具相应的医学证明文件，选择合理的医疗、预防、保健方案等；二是来源于医疗合同，患者挂号就诊，意味着同意授权医生为其医疗。

行医自主权大体包括以下三个方面：

（1）疾病调查权，医生有权获取与患者疾病相关的信息，患者应当积极配合予以提供；

（2）自主诊断权，医生在进行必要的检查之后，经自主思维判断对疾病作出判断；

（3）医疗处置权，医生有权针对患者疾病，确定医疗处置方案，包括药物治疗、手术治疗、行为限制等。

【依据】《执业医师法》第 21 条。

☞**重点提示**

> 医生的行医自主权与患者的知情权、医疗同意权并不矛盾，医生在进行诊断、治疗的过程中，应当将相关的事宜向患者解释说明，并取得患方同意。

2. 特别干预权。知情权和同意权是患者享有的重要权利，但是该项权利不是绝对的，在某些特定情况下，出于维护患者利益，医疗机构和医务人员可以在未经患方知情和同意的前提下采取医疗措施，这项权利就是特别干预权。主要表现为以下几种情形：

（1）对于病情危重、需要立即抢救的患者，在来不及取得患者或家属知情同意的情况下，医务人员可以采取紧急医疗救助措施；

（2）对于实际病情可能超出心理承受能力的重症患者，出于控制病情的需要，可以采取保护性医疗措施，不向患者本人说明情况，但应当将有关情况通知其家属；

（3）在急救过程中，采用通常情况下不能采用的措施。如急救过程中现场采血。

【依据】《执业医师法》第26条；《医疗机构管理条例实施细则》第6、62条。

四、医疗机构与医务人员的义务

总体来说，医患双方权利义务对等，一方的权利即意味着另一方的义务。所以，前文所述患者的权利，即相应构成医疗机构和医务人员的义务。

1. 告知义务。医疗机构与医务人员的此项义务与患者的知情同意权相对应，是患者知情同意权得以实现的前提。

【依据】《侵权责任法》第55条；《执业医师法》第26条。

2. 抢救义务。对急危患者（一般指患急症或病情危重的患者），医疗机构和医师应当采取紧急措施及时进行诊治，不能因需要加班、加时进行工作，或因不明患者身份，或因担心医疗费用等原因以及其他种种原因或借口而拒绝进行医疗处置。根据《执业医师法》，由于不负责任延误急危病重患者的抢救和诊治，造成严重后果的，医师要承担相应的法律责任。

【依据】《侵权责任法》第56条；《执业医师法》第24条。

3. 转诊义务。不是所有接诊的医院都有足够的技术和设备对患者提供治疗，对限于设备或者技术条件不能诊治的病人，医院应当及时转诊。但是，采取转诊程序并不意味着免除医院在转诊过程中的责任，在转诊过程中，医院仍应当尽力实施急救措施。

4. 保守医疗信息义务。对于在医疗过程中获取的有关患者的个人信息，医务人员和医疗机构有义务保守该信息不被扩散。

【依据】《执业医师法》第22、24、26、37条；《医疗机构管理条例》第31、33条；《乡村医生从业管理条例》第24、27条；《侵权责任法》第62条。

5. 书写并妥善保管病历资料。

【依据】《侵权责任法》第62条。

（1）医疗机构应当按照国务院卫生行政部门规定的要求，书写并妥善保管病历资料。

因抢救急危患者，未能及时书写病历的，有关医务人员应当在抢救结束后 6 小时内据实补记，并加以注明。

【依据】《医疗事故处理条例》**第 8 条**。

医疗机构应当建立病历管理制度，设置专门部门或者配备专（兼）职人员，具体负责本机构病历和病案的保存与管理工作。

在医疗机构建有门（急）诊病历档案的，其门（急）诊病历由医疗机构负责保管；没有在医疗机构建立门（急）诊病历档案的，其门（急）诊病历由患者负责保管。

住院病历由医疗机构负责保管。

【依据】《医疗机构病历管理规定》**第 3、4 条**。

（2）严禁涂改、伪造、隐匿、销毁或者抢夺、窃取病历资料。抢夺病历资料主要针对患者而言。抢夺病历是一种违法行为，通过这种方式取得的病历资料在医疗事故争议处理中往往不予采信。

【依据】《医疗事故处理条例》**第 9 条**；《医疗机构病历管理规定》**第 5 条**。

（3）医师实施医疗、预防、保健措施，签署有关医学证明文件，必须亲自诊查、调查，并按照规定及时填写医学文书，不得隐匿、伪造或者销毁医学文书及有关资料。

【依据】《执业医师法》**第 23 条第 1 款**。

☞**重点提示**

在医疗事故争议处理的实践中，就医方而言，发生较多、矛盾尖锐的往往是医疗机构及（或）其医务人员涂改病历资料。所谓"涂改"，主要是指在病历书写完成后为了掩盖原病历的真实性而违背客观事实所进行的涂抹、修改，其主要目的是为了逃避责任或者谋取不正当利益。但是，这种违法违规涂改病历的情形应当同病历书写过程中因笔误或其他正当理由而进行修改区别开来。

6. 提供复印或复制病历资料服务和医疗事故技术鉴定所需材料。

（1）患者依照《医疗事故处理条例》的规定要求复印或者复制病历资料的，医疗机构应当提供复印或者复制服务并在复印或者复制的病历资料上加盖证明印记。复印或者复制病历资料时，应当有患者在场。

医疗机构应当受理下列人员和机构复印或者复制病历资料的申请：

①患者本人或其代理人；

②死亡患者近亲属或其代理人；

③保险机构。

【依据】《医疗事故处理条例》第 10 条第 2 款；《医疗机构病历管理规定》第 12 条。

（2）当事人应当自收到医学会的通知之日起 10 日内提交有关医疗事故技术鉴定的材料、书面陈述及答辩。医疗机构提交的有关医疗事故技术鉴定的材料应当包括下列内容：

①住院患者的病程记录、死亡病例讨论记录、疑难病例讨论记录、会诊意见、上级医师查房记录等病历资料原件；

②住院患者的住院志、体温单、医嘱单、化验单（检验报告）、医学影像检查资料、特殊检查同意书、手术同意书、手术及麻醉记录单、病理资料、护理记录等病历资料原件；

③抢救急危患者，在规定时间内补记的病历资料原件；

④封存保留的输液、注射用物品和血液、药物等实物，或者依法具有检验资格的检验机构对这些物品、实物作出的检验报告；

⑤与医疗事故技术鉴定有关的其他材料。

在医疗机构建有病历档案的门诊、急诊患者，其病历资料由医疗机构提供；没有在医疗机构建立病历档案的，由患者提供。

医患双方应当按照《医疗事故处理条例》的规定如实提交进行医疗事故技术鉴定所需要的相关材料，并积极配合调查。医疗机构无正当理由未依照本条例的规定如实提供相关材料，导致医疗事故技术鉴定不能进行的，应当承担责任。

【依据】《医疗事故处理条例》第 28 条第 2 款、第 30 条第 2 款。

7. 避免、减轻损害或防止损害的扩大。

发生或者发现医疗过失行为，医疗机构及其医务人员应当立即采取有效措施，避免或者减轻对患者身体健康的损害，防止损害扩大。

【依据】《医疗事故处理条例》第 15 条。

8. 封存、启封及保管有关病历资料。

【依据】《医疗事故处理条例》第 16 条。

9. 积极配合调查。包括医疗机构及其医务人员在内的双方当事人应当按照《医疗事故处理条例》的规定如实提交进行医疗事故技术鉴定所需要的材料，并积极配合调查。当事人任何一方不予配合，影响医疗事故技术鉴定的，由不予配合的一方承担责任。

【依据】《医疗事故处理条例》第 30 条第 2 款。

第四节　医疗事故技术鉴定及鉴定结论的审查

一、医疗事故技术鉴定与司法鉴定的区别①

目前，医疗纠纷已经成为困扰医疗界的一大难题，而与医疗纠纷处理密切相关的是鉴定问题。从我国目前的鉴定体制来看，医疗纠纷的鉴定主要有两种方式，一是医学会鉴定专家组进行的医疗事故技术鉴定；二是通过司法鉴定部门进行的因果关系鉴定，即司法鉴定。由于二者的启动程序、鉴定人员的组成、鉴定方式、鉴定内容等不相同，必然会造成两种鉴定结论在司法诉讼中的不同"采信率"。

1. 启动的程序不同

鉴定是一种被动行为，是鉴定组织应纠纷处理机构的要求，对纠纷中的一些专门性问题进行分析、判断，最后得出结论性意见的行为。因此，任何鉴定都存在鉴定启动的问题，即谁有权委托鉴定组织进行鉴定。根据《医疗事故处理条例》第 20 条，医疗鉴定有卫生行政部门委托和双方当事人共同委托两种方式启动鉴定程序。前者属于行政鉴定，解决的是行政处理医疗纠纷中的专门性问题，即是否属于医疗事故和赔偿调解问题；后者属于自行鉴定，主要是给双方当事人一个"说法"。

司法鉴定是独立于自行鉴定和行政鉴定之外的一种鉴定。根据我国法律和相关司法解释，司法鉴定的启动一般是应双方当事人的申请而由法官启动。在没有双方当事人申请的情况下，法官对案件中的专门性问题认为需要鉴定的，也可以直接委托鉴定。

比较医疗事故技术鉴定与司法鉴定的启动程序可以看出，二者的启动程序不同。由于司法处理是目前法治国家认同的所有纠纷最终救济途径，具有绝对的权威。加之司法鉴定在启动之前，双方的纷争已经诉至法院，法官对于案件的全部情况有比较清楚的认识和了解，对于案件中存在的疑难问题、专业技术问题以及法律问题都有比较全面的认识，显然法官委托鉴定可能有更强的针对性，提供的材料更加全面、充分。因此，从鉴定程序的启动上看，司法鉴定优于医疗事故技术鉴定。

2. 鉴定人员的组成不同

根据《医疗事故处理条例》第 21、23 条，省、地市两级医学会分别组建辖区内的医学专家库，由双方当事人从中遴选医学专家参加医疗鉴定，鉴定人员是医学专家。

---

① 　此部分感谢湖北今天律师事务所游友安律师提供的资料和意见。

司法鉴定一般由司法鉴定机构的鉴定人员（一般是法医）主持鉴定，同时特邀或者聘请临床医学专家参加；或者由鉴定机构的鉴定人员直接进行鉴定，遇到疑难、专业问题后再向临床医学专家咨询。

这样看来，医疗事故技术鉴定和司法鉴定都有临床医学专家的参与，不同的是医学专家数量的多少和在鉴定中的主次地位。因此，医疗事故技术鉴定与司法鉴定各有利弊。但是，鉴定毕竟是一项为法律服务的特殊工作，有专门的鉴定思维和鉴定方法，其中还涉及法律问题、证据审查和甄别以及事实认定等问题。因此，单纯的临床医学专家开展鉴定很难让鉴定做得完美。在国外有些发达国家虽然没有医疗事故鉴定制度，但是他们有类似的一些做法，比如专家听证仲裁制度等，一般主持听证的都是医学专家，同时邀请专业律师到场作法律指导。从这个角度看，司法鉴定人士能比较好地将医学知识与法律结合起来。

3. 鉴定的组织不同

鉴定是一种在法律规定下有组织、有序进行的社会行为，强调鉴定的法律属性，因而不得违反公平、公正和科学的原则，任何影响公正的因素都可能影响鉴定的效力。因此，鉴定的组织者也是鉴定中的一个重要因素。

根据《医疗事故处理条例》和《医疗事故技术鉴定暂行办法》的规定，医疗事故技术鉴定由医学会负责组织。一方面，医学会组建本辖区的专家库；另一方面，由医学会设立医学鉴定办公室承担鉴定事务。

司法鉴定的组织者是司法鉴定机构，其在鉴定中的功能、作用与医学会相比没有明显的差别。但是司法鉴定机构与医学会二者在与医疗机构的关系上却有明显不同。医学会虽然是一个独立的社会团体，但挂靠卫生行政机关，并且与卫生行政机关和医疗机构有着千丝万缕的联系，一些医疗机构及医务人员就是医学会的会员（单位）。而司法鉴定机构可能隶属于不同的司法机关，甚至是在司法行政机关注册的社会中介组织，其与医疗机构的关系相对较远。

4. 鉴定的内容和鉴定所要解决的问题不同

这是两种鉴定最根本的不同点，也是司法鉴定在诉讼中更多地被法官采信的原因。

鉴定的目的是要解决行政处理和司法裁判过程中的一些疑难专业问题。在一般的诉讼中，法官可以比较明确地向鉴定人提出鉴定需要解决的问题，司法鉴定机构的鉴定人员由于具有专门的鉴定知识和经验，又有法律知识，长期与司法人员接触，因而比较容易理解法官提出的鉴定目的，从而能够有针对性地完成任务，弥补法官在审判案件中医学专业知识不足的缺陷，尽可能使案件裁判科学、公正。

在涉及民事赔偿的医疗纠纷诉讼案件中，如果当事人没有特别强调违约问题，目前一般是将医疗损害事件当侵权纠纷来处理。因此，法官需要解决的问题是医疗损害事件是否符合侵权责任构成的4个要件，即损害行为、损害后果、损害行为与损害后果之间具有因果关系以及医疗行为本身是否具有过错。而其中后两个要件由于医疗行为的特殊性和专业性，法官难以判断真伪，即使医疗机构对这两个问题进行举证，法官也难以从医疗机构提供的证据中作出正确的判断。因此，法官更多地需要专业鉴定机构来解决这些问题。司法鉴定正是满足了法官的这一要求，在鉴定中着重解决医疗行为是否具有过错，以及过错的医疗行为与损害后果之间是否具有因果关系。

但是医疗事故技术鉴定却难以解决这些问题。虽然医学会专家组作出的鉴定应当包含上述特定内容。但是，由于传统思维和卫生行政处理的特定要求的原因，目前医学会作出的鉴定结论仍然只注重是否属于医疗事故，这就使得医疗鉴定不能满足司法审判的需要，导致法官不得不启动新的司法鉴定。

5. 鉴定的监督机制不同

鉴定的监督包括对鉴定人的一般监督和具体鉴定行为的监督，还包括具体鉴定作出后的事后监督。鉴定的监督直接关系到鉴定的客观、公正和科学性，是影响鉴定效力的重要因素。

医疗事故技术鉴定的监督主要有三个方面：一是医学会对鉴定专家资格审查的事前一般性监督；二是卫生行政机关对鉴定专家组出具的鉴定文书进行审查；三是上级医学会鉴定专家组进行再次鉴定。

司法鉴定的监督主要是行政监督和司法监督。所谓行政监督，是指有行政管理权的机关对司法鉴定人及其所在的鉴定机构的监督管理，也包括鉴定人所在的司法鉴定机构对鉴定人的监督管理。这种管理带有明显的行政强制性，监督的力度比较大，也比较有效。而司法监督主要是通过法庭对鉴定人提交的鉴定报告的审查，鉴定人出庭质证、对质等方式来完成，直接关系到鉴定结论的效力和鉴定人的信誉，因而这种监督也是对鉴定人鉴定能力、鉴定资质、鉴定水平等诸多因素的考察。

事实上，鉴定结论是否经过法庭质证，将会直接关系到鉴定效力。根据《民事诉讼法》第 63、125 条和《民事诉讼证据规定》第 47、59 条，鉴定结论必须当庭出示并接受双方当事人质证，没有经过质证的鉴定结论不能作为定案根据。当事人一方或者双方要求鉴定人出庭接受质询，鉴定人如果没有出庭的，就可能影响到质证的效果，从而影响鉴定的证据效力。

相比较而言，医疗事故技术鉴定的监督力度显然要弱得多，而且没有相应的监督保障措施，这在一定程度上影响到鉴定的效力。

综上所述，司法鉴定与医疗事故技术鉴定有比较明显的区别，而且从诉讼的角度看，司法鉴定优于医疗事故技术鉴定。但是，医疗事故技术鉴定的作出又是卫生行政处理医疗事故必不可少的一个环节，由于《医疗事故处理条例》明确规定医学会组建的专家组是开展医疗事故技术鉴定的唯一合法机构，因此，在医疗纠纷是否属于医疗事故的认定上，是司法鉴定机构不能逾越的鸿沟。从这个角度看，医疗事故技术鉴定优于司法鉴定。

二、医疗事故技术鉴定

(一) 医疗事故技术鉴定的组织和主体

设区的市级地方医学会和省、自治区、直辖市直接管辖的县（市）地方医学会负责组织专家鉴定组进行首次医疗事故技术鉴定。省、自治区、直辖市地方医学会负责组织再次鉴定工作。必要时，对疑难、复杂并在全国有重大影响的医疗事故争议，省级卫生行政部门可以商请中华医学会组织医疗事故技术鉴定。这里所说的医学会，是指按照国务院 1998 年 10 月 25 日发布的《社会团体登记管理条例》的规定，经县以上人民政府民政部门审查同意后成立登记的医学社会团体。

负责组织医疗事故技术鉴定工作的医学会可以设立医疗事故技术鉴定工作办公室，具体负责有关医疗事故技术鉴定的组织和日常工作。

医疗事故技术鉴定的主体是由各级医学会依法组成的专家鉴定组。

【依据】《医疗事故处理条例》第 21 条、第 24 条第 1 款；《医疗事故技术鉴定暂行办法》第 3、46 条。

(二) 医疗事故技术鉴定的程序

1. 医疗事故技术鉴定程序的启动。医疗事故鉴定包括首次鉴定和再次鉴定，启动医疗事故技术鉴定即启动首次医疗事故技术鉴定，它包括两种途径，具体可分为三种情况。

鉴定启动途径	具体情况
卫生行政部门移交鉴定	(1) 县级以上卫生行政部门接到医疗机构关于重大医疗过失行为的报告后，将需要进行医疗事故技术鉴定的书面材料移交有关鉴定机构进行鉴定。
	(2) 医疗事故争议当事人向县级以上卫生行政部门提出处理医疗事故争议的申请后，卫生行政部门将需要进行医疗事故技术鉴定的书面材料移交有关鉴定机构进行鉴定。
委托鉴定	(3) 医患双方为协商解决医疗事故争议，对需要进行医疗事故技术鉴定的事项，双方当事人共同向有关鉴定机构提出医疗鉴定委托。

上表第 (2) 项患方启动医疗鉴定的情况，应注意如下问题：一是向卫生行政部门提出医疗事故争议处理申请的时间有限制，应为自知道或者应当知道其身体健康受

到损害之日起 1 年内；二是应当自收到医学会通知之日起 10 日内，提交有关医疗事故技术鉴定的资料；三是当医疗事故争议涉及多个医疗机构时，如果当事人申请卫生行政部门处理，只能向其中一所医疗机构所在地卫生行政部门提出处理申请。

上表第（3）项双方当事人协商解决医疗事故争议，并需进行医疗事故技术鉴定的，应当注意如下问题：一是委托鉴定的申请应当由医患双方共同以书面形式提出；二是受委托的鉴定机构应为医疗机构所在地负责首次医疗事故技术鉴定工作的医学会；三是当医疗事故争议涉及多个医疗机构时，应当由涉及的所有医疗机构与患者共同提出委托，受委托的鉴定机构可以为纠纷所涉及的任何一所医疗机构所在地负责组织首次医疗事故技术鉴定工作的医学会。

【依据】《医疗事故处理条例》第 20、28、37 条；《医疗事故技术鉴定暂行办法》第 3、9~11 条。

2. 受理医疗事故技术鉴定的申请并通知当事人。

（1）医学会应当自受理医疗事故技术鉴定之日起 5 日内，通知医疗事故争议双方当事人按照《医疗事故处理条例》第 28 条规定提交医疗事故技术鉴定所需的材料以及被申请当事人的答辩书和有关时限。其通知送达方式，通常采用挂号邮寄或直接送达签收受理通知书，必要时同时电话通知或者发送电子邮件通知。给被申请人邮寄受理通知书时，应当附上医疗事故技术鉴定申请书副本。

对不符合受理条件的，医学会不予受理。不予受理的，医学会应说明理由。

【依据】《医疗事故处理条例》第 28 条第 1 款；《医疗事故技术鉴定暂行办法》第 12 条第 1、3 款。

（2）有下列情形之一的，医学会不予受理医疗事故技术鉴定：

①当事人一方直接向医学会提出鉴定申请的；

②医疗事故争议涉及多个医疗机构，其中一所医疗机构所在地的医学会已经受理的；

③医疗事故争议已经人民法院调解达成协议或判决的；

④当事人已向人民法院提起民事诉讼的（司法机关委托的除外）；

⑤非法行医造成患者身体健康损害的；

⑥卫生部规定的其他情形。

【依据】《医疗事故技术鉴定暂行办法》第 13 条。

3. 提交鉴定所需材料。当事人应当自收到医学会的通知之日起 10 日内提交有关医疗事故技术鉴定的材料、书面陈述及答辩。这里所说的书面陈述及答辩，是指医疗事故争议技术鉴定的被申请人收到医学会受理医疗事故技术鉴定的通知及申请人的申请书副本后，在法定期限内，就申请书中提出的事实、理由及鉴定请求，进行陈述和辩驳的书状。

（1）医疗机构提交的有关医疗事故技术鉴定的材料应当包括下列内容：

①住院患者的病程记录、死亡病例讨论记录、疑难病例讨论记录、会诊意见、上级医师查房记录等病历资料原件；

②住院患者的住院志、体温单、医嘱单、化验单（检验报告）、医学影像检查资料、特殊检查同意书、手术同意书、手术及麻醉记录单、病理资料、护理记录等病历资料原件；

③抢救急危患者，在规定时间内补记的病历资料原件；

④封存保留的输液、注射用物品和血液、药物等实物，或者依法具有检验资格的检验机构对这些物品、实物作出的检验报告；

⑤与医疗事故技术鉴定有关的其他材料。

（2）患者提供的材料包括：

①医疗事故技术鉴定申请书，申请书应当载明申请人与被申请人的基本情况；

②自己保存的原始病历资料；

③从医疗机构复制或者复印的病历资料；

④进行尸体解剖的，提供尸体解剖报告；

⑤各项检验报告；

⑥其他有关证据。

（3）在医疗机构建有病历档案的门诊、急诊患者，其病历资料由医疗机构提供；没有在医疗机构建立病历档案的，由患者提供；患者死亡的，由其法定代理人提供，但急危患者的抢救病历资料除外。

（4）医患双方应当依照《医疗事故处理条例》的规定提交相关材料，并积极配合调查。医疗机构无正当理由未依照该条例的规定如实提供相关材料或不配合相关调查，导致医疗事故技术鉴定不能进行的，应当承担医疗事故责任。当事人任何一方不予配合，影响医疗事故技术鉴定的，由不予配合的一方承担责任。

【依据】《医疗事故处理条例》第 28 条第 2~4 款、第 30 条第 2 款；《医疗事故技术鉴定暂行办法》第 12 条第 2 款；《医疗机构不配合鉴定的责任》第 1 项。

4. 缴纳鉴定费。

（1）医疗事故技术鉴定，可以收取鉴定费用。经鉴定，属于医疗事故的，鉴定费用由医疗机构支付；不属于医疗事故的，鉴定费用由提出医疗事故处理申请的一方支付。鉴定费用标准由省、自治区、直辖市人民政府价格主管部门会同同级财政部门、卫生行政部门规定。

【依据】《医疗事故处理条例》第 34 条。

（2）委托医学会进行医疗事故技术鉴定，应当按规定缴纳鉴定费。

【依据】《医疗事故技术鉴定暂行办法》第 14 条。

（3）双方当事人共同委托医疗事故技术鉴定的，由双方协商预先缴纳鉴定费。卫生行政部门移交进行医疗事故技术鉴定的，由提出医疗事故争议处理的当事人预先缴纳鉴定费。经鉴定属于医疗事故的，鉴定费由医疗机构支付；经鉴定不属于医疗事故的，鉴定费由提出医疗事故争议处理申请的当事人支付。

县级以上地方卫生行政部门接到医疗机构关于重大医疗过失行为的报告后，对需要移交医学会进行医疗事故技术鉴定的，鉴定费由医疗机构支付。

【依据】《医疗事故技术鉴定暂行办法》第 15 条。

5. 组成专家鉴定组。

（1）医学会应当根据医疗事故争议所涉及的学科专业，确定专家鉴定组的构成和人数。专家鉴定组组成人数应为 3 人以上单数。医疗事故争议涉及多学科专业的，涉及的主要学科的专家一般不得少于专家鉴定组成员的二分之一。涉及死因、伤残等级鉴定的，并应当从专家库中随机抽取法医参加专家鉴定组。

【依据】《医疗事故处理条例》第 25 条；《医疗事故技术鉴定暂行办法》第 17 条。

（2）医学会应当提前通知双方当事人，在指定时间、指定地点，由医患双方在医学会的主持下从专家库相关学科专业组中随机抽取专家鉴定组成员。在此之前，医学会应当将专家库相关学科专业组中专家姓名、专业、技术职务、工作单位告知双方当事人。

【依据】《医疗事故处理条例》第 24 条第 2 款；《医疗事故技术鉴定暂行办法》第 18、19 条。

（3）专家鉴定组成员有下列情形之一的，应当在接到医学会要求参加医疗事故技术鉴定的通知后，及时提出书面回避申请，并说明理由；当事人也可以口头或者书面的方式向专家组或鉴定机构申请其回避，但应当说明理由，医学会应当将回避的专家名单撤出，并经当事人签字确认后记录在案：

①是医疗事故争议当事人或者当事人的近亲属的。这里的当事人既包括医疗机构及其相关医务人员，也包括患方当事人；近亲属的范围包括配偶、父母、子女、兄弟姐妹、祖父母、外祖父母、孙子女、外孙子女。

②与医疗事故争议有利害关系的。这里所说的利害关系，主要指鉴定组成员在鉴定程序之前，曾经参与对该医疗事故争议相关事项的处理，如对患者的会诊等。

③与医疗事故争议当事人有其他关系，可能影响公正鉴定的。除了上述两种情况外，存在其他可能影响公正鉴定因素的，如鉴定组成员是一方当事人的朋友、邻居或同事等，该鉴定组成员也应当回避。

【依据】《医疗事故处理条例》第 26 条；《医疗事故技术鉴定暂行办法》第 20、30 条；《医疗机构不配合鉴定的责任》第 2、3 项。

（4）医学会对当事人准备抽取的专家进行随机编号，并主持双方当事人随机抽取相同数量的专家编号，最后一个专家由医学会随机抽取。双方当事人还应当按照上述规定的方法各自随机抽取一个专家作为候补。涉及死因、伤残等级鉴定的，应当按照前述规定由双方当事人各自随机抽取一名法医参加鉴定组。

【依据】《医疗事故技术鉴定暂行办法》第 **21** 条。

(5) 随机抽取结束后，医学会当场向双方当事人公布所抽取的专家鉴定组成员和候补成员的编号并记录在案。

☞**重点提示**

> 抽取专家库专家应当在医患双方共同出席的情况下进行，但是，如果发生医疗机构无故不参加随机抽取专家库专家的，应当由负责组织医疗事故技术鉴定工作的医学会向患者说明情况，经患者同意后，由患者和医学会按照有关规定随机抽取鉴定专家，进行鉴定。此外，在上述情形发生后，如果医疗机构面对判定或鉴定结论不服，提出医疗事故技术鉴定或再次鉴定申请的，卫生行政部门不予受理。
>
> 【依据】《医疗事故技术鉴定暂行办法》第 **22** 条。
>
> 当患者死亡时涉及死亡原因的鉴定或者患者未死亡时涉及伤残程度鉴定时，《医疗事故处理条例》规定必须选取法医专家参加鉴定组，因为法医在这方面具有特有的专业特长和技术优势。所以，建议当事人在进行医疗事故技术鉴定时多选法医学专家参加鉴定组。

(6) 现有专家库成员不能满足鉴定工作需要时，医学会应当向双方当事人说明，并经双方当事人同意，可以从本省、自治区、直辖市其他医学会专家库中抽取相关学科专业组的专家参加专家鉴定组；本省、自治区、直辖市医学会专家库成员不能满足鉴定工作需要时，可以从其他省、自治区、直辖市医学会专家库中抽取相关学科专业组的专家参加专家鉴定组。

从其他医学会建立的专家库中抽取的专家无法到场参加医疗事故技术鉴定，可以函件的方式提出鉴定意见。

【依据】《医疗事故处理条例》第 **24** 条第 **2** 款；《医疗事故技术鉴定暂行办法》第 **23**、**24** 条。

6. 启封已封存的病历资料。专家鉴定组成员确定后，在双方当事人共同在场的情况下，由医学会对封存的病历资料启封。

【依据】《医疗事故技术鉴定暂行办法》第 **25** 条。

7. 审查材料、听取陈述及答辩、调查取证。

(1) 专家鉴定组应当认真审查双方当事人提交的材料，听取双方当事人的陈述及答辩并进行核实，妥善保管鉴定材料，保护患者的隐私，保守有关秘密。

双方当事人应当按照《医疗事故处理条例》的规定如实提交进行医疗事故技术鉴定所需要的材料，并积极配合调查。当事人任何一方不予配合，影响医疗事故技术鉴定的，由不予配合的一方承担责任。

【依据】《医疗事故处理条例》第 30 条；《医疗事故技术鉴定暂行办法》第 26 条。

审查是指专家鉴定组对医患双方当事人提交的材料进行真实性、完整性、关联性和合法性的检查与核对。

（2）医学会可以向双方当事人和其他相关组织、个人进行调查取证，进行调查取证时不得少于 2 人。调查取证结束后，调查人员和调查对象应当在有关文书上签字。如调查对象拒绝签字的，应当记录在案。

【依据】《医疗事故处理条例》第 29 条第 2 款；《医疗事故技术鉴定暂行办法》第 28 条。

调查是指专家鉴定组为查明争议事实，在鉴定过程中就与争议有关的问题向医患双方进行询问、了解，并对医患双方的陈述及答辩进行核实。

8. 进行医疗事故技术鉴定。

（1）医学会应当在医疗事故技术鉴定 7 日前，将鉴定的时间、地点、要求等书面通知双方当事人。双方当事人应当按照通知的时间、地点、要求参加鉴定。

参加医疗事故技术鉴定的双方当事人每一方人数不超过 3 人。

任何一方当事人无故缺席、自行退席或拒绝参加鉴定的，不影响鉴定的进行。

【依据】《医疗事故技术鉴定暂行办法》第 29 条。

（2）医学会应当在医疗事故技术鉴定 7 日前书面通知专家鉴定组成员。专家鉴定组成员接到医学会通知后认为自己应当回避的，应当于接到通知时及时提出书面回避申请，并说明理由；因其他原因无法参加医疗事故技术鉴定的，应当于接到通知时及时书面告知医学会。

专家鉴定组成员因回避或因其他原因无法参加医疗事故技术鉴定时，医学会应当通知相关学科专业组候补成员参加医疗事故技术鉴定。

专家鉴定组成员因不可抗力因素未能及时告知医学会不能参加鉴定或虽告知但医学会无法按规定组成专家鉴定组的，医疗事故技术鉴定可以延期进行。

【依据】《医疗事故技术鉴定暂行办法》第 30、31 条。

（3）专家鉴定组进行医疗事故技术鉴定，实行合议制。

【依据】《医疗事故处理条例》第 25 条。

（4）专家鉴定组依照医疗卫生管理法律、行政法规、部门规章和诊疗护理规范、常规，运用医学科学原理和专业知识，独立进行医疗事故技术鉴定，对医疗事故进行鉴别和判定，为处理医疗事故争议提供医学依据。

任何单位或者个人不得干扰医疗事故技术鉴定工作，不得威胁、利诱、辱骂、殴打专家鉴定组成员。

专家鉴定组成员不得接受双方当事人的财物或者其他利益。

【依据】《医疗事故处理条例》第 27 条。

（5）鉴定由专家鉴定组组长主持，并按照以下程序进行：

①双方当事人在规定的时间内分别陈述意见和理由。陈述顺序先患方，后医疗机构；

②专家鉴定组成员根据需要可以提问，当事人应当如实回答。必要时，可以对患者进行现场医学检查；

③双方当事人退场；

④专家鉴定组对双方当事人提供的书面材料、陈述及答辩等进行讨论；

⑤经合议，根据半数以上专家鉴定组成员的一致意见形成鉴定结论。专家鉴定组成员在鉴定结论上签名。专家鉴定组成员对鉴定结论的不同意见，应当予以注明。

【依据】《医疗事故技术鉴定暂行办法》第 33 条。

（6）医学会参加医疗事故技术鉴定会的工作人员，应如实记录鉴定会过程和专家意见。

【依据】《医疗事故技术鉴定暂行办法》第 37 条。

9.出具医疗事故技术鉴定书。

（1）医学会应当自接到当事人提交的有关医疗事故技术鉴定的材料、书面陈述及答辩之日起 45 日内组织鉴定并出具医疗事故技术鉴定书。

【依据】《医疗事故处理条例》第 29 条第 1 款；《医疗事故技术鉴定暂行办法》第 27 条。

（2）专家鉴定组应当在事实清楚、证据确凿的基础上，综合分析患者的病情和个体差异，作出鉴定结论，并以专家鉴定组成员的过半数通过；然后根据鉴定结论制作医疗事故技术鉴定书，其文稿由专家鉴定组组长签发，加盖医学会医疗事故技术鉴定专用印章。鉴定过程应当如实记载。

医学会应当及时将医疗事故技术鉴定书送达移交鉴定的卫生行政部门，经卫生行政部门审核，对符合规定作出的医疗事故技术鉴定结论，应当及时送达双方当事人；由双方当事人共同委托的，直接送达双方当事人。

【依据】《医疗事故处理条例》第 31 条第 1 款；《医疗事故技术鉴定暂行办法》第 34 条。

（3）医疗事故技术鉴定书应当包括下列主要内容：

双方当事人的基本情况及要求；

①当事人提交的材料和医学会的调查材料；这一部分应当记载申请鉴定的一方当事人所提交的病历资料（门诊病历）、住院病历复印件、当事人自己保存的影像照片，各种检查、诊断报告的原始或复印件，证人证言，有关物证。同时要记载专家鉴定组调查取得材料的方式、名称、时间、数量等。

②对鉴定过程的说明；主要是对鉴定程序的合法性进行说明，包括鉴定专家的资格是否合法，鉴定专家是否由医患双方当事人在医学会的主持下随机从专家库中抽取，鉴定专家的人数和专业是否符合规定，是否实行回避制度，双方当事人是否到场陈述等。

③医疗行为是否违反医疗卫生管理法律、行政法规、部门规章和诊疗护理规范、常规；此处应当载明是哪一个具体医疗行为违反了哪一部法规的哪一条规定。

④医疗过失行为与人身损害后果之间是否存在因果关系；

⑤医疗过失行为在医疗事故损害后果中的责任程度；

⑥医疗事故等级；

⑦对医疗事故患者的医疗护理医学建议。

经鉴定为医疗事故的，鉴定结论应当包括上款（4）～（8）项内容；经鉴定不属于医疗事故的，应当在鉴定结论中说明理由。

医疗事故技术鉴定书格式由中华医学会统一制定。

【依据】《医疗事故处理条例》第 31 条第 2 款；《医疗事故技术鉴定暂行办法》第 35 条。

（4）当事人对鉴定结论无异议，负责组织医疗事故技术鉴定的医学会应当及时将收到的鉴定材料中的病历资料原件等退还当事人，并保留有关复印件。

【依据】《医疗事故技术鉴定暂行办法》第 42 条第 1 款。

10. 申请再次鉴定或起诉。

（1）当事人对首次医疗事故技术鉴定结论不服的，可以根据不同情况分别处理：

任何一方当事人对鉴定结论不服的，可以自收到首次鉴定结论之日起 15 日内向原受理医疗事故争议处理申请的卫生行政部门提出再次鉴定的申请。

双方当事人对鉴定结论均不服的，可以自收到首次鉴定结论之日起 15 日内，共同委托省、自治区、直辖市医学会组织再次鉴定。

【依据】《医疗事故处理条例》第 22 条；《医疗事故技术鉴定暂行办法》第 40 条。

☞**重点提示**

> 启动再次鉴定并不是对首次医疗事故鉴定结论不服的唯一应对措施，除此之外，当事人可以直接向人民法院提起诉讼。

（2）当事人对首次医疗事故技术鉴定结论有异议，申请再次鉴定的，卫生行政部门应当自收到申请之日起 7 日内交由省、自治区、直辖市地方医学会组织再次鉴定。

【依据】《医疗事故处理条例》第 39 条第 2 款。

（3）当事人提出再次鉴定申请的，负责组织首次医疗事故技术鉴定的医学会应当及时将收到的鉴定材料移送负责组织再次医疗事故技术鉴定的医学会。

【依据】《医疗事故技术鉴定暂行办法》第 42 条第 2 款。

（4）提起再次鉴定申请的条件：

①由医疗事故争议当事人或其法定代理人提出；

②必须是不服地方医学会作出的首次鉴定结论，其"不服"的对象既可以是事实的认定、法律法规适用，也可以是鉴定和程序等事项；

③必须依照《医疗事故处理条例》和《医疗事故技术鉴定暂行办法》所规定的程序和期限；

④必须是向送达首次医疗事故技术鉴定书的卫生行政部门提出申请；

⑤必须提供完整的再次鉴定申请材料。

11. 中止医疗事故技术鉴定的情形。有下列情形之一的，医学会中止组织医疗事故技术鉴定：

①当事人未按规定提交有关医疗事故技术鉴定材料的；

②提供的材料不真实的；

③拒绝缴纳鉴定费的；

④卫生部规定的其他情形。

【依据】《医疗事故技术鉴定暂行办法》第 16 条。

12. 终止或停止医疗事故技术鉴定的情形：

（1）当事人拒绝配合，无法进行医疗事故技术鉴定的，应当终止本次鉴定，由医学会告知移交鉴定的卫生行政部门或共同委托鉴定的双方当事人，说明不能鉴定的原因。

【依据】《医疗事故技术鉴定暂行办法》第 38 条。

（2）在受理医患双方共同委托医疗事故技术鉴定后至专家鉴定组作出鉴定结论前，双方当事人或者一方当事人提出停止鉴定的，医疗事故技术鉴定终止。

【依据】《医疗事故技术鉴定暂行办法》第 **44** 条。

13. 医疗事故技术鉴定的重新鉴定。

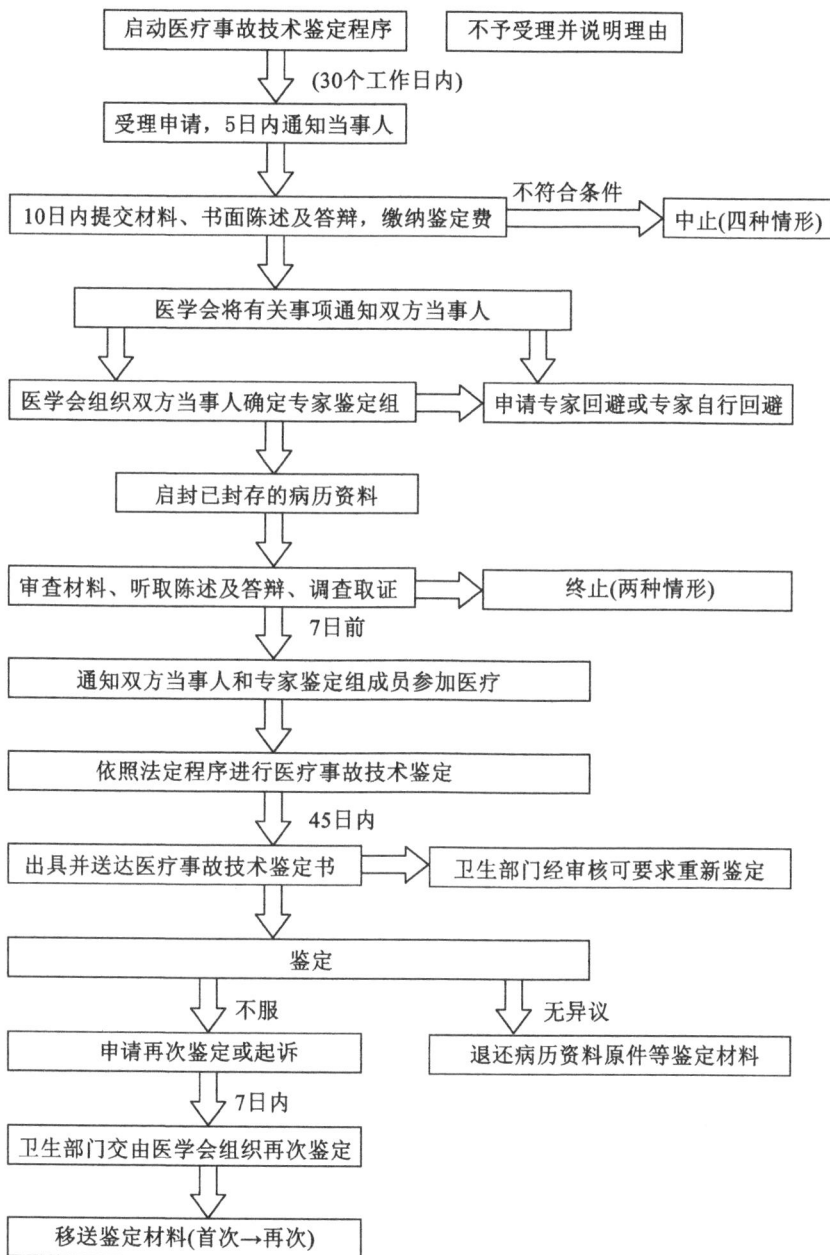

```
┌─────────────────────┐        ┌──────────────────┐
│ 启动医疗事故技术鉴定程序  │        │ 不予受理并说明理由  │
└─────────────────────┘        └──────────────────┘
          │ (30个工作日内)
          ▼
┌─────────────────────┐
│ 受理申请，5日内通知当事人 │
└─────────────────────┘
          │
          ▼                               不符合条件
┌──────────────────────────────────┐      ┌──────────────┐
│ 10日内提交材料、书面陈述及答辩，缴纳鉴定费 │────▶│ 中止(四种情形)  │
└──────────────────────────────────┘      └──────────────┘
          │
          ▼
┌──────────────────────────────┐
│ 医学会将有关事项通知双方当事人         │
└──────────────────────────────┘
          │
          ▼
┌──────────────────────────┐      ┌────────────────────┐
│ 医学会组织双方当事人确定专家鉴定组 │────▶│ 申请专家回避或专家自行回避 │
└──────────────────────────┘      └────────────────────┘
          │
          ▼
┌──────────────────┐
│ 启封已封存的病历资料  │
└──────────────────┘
          │
          ▼
┌──────────────────────────┐      ┌────────────────┐
│ 审查材料、听取陈述及答辩、调查取证 │────▶│ 终止(两种情形)  │
└──────────────────────────┘      └────────────────┘
          │ 7日前
          ▼
┌──────────────────────────────┐
│ 通知双方当事人和专家鉴定组成员参加医疗 │
└──────────────────────────────┘
          │
          ▼
┌──────────────────────────┐
│ 依照法定程序进行医疗事故技术鉴定   │
└──────────────────────────┘
          │ 45日内
          ▼
┌──────────────────────┐      ┌──────────────────────┐
│ 出具并送达医疗事故技术鉴定书  │────▶│ 卫生部门经审核可要求重新鉴定 │
└──────────────────────┘      └──────────────────────┘
          │
          ▼
┌──────────────────────────────────┐
│              鉴定                  │
└──────────────────────────────────┘
    │ 不服                      │ 无异议
    ▼                          ▼
┌──────────────────┐      ┌──────────────────────┐
│ 申请再次鉴定或起诉  │      │ 退还病历资料原件等鉴定材料 │
└──────────────────┘      └──────────────────────┘
    │ 7日内
    ▼
┌──────────────────────┐
│ 卫生部门交由医学会组织再次鉴定 │
└──────────────────────┘
    │
    ▼
┌──────────────────────┐
│ 移送鉴定材料(首次→再次) │
└──────────────────────┘
```

医疗事故技术鉴定流程图

卫生行政部门对医疗事故技术鉴定有审查权。具体而言，就是在收到医学会出具的医疗事故技术鉴定书后，应当对参加鉴定的人员资格和专业类别、鉴定程序等进行审核；必要时，可以组织调查，听取医疗事故争议双方当事人的意见。经审核，发现医疗事故技术鉴定不符合《医疗事故处理条例》规定的，应当要求医学会重新组织鉴定。重新鉴定的行政决定一旦作出，就意味着原鉴定无效。从这个角度看，了解专家鉴定组的有关工作规则，对当事人具有重要意义。如果当事人发现在医疗事故技术鉴定过程中存在程序违法的问题，就可以向卫生行政部门提出异议，要求重新鉴定。重新鉴定时不得收取鉴定费。

如参加鉴定的人员资格和专业类别不符合规定的，应当重新抽取专家并组织专家鉴定组进行重新鉴定。

如鉴定的程序不符合规定而参加鉴定的人员资格和专业类别符合规定的，可以由原专家鉴定组进行重新鉴定。

【依据】《医疗事故处理条例》第 41、42 条；《医疗事故技术鉴定暂行办法》第 39 条。

三、法医学鉴定

法医学鉴定的主体是具有法医学专门知识的鉴定人，基本条件为：（1）经过法医学专业教育或培训；（2）通过相应的资格考试或专业职称，具有鉴定权；（3）在国家认可的鉴定机构从事鉴定工作。此点不同于证人证言。法医学鉴定人属于自然人，其从事鉴定工作是个人行为，若干鉴定人集体作出的鉴定，应分别署名，各负其责，鉴定部门加盖鉴定专用章，仅证明鉴定人身份。

☞重点提示

> 一般情况下，具备法医学鉴定资格的人有：（1）在公安、检察和审判机关工作的专职法医师；（2）受公安、检察和审判机关委托的医学院校法医学教师；（3）受公安、检察和审判机关委托的医师及其他专家。接受办案机关或单位的指派或委托，是使鉴定结论具备法律效力的前提。

第五节　医疗事故的赔偿

一、医疗事故赔偿原则

医疗事故赔偿通常是医疗事故争议最核心的问题，《医疗事故处理条例》规定了确定赔偿数额应考虑的因素，这些因素也就是医疗事故赔偿原则。具体而言，应当依据下列因素确定赔偿数额：

1. 医疗事故等级；

2. 医疗过失行为在医疗事故损害后果中的责任程度；

3. 医疗事故损害后果与患者原有疾病状况之间的关系。

【依据】《医疗事故处理条例》第 49 条。

☞重点提示

> 　　一般来讲，医疗事故等级越高，给患者造成的伤害越大。但是具体到某一特定的医疗事故赔偿上，并非医疗事故等级越高，赔偿的数额就越大。因为还可能存在其他多种减轻医务人员责任的情况，如医务人员仅负有部分责任，患者原有疾病较为严重等。所以，在确定赔偿数额时，应当综合考虑上述三个方面的因素。除此之外，确定具体的赔偿数额，还应当结合法律规定的赔偿项目和标准来计算。

二、医疗损害赔偿项目与标准

（一）医疗事故赔偿项目与标准

医疗事故赔偿应当在充分考虑前述因素的情况下，按照法定的项目与标准计算。《医疗事故处理条例》对赔偿项目做了详细列举，具体包括医疗费、误工费、住院伙食补助费、陪护费、残疾生活补助费、残疾用具费、丧葬费、被抚养人生活费、交通费、住宿费、精神损害抚慰金等 11 项。各项具体赔偿标准如下：

1. 医疗费：按照医疗事故对患者造成的人身损害进行治疗所发生的医疗费用计算，凭据支付（即需要有医疗机构的收费凭证、医师的处方等），但不包括原发病医疗费用，即不包括患者发生医疗事故以前支付的医疗费用。一般而言，医疗费可以包括住院费、检查费、治疗费、（中西）药费、医疗机构的护理费等。结案后确实需要继续治疗的，按照基本医疗费用支付。

2. 误工费：误工费是患者因医疗事故就医耽误工作而丧失的工资、奖金等合法收入。患者有固定收入的，按照本人因误工减少的固定收入计算，对收入高于医疗事故发生地上一年度职工年平均工资3倍以上的，按照3倍计算；无固定收入的，按照医疗事故发生地上一年度职工年平均工资计算。

如患者甲的月平均收入为1200元，当地上一年度职工年平均工资为15000元，每个月为1250元，那么可以按照患者的实际月平均工资计算；如果患者乙的月平均工资为5000元，年工资为60000元，超过职工年平均工资的3倍，那么以45000元作为患者固定收入计算。

3. 住院伙食补助费：按照医疗事故发生地国家机关一般工作人员的出差伙食补助标准计算。

4. 陪护费：患者住院期间需要专人陪护的，按照医疗事故发生地上一年度职工年平均工资计算。

5. 残疾生活补助费：残疾生活补助费是因医疗事故造成患者残疾，使其生活受到一定影响，而给予一定的生活补偿费用。该费用以伤残等级为基础，只有被鉴定为残疾等级的才能享有。根据伤残等级，按照医疗事故发生地居民年平均生活费计算，自定残之月起最长赔偿30年；但是，60周岁以上的，不超过15年；70周岁以上的，不超过5年。

6. 残疾用具费：残疾用具费是患者因医疗事故造成残疾，因残疾需要配置补偿功能器具而发生的费用。该费用凭医疗机构证明，按照普及型器具的标准计算。

7. 丧葬费：按照医疗事故发生地规定的丧葬费补助标准计算。

8. 被扶养人生活费：以死者生前或者残疾者丧失劳动能力前实际扶养且没有劳动能力的人为限，按照其户籍所在地或者居所地居民最低生活保障标准计算。对不满16周岁的，扶养到16周岁。对年满16周岁但无劳动能力的，扶养20年；但是，60周岁以上的，不超过15年；70周岁以上的，不超过5年。

9. 交通费：按照患者实际必需的交通费用计算，凭据支付。

10. 住宿费：按照医疗事故发生地国家机关一般工作人员的出差住宿补助标准计算，凭据支付。

11. 精神损害抚慰金：按照医疗事故发生地居民年平均生活费计算。造成患者死亡的，赔偿年限最长不超过6年；造成患者残疾的，赔偿年限最长不超过3年。

☞**重点提示**

> 　　在进行医疗事故处理的过程中，患方会产生一些其他支出。根据相关法律规定，参加医疗事故处理的患者近亲属所需交通费、误工费、住宿费，参照上述有关赔偿标准计算，但是计算费用的人数不超过 2 人。在医疗事故造成患者死亡的情况下，参加丧葬活动的患者的配偶和直系亲属所需交通费、误工费、住宿费，也参照上述有关赔偿标准计算，计算费用的人数不超过 2 人。

（二）《人身损害赔偿解释》的赔偿项目与标准

1. 医疗费：根据医疗机构出具的医药费、住院费等收款凭证，结合病历和诊断证明等相关证据确定。赔偿义务人对治疗的必要性和合理性有异议的，应当承担相应的举证责任。

医疗费的赔偿数额，按照一审法庭辩论终结前实际发生的数额确定。器官功能恢复训练所必要的康复费、适当的整容费以及其他后续治疗费，赔偿权利人可以待实际发生后另行起诉。但根据医疗证明或者鉴定结论确定必然发生的费用，可以与已经发生的医疗费一并予以赔偿。

2. 误工费：根据受害人的误工时间和收入状况确定。

误工时间根据受害人接受治疗的医疗机构出具的证明确定。受害人因伤致残持续误工的，误工时间可以计算至定残日前一天。

受害人有固定收入的，误工费按照实际减少的收入计算。受害人无固定收入的，按照其最近三年的平均收入计算；受害人不能举证证明其最近三年的平均收入状况的，可以参照受诉法院所在地相同或者相近行业上一年度职工的平均工资计算。

3. 护理费：根据护理人员的收入状况和护理人数、护理期限确定。

护理人员有收入的，参照误工费的规定计算；护理人员没有收入或者雇佣护工的，参照当地护工从事同等级别护理的劳务报酬标准计算。护理人员原则上为一人，但医疗机构或者鉴定机构有明确意见的，可以参照确定护理人员人数。

护理期限应计算至受害人恢复生活自理能力时止。受害人因残疾不能恢复生活自理能力的，可以根据其年龄、健康状况等因素确定合理的护理期限，但最长不超过 20 年。

受害人定残后的护理，应当根据其护理依赖程度并结合配制残疾辅助器具的情况确定护理级别。

4. 交通费：根据受害人及其必要的陪护人员因就医或转院治疗实际发生的费用计算。交通费应当以正式票据为凭；有关凭据应当与就医地点、时间、人数、次数相符合。

5. 住院伙食补助费：可以参照当地国家机关一般工作人员的出差伙食补助标准予以确定。受害人确有必要到外地治疗，因客观原因不能住院，受害人本人及其陪护人员实际发生的住宿费和伙食费，其合理部分应予赔偿。

6. 营养费：根据受害人伤残情况参照医疗机构的意见确定。

7. 残疾赔偿金：根据受害人丧失劳动能力程度或者伤残等级，按照受诉法院所在地上一年度城镇居民人均可支配收入或者农村居民人均纯收入标准，自定残之日起按 20 年计算。但 60 周岁以上的，年龄每增加一岁减少一年；75 周岁以上的，按 5 年计算。

受害人因伤致残但实际收入没有减少，或者伤残等级较轻但造成职业妨害严重影响其劳动就业的，可以对残疾赔偿金作相应调整。

8. 残疾辅助器具费：按照普通适用器具的合理费用标准计算。伤情有特殊需要的，可以参照辅助器具配制机构的意见确定相应的合理费用标准。

辅助器具的更换周期和赔偿期限参照配制机构的意见确定。

9. 丧葬费：按照受诉法院所在地上一年度职工月平均工资标准，以 6 个月总额计算。

10. 被扶养人生活费：根据扶养人丧失劳动能力程度，按照受诉法院所在地上一年度城镇居民人均消费性支出和农村居民人均年生活消费支出标准计算。被扶养人为未成年人的，计算至 18 周岁；被扶养人无劳动能力又无其他生活来源的，按 20 年计算。但 60 周岁以上的，年龄每增加一岁减少一年；75 周岁以上的，按 5 年计算。

被扶养人是指受害人依法应当承担扶养义务的未成年人或者丧失劳动能力又无其他生活来源的成年近亲属。被扶养人还有其他扶养人的，赔偿义务人只赔偿受害人依法应当负担的部分。被扶养人有数人的，年赔偿总额累计不超过上一年度城镇居民人均消费性支出额或者农村居民人均年生活消费支出额。

11. 死亡赔偿金按照受诉法院所在地上一年度城镇居民人均可支配收入或者农村居民人均纯收入标准，按 20 年计算。但 60 周岁以上的，年龄每增加一岁减少一年；75 周岁以上的，按 5 年计算。

12. 受害人或者死者近亲属遭受精神损害，赔偿权利人向人民法院请求赔偿精神损害抚慰金的，适用《民事侵权精神损害赔偿解释》予以确定。

☞案例解析

【案例一】

此案属于医患纠纷但并非医疗纠纷。只有患者对医方的诊、治、护、管等工作不满引发的纠纷，才是医疗纠纷。而对医方的其他方面不满，如医方侵犯患者的隐私权、肖像权等，则属于一般的民事侵权纠纷。

按照我国法律规定，公民的肖像权受法律保护。医患关系中，较常见的侵犯肖像权现象多为医院不经患者同意，用患者的肖像制作广告或宣传品以展示技术水平或疗效；或医务人员未征得患者同意，在自己的医学专著、论文中使用患者的肖像。不管是否经过技术处理，只要能够辨认仍可能构成侵权。另外，即使不以营利为目的，只要未征得患者的同意，都应认为构成对肖像权的侵犯。

【依据】《宪法》第 38 条；《民法通则》第 100、120 条；《民法通则意见》第 139、150、151 条；《民事侵权精神损害赔偿解释》第 1、8 条。

【案例二】

首先，自 2002 年 9 月 1 日《医疗事故处理条例》实施以后，在死者家属起诉之前，属于协商阶段，当事人双方必须共同向医学会提出申请，才能启动医疗事故鉴定程序。其次，经鉴定后，本案符合医疗事故构成：主体适格、主观过错、客观违规行为和损害事实之间有因果关系。死者家属在医疗费、误工费、住院伙食补助费、护理费、丧葬费、死亡赔偿金等赔偿请求之外，还可以主张精神损害抚慰金。

【依据】《医疗事故处理条例》第 2、20、49、50 条；《最高人民法院关于参照〈医疗事故处理条例〉审理医疗纠纷民事案件的通知》第 2、3 条。

【案例三】

本案中虽然保健院存在涂改病历和未及时告知的过错，但这与患儿刘某双目失明没有直接因果关系，医方在新生儿生命垂危时进行的给氧治疗行为属于《医疗事故处理条例》规定的免责范围，所以本案不构成医疗事故。但这并不意味着患方不能获得赔偿。因为医方存在过错，所以还是可以根据《民法通则》的规定要求医方承担侵权责任。

【依据】《民法通则》第 106、109 条；《医疗事故处理条例》第 2、9、11、33 条。

【案例四】

医务人员故意造成患者损害的不构成医疗事故，由刑法追究个人责任，本案应认定为故意杀人罪。

【依据】《刑法》第 232 条。

【案例五】

刑法上规定的非法行医罪指未取得医生执业资格的人非法行医，情节严重或严重损害就诊人身体健康或造成就诊人死亡。该罪的主体为特殊主体，即未取得医生执业资格的人，本案中赵某即不具备医生执业资格；从主观方面来看，该罪具有行为故意，即明知自己不具备行医资格，仍然从事医疗活动，但行为人对造成就诊人死亡以及身体健康受损或者后果并非直接故意。本案中赵某开设"爱心诊所"和接生的行为，表示其非法行医行为的故意。客观方面，行为人擅自从事医疗活动，并且情节严重或严重损害就诊人身体健康或造成就诊人死亡。本案中赵某致使就诊孕妇胎儿死亡，达到情节严重的程度。综上，赵某的行为构成非法行医罪。

【依据】《刑法》第 336 条；《执业医师法》第 39 条。

【案例六】

由于乙在路边晕倒，医生丙是偶然路过，二者之间并未形成医疗服务合同关系，医生丙完全是出于助人为乐的善意对乙实施救助。所以，二者之间是一种无因管理关系。在这种情况下，对实施无因管理的医生丙的注意义务要求就低一些，也就是说，如果产生人身损害，医生丙承担的责任比在医疗合同关系中要轻一些。

【依据】《民法通则》第 93 条。

【案例七】

医院和患者之间明显不是简单的合同关系，因为合同关系的前提是双方自愿。由于丁已被确诊为严重的传染病患者，根据《传染病防治法》的规定，基于对社会公众利益的保护原则，要对其实施强制性的治疗。因此，在这种情况下，病人丁和医院之间形成的是强制诊疗关系，这是行政性在医疗中的体现，而不再是平等的民事主体间的关系。

【依据】《传染病防治法》第 **39** 条。①

【案例八】

1. 伤残鉴定：伤残鉴定是一种永久性的鉴定，本案中女孩处于刚发病的时期，病情还不稳定，损害后果不确定，此时做伤残鉴定时机不成熟；伤残鉴定只能证明患者的受损害程度，但不能证明医方存在过错及医疗行为与损害结果之间的因果关系；并且，法医学鉴定和医疗事故技术鉴定当中都包含对伤残程度的鉴定。

2. 病历：按照《病历书写基本规范（试行）》，患者可以复印病历的客观部分（如门诊病历），不能复印主观部分（如病程记录），医院也常以患者未出院或尚欠医疗费为理由不给患者病历，甚至趁机涂改、伪造病历。所以，患者应及时复印病历，纠纷发生后及时封存。

3. 证人证言：患方应该有意识地找更多的证人来为自己证明。但实践中由于这种证明不具有权威性，往往欠缺证明力。

4. X 光片：这一证据非常重要和关键，具有很强的证明力。法律援助工作者在这种情况下应多请教医生朋友或相关专业人士。（此案中牵引手术前的 X 光片反映女孩病情为颈椎反弓，本可以通过按摩推拿来治疗。牵引后 X 光片反映出女孩下颌骨、头皮水肿，脊髓、延髓水肿。）

5. 录音：在医方不承认相关事实的情况下，用录音等方式取证是必要的，因为只要在不侵害他人和公共利益的情况下，私下录音已不再作为非法证据。但要注意，录音证据要直接指向案件事实，并且对声音的清晰度要求较高。（经了解，医方在为女孩做牵引手术时，只用布带将女孩的头部托起，未使用牵引弓来撑开布带，长时间的颈动脉压迫导致血流不畅。女孩所受损害显然与医方的错误操作即不使用牵引弓、牵引时间过长有因果关系。医院不愿对女孩进行主动救治，甚至不承认曾实施过牵引手术。后还发现牵引手术的实施者并非医院的正式医生，而只是实习生，这位实习生讲述了实施牵引的经过，此段对话被录音作为证据。）

6. 医疗事故技术鉴定：医疗事故鉴定实质上并不符合民事诉讼证据的法定要件，因为一方面，鉴定须有鉴定人的签名，而医疗事故鉴定只有医学会盖章；并且，医疗事故鉴定也只是医院内部行政处罚的依据。另外，从委托方式看，医疗事故鉴定也有不妥之处。医疗事故鉴定的委托方式有三种：医患双方共同委托、医院委托和法院委托。在实际操作中，医患双方共同委托几乎是不可能的，因为医患双方处于对立面，很难达成一致。医院委托和法院委托虽然可以操作，但由于实施鉴

---

① 案例二、三、四、六的解析参照常永春、彭瑶主编：《医患之争——医患纠纷典型案例评析》，法律出版社 2006 年版，第 53、258、282、320 页，有删改。

定的人员同样是各医院的医生，所以医疗事故鉴定可能会存在"医医相护"的情况。

7. 法医鉴定机构的法医学鉴定：与医疗事故技术鉴定相比，法医学鉴定具有多方面的优势。并且，2005 年全国人大《医疗事故管理条例》明确授予医学会以外的机构鉴定的权利。

8. 医学文献（教科书）：医学文献不具有证据的法定形式，因其并不是对事实的证明，所以不能作为定案证据，但也不应忽略其重要性，在某些个案中，医学文献可以作为参考依据。①

【案例九】

本案中胡某到医院就医后，与医院建立了合同关系，通过签署《住院病人同意书》、《手术协议书》等文件，在胡某向医院作出承诺的同时，医院事实上也负有按照约定向胡某提供服务的义务。依照《手术协议书》的约定，医院的义务是为胡某实施剖腹产手术。因此，医院在胡某生产过程中未经胡某或其丈夫的同意，就擅自放弃实施剖腹产手术，而改用胎吸助产，违反了双方在《手术协议书》中的约定，理应根据合同法的规定，承担违约责任。在经过两次医疗事故技术鉴定均被认定为医院的诊治行为不构成医疗事故的情况下，胡某选择了违约之诉起诉法院，最终获得赔偿，也不失为一个好方案。

【案例十】

本案中老张选择了与【案例十】中胡某完全不同的理由，从医院在诊疗过程中存在过错入手，要求医院承担侵权损害赔偿的责任。按照我国法律规定，小张享有生命健康权，侵害公民身体造成伤害的应当赔偿。但是，在患者死亡或者造成损害后果的案件中，医院是否承担赔偿责任，还需要从医院的行为是否同时符合侵权损害赔偿的四个要件来认定。这四个要件为：医院必须实施了侵权行为；侵权行为具有违法性；被害人有损害后果发生；损害后果与侵权行为有法律上的因果关系。本案中，老张提供了小张到医院治疗、小张死亡的证据。经鉴定机构鉴定，省医院的诊疗行为没有违反操作规程，小张的死亡也并非由治疗行为引起，所以，省医院的医疗行为不符合侵权行为的要件，故省医院不需承担侵权责任。②

---

① 此部分感谢湖北今天律师事务所游友安律师提供的资料和意见。

② 案例十、十一转引自常永春、彭瑶主编：《医患之争——医患纠纷典型案例评析》，法律出版社 2006 年版，第 9～11 页，有删改。

法 规 目 录

1.《传染病防治法》，第七届全国人大常委会第六次会议 1989 年 2 月 21 日通过，9 月 1 日施行，第十届全国人大常委会第十一次会议 2004 年 8 月 28 日修订，12 月 1 日施行；

2.《医疗机构管理条例》（国务院令第 149 号），国务院 1994 年 2 月 26 日颁布，9 月 1 日施行；

3.《执业医师法》，第九届全国人大常委会第三次会议 1998 年 6 月 26 日通过，1999 年 5 月 1 日施行；

4.《合同法》，第九届全国人大第二次会议 1999 年 3 月 15 日通过，10 月 1 日施行；

5.《最高人民法院关于确定民事侵权精神损害赔偿责任若干问题的解释》，简称《民事侵权精神损害赔偿解释》，最高人民法院审判委员会第 1161 次会议 2001 年 2 月 26 日通过，3 月 10 日施行；

6.《最高人民法院关于民事诉讼证据的若干规定》，简称《民事诉讼证据规定》，最高人民法院审判委员会第 1201 次会议 2001 年 12 月 6 日通过，2002 年 4 月 1 日施行；

7.《医疗事故处理条例》（国务院令第 351 号），国务院 2002 年 4 月 4 日颁布，9 月 1 日施行；

8.《医疗事故分级标准（试行）》（卫生部令第 32 号），卫生部 2002 年 7 月 31 日公布，9 月 1 日施行；

9.《医疗事故技术鉴定暂行办法》（卫生部令第 30 号），卫生部 2002 年 7 月 31 日公布，9 月 1 日施行；

10.《医疗事故争议中尸检机构及专业技术人员资格认定办法》（卫医发〔2002〕191 号），卫生部、国家中医药管理局 2002 年 8 月 2 日公布，9 月 1 日施行；

11.《医疗机构病历管理规定》（卫医发〔2002〕193 号），卫生部、国家中医药管理局 2002 年 8 月 2 日公布，9 月 1 日施行；

12.《病历书写基本规范（试行）》（卫医发〔2002〕190 号），卫生部、国家中医药管理局 2002 年 8 月 16 日公布，9 月 1 日施行；

13.《重大医疗过失行为和医疗事故报告制度的规定》，卫生部、国家中医药管理局 2002 年 8 月 20 日公布，9 月 1 日施行。

14.《最高人民法院关于参照〈医疗事故处理条例〉审理医疗纠纷民事案件的通知》（法〔2003〕20 号），最高人民法院 2003 年 1 月 6 日公布；

15.《乡村医生从业管理条例》（国务院令第 386 号），国务院 2003 年 7 月 30

日颁布，2004 年 1 月 1 日施行；

16.《最高人民法院关于审理人身损害赔偿案件适用法律若干问题的解释》，简称《人身损害赔偿解释》，最高人民法院审判委员会第 1299 次会议 2003 年 12 月 4 日通过，2004 年 5 月 1 日施行；《关于医疗机构不配合医疗事故技术鉴定所应承担的责任的批复》（卫政法发〔2005〕28 号），简称《医疗机构不配合鉴定的责任》，卫生部 2005 年 1 月 21 日公布；

17.《关于做好 2007 年新型农村合作医疗工作的通知》（卫农卫发〔2007〕82 号），卫生部、财政部 2007 年 3 月 2 日公布；

18.《司法鉴定程序通则》，司法部 2007 年 10 月 1 日公布施行；

19.《中华人民共和国侵权责任法》，第十一届全国人民代表大会常务委员会第十二次会议于 2009 年 12 月 26 日通过，2010 年 7 月 1 日起施行。

第 **7** 章
农村环境法律实务

☞**导读**

    为了实现人与自然的和谐相处，离不开农村环境的保护，本章主要涉及农村环境概况、我国环境法体系、环境行政诉讼和环境民事诉讼等。

第一节　我国农村环境的主要问题及维权途径介绍

一、当前农村环境问题的主要表现

（一）化肥、农药的不合理使用

我国是一个农业大国，农药产量仅次于美国。农药的大量使用会造成生态平衡失调，物种多样性减少，使农村本来就较脆弱的农业生态系统更加脆弱。由于过分依赖化肥、农药、除草剂、杀虫剂、农膜等化学型生产资料，在粮食增加的同时，环境污染也相应而生。

（二）农村畜禽养殖业及相关行业带来的环境问题

规模化畜禽养殖中的粪便直排已经成为我国农村新的污染源，目前我国每年养殖畜禽排放的粪便粪水总量超过 17 亿吨。此类污染点多面广，治理难度相当大。农村地区的手工作坊主将动物皮毛当街晾晒，难闻的气味导致蚊蝇大量聚集，严重影响了周围居民的生活质量，恶化了农村环境卫生状况。

（三）自然资源的不合理开发利用造成生态环境破坏

由于自然资源的不合理开发利用，导致土地退化，水土流失形势严峻，野生动物减少，乡村生物多样化降低。大量农药和除草剂的使用，在控制害虫和杂草的同

农药污染及其侵入机体的途径

时，也把害虫的天敌及无害植物也一并杀死了。

（四）噪声、振动污染日趋突出

一些乡镇有意沿交通干线发展，使得一些交通干线穿过乡镇中心区，噪声震耳。许多乡镇企业都分布在人口密布的集镇，工厂与住房交错而建，基本上没有功能区划分，居民生活受到严重干扰。由于缺乏监管，建筑工地白天黑夜随意施工，住宅附近的拖拉机等经常半夜三更发动，严重干扰居民休息。

（五）乡镇企业布局不当、治理不够产生的工业污染

乡镇企业数量众多、工艺陈旧、设备简陋、技术落后且能源消耗高，绝大部分企业没有防治污染设施，污染危害非常突出。目前，乡镇工业污染所占的比重正在迅速地扩大，而治理能力和措施仍然处于初级阶段，治污能力远逊于国有企业。

（六）城市污染向农村转移

随着城市产业结构的调整，一些耗能高、污染重、难以治理达标的企业向工业污染少的农村地区迁移，这些迁移到农村的污染企业对农村的自然环境造成极大的破坏。

（七）"癌症村"层出不穷

1. 广东翁源癌症村：韶关市翁源县上坝村，3000 多村民，从 1987 年至今，已有 250 余人因癌症而丧生。

2. 河南黄孟营癌症村：沙颍河沿岸沈丘县黄孟营村，2400 多人的村子，14 年来已有 114 名村民因患癌症去世。像这样的"癌症高发村"，在沙颍河沿岸还有不少。

3. 湖北翟湾癌症村：襄樊市翟湾村，3000 多村民，近两三年来已有 100 多人死于癌症。

4. 江苏广丰癌症村：无锡市广丰村，200 来户村民，几年来因癌症去世的有近 20 人，目前已查出患癌症者也已近 30 人，占了全镇癌症病人总数的 60%以上。

5. 江西乐安河沿岸：江西乐安河沿岸悄然出现了 10 多个"癌症村"，从 20 世纪 80 年代开始，有多人死于癌症。周边 8 个乡镇的数十万亩良田荒芜，颗粒无收。

6. 钱塘江南岸钨里村：浙江萧山钨里村，2000 多村民，每年都有人死于癌症，少则三四个，多则七八个。

附：农村主要污染类型：

污染类型	污染成因	主要危害
固体废弃物污染	工业废旧机器；废弃生活用品；矿藏开发过程中资源的浪费	占用农业用地；污染水源和土壤；焚烧时污染大气
水污染	工业废水、生活污水排放；固体垃圾中有害物质溶解；土壤中有害物质向水流转移；大量喷洒农药化肥等	人畜直接饮用造成身体危害；有害物质通过食物链危害整个生态系统；污染土壤
电磁辐射污染	各种电器、高压电等	儿童白血病；癌症；影响人的生殖系统和心血管系统
室内环境污染	装饰材料，甲醛等	失眠多梦；影响人的心血管系统
土壤污染	固体垃圾溶蚀渗入；污水灌溉；农药、化肥等使用	破坏土质或使土壤肥力下降；有害物质通过食物链危害整个生态系统；污染水源
大气污染	工业、生活烟尘的排放；汽车尾气的排放；火山森林火灾等自然灾害	引起人类各种呼吸道疾病；形成酸雨，危害生态系统；影响人类正常的生活和工作

二、主要维权途径

在农村环境纠纷中，主要有如下维权途径：（1）与排污者协商。一般可寻求村委会帮助，或向当地律师咨询。（2）向当地行政部门投诉。行政主管部门对当地的污染者负有查处的责任，水污染、大气污染、环境污染和固体废弃物污染受害者可以联系环境行政主管部门，一些特定的资源污染如渔业污染受害者可向渔业管理部门投诉，生活噪声污染受害者可以向公安部门投诉。（3）环境行政诉讼。（4）环境民事诉讼。（5）申请法律援助。（6）向媒体求助。

【案例一】

长兴农民打赢火车官司

2002 年 6 月，长兴县雉城镇三星村村民鱼塘里的鱼突然大量死亡，农田里的秧苗也死掉，涉及 48 户村民。当地环保局调查后认定，鱼和秧苗是受外来大量超标含油废水污染后死亡，污染源来自杭州铁路分局机务段的废油。为此，三星村村委会和村民们按照长兴县环保和农业部门的建议，花费 33590 元搬迁村机埠并增补了水渠道。然后，三星村村委会和 48 名村民将上海铁路局杭州分局告上法庭，认为该局下属部门超标废油的对外大量渗漏造成了他们的损失，应依法赔偿。49 起案件中，最小的诉讼标的只有 200 元。长兴县法院受理此案后，承办法官多次召集或上门对原、被告做工作，使双方初步达成调解意向。法院开庭审理后，双方达成调解协议，由杭州铁路分局杭州机务段赔偿 8.6 万余元，上海铁路局杭州分局承担连带清偿责任，诉讼费由被告负担。

【案例二】①

屏南特大环境污染案一审宣判，1721 位农民获赔 25 万元

2005 年 5 月 9 日，福建省宁德市中级法院向原、被告送达了一审判决书，法院判决被告赔偿原告 1721 位农民果树、毛竹等农作物经济损失 249763 元，责令被告立即停止废物排放引起的侵害，清除工厂周边堆放的工业废渣。

原告称，1992 年，由福州一化出资 70%、屏南县政府出资 30% 共同组建的榕

---

① 参见中国法院网，http：//www.chinacourt.org/public/detail.php? id＝161020。

屏化工厂落户屏南，由于工厂污染防治设施没有经过验收即投入使用，企业排放的废水、废气、废渣严重超标，致使当地环境遭到严重破坏，大片树林、竹林、果树、庄稼被污染致死，河流鱼虾不能生存，周边居民身体不适症状大幅增加。原告请求法院判令被告立即停止侵害、清除工厂周边废渣，赔偿经济损失10331440元，赔偿精神损害3203200元。

被告则称，工厂从建厂开始就极其重视环保工作，至目前已投入了500多万元用于环保设施的建设，其每年均两次委托省、市有关环境监测机构进行监测，包括省、市、县环保部门的突袭性监测，企业排放的"三废"都全部达标，不会造成农作物减产绝收，危害人体健康。而且，2002年前后，对原告提出的部分毛竹、林木死亡赔偿的要求，被告为了搞好与周边村民的关系，已经支付了434415.2元的补偿费，原告不再具有求偿权。

法院经审理认为，原告受污染的事实存在，被告即使是达标排放，仍应当承担民事赔偿责任。但是在认定原告的损害与被告的排污是否存在因果关系、认定原告的损害范围及赔偿数额两个问题上，由于原告提供的受损清单，都是根据村民个人的自报结果累计形成的，没有相应的证据予以支持，因而不能作为损害赔偿的依据。对经济赔偿问题，法院参照准确、科学的评估报告作出认定。对原告要求的精神损害赔偿，因缺少证据证明其因果关系，法院不予支持。

【案例三】①

截至20世纪末，中国受污染的耕地面积达2000多万公顷，约占耕地总面积的1/5，其中工业"三废"污染面积达1000万公顷，污水灌溉面积为130多万公顷。每年因土壤污染，粮食减产达1000万吨，还有1200万吨粮食受污染，二者的直接经济损失达200多亿元。

2006年8月，甘肃省徽县发生的"铅中毒"事件就是一个典型的案例。当时，这个县水阳乡的两个村庄共有368人查出血铅超标，其中14岁以下的儿童有149人。经环保部门调查发现，位于这两个村庄附近的一家铅冶炼厂是重要污染源，造成当地土壤、空气和水体污染。虽然这家工厂后来被勒令关停，但如何给那些遭受污染损害的村民以有效的补偿，如何从根本上转变那种以群众健康甚至生命为代价的粗放型增长方式，却是一个难题。

---

① 参见光明网，http：//www.gmw.cn/01gmrb/2006-09/10/content_477622.htm。

第二节　我国环境法体系及主要制度

环境保护法律体系，是指由因保护和改善生活环境和生态环境，防治污染和其他公害的社会关系而产生的法律规范形成的有机联系的统一整体。

一、我国的环境保护法律体系

（一）宪法关于环境保护的规定

《宪法》第9条、第10条、第22条、第26条对我国的环境保护工作提出了基本的目标和要求，并明确规定了环境保护的任务、内容和范围，这体现了保护和改善环境是我国的基本国策，是我国环境保护工作的根本依据。

【依据】《宪法》第9、10、22、26条。

（二）环境保护基本法

《中华人民共和国环境保护法》共6章，包括总则、环境监督管理、保护和改善环境、防治环境污染和其他公害、法律责任和附则。主要内容包括适用范围和环境基本制度。

需要特别指出的是，我国《民法通则》和《侵权责任法》中，关于环境污染损害救济的相关法律规定，也应当成为我国环境保护法律的另外一个层面的基本法。尤其是《侵权责任法》第八章的内容，集中规定了环境污染损害的民事法律责任。

（三）环境保护单行法律

环境保护单行法律是指依据宪法原则和环境保护基本法而制定的，针对不同的防治对象或保护对象作出的专门规定，是环境保护法律体系中的主体部分。其中防治污染和公害的单行法律有8部：《中华人民共和国大气污染防治法》、《中华人民共和国水污染防治法》、《中华人民共和国海洋污染防治法》、《中华人民共和国噪声污染防治法》、《中华人民共和国固体废物污染防治法》、《中华人民共和国环境影响评价法》、《中华人民共和国清洁生产促进法》、《中华人民共和国放射性污染防治法》。保护自然资源的单行法律有10部，如《中华人民共和国森林法》、《中华人民共和国土地管理法》等。

与环境保护相关的法律共有10部，如《中华人民共和国刑法》、《中华人民共和国城市规划法》、《中华人民共和国国际标准化法》等。

（四）　环境保护行政法规

行政法规是以国务院为领导和管理国家各项行政工作，根据宪法和法律，并且按照《行政法规制定程序条例》的规定而制定的政治、经济、教育、科技、文化、外事等各类法规的总称。

《中华人民共和国宪法》明确规定，作为最高国家行政机关，国务院可以根据宪法和法律，规定行政措施，制定行政法规，发布决定和命令。因此，制定行政法规是宪法赋予国务院的一项重要职权，也是国务院推进改革开放，组织经济建设，实现国家管理职能的重要手段。

其中，对某一方面的行政工作做比较全面、系统的规定，称"条例"，如《放射性物品运输安全管理条例》；对某一方面的行政工作做部分的规定，称"规定"；对某一项行政工作做比较具体的规定，称"办法"，如《危险废物经营许可证管理办法》。

（五）　环境保护部门规章

部门规章是国务院各部门、各委员会、审计署等根据宪法、法律和行政法规的规定和国务院的决定，在本部门的权限范围内制定和发布的调整部门范围内的行政管理关系，并不得与宪法、法律和行政法规相抵触的规范性文件。主要形式是命令、指示、规章等。

部门规章的解释是指国务院所属的各个部门、委员会在各自的职权范围内发布的调整部门管理事项的规范性文件。如《限期治理管理办法》、《环境行政复议办法》。

（六）　地方性环境法规

地方性法规，即地方立法机关制定或认可的，其效力不能及于全国，而只能在地方区域内适用的规范性法律文件。目前，地方性法规是数量最大的法律渊源，包括一般地方性法规与特殊地方性法规。

所谓一般地方性法规，即指由各省、直辖市以及省政府所在的市和国务院批准的较大的市的人民代表大会及其常委会制定的规范性法律文件，它们不得同宪法、法律相抵触。如《湖北省信访条例》、《武汉市湖泊保护条例》、《湖北省汉江流域水污染防治条例》、《湖北省大气污染防治条例》、《贵阳市促进生态文明建设条例》等。

（七）　地方政府规章

地方政府规章是指省、自治区、直辖市人民政府以及省、自治区、直辖市人民政府所在地的市、经济特区所在地的市和国务院批准的较大的市的人民政府，根据法律、行政法规和本省、自治区、直辖市的地方性法规所制定的规章。如《湖北省地方税费征收保障办法》、《湖北省行政许可监督检查办法》等。

（八）我国参加的主要的国际环境保护条约

我国已加入了50余个国际环境保护条约，如《气候变化框架公约》、《保护臭氧层维也纳公约》、《关于消耗臭氧层物质的蒙特利尔议定书及该议定书的修正》、《生物多样性公约》、《濒危野生动植物物种国际贸易公约》、《关于特别是作为水禽栖息地的国际重要湿地公约及其该公约的修正》、《东南亚及太平洋区植物保护协定、国际热带木材协定》、《控制危险废物越境转移及其处置巴塞尔公约》、《防止因倾倒废物及其他物质而引起的海洋污染的公约》、《联合国海洋法公约》、《保护世界文化和遗产公约》、《南极条约》等。

二、我国环境保护法律法规效力纵向图

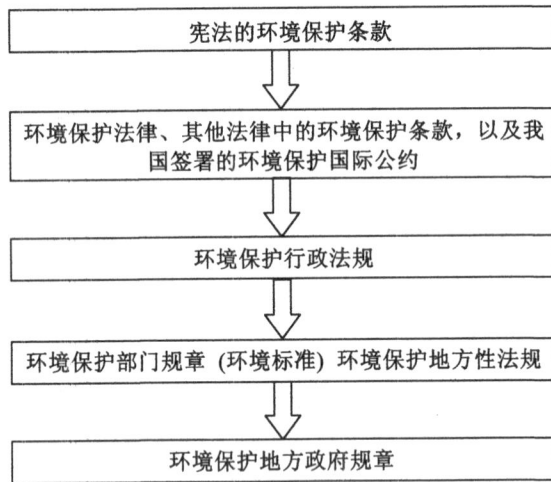

```
┌─────────────────────────────────┐
│        宪法的环境保护条款          │
└─────────────────────────────────┘
              ↓
┌─────────────────────────────────┐
│ 环境保护法律、其他法律中的环境保护条款，以及我 │
│    国签署的环境保护国际公约          │
└─────────────────────────────────┘
              ↓
┌─────────────────────────────────┐
│        环境保护行政法规            │
└─────────────────────────────────┘
              ↓
┌─────────────────────────────────┐
│ 环境保护部门规章（环境标准）环境保护地方性法规 │
└─────────────────────────────────┘
              ↓
┌─────────────────────────────────┐
│      环境保护地方政府规章          │
└─────────────────────────────────┘
```

三、环境法主要制度介绍

环境法的主要制度在调整某一类或某一方面环境保护法律关系中有重要作用。下面介绍几种制度：

（一）环境影响评价制度

环境影响评价制度是从源头控制环境污染和生态破坏的法律手段。1998年，

中国政府颁布实施《建设项目环境保护管理条例》，明确提出环境影响评价制度，以及建设项目环境保护设施同时设计、同时施工、同时投产使用的"三同时"制度。2003 年开始实施的《中华人民共和国环境影响评价法》，将环境影响评价制度从建设项目扩展到各类开发建设规划。国家实行环境影响评价工程师职业资格制度，建立了由专业技术人员组成的评估队伍。

【依据】《环境影响评价法》第 2 条。

（二）"三同时"制度

"三同时"制度是建设项目环境管理的一项基本制度，是我国以预防为主的环保政策的重要体现。具体内容是建设项目中环境保护设施必须与主体工程同步设计、同时施工、同时投产使用。"三同时"制度的适用范围包括：新建、改建、扩建项目；技术改造项目；可能对环境造成污染和破坏的工程项目。

1973 年国务院下发《关于保护和改善环境的若干规定》，首次正式提出一切新建、扩建和改建的企业必须执行"三同时"制度；1976 年中共中央批转的《关于加强环境保护工作的报告》重申了这项制度；1979 年的《环境保护法（试行）》、1989 年的《环境保护法》、各时期单项环保法律及国务院《建设项目环境保护条例》均规定了建设项目必须执行"三同时"制度。

【依据】《环境保护法》第 26 条。

（三）排污收费制度

排污收费制度是指向环境排放污染物或超过规定的标准排放污染物的排污者，依照国家法律和有关规定按标准交纳费用的制度。征收排污费的目的，是为了促使排污者加强经营管理，节约和综合利用资源，治理污染，改善环境。

排污收费制度是"污染者付费"原则的体现，可以使污染防治责任与排污者的经济利益直接挂钩，促进经济效益、社会效益和环境效益的统一。征收的排污费作为重点污染源治理补助资金和环境综合整治资金。排污单位出于自身经济利益的考虑，必然加强经营管理，提高管理水平，以减少排污，并通过技术改造和资源能源综合利用以及开展节约活动，改变落后的生产工艺和技术，淘汰落后设备，大力开展资源、能源的节约和综合利用，从而提高资源、能源的利用率，推动企业、事业单位的技术进步，提高经济效益和环境效益。

【依据】《环境保护法》第 28 条、《征收排污费试行办法》第 3~8 条。

（四）许可证制度

排污许可证制度是指凡需要向环境排放各种污染物的单位或个人，都必须事先向环境保护部门办理申领排污许可证手续，经环境保护部门批准后获得排污许可证后方能向环境排放污染物的制度。这种制度多以某种凭证即许可证形式进行，故称"许可证制度"，也称"许可制度"。它一般包括许可证申请、审核、批准、监督、中止、吊销以及作废等一系列管理活动过程，根据管理对象的不同要求，可分为规划、开发、生产销售和排污许可证等类型。许可证制度可保证对环境有影响作用的管理对象遵守国家管理环境的有关规定，从而将其对环境的影响作用限制在国家允许范围内，实践表明，它是国家强化环境管理的一种行之有效的方法。

【依据】《水污染防治法实施细则》第10条。

（五）限期治理和限期淘汰制度

限期治理制度是对造成环境严重污染的企业事业单位，限定一段时间进行污染治理的环境保护法律制度。《环境保护法》规定，对造成环境严重污染的企业事业单位，限期治理。中央或者省、自治区、直辖市人民政府直接管辖的企业事业单位的限期治理由省、自治区、直辖市人民政府决定。市、县或者市、县以下人民政府管辖的企业事业单位的限期治理，由市、县人民政府决定。被勒令限期治理的企业事业单位必须如期完成治理任务。对限期治理逾期未完成治理任务的企业事业单位，除依照国家规定加收超标准排污费外，可以根据所造成的危害后果处以罚款，或者责令停业、关闭。《海洋环境保护法》、《水污染防治法》、《大气污染防治法》、《固体废物污染环境防治法》、《环境噪声污染防治法》中都有类似的规定。

【依据】《环境保护法》第18、29、39条。

（六）环境信息公开制度

政府环境信息，是指环保部门在履行环境保护职责中制作或者获取的，以一定形式记录、保存的信息。公民、法人和其他组织可以向环保部门申请获取政府环境信息。公开范围包括政府换届信息和企业环境信息。公民、法人和其他组织可以向环保部门申请获得政府环境信息。

申请提供政府环境信息，应当采用信函、传真、电子邮件等书面方式。申请应当包括申请人的姓名、名称、联系方式，申请公开的政府环境信息内容的具体描述和形式要求。

环保部门应当在收到申请之日起15个工作日内予以答复。经政府信息公开负责人同意，可以适当延长答复期限，并且书面告知申请人，延长答复的期限最长不得超过15个工作日。

环保部门应当在每年3月31日前公布本部门的政府环境信息公开年度报告。

公民、法人和其他组织认为环保部门不依法履行政府环境信息公开义务的，可以向上级环保部门举报。收到举报的环保部门应当督促下级环保部门依法履行政府环境信息公开义务。

公民、法人和其他组织认为环保部门在政府环境信息公开工作中的具体行政行为侵犯其合法权益的，可以依法申请行政复议或者提起行政诉讼。

【依据】《政府信息公开条例》第2、5、17、18、25、28条。

【案例四】①

上海律师严义明申请安徽省环境信息公开之路

2008年5月4日，严义明向安徽省环保局提交了《关于安徽省环境信息公开的申请》，5月24日，严义明收到了安徽省环保局的复函，其中答复称："污染物排放超过国家或者地方排放标准，或污染物排放总量超过地方政府核定的排放总量控制指标的污染严重的企业名单，请登录安徽省信息公开网的安徽省环境保护局或安徽省环境监察局业务公开、公告和新闻发布栏目查询。"

5月27日，严义明再次致函安徽省环保局，要求确认《挂牌督办企业名单》是否等同于5月4日申请事项中所称污染物排放超过国家或地方排放标准，或污染物排放总量超过地方政府核定的排放总量控制指标的污染严重企业名单。

6月18日，安徽省环保局答复称，此前回复函中列举的企业，是该局现场检查时发现存在严重环境污染的企业，其中包括污染物排放超过国家排放标准或污染物排放总量超过地方政府核定的排放总量指标，以及程序违法、对生态环境造成总体破坏等多种违法现象的企业，并不都是污染物排放超过国家排放标准或污染物排放总量超过地方政府核定的排放总量指标的企业。同时，依据国务院《主要污染物总量减排考核办法》第3条，安徽省政府已经将主要污染物排放总量控制指标由各市、县人民政府分解落实，污染物排放总量超标的企业应当由当地核定公布，该局对于此类企业名单不予公布。

6月24日，严义明给安徽省环保局发函，要求公布超标排污、超总量排污企业，公布其主要污染物名称、排放方式、排放浓度和总量超标、超总量情况的主要媒体名称及安徽省环保局对企业所公布环境信息的核查情况；企业未依法公开的，代为公开相关情况；请求环保局公布对上述企业采取整治措施。

由于认为一直未从安徽省环保局处获取相关信息，7月8日，严义明向国家环保部举报安徽省环保局，理由是未依法公开污染物排放超过国家标准或地方排放标准、污染物排放总量超过地方政府核定的排放总量控制指标的污染严重的企

① 参见新加坡《联合早报》（2009年5月11日报道）。

业名单。

环保部将相关资料转到安徽省环保局后，8月14日，安徽省环保局复函称，相关信息已在安徽省信息公开网公布。安徽环保局除继续强调下辖市、县环保部门的权责外，也强调对年排放和五年排放要在期末由市、县环保部门核查后，才能确定是否超总量并予以公开说明。复函称，安徽省各级环保监察机构的重点是对企业超标排污、违反环评和"三同时"制度等违法行为的查处，省环保局尚未对超总量排污开展专门的执法检查等，无法公布污染物排放总量超过地方政府核定的排放总量控制指标的污染严重的企业名单。

此后，就安徽省环保局环境信息公开的相关问题，严义明再次向环保部、监察部做了举报。12月22日，安徽省环保局《2008年省级重点污染监控企业名单调整的函》公开，严义明的环境维权终告一段落。

（七）环境标准制度

环境标准是国家为了保护人民健康，促进生态良性循环，实现社会经济发展目标，根据国家的环境政策和法规，在综合考虑本国自然环境特征、社会经济条件和科学技术水平基础上规定环境中污染物的允许含量和污染源排放污染物的数量、浓度、时间、速度以及监测方法和其他有关技术的规范。

（八）环境监测制度

环境监测制度是指在一定时间和空间范围内，间断或不间断地测定环境中污染物的含量和浓度，观察、分析其变化和对环境影响过程的工作。环境监测的对象，大体上可以分为污染源和环境质量状况两个方面：污染源方面主要包括工业、农业、交通污染源和城市废弃物；环境质量状况方面主要包括大气、水体、土壤等环境因素的质量状况。

【依据】《水污染防治法》第89条。

（九）环境犯罪问题简介

环境犯罪是刑法理论和刑事立法、司法领域的新型犯罪，近年来随着环境问题日益突出，有关环境方面刑法保护问题也逐渐为人们所关注。刑法中破坏环境资源保护罪的规定有：

《最高人民法院、最高人民检察院关于执行〈中华人民共和国刑法〉确定罪名的补充规定》，该司法解释对破坏环境资源保护罪的罪名进行了专门规定，确定了"重大环境污染事故罪"等15个罪名，同时，还确定了"走私废物罪"等16项罪名；

《最高人民法院关于审理破坏土地资源刑事案件具体应用法律若干问题的解释》，对审理破坏土地资源刑事案件的法律适用问题作了具体规定；

《最高人民法院关于审理破坏野生动物资源刑事案件具体应用法律若干问题的解释》，共有12条，对审理破坏野生动物资源刑事案件的法律适用问题作了具体规定；

《最高人民法院关于审理破坏森林资源刑事案件具体应用法律若干问题的解释》，共有19条，对审理破坏森林资源刑事案件的法律适用问题作了具体规定。

【案例五】①

湖北省环境监管失职罪第一案

1997年6月18日、9月27日、9月29日武汉某化学制品公司先后三次将装有化工废弃物的铁桶共计190余桶交由武汉市洪山区环保局废弃物交换中心处理，并向该中心交纳了相关的处理费用。

1999年3月，该中心人员将190余桶废弃物交给无废弃物处理资格的社会人员拖走，这些人员拖走后，将桶中的大量化工废弃物随意倾倒于汉阳区永丰乡锅顶山半山腰的地面上。不久，当地普降暴雨，这些倾倒在半山腰的化学废弃物随雨水顺山而下，流入当地农田、鱼塘、龙阳湖，导致农作物大量损坏，经检验流经的土壤、水中苯酚含量严重超标，农田、鱼塘荒废，对周围环境造成严重污染，直接经济损失共计199.7万元。

该案被媒体定性为"湖北环境污染第一案"，武汉市汉阳区检察院依法提起公诉，2004年2月19日该案正式开庭审理。检察院指控被告人方某、何某和王某涉嫌重大环境污染事故罪和环境监管失职罪。经法院审理认定，被告身为负有环境保护监督管理职责的国家机关工作人员，严重不负责任，不认真履行环境保护监督管理职责，导致发生重大环境污染事故，使公私财产遭受重大损失，其行为构成环境监管失职罪。

2004年3月4日，武汉市汉阳区人民法院依据《中华人民共和国刑法》第408条、第72条第1款、第73条第2、3款之规定，判决武汉市洪山区环保局助理调研员王某犯环境监管失职罪，判处有期徒刑6个月，缓刑1年。

分析：

被称为"湖北环境污染第一案"的武汉市汉阳仙山村苯酚泄漏案，于2004年2月19日正式开庭审理。被告人被控以重大环境污染事故罪和环境监管失职罪。

———

① 参见新加坡《联合早报》（2009年5月11日报道）。

这两个罪名都是 1997 年刑法新规定的罪名，特别是后一个罪名据称在全国属首次运用。保护环境除了行政责任和民事责任以外，刑事责任也是环境法律体系中不可或缺的重要一环，有必要熟悉和了解。

重大环境污染事故罪，是我国《刑法》第 338 条规定的罪名，该条的全文为："违反国家规定向土地、水体、大气排放、倾倒或者处理有放射性的废物、含传染病病原体的废物、有毒物质或者其他危险废物，造成重大环境污染事故，致使公私财产遭受重大损失或者人身伤亡的，处 3 年以下有期徒刑或者拘役，并处或者单处罚金，后果特别严重的，处 3 年以上 7 年以下有期徒刑，并处罚金。"

分析该条规定我们可以看出：该罪的主体是一般主体，即具备刑事责任能力的人才可以成为该罪的犯罪主体。在主观方面对于违反规定向土地、水体、大气排放、倾倒或者处置危险物品是故意的，对于造成重大环境污染事故，致使公私财产遭受重大损失或者人身伤亡的严重后果是过失的。

本罪要求的犯罪行为是违反国家规定向土地、水体、大气排放、倾倒或者处理有放射性的废物、含传染病病原体的废物、有毒物质或者其他危险废物。这里的违反国家规定，是指违反国家防治环境污染的有关法律、法规，包括《大气污染防治法》、《水污染防治法》、《固体废物污染防护法》以及《环境保护法》等有关规定。上述法律对于危险废物的处理都作了明确的规定，本罪就是因违反上述规定而构成的犯罪。

本罪的行为对象仅限于危险废物，所谓危险废物，是指列入国家危险废物名录或者根据国家规定的危险废物的鉴别标准和鉴别方法被认定为具有危险性的废物，如本案中的苯酚就是已列入国家危险废物名录的危险品。所以如果"向土地、水体、大气排放、倾倒或者处理"的是其他物品，即使造成了危害结果也不构成本罪。

本罪对于危害结果的要求是"造成重大环境污染事故，致使公私财产遭受重大损失或者人身伤亡"，显然属于结果犯，即虽然有违法行为但是未造成严重后果的，不构成本罪。

环境监管失职罪是《刑法》第 408 条规定的罪名，该条全文如下："负有环境监管职责的国家机关工作人员严重不负责任，导致发生重大环境污染事故，致使公私财产遭受重大损失或者人身伤亡的，处 3 年以下有期徒刑或者拘役。"最早在最高人民检察院 1987 年 8 月 30 日发布的《关于正确认定和处理玩忽职守罪的若干意见（试行）》中，将这种行为认为是玩忽职守罪。1997 年《刑法》修订时，将其规定为独立的犯罪，所以它是对玩忽职守罪的特别规定。

该罪的主体是特殊主体，即只有负环境监管职责的国家机关工作人员才可能犯本罪。这些"国家机关工作人员"包括在国务院环境保护行政主管部门、县级以上地方人民政府环境保护行政主管部门从事环境保护的工作人员，以及在国家海洋行政主管部门、港务都督、渔政渔港、军队环境保护部门和各级公安、交通、铁路、民航管理部门中，依照有关法律的规定对环境污染的防治实施监督管理的人员。此外，县级以上人民政府的土地、矿产、林业、农业、水利行政主管部门中，依照有关法律的规定对环境污染的防治实施监督管理的人员也可以成为本罪的主体。由此可以看出，本罪虽为特殊主体，但范围仍是十分广泛的。凡对环境保护负有监督管理职责的工作人员，无论在政府何种部门工作，都可以成为本罪的主体。

本罪在主观方面应属过失，表现为严重不负责任导致发生重大环境污染事故。

本罪的犯罪行为主要表现为疏于职守，对重大环境污染事故隐患，或已出现的轻微环境污染事故不采取措施，以致发生重大环境污染事故，致使公私财产遭受重大损失或者人身伤亡。

本罪对于犯罪结果的要求与重大环境污染事故罪是相同的，要求"导致发生重大环境污染事故，致使公私财产遭受重大损失或者造成人员伤亡的严重后果"，不同点在于本罪没有加重情节。

其实在环境污染事故中，往往有很多虽然没有造成严重的财产或者人员损失，有时甚至难以计算环境损失，但是环境要素却遭到严重破坏的情况，这些在我国《刑法》中尚没有被规定为犯罪。也就是说，当前的刑事政策仍然是以"以人为本"为原则的，注重对人及其财产的保护。一些发达国家如英国的环境刑事立法已经超出了以人为本的立法价值观念，真正注重保护环境自身的价值，表现在每一种犯罪的成立并不要求人的伤亡或者财产遭受损害，只要某一环境要素遭受一定程度的危害，或者只要行为人实施危害环境的行为，犯罪就能成立。

所以我国目前用刑事手段保护环境与环境本身的客观要求是有距离的。即便如此，我国环境法律的执行和环境保护仍然还是任重道远。如果"搞环保的"继续"制造环境污染大案"，这将不仅仅是被告人王某说的"环保人的奇耻大辱"，而更是我们人类的奇耻大辱！如果我们对环境保护只是最低要求的法律还得不到遵守的话，那么我们将留给我们的后代一个什么样的环境？

附录：主要环境法律法规目录

1.《环境保护法》，1989 年 12 月 26 日第七届全国人民代表大会常务委员会第十一次会议通过，1989 年 12 月 26 日中华人民共和国主席令第二十二号公布，自公布之日起施行。

2.《大气污染防治法》，由中华人民共和国第九届全国人民代表大会常务委员会第十五次会议于 2000 年 4 月 29 日修订通过，自 2000 年 9 月 1 日起施行。

3.《水污染防治法》，中华人民共和国第十届全国人民代表大会常务委员会第三十二次会议于 2008 年 2 月 28 日修订通过，自 2008 年 6 月 1 日起施行。

4.《海洋环境保护法》，1982 年 8 月 23 日第五届全国人民代表大会常务委员会第二十四次会议通过，1999 年 12 月 25 日第九届全国人民代表大会常务委员会第十三次会议修订通过，1999 年 12 月 25 日中华人民共和国主席令第 26 号公布，自 2000 年 4 月 1 日起施行。

5.《固体废物污染环境防治法》，第十届全国人民代表大会常务委员会第十三次会议于 2004 年 12 月 29 日修订通过，自 2005 年 4 月 1 日起施行。

6.《放射性污染防治法》，中华人民共和国第十届全国人民代表大会常务委员会第三次会议于 2003 年 6 月 28 日通过，自 2003 年 10 月 1 日起施行。

7.《环境噪声污染防治法》，1996 年 10 月 29 日第八届全国人民代表大会常务委员会第二十二次会议通过，1996 年 10 月 29 日中华人民共和国主席令第 77 号公布，自 1997 年 3 月 1 日起施行。

8.《清洁生产促进法》，2002 年 6 月 29 日第九届全国人民代表大会常务委员会第二十八次会议通过，自 2003 年 1 月 1 日起施行。

9.《防沙治沙法》，2001 年 8 月 31 日第九届全国人民代表大会常务委员会第二十三次会议通过，自 2002 年 1 月 1 日起施行。

10.《环境影响评价法》，中华人民共和国第九届全国人民代表大会常务委员会第三十次会议于 2002 年 10 月 28 日通过，自 2003 年 9 月 1 日起施行。

11.《循环经济促进法》，第十一届全国人民代表大会常务委员会第四次会议于 2008 年 8 月 29 日通过，自 2009 年 1 月 1 日起施行。

第三节　环境行政诉讼

一、环境行政诉讼

（一）定义

环境行政诉讼是公民、法人和其他组织认为环境行政执法机关的具体行政行为侵犯其合法权益，依法向法院起诉，并由法院审理后作出相应决定的制度和程序。这种诉讼活动有以下法律特征：（1）案件性质是环境行政争议；（2）案件的原告是受到环境行政处罚和其他环境行政处理的公民、法人或其他组织，被告是行使国家环境行政管理权的行政机关；（3）其解决争议的法律依据是环境法律、法规；（4）其诉讼目的是解决环境行政处罚或者其他环境行政处理决定是否合法、正确。因此这种诉讼活动属于司法监督和司法救济。

（二）内涵

环境行政诉讼实质上是行政管理相对人（公民、法人和其他组织）认为其合法权益受到环境执法机关及其工作人员的具体行政行为侵犯时，向法院寻求司法救济的一种形式。其重要特点是起诉人是行政管理相对人，即公民、法人和其他组织，而被诉人只能是行使环境监督管理权的国家行政机关及其工作人员。环境行政诉讼是行政诉讼的一种，在诉讼范围、管辖、审判程序、执行等方面，同一般诉讼没有原则区别，诉讼活动要依照《行政诉讼法》的规定进行。

（三）表现

环境行政诉讼主要表现为以政府行动、计划以及政府对污染型企业、事业单位的审批等违反有关环境资源法律法规，损害人们环境权益为由而提起的撤销诉讼，要求对企业、事业单位课以更加严格的污染防治义务的诉讼。针对环境行政中行政机关与污染企业相勾结、放任企业污染或破坏环境的行为以及在符合法定的环境管制权限的要件时仍怠于行使其法定职权的现象，为保护居民人格权、财产权和正当环境权益不受侵害，而对环境行政机关提起的要求其履行法定职责的管制措施请求诉讼等。

二、环境行政诉讼的主要制度

（一）行政复议与行政诉讼

行政复议与行政诉讼的关系，以复议当事人选择为原则，以复议前置为例外。我国有关环境法律也确认了复议当事人选择原则。对属于人民法院受案范围的行政案件，公民、法人或者其他组织可以先向上一级行政机关或者法律、法规规定的行政机关申请复议，对复议不服的，再向人民法院提起诉讼，也可以直接向人民法院提起诉讼。法律、法规规定应当先向行政机关申请复议，对复议不服再向人民法院提起诉讼的，依照法律、法规的规定。

【依据】《行政诉讼法》第 37 条。

（二）停止执行为例外

诉讼期间，不停止具体行政行为的执行。但有下列情形之一的，停止具体行政行为的执行：（1）被告认为需要停止执行的；（2）原告申请停止执行，人民法院认为该具体行政行为的执行会造成难以弥补的损失，并且停止执行不损害社会公共利益，裁定停止执行；（3）法律、法规规定停止执行的。根据这条规定，行政决定在诉讼期间以不停止执行为原则，以停止执行为例外。

【依据】《行政诉讼法》第 44 条。

（三）举证责任倒置原则

在环境行政诉讼中，应当由被告环境行政主体对具体行政行为的合法性承担举证责任。被告举证的范围包括：（1）被告作出具体行政行为的事实依据；（2）被告据以作出具体行政行为的规范性文件依据；（3）被告认为原告起诉超过起诉期限的，应当负举证责任。

【依据】《行政诉讼法》第 32 条；《司法解释》第 26 条。

（四）不适用调解

人民法院审理行政案件，不适用调解。但是环境行政赔偿诉讼可以适用调解。

【依据】《行政诉讼法》第 50、67 条第 3 款。

（五）具体行政行为合法性审查

人民法院审理行政案件，参照国务院部、委根据法律和国务院的行政法规、决定、命令制定、发布的规章以及省、自治区、直辖市和省、自治区的人民政府所在地的市和经国务院批准的较大的市的人民政府根据法律和国务院的行政法规制定、发布的规章。

人民法院认为地方人民政府制定、发布的规章与国务院部、委制定、发布的规章不一致的，以及与国务院部、委制定、发布的规章之间不一致的，由最高人民法院送请国务院作出解释或者裁决。

由此可知，合法性审查的对象，既包括被诉具体行政行为，又包括行政规范性文件。法院对前者是一种直接审查和全面审查，对后者则是间接审查和有限审查，如果法院认为某规范性文件违法，只能拒绝适用，不能宣告其违法，也不能撤销它。

【依据】《行政诉讼法》第 53 条。

三、环境行政诉讼的受案范围

（一）我国环境行政诉讼，一般有以下情况

（1）对环保行政机关的行政处罚行为不服的；

（2）对环保行政机关对排污设施进行查封、对排污者因不交罚款执行扣押、冻结财产等行政强制措施不服的；

（3）认为环保部门行为侵犯其经营自主权的；

（4）认为环境行政机关无理拒不发放有关执照、许可证的；

（5）认为环境行政机关拒绝履行保护人身权、财产权的法定环境保护职责的；

（6）环保机关违法要求履行义务的；

（7）认为环保行政机关侵犯其他人身权、财产权的；

（8）其中只有第（5）、（7）项是环境污染受害者可以提起的行政诉讼，其余几项都只是污染者可以提起的行政诉讼。

【依据】《行政诉讼法》第 11、12、41 条；《最高人民法院关于执行〈中华人民共和国行政诉讼法〉若干问题的解释》（以下简称《行政诉讼法解释》）第1~5 条。

（二）受案范围可以分为三类

1. 司法审查之诉

环境行政相对人认为环保部门的行政行为不合法或显失公正而要求法院进行审查的诉讼。这些具体行政行为包括：（1）环境行政处罚行为；（2）环境行政机关违法要求行政相对人履行环保义务的行为；（3）环保行政机关违法，强制减少或者停止排放污染物等行政强制措施及其他侵犯人身权、财产权、经营自主权等行为。

法院经过审理，对行政机关的行政行为的合法性及是否有超越职权、滥用职权或显失公正的情况进行司法审查，然后作出维持、变更或撤销其行政行为的判决。

【依据】《行政诉讼法》第 54 条。

2. 请求履行职责之诉

这是指环境行政相对人为要求环境行政管理机关及其工作人员履行其法定职责向法院提起的诉讼。如拒发各种环保许可证和执照行为（排污许可证、环评批复报告、环保设施验收合格证等）或行政机关拒绝履行其他法定职责。

【依据】《行政诉讼法》第 11 条。

3. 请求行政赔偿之诉

指公民、法人或其他组织的合法权益受到行政机关及其工作人员具体行政行为侵犯造成损害时要求赔偿，向人民法院提起诉讼。

但单独要求赔偿请求的应先向行政机关提出，对行政机关处理不服的，才可以向人民法院提起诉讼。

【依据】《国家赔偿法》第 4 条；《行政诉讼法》第 67 条。

四、环境行政案件的管辖

环境行政案件的管辖是指划分各级人民法院或同级人民法院受理第一审环境行政案件的职责范围，明确它们相互间审理环境行政案件的具体分工。

环境行政案件的管辖分为级别管辖、地域管辖、移送管辖和指定管辖。

根据级别管辖规定，基层人民法院管辖第一审环境行政案件，中级人民法院管辖对国务院各部门或者省、自治区、直辖市人民政府所作的具体环境行政行为提起诉讼的第一审环境行政案件和本辖区内重大、复杂的环境行政案件，高级人民法院管辖本辖区内重大、复杂的第一审环境行政案件，最高人民法院管辖全国范围内重大、复杂的第一审环境行政案件。

根据地域管辖规定，环境行政案件由最初作出具体环境行政行为的行政机关所在地的法院管辖，经复议的环境行政案件，复议机关改变原具体环境行政行为的，也可以由复议机关所在地人民法院管辖。根据移送管辖规定，没有管辖权的法院接受环境行政案件起诉后发现该案件不属于自己管辖时，应查明该案件的管辖法院并主动将该案件移送给管辖法院。它分为案件的移送和管辖权的移送两种情况。

根据指定管辖规定，当由于发生了特殊原因，使有管辖权的法院不能对某一环境行政案件行使管辖权，或者两个法院之间对某一环境行政案件的管辖权发生争议而又协商解决不成时，都应由上级法院决定由哪一个法院管辖。

【依据】《行政诉讼法》第 13~20 条；《行政诉讼法解释》第 6~9 条。

五、我国法律关于原告资格的规定

行政诉讼法的原告是指认为具体环境行政行为侵犯其合法权益，以自己的名义提起诉讼从而引起诉讼程序发生的公民、法人或其他组织。必须满足以下两点，才具备原告资格：

（1）认为行政行为侵犯了其合法利益；

（2）有法律上的利害关系。

【依据】《行政诉讼法解释》第 12、13 条。

【案例六】

环境权之诉

2001 年 1 月 4 日的《报刊文摘》刊载了一篇文章（《齐鲁晚报》2000 年 12 月 20 日报道）说，青岛三百市民不满在音乐广场一侧建住宅状告规划局，讨要"环境权"。在市规划局的准许下，青岛国信公司在音乐广场北侧，距离海岸线不到 10 米的地方，开工建设住宅区。一些青岛市民于是以青岛市规划局行政批准行为，破坏了广场景观，侵害了自己的优美环境享受权为由，将市环保局告上了法庭。他们希望法院判决撤销规划局的行政行为。由于规划局对原告起诉资格有异议，未向法庭证明自己作出的具体行政行为合法的证据。所以，庭审在开始查证辩论不久，就无法继续进行。但合议庭认为，原告的资格合法，被告应该在 5 日内向法庭提出相关的证据，案件延期审理。

在中国的司法实践中，很少有"公益诉讼"被授予起诉资格而被法院受理的例子，这是一个很好的先例。只是这样的案例太少。

六、我国法律关于被告的规定

被告是行政诉讼中的一方当事人。在环境行政诉讼中，被告是环境行政主管部门和其他行使环境行政权的国家行政机关。

《环境保护法》规定，国务院环境保护行政主管部门，对全国环境保护工作实施统一监督管理，县级以上地方人民政府环境保护行政主管部门，对本辖区的环境保护工作实施统一监督管理，国家海洋行政主管部门、港务监督、渔政渔港监督、军队环境保护部门和各级公安、交通、铁道、民航管理部门，依照有关法律的规定对环境污染防治实施监督管理，县级以上人民政府的土地、矿产、林业、农业、水利行政主管部门，依照有关法律的规定对资源的保护实施监督管理。上述部门均是行使环境行政权的行政机关，他们有权依照有关法律的规定，对于违反环境法律、法规，对环境造成或可能造成危害的各种环境违法行为给予行政处罚或行政处理。当事人对这种处罚或处理不服而提起行政诉讼时，作出处罚或处理具体行政行为的上述某一行政机关就成为环境行政诉讼中的被告，综上可见，上述这些部门都有成为被告的可能。

环境行政执法机关在一审程序中只能做被告，在一审程序中被告无撤诉权，原告在宣布判决之前有权撤诉；原告不必承担举证责任，被告则负有举证责任和提供作出具体行政行为的证据和所依据的规范性文件的义务。

【依据】《行政诉讼法》第 22、25 条；《环境保护法》第 7 条。

七、关于环境行政诉讼第三人

环境行政诉讼第三人，是与被诉具体环境行政行为有利害关系而申请参加诉讼或者被法院通知参加诉讼的人。如在申请环境行政机关履行制止污染的法定职责，而遭到拒绝或者不予答复，申请人因而提起的诉讼中，排污者可以作为第三人参加诉讼。

近亲属一般也可以作为第三人，《行政诉讼法》中的近亲属包括配偶、父母、子女、兄弟姐妹、祖父母、外祖父母、孙子女、外孙子女以及包括其他具有抚养、赡养关系的亲属。

【依据】《行政诉讼法》第 24 条。

八、环境行政诉讼代表人制度

同案原告为五人以上的，应当推选 1~5 名诉讼代表人参加诉讼；在指定期限内未选定的，人民法院可以依职权指定。

【依据】《行政诉讼法解释》第 14 条第 3 款。

九、环境行政诉讼证据和举证责任

环境行政诉讼证据包括书证、物证、视听资料、证人证言、当事人的陈述、鉴定结论、勘验笔录和现场笔录等七类。

由于我国环境法律、法规中适用了无过错责任原则，因此只要其行为给他人造成了危害后果，就应承担一定的法律责任。在行政诉讼中，被告如果不能举证，则承担败诉的法律后果。原告的举证义务在于证明自己的起诉符合法定条件，但被告认为原告起诉超过诉讼时效的除外。

【依据】《行政诉讼法》第 31 条；《最高人民法院关于民事诉讼证据的若干规定》第 3 条第 3 款。

十、环境行政案件的起诉和受理

环境行政案件的起诉必须具备以下 4 个法定条件，即原告是认为具体环境行政行为侵犯其合法权益的公民、法人或者其他组织；有明确的被告；有具体的诉讼请求和事实根据；属于法院受案范围和受诉法院管辖。如果环境法律、法规规定当事人不服行政处罚或其他处理决定应当先向行政机关申请复议的行政案件，则必须先申请复议，对复议决定不服的，才能起诉。法院对起诉进行审查，对符合法定条件的予以接受，以引起诉讼程序的开始。

【依据】《行政诉讼法》第 41 条。

十一、环境行政案件的审理和判决

法院对所受理的环境行政案件进行审判的全过程称审理。法院对所受理的环境行政案件经审理，根据不同情况分别作出以下判决：（1）具体环境行政行为证据确凿，适用环境法律、法规正确，符合法定程序的，判决维持。（2）具体环境行政行为有下列情形之一的，判决撤销或者部分撤销，并可以判决被告重新作出具体行政行为：主要证据不足；适用环境法律、法规错误的；违反法定程序的；超越职权的；滥用职权的。（3）被告不履行或者拖延履行法定职责的，判决其在一定期限内履行。（4）环境行政处罚显失公正的，可以判决变更。法院判决被告改变原具体环境行政行为的，被告不得以同一事实和理由作出与原具体环境行政行为基本相同的具体行政行为。

【依据】《行政诉讼法》第 54 条。

十二、环境行政案件的执行

执行是指法院依照法定程序对拒不履行已经生效的法律文书规定义务的当事

人，采取强制措施强制其履行的活动。行使环境行政权的行政机关（即被告）拒绝履行判决、裁定规定的义务的，第一审法院可以采取以下措施：

（1）对应当归还的罚款或应当给付的赔偿金，通知银行从其账户内划拨；（2）在规定期限内不履行的，对该行政机关按日处 50 元至 100 元的罚款；（3）向该行政机关的上一级行政机关或监察、人事机关提出司法建议，接受该建议的机关应根据有关规定进行处理，并将处理情况告知法院；（4）拒不履行判决、裁定情节严重构成犯罪的，依法追究主管人员和直接责任人员的刑事责任。公民、法人或其他组织（即原告）拒绝履行已生效的判决、裁定的，行政机关可以申请法院强制执行，或由行政机关依法强制履行。

【依据】《行政诉讼法》第 **65** 条。

十三、环境行政诉讼时效

（一）《行政诉讼法》规定

1. 对行政复议决定不服的，诉讼时效为 15 天；2. 直接向人民法院起诉的，诉讼时效为 3 个月，法律另有规定除外。

【依据】《行政诉讼法》第 **38**、**39** 条。

（二）《环境保护法》规定

1. 对行政复议决定不服的，诉讼时效为 15 天；2. 对行政处罚决定不服的，诉讼时效为 15 天。

（1）15 日——一般环境法律规定，对环境行政处罚不服的，直接起诉期限为 15 日，自当事人接到处罚通知之日起算。

【依据】《环境保护法》第 **40** 条；《野生动物保护法》第 **39** 条第 **1** 款；《中华人民共和国水法》第 **48** 条等。

（2）30 日——直接起诉期限。《渔业法》规定，当事人对行政处罚决定不服的，可以在接到处罚通知之日起 30 日内起诉。

【依据】《中华人民共和国渔业法》第 **33** 条。

（3）3 个月——环境法律明确规定可诉的行政行为仅限于行政处罚行为，处罚以外的其他具体行政行为如果是可诉的，在环境法没有特别规定的情况下，适用行政诉讼法的一般规定，即 3 个月期限。

【案例七】①

武汉龙阳湖水污染行政诉讼案

原告马长松从 2004 年开始承包龙阳湖从事渔业养殖。其间，由于大量的工业及生活污水长期经龙阳明渠直接排入龙阳湖，导致龙阳湖水质日益恶化，极大地影响了渔业养殖。从 2004 年下半年起龙阳湖开始出现死鱼现象，并且情况逐年恶化。2004 年 4 月到 2006 年底，发生在龙阳湖的大面积死鱼事件多达 20 余起，导致龙阳湖处于无鱼状态，给原告马长松造成了极大的经济损失。

2007 年 7 月原告马长松以不履行监督管理职责为由，在武汉市中级人民法院对武汉市环境保护局、武汉市水务局提起行政诉讼，请求法院：（1）判令被告履行法定职责，立即采取有效措施，制止排放有毒有害污水的工厂企业以及对生活污水负有处理职责的单位对龙阳湖的继续污染行为；（2）判令被告赔偿因其不作为行为导致湖泊继续受到污染，给原告造成的经济损失 2 万元；（3）判令被告承担本案的诉讼费用。武汉市中级人民法院指定硚口区人民法院审理这起行政诉讼案件。2008 年 2 月 17 日，原告诉武汉市环保局和武汉市水务局的行政诉讼二审在武汉中院开庭。

该案引起武汉市政府的高度重视和国内外多家媒体的高度关注。庭审以后，武汉市中级人民法院积极与武汉市政府及其有关部门协调，经过 4 个多月的协调和协商，终于提出了对民事诉讼和行政诉讼一揽子的解决方案：由武汉市财政局安排 200 万元专款拨付到武汉市水务局清水入湖工程费账户，由市水务局将该补偿款先行支付给养殖场的主管部门市园林局，由园林局向马长松进行支付。该补偿款主要用于安置渔场的 37 名员工和补贴养殖损失。同时，武汉市水务局在一定时间内完善龙阳湖周边地区地下管网的建设，并着手通过各种措施解决龙阳湖和武汉市其他湖泊的污染问题。2008 年 6 月底，200 万元补偿款到位后，原告撤回了一审的民事诉讼和二审的行政诉讼。各方对本案的解决都比较满意。

十四、环境公益诉讼的问题

公益诉讼是私人对危害公共利益的行为起诉，其最重要的特征就在于与案件无直接利害关系的任何组织和个人（也不排除有直接利害关系者），均可依法律授权，以自己或国家的名义提起诉讼，从而维护社会公共利益。

---

① 参见中国政法大学污染受害者法律帮助中心，http://www.clapv.org/new/shownews.php? id=234&catename=zxdt。

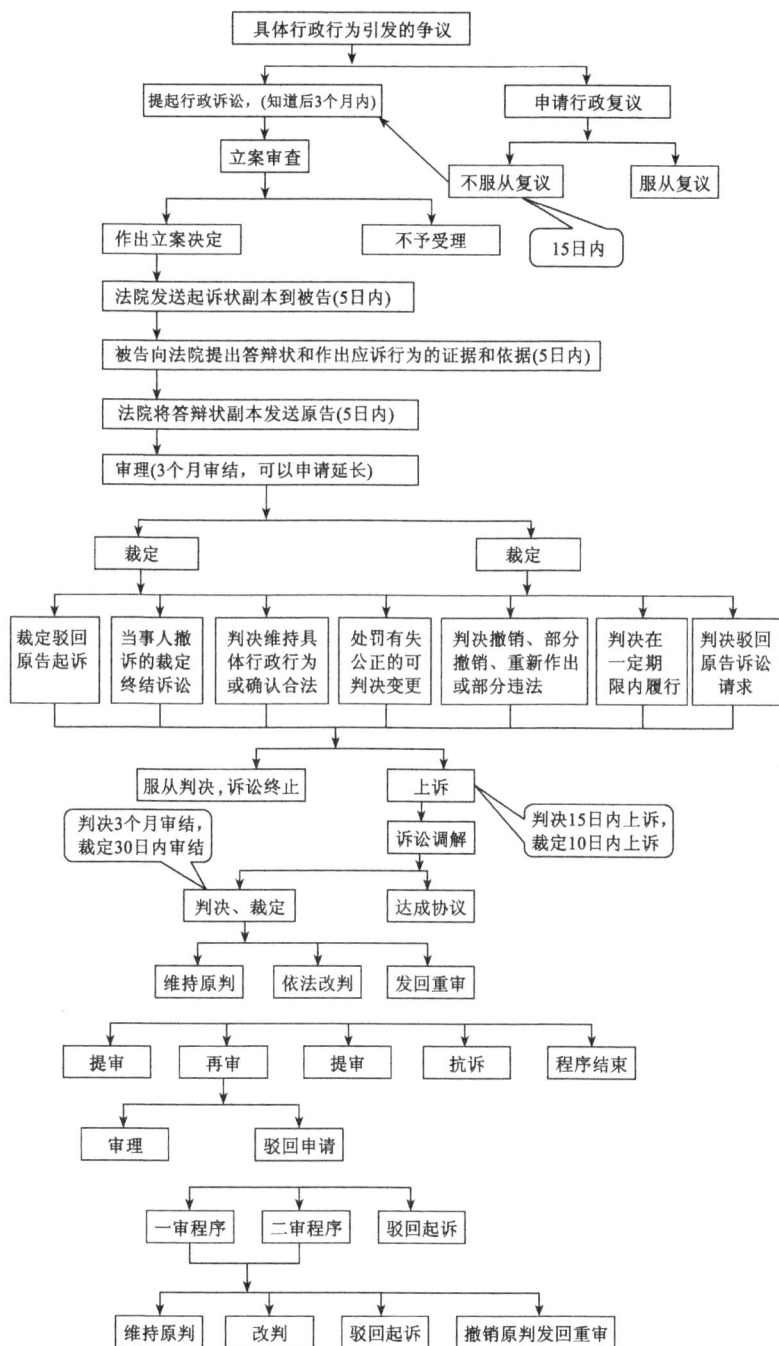

具体行政行为引发的争议

提起行政诉讼, (知道后3个月内)　　　　申请行政复议

立案审查　　　　　　不服从复议　　　服从复议

作出立案决定　　　　不予受理　　　　15日内

法院发送起诉状副本到被告(5日内)

被告向法院提出答辩状和作出应诉行为的证据和依据(5日内)

法院将答辩状副本发送原告(5日内)

审理(3个月审结, 可以申请延长)

裁定　　　　　　　　裁定

裁定驳回原告起诉　当事人撤诉的裁定终结诉讼　判决维持具体行政行为或确认合法　处罚有失公正的可判决变更　判决撤销、部分撤销、重新作出或部分违法　判决在一定期限内履行　判决驳回原告诉讼请求

服从判决, 诉讼终止　　　上诉　　　判决15日内上诉, 裁定10日内上诉

判决3个月审结, 裁定30日内审结　　　诉讼调解

判决、裁定　　　达成协议

维持原判　依法改判　发回重审

提审　再审　提审　抗诉　程序结束

审理　驳回申请

一审程序　二审程序　驳回起诉

维持原判　改判　驳回起诉　撤销原判发回重审

以上流程图为一般诉讼程序图示, 仅供参考 (其中有关实体审与程序审等问题未加以区别)

我国法律没有对社团的起诉资格作出规定，应该增加这方面的规定。即使个人不能提起行政诉讼的情形，也可以赋予相关社团在某些情况下的起诉资格。社团提起行政诉讼的情形主要可以有以下几种：（1）抽象行政行为；（2）行政不作为（包括侵犯公共利益的不作为和侵犯个人利益的不作为）；（3）公益性行政行为（即行政机关举办的公益事业或公益活动的行为）；（4）非法授益行为；（5）在其他没有特定相对人或相对人依法不享有起诉资格的案件中，社团作为原告提起行政诉讼。

附：环境行政诉讼流程图①

第四节　环境民事诉讼

一、环境民事诉讼

环境民事诉讼是指环境法主体在其环境权利受到或可能受到损害时，依民事诉讼程序提出诉讼请求，人民法院依法对其审理和裁判的活动。环境民事诉讼的种类主要有停止侵害之诉、排除危害之诉、消除环境污染破坏危险之诉、恢复环境质量原状之诉和环境损害赔偿之诉等。环境民事诉讼的程序与一般民事诉讼的程序基本相同，也需严格依照《民事诉讼法》的规定进行，只是在举证责任的负担、归责原则、诉讼时效的长短、因果关系的确定等方面与一般的民事诉讼有所不同。

环境民事诉讼在举证责任方面通常实行被告举证制；在归责原则上实行无过错原则、在诉讼时效方面实行较长的诉讼时效，普通民事诉讼时效为2年，因环境污染损害赔偿提起诉讼的时效期间为3年，从当事人知道或者应当知道受到污染损害时起计算；在环境污染损害的因果关系确定方面，往往需要采取推定的方法确定污染行为与损害结果之间的因果关系。

二、原告资格及其扩张

环境民事诉讼案件的原告，除《海洋环境保护法》规定，如果海洋污染造成国家财产损失，海洋管理部门可代表国家行使请求赔偿等权利，具有民事诉讼原告主体资格外，依然作为普通民事诉讼中，要求原告必须与该案有直接利害关系。传统法理认为任何人不得对与自己无关的民事权益向法院提起诉讼。

我国《民事诉讼法》第108条明确规定："原告是与本案有直接利害关系的公民、法人和其他组织。"根据该法，我国民事诉讼的起诉必须符合下列条件：（1）原告是与本案有直接利害关系的公民，法人和其他组织；（2）有明确的被告；（3）有具体的诉讼请求和事实理由；（4）属于人民法院受理民事诉讼的范围。这显然

---

① 参见 http://www.zhukuai.com/images/upfile/2007-5/20075420722.doc.

对环境民事侵害的受害人十分不利，因为他们所遭受的环境侵害大多数是间接的和无形的，环境污染行为人的行为首先直接作用于环境，造成环境污染、环境破坏、生态失衡，然后再由环境作用于受害人人身或其财产。如果继续坚持传统民事诉讼法的立场，那么众多的受到损害的间接利害关系人将无法得到应有的救济，民事诉讼法必将从权利的"守护神"变为权利的"加害人"。因此，为了使设立环境民事诉讼制度的目标得以实现，对受害人提供适时和应有的救济，有必要考虑放宽原告的主体资格要求。

中国近年来已经借鉴其他国家的经验，在原告资格方面由传统限制到逐步放宽进行了有益的探索。目前贵阳、无锡和昆明等地法院在相继成立了专门审理环境案件的环境保护法庭的基础上，还出台了相关突破民事诉讼法对原告的资格的限制。比如，作为地方性法规的《贵阳市促进生态文明建设条例》（2009 年 10 月 16 日贵阳市第十二届人民代表大会常务委员会第二十次会议通过，2010 年 1 月 8 日贵州省第十一届人民代表大会常务委员会第十二次会议批准）第 23 条规定："检察机关、环境保护管理机构、环保公益组织为了环境公共利益，可以依照法律对污染环境、破坏资源的行为提起诉讼，要求有关责任主体承担停止侵害、排除妨碍、消除危险、恢复原状等责任。"该条规定直接扩张了环境民事诉讼主体的原告主体资格。

我国目前已经有对原告资格扩张的司法实践。2010 年 12 月 30 日，中华环保联合会、贵阳公众环境教育中心，这两个以环境保护为宗旨的社会团体（NGO 组织），共同作为原告提起了一起环境民事公益诉讼，在贵州省贵阳市一审宣判。两家环保组织起诉贵阳市乌当区定扒造纸厂将生产废水排入南明河，造成严重污染，要求立刻停止排污，支付原告为搜集证据而支付的合理费用，并承担案件中的分析检测费。判决中，法院支持了两个组织全部的诉讼请求。

我国《环境保护法》规定，一切单位和个人都有权对污染和破坏环境的单位和个人进行检举和控告。其他环境法律如《水污染防治法》、《大气污染防治法》、《海洋环境保护法》、《固体废物污染环境防治法》等有关法律也都作了类似规定。这里的控告从法理上看，应当包括向法院提起环境民事诉讼。

三、被告与管辖

普通民事侵权案件的被告是容易辨识的，但是环境污染案件的被告确认却需要专业眼光予以鉴别。一般来讲，环境污染损害具有复合性、累积性和长期性的特点，比如农村水污染，工业废水当然会是主因，但是畜禽养殖业及周边生活污水也是一个原因，在这种情形下，如何列被告就要具体问题具体分析。如果造成污染的原因齐头并进的话，应尽可能地将被告列全。如果各可能的被告之间地位悬殊，以及对污染"贡献"差距明显的，也可以只列重头的污染者为被告。

关于管辖的规定主要是《民事诉讼法》第二章，我国对某些种类案件实行专属管辖，当事人没有其他选择。大多环境民事案件都属于侵权案件，根据《民事诉讼法》第 29 条，因侵权行为提起的诉讼，由侵权行为地或者被告住所地人民法院管辖。在环境民事诉讼案件中，侵权行为地法院并不是一个很固定的指向，因为很多的环境污染都是跨区域的。要选择最能实现污染受害者权益，最能有效实现诉讼目标的法院。由于近年来我国各地都开展了环保法庭的试点工作，对已经成立的环保法庭的地方，比如贵阳、无锡和昆明等地区，建议到相关环保法庭立案，这些设立专门环保法庭的地方，法官更专业，沟通更顺畅。

涉及管辖的诉讼要素是诉讼标的数额、污染行为所在地、被告住所地、原告所在地等因素。需要说明的是，当被告过于强大的时候，原告一方应当尽可能地利用这些诉讼要素的改变来达到改变管辖地的目的，寻找对原告相对有利，而可以消解被告影响力的管辖法院。比如，污染受害者众多的案件，原告方面的律师会尽力提高法院审级，以摆脱被告的可能影响。还有，也可以充分设计相关的要素，创设法律连接点，改变管辖地等。

在中国，环境诉讼案件立案难是公认的。原因是多方面的，首先是环境污染总是与当地政府追求经济增长有关，政府往往不愿放弃地方经济发展带来的好处，只好让环境牺牲。其次是环境污染一般涉及人数众多，矛盾激烈，成因复杂等因素，导致环境案件难以审理。法院基于降低法官的职业风险等考虑，不愿受理环境案件。环境公益与法官利益产生内在冲突也就不可避免。因此在立案过程中需要讲究技巧和运气。

四、污染环境致人损害侵权行为的归责原则

作为一种特殊侵权行为，环境污染侵权行为的归责原则通说认为是无过错责任原则。所谓无过错责任，不是说"无过错"才承担责任，也不是说有过错就不需要承担责任了，而是说不问有无过错均应当承担责任的意思。这是指因污染行为人的行为致使他人的合法权益受到损害，不问行为人主观方面有无过错，均应承担责任的归责方式。也就是说，在污染环境致人损害的案件中，受害人无须对加害人的主观过错进行证明，加害人不得以自己没有过错为由进行抗辩，不承担责任或者减轻责任的事由应由法律作出专门规定。

对污染环境的侵权行为适用无过错责任的归责原则，是环境污染现实所导致的全球化趋势。我国《民法通则》第 106 条和第 124 条都有将环境污染侵权行为作为一种特殊侵权行为而适用无过错责任原则的规定，另在现行的《环境保护法》第 41 条第 1 款，《水污染防治法》第 85 条，《海洋环境保护法》第 90 条，《大气污染防治法》第 62 条，《放射性污染防治法》、《水污染防治法实施细则》等都体现了无过错责任归责原则。最新的《侵权责任法》第八章更是沿袭这些规定，再

次对环境污染责任适用无过错责任原则予以了肯定。

值得注意的是，《噪声污染防治法》第 2 条第 2 款规定，该法所称的环境噪声污染是指所产生的环境噪声超过国家规定的环境噪声排放标准，并干扰他人正常生活、工作和学习的现象。该条规定了环境噪声污染的定义，也指明了构成环境噪声污染的两个必要条件：一是超过国家规定的环境噪声排放标准排放噪声；二是排放的噪声干扰他人正常的生活、工作和学习。

【案例八】

天通花园小区 27 户居民联名告某建筑公司噪声污染案

某工程是由某建筑公司承建的。该建筑公司在开工前，未向该市环境保护行政主管部门进行申报。环保部门到工地查处时，发现工地正在夜间施工，对此该建筑公司负责人申辩：他们并未在夜间大规模施工，只是混凝土浇铸因工艺的特殊需要，开始之后就无法中止，即便是夜间也不能停工。但是该建筑公司并没有办理相关的夜间开工手续。经环保部门监测，该工地昼间噪声为 70 分贝，夜间噪声为 54 分贝，未超过国家规定的建筑施工噪声源的噪声排放标准。于是环保部门进行了调解，并对该建筑公司未依法进行申报和办理夜间开工手续作出处罚。天通花园小区 27 户居民以相邻权受到侵害为由向人民法院提起诉讼，要求法院判令被告停止噪音污染，赔偿损失。人民法院受理后，经过法庭调查认定，某建筑公司排放的噪声尽管符合国家规定的建筑施工噪声源的噪声排放标准，但超过《城市区域环境噪声标准》中规定的区域标准限值，在事实上构成环境噪声污染，侵害了原告的相邻权。根据《民法通则》第 83 条的规定，判决被告采取措施，消除噪声污染，赔偿原告精神损失 200 元。在此主要涉及的法律问题有：（1）事先申报制度；（2）禁止夜间施工制度；（3）环境噪声污染判断标准。

【依据】《环境噪声污染防治法》第 2、29、30 条。

五、环境污染责任的构成要件

普通民事侵权责任构成有四个要件：即侵权行为，行为违法，损害后果，侵权行为与损害后果之间有因果关系。根据《侵权责任法》第八章"环境污染责任"的规定，环境污染案件属于特殊侵权案件，行为的违法性要件被排除，也就是说即便是合法排污（如达标排污）导致了污染损害的也要承担损害排除责任，这也是行政责任和民事责任的本质差异。

所以环境污染责任的构成要件有三个：即污染环境的行为，污染损害后果，污染行为与损害后果存在因果关系。

（一）环境污染行为

侵权行为是侵权人承担法律责任的首要条件，它是需要原告来予以证明的要件。环境污染行为是指对环境要素的破坏的行为，环境污染既包括对生活环境的污染，也包括对生态环境的污染。对大气、水体、海洋、土地等生活环境的污染属于环境污染，对生物多样性的破坏，破坏生态环境和自然资源造成水土流失等生态环境的污染也属于环境污染。环境污染的具体形式包括水污染、大气污染、噪声污染等传统的污染形式，还包括光污染、辐射污染等新型的污染形式。一般而言，污染环境的行为是不难证明的，但是对于一些新型的污染形式，可能需要进行适当的技术手段和技巧方能予以证实。

在对侵权行为作识别的时候，需要厘清的是该行为的性质，行为性质的识别直接涉及案件案由的确定，到底是环境污染行为还是与此相似的其他侵权行为，违约责任以及相邻责任等，应当尽力避免一厢情愿的事情发生，现实中很多败诉的案件，就是因为对于性质识别发生偏差所导致的结果。

【案例九】①

这是一个由于事前对被诉行为的性质认定不清而最终败诉的典型案例，被新闻界定为2004年消费者维权最失败的案件之一。朱德荣于2002年8月在北京购买北方新兴长安铃木汽车销售服务有限公司销售的重庆长安铃木汽车有限公司生产的奥拓车一部，购买后每天开车上班，朱家住西城区丰汇园小区（西单附近），单位在首钢大学（石景山区游乐场附近），开车上班58天后，出现全身无力，上楼没劲的状况。经医院检查发现：全身血细胞减少，骨髓增生极度低下，全身出现大量的出血点，诊断是患重症再生障碍性贫血。2003年3月27日朱德荣去世。2003年7月朱德荣的丈夫（原告）偶尔在小区的宣传栏看见一篇关于苯中毒的介绍文章，得知苯中毒可以导致重症再生障碍性贫血急性发作。于是在2003年7月21日将奥拓车送中国室内环境监测中心进行监测，结果是车内苯含量超标。

2003年10月原告到销售处要求赔偿，销售商只同意赔偿检测费，去掉车内异味。原告不同意，调解终止。2003年11月原告以环境污染侵权为由向法院起诉销售商，要求被告赔偿27万余元的医疗费和双倍购车款。2004年4月2日法院以没

---

① 参见中国政法大学污染受害者法律帮助中心，http：//www.clapv.org/new/shownews.php? id=234&catename=zxdt。

有证据证明购车行为与死者患病有关系及国内没有车内空气标准为由驳回。2004
年 4 月 17 日上诉后，北京市第二中级人民法院认为法院不应当受理此案，从程序
上驳回。

2003 年 12 月 10 日有一消费者反映在同一地点购买的同一款车，购车前身体
健康，开车 3 个月后出现脑肿瘤（后于 2004 年 7 月 22 日去世）。丰台区法院在
2004 年 1 月 13 日开庭后，因有报刊报道该案，又有一购买该车已去世的患者家属
联系上该案代理律师，律师将证据补充后提交给法院。

本案到底应当算作环境侵权案件还是一般的产品质量侵权案件，笔者认为并
不是十分清晰的问题，本案当事人即便是因为污染所致害，也不能说是环境污染
损害。简单地说，在案件类型的划分方面有很多的内容需要澄清，对于依据合同
建立法律关系的当事人之间，发生"环境保护"问题的，并不当然属于环境侵
权案件。本案即便是因为车内苯污染造成患者死亡，作为环境侵权案件也是比较
牵强的，把它作为产品侵权案件应当更为适当。同时要指出的是，原告及其律师
在准备这些案件类型界限不明的案件过程中，应当尽可能地把案件设想得困难一
些，朝困难的方向进行准备和设计诉讼思路。本案失败的原因与案由的选择错误
紧密相关。

（二）污染损害后果

污染损害后果是加害人承担污染赔偿责任的另外一个重要条件，也是需要原告
予以承担的证明责任。在环境污染损害案件中，损害后果的确定也是一个十分困难
的问题。

由于环境污染的特性，很多案件的损害后果都是需要通过司法鉴定的手段获得
的，鉴定问题其实质就是科学判断问题，是用科学手段对涉及案件的相关事实进行
评估分析，还原事实真相，回归事实原貌的一个过程。

鉴定机构的选择和鉴定的实施，有两个途径可以采取：一是当事人自己委托
司法鉴定机构进行鉴定；二是在诉讼中申请法院委托司法鉴定机构进行鉴定。在
什么情况下自己委托，什么情况下转由法院委托，取决于案件的实际情况。总的
来说，如果原告是否受到污染以及被告存在哪些污染等基本情况并不十分清晰的
情况下，原告还是先自己委托司法鉴定机构进行鉴定，至少要就准备提起诉讼的
缘由、事实和证据资料等向具有科学知识的专门人员进行咨询，确定环境侵权的
构成要件是否具备。比如水污染案件的损害后果，就需要由农业环境水产部门对
于水质进行检测，并且对死鱼的数额等进行量化评估鉴定。如果没有可靠的证据
证实损害后果的发生，那么索赔就会十分困难。当然如果仅仅要求排除妨碍，消
除危险等，虽然不用证实具体的损害数额，但是依然要求有妨碍或者危险存在的

证据。

(三) 因果关系及其推定

因果关系是指加害行为与损害事实之间的因果联系，即表明损害事实是由加害行为引起的这样一种事实。这种事实是在民事诉讼中必须确定的一个问题。在环境民事诉讼中，由于侵害环境的行为通常是持续发生的，并且环境污染行为造成的损害一般都具有间接性、积累性、潜在性和复合性，使得加害行为和损害后果之间的因果关系变得并不那么客观、直接、必然；有的甚至在当前的科学技术条件下尚无法解释。因此，在环境民事诉讼中，因果关系的确定比一般侵权诉讼更加复杂。如果仍然坚持普通民事诉讼在确定因果关系上的立场，则对受害人的救济就无法实现，制裁加害人就成为一句空话，保护环境的目标也无疑会落空。

为了解决环境民事诉讼的难题，对传统的因果关系确定方式进行变革成为必然。许多国家在这一方面已进行了富有成效的探索，以因果关系推定为原则，相继提出或实行了疫学因果说、盖然性说、间接反证说、事实自证说等因果关系确定的方法。这些方法从保护受害人的利益出发，以损害后果为依据，以及时填补损害为目的，以举证责任转换为手段，使原告在诉讼中不需承担严格的证明责任，只需从表面上证明加害人的行为与损害后果之间存在因果关系即可，如果被告不能作出推翻原告证据的证明，便认为损害后果与加害行为之间因果关系存在。我国在对环境民事诉讼因果关系的确定上也采取了因果关系推定原则。2001年12月21日颁布、2002年4月1日起实施的《最高人民法院关于民事诉讼证据的若干规定》对于环境污染损害赔偿诉讼中因果关系的确定作出了明确规定。该解释第4条规定："下列侵权诉讼按照以下规定承担举证责任：……因环境污染引起的损害赔偿诉讼，由加害人就法律规定的免责事由及其行为与损害结果之间不存在因果关系承担举证责任……"该规定后来被进一步地规定在《侵权责任法》第66条中，即"因污染环境发生纠纷，污染者应当就法律规定的不承担责任或者减轻责任的情形及其行为也损害自己不存在因果关系承担举证责任"。

六、环境污染责任案件中的抗辩事由

诉讼中的有效抗辩有两种，一是一般抗辩，比如被告否认原告的损害后果，否认自己有排污行为等。二是法定抗辩，即法律明确规定的被告免责或者减轻责任的情形。

抗辩事由是指被告不承担责任或者减轻责任的法定理由。在环境污染案件中，加害人即被告的法定抗辩事由有不可抗力、受害者过错和第三者过错三种情形。需要指出的是，在污染环境案件中，加害人的法定抗辩事由依然不是绝对的，或者说，不可抗力、受害人过错和第三者过错都有特定的前提条件，是需要仔细注意的。

（一）因不可抗力免责

不可抗力是指独立于人的行为之外，而且不以人的意志为转移的客观情况。《民法通则》把不可抗力归纳为"三不"，即不能预见、不能避免并不能克服的客观情况。

在环境污染致人损害侵权行为中，不可抗力可以成为加害人不承担责任或者可以减轻责任的事由。不过它与其他普通侵权行为中的加害人不可抗力免责的情形相比，有两个明显的不同：

一是加害人不承担责任或者可以减轻责任的范围不同。

《民法通则》第 107 条规定了因不可抗力而导致的一般民事责任的免除："因不可抗力不能履行合同或者造成他人损害的，不承担民事责任，法律另有规定的除外。"

《环境保护法》第 41 条第 3 款规定："完全由于不可抗力的自然灾害，并经及时采取合理措施，仍然不能避免造成环境污染损害的，免予承担责任。"

《海洋环境保护法》第 92 条规定："完全属于下列情形之一，经过及时采取合理措施，仍然不能避免对海洋环境造成污染损害的，造成污染损害的有关责任者免予承担责任：（1）战争；（2）不可抗拒的自然灾害；（3）负责灯塔或者其他助航设备的主管部门，在执行职责时的疏忽，或者其他过失行为。"

比较上述引用的法条，不难看出，《民法通则》规定的"不可抗力"，即不能预见、不能避免并不能克服的客观情况，包括自然灾害和部分社会事件（如战争、政府封锁及禁运等）。但《环境保护法》等特别法规定的范围明显缩小了许多，如《环境保护法》规定的情形只限于"不可抗拒的自然灾害"，《海洋环境保护法》规定的事由只限于"战争"和"不可抗拒的自然灾害"。

二是加害人不承担责任或者可以减轻责任的条件不同。

《环境保护法》等单行立法规定中，加了很多的限定词，条件非常严格，例如《环境保护法》用了"完全"、"并"等字眼，立法本意在于强调在已发生的污染损害中完全没有任何人为因素，自然灾害是导致损害发生的唯一原因，同时还要"并经及时采取合理措施，仍不能避免造成环境污染损害"的才可免责，如果是自然灾害和人为原因共同导致损害的，或者说，在不可抗力的自然灾害面前，加害人未及时采取合理措施的，造成环境污染损害的，加害人依然要承担相应的责任。

【案例十】①

辽宁省某市矿务局将其矸石处理厂设在该市蒙古族自治区东梁乡岗岗村，称为东梁排矸石场。由于矸石所具有的特殊化学性质，在自然界中能够自燃，产生大量高温有害烟气，自该场设立以来，矸石自燃积累的烟气对周围居民危害很大，灼热的烟气呛得人喉咙发痒，呼吸困难，除对人造成损害外，还对农作物和岗岗村种植的果园造成危害，附近农田和果园遭到大面积损害，村民因此遭受巨大经济损失。

问题：此处的矸石自燃究竟是不是不可抗力？排矸石场能不能因此免责？

分析：致害人必须证明两点：一是必须完全属于不可抗力造成的损害，致害人才能免责；二是发生不可抗力后，致害人必须及时采取了合理措施。换言之，如果采取的措施不合理，致害人就应对损害负责。

本案中矸石自燃不符合不可抗力的三个条件：不能预见、不能避免、不能克服。排矸石场不能免责。

(二) 受害人自身过错

我国《民法通则》第131条规定，"受害人对于损害的发生也有过错的，可以减轻侵害人的民事责任"，这个规定就是过失相抵制度。在普通侵权行为案件中，受害人自身有过错可以成为加害人不承担责任或减轻责任的理由。一般认为，在受害人对损害的发生有故意的情况下，受害人明知自己的行为会发生损害自己的后果，而希望或放任此种结果发生，这说明受害人的行为与损害的发生之间有直接的因果关系，是损害发生的唯一原因。因此，在这种情况下通常加害人可以免除侵权民事责任。《水污染防治法》第85条第3款规定，水污染损害是由受害人故意造成的，排污方不承担赔偿责任。水污染损害是由受害人重大过失造成的，可以减轻排污方的赔偿责任。依照该规定，将依受害人过错程度的不同，排污方可能不承担责任或者减轻责任。如果受害人只有轻微过失和一般过失时，则不能减轻加害者的责任。

【案例十一】②

河南某市一家化工厂，建于20世纪60年代，虽然对当地经济发展作出了很大

---

① 参见王树义主编：《环境与自然资源法学案例教程》，知识产权出版社2004年版，第94页。

② 参见王树义主编：《环境与自然资源法学案例教程》，知识产权出版社2004年版，第96页。

贡献，但是也对当地居民的身体健康造成了损害，污染排放严重超标，后当地居民与化工厂达成协议：化工厂每年给居民 5 万元，化工厂对污染较重的废气进行严格控制，但是对不直接影响居民的废液排放则没有采取严格措施，带有氨水成分的废液继续排放。后因该地化工厂面临倒闭的危险，原告周德元得知这些废液如果充分利用可以代替氨肥，所以原告便组织人力搜集废液，为防止别人盗用，将这些废液放在大铁罐中，埋于自己家中。一年后突然全家严重中毒，经调查属于氨中毒，周德元认为氨废液是化工厂排放的，随即将化工厂告上了法庭。

问题：本案中，环境污染的损害是由受害人自己的过错造成的，在这种情况下，如何确定污染行为人的责任呢？是否仍然使用无过错责任？

分析：本案中原告受到环境损害的根本原因在于自身过错，虽然化工厂排放的污染物给受害者提供了受害的可能性，但这种可能性转化为现实性则完全由于受害者自身的过错造成的，损害是由受害人故意造成的，所以化工厂不承担赔偿责任。

【依据】《水污染防治法》第 85 条。

（三）第三人过错

加害人以第三者的过错作为免责事由的，原则上要满足三个条件：第一，当事人已经采取了合理措施仍不能避免污染损害。如《海洋环境保护法》第 90 条和第 92 条规定，如果完全由于第三者的故意或者过失造成海洋环境污染损害的，由第三者排除危害，并承担赔偿责任，但当事人免予承担责任的条件还应包括"经过及时采取合理措施，仍然不能避免对海洋环境造成污染损害的"；《大气污染防治法》第 63 条规定"完全由于不可抗拒的自然灾害，并经及时采取合理措施，仍然不能避免造成大气污染损失的，免予承担责任"。第二，加害人应对第三者的故意或过失进行举证，如果不能证明第三者的故意或过失或者不能指明造成损害的第三者，不能免除加害人的责任。第三，加害人若以第三人的过错作为自己不承担责任的理由，必须证明第三人的过错行为是损害发生的唯一原因，即损害"完全"是由第三人造成的。

【案例十二】①

一艘悬挂日本国国旗的游轮在中国黄海海域行驶，该游轮为 2 万吨级，刚好载有 1.5 万吨的原油运回日本，适逢大雨天气，海上弥漫着大雾，天气比较恶劣。与此同时，一艘法国游轮跟日本游轮平行前进，但由于法国游轮导航仪出现问题，导

---

① 参见王树义主编：《环境与自然资源法学案例教程》，知识产权出版社 2004 年版，第 100 页。

致偏航，两者相撞，日本游轮原油泄漏，造成了巨大的污染。

问题：完全由第三者的过错造成的环境污染损害是否适用无过错责任？

分析：我国《海洋环境保护法》规定，完全由于第三者的故意或过失造成污染损害海洋环境的，由第三者承担责任。故此案中日本游轮不需承担责任。

【依据】《海洋环境保护法》第 43 条第 2 款。

七、举证责任倒置

与因果关系推定相适应，我国逐渐建立了环境污染诉讼中的举证责任倒置制度。我国《民事诉讼法》第 64 条规定："当事人对自己提出的主张，有责任提供证据。"这一规定确认了在普通民事诉讼中分配举证责任的基本原则，即"谁主张、谁举证"原则，这一原则通常要求受害人提出加害人有过错、有损害事实、加害行为与损害事实之间有因果关系以及受害人本人没有过错等证据。但是将这一原则适用到环境民事诉讼中，就会使受害人的合法权益难以得到法律的保护，因为无论是环境污染还是生态破坏，其致害机理都十分复杂，不仅涉及常人所无法知晓的专业知识，而且许多证据的获得还需要特定的科技手段，甚至许多环境污染和生态破坏的致害机理到现在为止也无法弄清。在这种情况下，要受害人来承担举证责任纯属不能，同时也无法使得受害人得到《民事诉讼法》的有效保护。因此，为改变这种尴尬的局面，保护受害人的合法的环境民事权益，世界范围内的环境民事诉讼基本上都采用了举证责任倒置的原则，将本来应该由原告承担的举证责任转为由被告来承担。我国《民事诉讼法》只规定了当事人对自己的主张有义务提供证据，没有规定环境民事诉讼实行举证责任倒置原则，为了补救这一立法不足，1992 年最高人民法院发布的《关于适用〈中华人民共和国民事诉讼法〉若干问题的意见》第 74 条明确规定："在诉讼中，当事人对自己提出的主张，有责任提供证据。但在下列侵权诉讼中，对原告提出的侵权事实，被告否认的，由被告负责举证：……（4）因环境污染引起的损害赔偿诉讼。"最高人民法院 2002 年颁布的《最高人民法院关于民事诉讼证据的若干规定》对环境污染引起的环境民事诉讼的举证责任作出了更为明确的规定。该解释第 4 条规定："下列侵权诉讼方按照以下规定承担举证责任：……因环境污染引起的损害赔偿诉讼，由加害人就法律规定的免责事由及其行为与损害结果之间不存在因果关系承担举证责任……"《侵权法》第 66 条规定，因污染环境发生纠纷，污染者应当就法律规定的不承担责任或者减轻责任的情形及其行为与损害之间不存在因果关系承担举证责任。这表明，我国以司法解释的形式确立了环境民事诉讼的举证责任倒置原则。

八、诉讼时效的延长

立法规定诉讼时效的目的是从保护权利人的合法权益以及社会关系稳定的考虑出发，敦促当事人积极主张自己的权利，避免"权利睡着"。时效制度是民事诉讼制度的一个重要内容，在我国，传统民事诉讼的时效主要有两类：一类是一般诉讼时效，时间为 2 年；另一类是特殊诉讼时效，时间为 1 年或 20 年。但在环境保护领域，由于环境污染的特殊性尤其是其损害结果的潜伏性、滞后性以及因果关系的复杂性，在确认和判断损害结果的事实及提供有关证据方面，环境污染民事诉讼往往要较一般民事诉讼具有更高的难度。在这种情况下，如果仍适用传统民事诉讼时效期间的规定，则显然是极不利于保护受害者的。因此，在环境民事诉讼领域，适当地延长诉讼的时效期间便具有非常重要的意义。

为此，我国《环境保护法》第 42 条规定："因环境污染损害赔偿提起诉讼的时效期间为 3 年，从当事人知道或者应当知道受到污染损害时起计算。"这体现了环境污染民事诉讼程序对受害人及社会公益的保护，是环境污染民事诉讼对我国传统民事诉讼在时效上的一个重要发展。

【依据】《环境保护法》第 42 条。

九、代表人诉讼

（一）定义

集团诉讼，又称群体诉讼，或者代表人诉讼，最早产生于英国，是主要适用于诉讼当事人一方或双方为多数人的一种诉讼。由于环境污染的侵害面具有较大的广泛性，使得民事诉讼主体变得复杂化，受害者人数往往较多。集团诉讼制度近些年来受到各国的普遍重视和强化，获得了前所未有的发展，并已成为各国民事诉讼的一个新兴热点。

（二）表现特点

1. 群体诉讼方式中，受害人一般只需要登记即可取得原告资格；

2. 民事判决的效力在运用上具有推及性，即判决对每一个群体诉讼参与人均具有法律效力；

3. 判决对迟后起诉的权利人具有追及效力，即未参加登记的权利人只要在诉讼时效期间内提起诉讼的，适用该案先前的判决或裁定。由于具有上述特点和优势，运用集团诉讼制度可以大大方便对环境民事侵权案件的审理，并可以更有效地保护人们的环境民事权益。

【依据】《民事诉讼法》第 55 条。

十、共同侵权责任

我国《民法通则》第 130 条规定："二人以上共同侵权造成他人损害的，应当承担连带责任"。

《最高人民法院关于审理人身损害赔偿案件适用法律若干问题的解释》第 3 条规定："二人以上共同故意或者共同过失致人损害，或者虽无共同故意、共同过失，但其侵害行为直接结合发生同一损害后果的，构成共同侵权，应当依照民法通则第 130 条规定承担连带责任。二人以上没有共同故意或者共同过失，但其分别实施的数个行为间接结合发生同一损害后果的，应当根据过失大小或者原因力比例各自承担相应的赔偿责任。"该条款以司法解释的形式规定了共同侵权行为的构成要件和法律后果，对于理论研究和司法实践都有重要意义。

《侵权责任法》第 67 条规定，两个以上污染者污染环境，污染者承担责任的大小，根据污染物的种类、排放量等因素确定。

【案例十三】

武汉墨水湖污染损害赔偿案
（1997 年）

汉阳墨水湖是武汉市汉阳渔场的主要生产基地，水面 3500 亩。1997 年 5 月 4 日至 7 日，墨水湖发生大量鱼类死亡。事后，湖北省渔业环境监测站、长江流域水环境监测中心等部门对湖水进行采样化验，认为：大量鱼类死亡是因为湖水长期遭受污染，加之事发时，温差变化较大，湖水升温，水中溶解氧减少所致，其死鱼损失经过武汉市渔政管理部门评估为 317 万余元。

受损害方委托曾祥斌律师全权代理此案，于是将汉阳地区当时尚存的几家大的工厂企业全部列为被告，起诉到武汉市中级人民法院。要求武汉味精厂、武汉健民制药厂、武汉健民股份有限公司、武汉毛巾厂、武汉味全食品有限公司、汉阳带钢公司、中南轧钢公司、铁道部武汉木材防腐厂八家单位连带承担全部经济损失 317 万余元。

武汉市中级人民法院〔（1997）武民初字第 494 号〕经审理认为：墨水湖因为周边企业所排放的大量城市废水长期排放进入墨水湖，使其水质严重恶化。此次湖内养殖的鱼类死亡系湖水被污染所致。所以，向墨水湖排污的单位应当按其排放量向受害者赔偿损失，共计 50 余万元。被告之间相互承担连带责任。

二审法院维持原判。[湖北省高级法院（1999）鄂民终字第 142 号]

十一、环境民事责任形式

环境民事责任是指单位或者个人因污染环境或破坏环境造成人身、财产或环境损失而依法应承担的民事方面的法律责任。《中华人民共和国环境保护法》第 41 条规定："造成环境污染危害的，有责任排除危害，并对直接受到损害的单位或个人赔偿损失。"

（一）排除危害

排除危害指国家强令造成或可能造成环境污染危害行为者，排除可能发生的危害或者停止已经发生的危害并消除其危险的一种民事制裁形式。这一制裁形式实际包括了《民法通则》中规定的排除妨碍，停止侵害和消除危险三种民事责任形式。

第一，排除妨碍，它是指排除对他人行使权利的不法妨碍或阻碍。

第二，停止侵害，它是指强令停止已经发生的污染危害环境的行为，其特点是针对正在实施的侵害行为，如果是准备侵害或者侵害行为已结束，则不适用此种制裁形式。

第三，消除危险，它是指要求行为人消除因其行为给他人合法权益带来危险的一种制裁形式。其特点是环境污染危害的危险客观存在，并确实威胁到周围居民的人身、财产安全而不是主观臆想，也不是环境污染危害已发生。

排除危害这种制裁形式具有防止污染危害环境后果发生的特点，因此，采取这种制裁形式可以减轻甚至避免对生命、财产的危害，与赔偿损失的责任形式相比更具有积极意义。

（二）赔偿损失

赔偿损失是指国家依照环境法的规定，强令污染危害环境的公民、法人用自己的财产弥补对他人所造成的财产损失的一种民事责任。财产损失是指受害人因环境污染危害行为造成所拥有财产的减少或者丧失。人身损害是指环境污染危害行为造成的人身伤害或者死亡所引起的财产上的损失。直接损失是指受害人因环境污染或破坏而导致现有财产的减少或丧失；间接损失指受害人在正常情况下应当得到，但因受环境污染或破坏而未能得到的那部分收入。

对污染危害人体健康、生命造成财产损失的计算，分三类：（1）人身伤害，指经过治疗可以恢复健康的伤害。（2）人身伤残，指因环境污染危害造成身体重伤而丧失部分或全部劳动、工作能力者。（3）死亡，对因环境污染危害造成的死亡。

物质损失与精神损害：物质损失是指环境污染危害行为造成受害人财产上的损失；精神损害在《民法通则》中是指侵害行为所引起的人格伤害。

1. 财产损害赔偿

受害人遭受人身损害，因就医治疗支出的各项费用以及因误工减少的收入，包括医疗费、误工费、护理费、交通费、住宿费、住院伙食补助费、必要的营养费，赔偿义务人应当予以赔偿。

【依据】《人身损害赔偿解释》第 17 条。

2. 精神损害赔偿

精神损害的赔偿数额根据以下因素确定：（1）侵权人的过错程度，法律另有规定的除外；（2）侵害的手段、场合、行为方式等具体情节；（3）侵权行为所造成的后果；（4）侵权人的获利情况；（5）侵权人承担责任的经济能力；（6）受诉法院所在地平均生活水平。

【依据】《人身损害赔偿解释》第 10 条。

十二、环境民事公益诉讼

环境民事公益诉讼可定义为：法定的组织和个人根据法律规定，为了保护社会公共环境权益，对违反环境法律、侵害公共环境权益者，向人民法院提起并要求其承担民事责任由法院按照民事诉讼程序依法审判的诉讼。

其明显的特征：

1. 环境民事公益诉讼的目的是为了维护社会公共环境权益。即其诉讼的结果存在着间接维护或有利于个体利益的效能，但其提起诉讼的目的与直接为保护个体本身利益的私益诉讼仍不相同。

2. 环境民事公益诉讼的起诉主体广泛，其起诉人可以是任何组织和个人并且不需与本案有直接利害关系。也就是说，原告的资格不仅仅限于其合法人身权利与财产权利受到损害的人。在一般诉讼中，侵害行为侵害的往往是原告的合法权益，且这种侵害已经成为事实，然而在环境民事公益诉讼中，侵害行为侵害的是社会公共利益，对原告可能仅有不利影响，并无直接的利益损失，但由于公共利益的重要性与私益的相关性，仍允许其提起诉讼。

3. 环境民事公益诉讼成立的条件可以是损害结果已经发生，也可以是损害结果未发生但有可能发生。由于环境损害存在着长期性、潜伏性、不易逆转性等特点，其损害的结果在侵害人实施侵害行为时不一定能立即表现出来，而可能要经过一段相当长的时期方可实际爆发，而一旦这种结果发生，则可对环境造成极大损害，且不易消除这种损害。鉴于此，各国的环境法中"预防为主"的原则都有了新体现，相应地在诉讼机制上也应与之相配套，即允许在损害结果未发生的情况下进行诉讼，以"防患于未然"。当然须以该种损害明显会发生为前提。

十三、环境民事纠纷的非诉讼解决机制

（一）当事人协商

双方当事人之间本着平等、友善的态度和实事求是的精神，就有关纠纷的解决达成一致意见，并自觉履行自己的义务。其最大的特点是当事人自行达成共识，无须第三方斡旋、调停、仲裁和裁判。这个方式在解决环境污染纠纷时被广泛使用。

（二）行政调解

行政调解是指环境纠纷当事人在有关机关或者人员主持下，自愿协商达成协议，确认加害人应当承担的环境污染责任。调解分为人民调解、行政调解和司法调解等。这里重点介绍行政调解。

《环境保护法》第 41 条第 2 款规定，赔偿责任和赔偿金额的纠纷，可以根据当事人的请求，由环境保护行政主管部门或者其他依照法律规定行使环境监督管理权的部门处理。根据规定，对因环境损害而引起的赔偿责任和赔偿数额的纠纷，当事人在选择解决之前，可以选择行政处理。环境民事纠纷的行政处理是我国解决环境纠纷的一条重要制度。

1. 行政处理的纠纷范围是特定的。即关于环境污染损害赔偿责任和赔偿金额。

2. 接受申请的机关也是特定的。环境保护行政主管部门或者其他依照法律规定行使环境监督管理权的部门处理。

3. 环境民事纠纷的行政处理必须基于双方自愿。

4. 行政机关的决定不具有强制性，当事人一方对处理结果不服的可以提起民事诉讼。环境民事纠纷的行政处理只是一种调解活动。

（三）仲裁

仲裁是指双方当事人预先或者事后在达成仲裁协议的基础上，服从仲裁机构对于双方有关纠纷的裁断。其裁断具有与法院判决书一样的强制力。其最大特点是自愿性、灵活性、和民间性。

附环境民事诉讼流程图[1]：

---

[1]　参见 http：//www.zhukuai.com/images/upfile/2007-5/20075420722.doc。

民事诉讼

起诉 → 诉前财产保全

7日内作出 → 受理

不予受理

驳回起诉　撤诉　审理

对不予受理的裁定提起上诉

当事人3日内申请 → 回避 ← 庭前准备

普通程序（6个月审结）　简易程序（3个月审结）

程序终结

财产保全　诉讼调解　先予执行　缺席判决

达成协议　未达成协议

程序终结

诉讼终结　延期审理　诉讼中止　判决裁定　撤诉

程序终结　上诉

判决15日内上诉，裁定10日内上诉

判决3个月审结，裁定30日内审结

诉讼调解

判决、裁定　达成协议

维持原判　依法改判　发回重审

提审　再审　抗诉　程序结束

审理　驳回申请

一审程序　二审程序　驳回起诉

维持原判　改判　驳回起诉　撤销原判发回重审

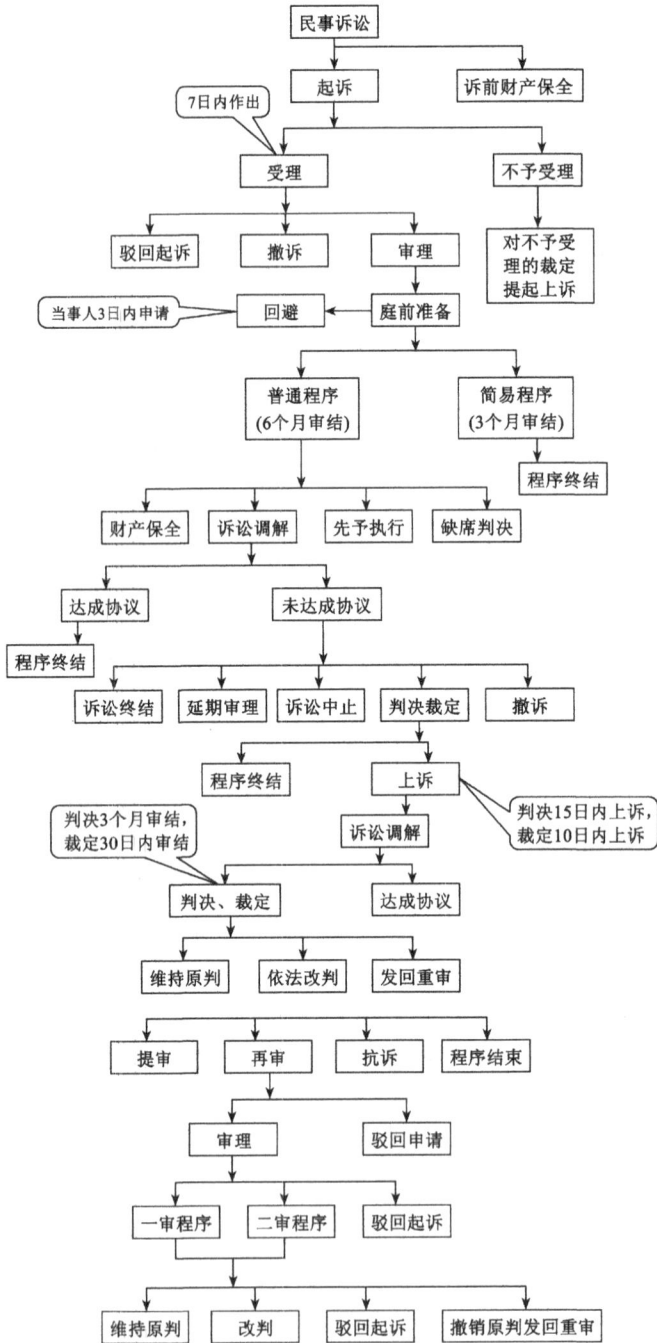

以上流程图为一般诉讼程序图示，仅供参考（其中有关实体审与程序审等问题未加以区别）

第**8**章
农村争端解决机制

☞**导读**

　　根据争端类型的不同，我国农村争端解决方式大致可分为和解、调解、仲裁、信访、行政申诉、行政复议、诉讼（民事诉讼、刑事诉讼、行政诉讼）等种类。

第一节　农村争端解决机制简介

　　根据我国相关法律的规定，争端类型不同，解决方式也不同。一般情况下，农村的争端解决方式大致包括以下几种类型。

一、和解

　　自行和解是指当纠纷发生以后，双方当事人心平气和地坐下来协商，互谅互让，进而对纠纷的解决达成协议的活动。通过协商，该赔偿的赔偿，该道歉的道歉，从而继续和睦相处或合作。和解具有及时解决纠纷、节约成本、保护合作关系的优点，当事人双方可以首先选择这种方式来解决纠纷。和解协议相当于合同，当事人双方应自觉履行。一方如果不履行和解协议，另一方可以向法院提起诉讼。

二、调解

　　调解，也就是当事人之间发生纠纷之后，第三人从中进行沟通疏导、说服教育，促使当事人双方互谅互让，达成协议，从而解决纠纷的一种活动。调解一般包括人民调解、法院调解、行政调解等类型。人民调解达成的调解协议具有法律约束力，当事人有争议的，可以提起民事诉讼；经司法确认有效的调解协议，当事人可申请法院强制执行。法院调解达成的调解协议具有等同于法院判决的效力，可以强制执行。行政调解不具有法院调解的效力，当事人不服行政调解的，可以提起民事诉讼。

三、诉讼

诉讼是由国家的司法机关——人民法院来处理相关纠纷，经过审理对纠纷作出具有法律意义的裁判。当然，由于纠纷类型的不同，涉及的诉讼类型也不同，有民事诉讼、行政诉讼和刑事诉讼。

民事诉讼最为常见，平等主体的公民、法人或其他组织因财产关系和人身关系发生纠纷，将这种纠纷提交法院解决所进行的程序就是民事诉讼。像农村经常发生的所有权纠纷、债权债务纠纷、婚姻纠纷、赡养纠纷、继承纠纷、农民工与用人单位之间的纠纷等，都可以通过民事诉讼来解决。

行政诉讼就是通常所说的"民告官"，如果公民对行政机关所作出的具体行政行为不服，或者认为行政机关的具体行政行为侵犯了自己的合法权益，就可以向人民法院起诉该行政机关。常见的如农民认为乡镇相关政府机构对自己乱收费或对自己的罚款不合法等，就可以向法院起诉这些机关。这里所说的具体行政行为是指行政机关基于法律、法规的授权，针对特定的人或事作出具体处理决定，并对其权利义务产生实际影响。常见的具体行政行为大致包括：（1）行政处罚，即特定的国家行政机关对有违法行为尚未构成犯罪的违法者所给予的一种法律制裁。如行政拘留、罚款、吊销营业执照、没收等。（2）行政检查，常见的如税务检查、卫生防疫检查等。（3）行政许可，如颁发许可证或执照。

刑事诉讼是为了追究犯罪行为人的刑事责任而设置的一种程序。当某人违反了国家的刑事法律时，检察机关就要代表国家对该人提起公诉，或者某些情形下由公民自诉，通过法院的审理最终使该人承担刑事责任。

四、仲裁

遇到法律纠纷未必就要告到法院，仲裁也是一种解决纠纷的方式。比如，当农民工在工作过程中遇到劳动纠纷时，就要先到劳动局的仲裁部门进行仲裁。所谓仲裁，就是争议双方当事人在争议发生前或争议发生后达成协议，自愿将他们之间的争议提交给双方所同意的第三者进行裁决，当事人双方有义务执行裁决的一种解决争议的方法。

应当注意，仲裁主要解决合同纠纷和其他与财产权益有关的纠纷。有两类纠纷不能通过仲裁解决：（1）与人身有关的婚姻、收养、监护、抚养、继承纠纷；（2）应当由行政机关处理的行政争议。此外，仲裁需要当事人双方的合意，通常应当在签订合同或在发生纠纷后以书面方式约定以仲裁方式解决纠纷，这样才可以通过仲裁解决纠纷。

仲裁有如下一些特点：（1）自愿性。提交仲裁以双方当事人自愿为前提。当事人之间的纠纷，是否将其提交仲裁、交给谁仲裁、仲裁庭的组成人员如何产生等，由双方当事人在自愿的基础上协商确定。（2）中立性。解决争议的第三方不是人民法院，而是特定的仲裁机构。（3）法效性。虽然仲裁机构不像法院那样是国家司法机关，而是民间组织，但是，仲裁机构根据争议双方当事人签订的仲裁协议所作出的裁决具有法律效力，对双方当事人都有拘束力。（4）保密性。仲裁一般以不公开审理为原则，而且仲裁员有保密的义务，所以，当事人的商业秘密和贸易活动不会因仲裁活动而泄露。

应当注意的是，劳动仲裁比较特殊，只要一方提起即可，不需要另一方的同意，也不能自由选择仲裁员。另外，劳动仲裁在适用《仲裁法》一般性规定的同时，还适用《劳动争议调解仲裁法》的特殊规定。

五、信访

信访就是常说的"上访"，是"人民群众来信来访"的简称，是指公民、法人或其他组织采用书信、电子邮件、传真、电话、走访等形式，向各级国家机关反映情况，提出建议、意见或者投诉请求，依法由有关国家机关处理的活动。信访作为我国一项比较有特色的制度，为老百姓提供了一条向国家发表意见、提出建议、批评投诉的渠道，也是国家沟通人民、了解民情的途径。

信访是国家设定的下情上达的渠道，原则上，公民的所有意见和建议都可以通过信访途径向国家提出。但是根据《信访条例》第 21 条第 1 款规定："对已经或者依法应当通过诉讼、仲裁、行政复议等法定途径解决的，不予受理，但应当告知信访人依照有关法律、行政法规规定程序向有关机关提出。"公民对各类事项的信访，可以是对国家机关工作提出建议、意见，或是提出批评，也可以是对国家机关的决定提起申诉，还可以是对国家机关工作人员的违法行为提出检举、控告等。

六、行政申诉和行政复议

行政申诉就是指当事人不服国家行政机关、企事业单位的行政处分，或者不服国家行政机关的行政处罚或行政处理时，可以向上一级国家行政机关提出重新处理的请求。行政申诉的范围非常广泛，比如，某村民不服公安机关作出的对其违反治安管理行为的处罚决定，不服工商行政机关作出的对其违反市场管理的处罚决定等，都可以依据有关行政法规提出申诉。申诉必须向作出行政处罚或处理决定的行政机关的上级机关提出书面申请。

行政复议是指当事人不服行政处分、行政处罚和行政处理决定，向上一级国家行政机关提出申请，要求对原决定进行审查和处理。

第二节 民事诉讼及其程序

一、起诉准备

起诉准备阶段的工作是一个案件能否最终取得成功的关键，在这个阶段，无论是当事人还是法律服务工作者，必须注意思考以下四个问题：

1. 纠纷是否属于民事诉讼的范围？

2. 纠纷是否符合起诉条件？

3. 诉讼请求是否有一定的证据予以支持或有确定的证据线索？

如果这四个问题有一个是否定的，那么这个案件就没有起诉的意义。当然，除了这四个问题之外，在起诉准备工作中，还有其他一些重要内容，但这些内容和工作都是建立在这四个问题的基础之上。

起诉准备流程图：

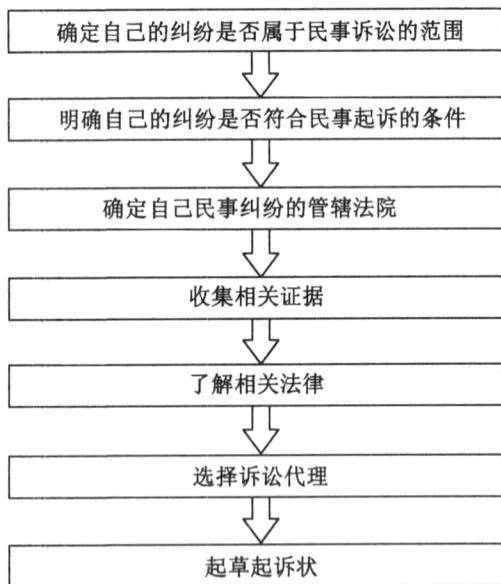

```
┌─────────────────────────────────┐
│  确定自己的纠纷是否属于民事诉讼的范围  │
└─────────────────────────────────┘
                 ↓
┌─────────────────────────────────┐
│  明确自己的纠纷是否符合民事起诉的条件  │
└─────────────────────────────────┘
                 ↓
┌─────────────────────────────────┐
│     确定自己民事纠纷的管辖法院        │
└─────────────────────────────────┘
                 ↓
┌─────────────────────────────────┐
│          收集相关证据               │
└─────────────────────────────────┘
                 ↓
┌─────────────────────────────────┐
│          了解相关法律               │
└─────────────────────────────────┘
                 ↓
┌─────────────────────────────────┐
│          选择诉讼代理               │
└─────────────────────────────────┘
                 ↓
┌─────────────────────────────────┐
│          起草起诉状               │
└─────────────────────────────────┘
```

（一）民事诉讼的范围

根据《民事诉讼法》第3条，只有当平等主体之间的财产关系和人身关系发生了纠纷，才是民事诉讼的受案范围。简单来说，属于民事诉讼要满足两个条件：

1. 当事人必须是平等主体。这里的当事人即原告和被告，包括三种：（1）公民；（2）法人，如企业、国家机关、事业单位和社会团体；（3）其他组织，如依法登记领取营业执照的私营独资企业，合伙组织，各乡镇、街道及村办企业等。

2. 当事人之间的纠纷属于人民法院民事诉讼受理案件的范围。大致包括：（1）民法、婚姻法调整的因财产关系和人身关系产生的民事案件，如农村常见的财产所有权纠纷、债权纠纷、婚姻纠纷、赡养纠纷、扶养纠纷、继承纠纷等；（2）劳动法调整的因劳务关系所产生的纠纷，如农民工与工作企业的劳动合同纠纷；（3）其他如环境污染所引起的损害赔偿纠纷、选民资格案件等。

（二）起诉的条件

1. 原告是与本案有直接利害关系的公民、法人和其他组织。也就是说，这里的公民、法人或其他组织的人身权、财产权或其他权益直接受到他人的侵害或者直接与他人发生了权利义务归属的争执。如甲骑摩托车把乙撞伤，乙的人身权受到甲的直接侵害，乙就是原告。

2. 有明确的被告。明确的被告，也就是原告控告的是谁，这个人应当是确切的、具体的。没有被告，起诉不成立。至于这个被告是否正确的被告，不会对起诉构成妨碍。

3. 有具体的诉讼请求和事实理由。诉讼请求就是原告要求人民法院保护什么、支持什么、反对什么，这些都应该清楚明白，而不应含糊笼统。如夫妻一方要求与对方解除婚姻关系、分割夫妻共同财产，与对方解除婚姻关系、分割共同财产就是具体的诉讼请求。事实和理由就是原告向法院提供的案件事实经过和相关的证据事实以及支持该请求的理由。

4. 属于受诉人民法院管辖。

【依据】《民事诉讼法》第 108 条。

（三）民事诉讼的管辖

所谓管辖，就是哪一个具体的人民法院能够审理当事人提出的诉讼。这涉及两个问题：一是级别管辖要先确定自己的民事诉讼属于哪一级的人民法院管辖，是基层人民法院还是中级人民法院还是其他；二是地域管辖确定这个级别的人民法院中属于哪个区域的人民法院管辖。

1. 级别管辖

（1）一般的民事案件由基层人民法院管辖。可以说，农村所发生的绝大多数民事案件一般均由基层人民法院管辖。

（2）如果纠纷属于重大涉外案件，或者在本辖区有重大影响的案件，由中级人民法院管辖。

（3）各省高级人民法院管辖在全省、自治区和直辖市有重大影响的案件。

（4）最高人民法院作为全国的最高审判机关，一般只管辖在全国有重大影响的案件。

【依据】《民事诉讼法》第18、19、20、21条。

2. 地域管辖

地域管辖的内容比较多，跟农村民事纠纷解决相关的地域管辖主要有以下问题：

（1）一般情况下，"原告就被告"，即被告在哪里，就向哪个地方的人民法院提出诉讼。

如果被告是公民，由被告住所地法院管辖。被告的住所地，就是该被告的户籍所在地。现在很多农民外出打工并居住在外地，在这种住所地与经常居住地不一致的情况下，如果其在经常居住地已连续居住1年以上，就由经常居住地人民法院管辖。比如王某借李某的钱未还，李某想到法院起诉王某，王某的原住所地是湖北省某县，但后来他离开家乡去上海打工，且在上海连续居住了1年半，李某就应在上海起诉王某。

如果被告是法人或其他组织，由该法人或其他组织的主要营业地或者主要办事机构所在地法院管辖。对此，当事人可以到工商登记部门查询。

如果一个诉讼有几个被告，而且这些被告的住所地、经常居住地在两个以上的地方，那么，这些地方的人民法院都可以管辖。对此，原告可以任选其中的一个法院进行诉讼。

【依据】《民事诉讼法》第22条。

（2）特殊情况下，"被告就原告"，即到原告住所地的法院起诉。如对下落不明或者宣告失踪的人提起有关身份关系的诉讼；对被劳动教养的人提起的诉讼；对被监禁的人提起的诉讼。

（3）其他跟农村民事纠纷解决相关的管辖列表如下：

农村常见纠纷类型	管辖法院
合同纠纷	由被告住所地或合同履行地法院管辖
保险合同纠纷	由被告住所地或保险物所在地法院管辖
铁路、公路、水上、航空运输合同纠纷	由运输始发地、目的地或被告住所地法院管辖

续表

农村常见纠纷类型	管辖法院
侵权行为诉讼	由侵权行为地（包括侵权行为实施地和侵权行为结果地）或被告住所地法院管辖
不动产纠纷（如土地、建筑物、山林、矿山等）	由不动产所在地法院管辖
遗产继承纠纷	由被继承人死亡时住所地或主要遗产所在地法院管辖
追索赡养费案件的几个被告不在同一辖区的	可由原告住所地法院管辖

☞**重点提示**

　　因产品质量不合格造成他人财产、人身损害提起的诉讼，产品制造地、产品销售地、侵权行为地和被告住所地法院都有管辖权。据此，如果农民买到质量不合格的产品，如化肥农药、食品等，可以从上述管辖法院中任选一个对自己最便利的法院起诉。

（四）诉讼时效

　　所谓诉讼时效，指权利人在法定期间内如果不行使权利，就丧失了请求法院依诉讼程序强制义务人履行义务的权利。一旦过了诉讼时效期间，即使权利人的权利受到不法侵害，也无法向人民法院请求保护。所以，在准备起诉阶段，一定要确认自己所要提起诉讼的民事纠纷是否已经过了诉讼时效；如果过了，就没有提起诉讼的必要和意义了。

类型	诉讼时效期间
普通诉讼时效期间（2年或20年）	1. 权利人知道或应当知道权利被侵害的——2年 2. 权利人不知道或不应当知道权利被侵害的——20年

续表

类型	诉讼时效期间
特别诉讼时效期间 （1年）	1. 身体受到伤害要求赔偿的 2. 出售质量不合格商品未声明的 3. 拒付或延期支付租金的 4. 寄存财物被丢失或者毁损的
其他诉讼时效期间	1. 食物中毒或其他食源性疾患的损害赔偿请求权——1年 2. 药品中毒事故损害赔偿请求权——1年 3. 环境损害赔偿请求权——3年 4. 产品存在缺陷造成损害的赔偿请求权——2年

还有三个问题需要注意：

1. 诉讼时效期间的起算。诉讼时效期间从当事人知道或者应当知道权利被侵害时起计算。

2. 诉讼时效期间的中止。在诉讼时效期间的最后6个月内，因不可抗力或者其他障碍不能行使请求权的，诉讼时效中止。诉讼时效中止的法律后果是，从中止时效的原因消除之日起，诉讼时效期间继续计算。诉讼时效中止的目的在于排除客观原因对权利人行使权利的影响，从而保证权利人有法律规定的提起诉讼的必要时间。所以，我们在发现自己的民事纠纷已经过了诉讼时效期间时，首先就要想到有没有诉讼时效中止的情况。

☞**重点提示**

应当注意诉讼时效期间中止的条件：第一，存在中止的法定事由。法定事由有两个，一是不可抗力，如山洪、地震等；二是其他障碍，如突然患重病丧失行为能力等。第二，中止的法定事由必须存在或发生在时效期间的最后6个月。

3. 诉讼时效中断。在诉讼时效期间进行中，因为发生了一定的法定事由，致使已经经过的时效期间统统无效，等到时效中断的事由消除后，诉讼时效期间再重新计算。中断和中止的目的都是为了保护权利人不轻易丧失权利，但是发生中止的原因是与当事人无关的客观情况，而发生中断的原因是由于当事人的行为。

根据《民法通则》及相关司法解释的规定，诉讼时效期间中断的法定事由主要有：（1）提起诉讼；（2）当事人一方提出请求；（3）同意履行义务。

【依据】《民法通则》第 135～141 条；《民法通则意见》第 165～177 条。

【案例一】

王二住在山区，李四于 2003 年 9 月 27 日向王二借款 2000 元一直没有归还，王二想在 2005 年 9 月 27 日诉讼时效期间届满之前提起诉讼。但是 2005 年 9 月 12 日，王二所住山区突发山洪，冲断了通往法院的道路，王二无法到达法院。直到 2005 年 10 月 4 日，道路才修好。虽然王二没有在诉讼时效期间之内前往法院起诉，但是其不能如期起诉的原因是山洪暴发这一不可抗力的发生，而且是在诉讼时效期间的最后 6 个月之内，因此，属于诉讼时效中止。那么，本案的诉讼时效应当从 2005 年 9 月 12 日道路被冲毁时停止计算，等到道路修好的 10 月 4 日时再开始重新计算。这样一来，在 10 月 4 日后的 15 天内提起诉讼，都在诉讼时效期间内。

（五）证据收集准备工作

1. 收集证明当事人之间法律关系存在的证据。如债务纠纷，必须有证明双方债权债务关系存在的证据，如欠条；离婚案件，必须有证明双方婚姻关系存在的法律文件，如结婚证或民政部门的证明文件；侵权纠纷，必须有证明侵权事实存在的证据等。

2. 收集对方当事人住所地或经常居住地及财产等方面情况的证据。搞清对方当事人的住所地或经常居住地，才能确定在哪个法院起诉；而且，知道对方当事人的真实地址，也便于法院送达传票等司法文件。搞清对方当事人的真实地址和财产情况，便于对对方当事人采取财产保全、证据保全等措施，胜诉后能够方便执行。

3. 收集整理有关诉讼时效方面的证据。

☞**重点提示**

> 　　在收集上述第二个方面的证据时，需要一定的技巧：第一，充分利用政府机关的公共资源。比如查找公民个人的信息时，可以利用当地公安部门的资源，现在全国身份证信息是联网的，只要输入几个关键词，在公安部门的网络上就可以比较容易地找到想找的人。再如查找公司信息时，可以到工商部门的注册登记中心。当然，进行这样的调查需要有律师的参与，因为这些政府部门不对个人提供这些信息服务。第二，在日常交往中要注意收集证据，需要做有心人，不能等到双方出现了纠纷再来收集，这个时候，对方已经会有所防范，就很难收集了。

（六）诉讼代理人的选择

在起诉准备阶段，还需要选择是自己进行诉讼活动还是聘请一名诉讼代理人代为进行诉讼活动。

如果案情非常简单，自己对法律又有相当了解，并且已经有了充足的证据，那么可以不请诉讼代理人。但是，如果案情比较复杂，当事人主体不清晰，证据收集上有困难，法律规定很难理解，那么就需要聘请诉讼代理人。

应当注意，并不是只有律师才能成为民事诉讼的代理人，根据《民事诉讼法》第58条，当事人的近亲属、有关的社会团体或者所在单位推荐的人、经人民法院许可的其他公民，都可以作为民事诉讼的代理人。如此，则实践中法学教师或科研人员、基层司法所工作人员、懂得法律知识的亲朋好友成为诉讼代理人，也就不足为奇。

当然，在这些人员中，律师是诉讼代理人的最佳人选，原因在于：（1）律师具有法定调查权；（2）律师对法律程序更为熟悉；（3）找律师代理可以签订风险代理合同。

当然，聘请律师必须签订律师代理合同，这样便于明确双方的权利义务，也便于律师的代理活动。

（七）起诉状的起草

详见第六节"常用文书及其格式"。

二、立案阶段及其应对

立案阶段并非只是把起诉状交到法院，还涉及办理立案手续、法院受理、缴纳诉讼费、申请财产保全、申请证据保全、申请人民法院代为收集证据、申请先予执行等多项工作。

大致说来，立案阶段的流程图可以表示为：

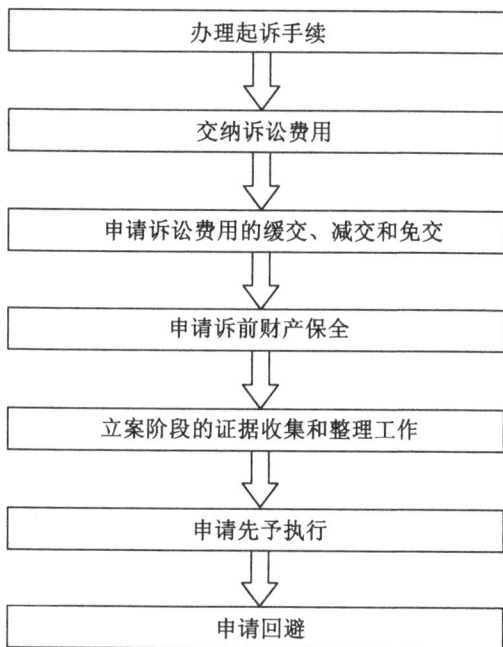

```
┌─────────────────────────────┐
│        办理起诉手续          │
└─────────────────────────────┘
              ▼
┌─────────────────────────────┐
│        交纳诉讼费用          │
└─────────────────────────────┘
              ▼
┌─────────────────────────────┐
│   申请诉讼费用的缓交、减交和免交   │
└─────────────────────────────┘
              ▼
┌─────────────────────────────┐
│       申请诉前财产保全        │
└─────────────────────────────┘
              ▼
┌─────────────────────────────┐
│   立案阶段的证据收集和整理工作    │
└─────────────────────────────┘
              ▼
┌─────────────────────────────┐
│        申请先予执行          │
└─────────────────────────────┘
              ▼
┌─────────────────────────────┐
│          申请回避            │
└─────────────────────────────┘
```

（一）办理起诉手续

我国法院均设有立案庭专门受理立案。作为起诉人，首先要携带起诉状到法院立案庭办理立案手续。受理的法官会询问一些相关情况，并告知当事人在 7 日内会通知是否立案。然后，法官对提交的诉状等材料进行审查，如果符合《民事诉讼法》第 108 条关于起诉实质要件的规定，就要在 7 日内立案，并通知当事人；如果不符合起诉条件，应当在 7 日内裁定不予受理。对人民法院作出的不予受理裁定，当事人如果不服，可以提起上诉。

【依据】《民事诉讼法》第 **112** 条。

在此，需要注意：

1. 书写起诉状确实有困难的，可以口头起诉，但是为了便于整个诉讼活动的顺利进行，还是应当自己准备起诉状。

【依据】《民事诉讼法》第 **109** 条。

2. 当法院立案后，会给起诉人一些法律文书，大致包括：（1）立案通知书；（2）上诉风险提示书；（3）举证通知书。对这些诉讼文书应认真阅读，以便充分了解自己的诉讼权利。

（二）交纳诉讼费用

1. 诉讼费用的范围，如下图：

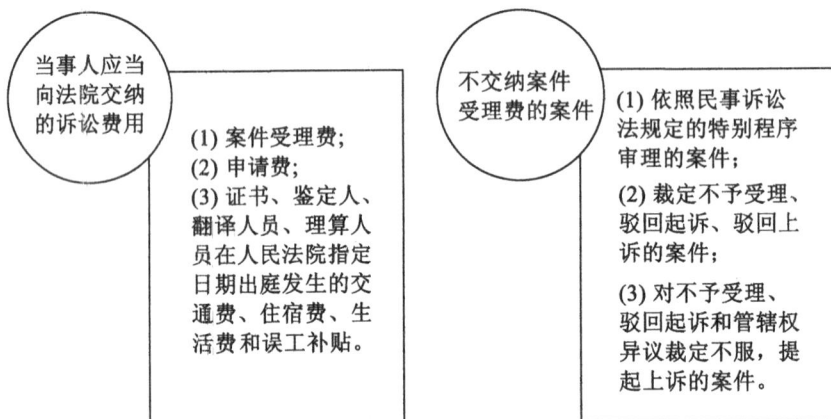

当事人应当向法院交纳的诉讼费用

(1) 案件受理费；
(2) 申请费；
(3) 证书、鉴定人、翻译人员、理算人员在人民法院指定日期出庭发生的交通费、住宿费、生活费和误工补贴。

不交纳案件受理费的案件

(1) 依照民事诉讼法规定的特别程序审理的案件；
(2) 裁定不予受理、驳回起诉、驳回上诉的案件；
(3) 对不予受理、驳回起诉和管辖权异议裁定不服，提起上诉的案件。

【依据】《诉讼费用交纳办法》第 **6**、**8** 条。

2. 诉讼费用的交纳标准，如下表：

案件类型	案件受理费的交纳标准
财产案件：根据诉讼请求的金额或者价额，按照比例分段累计交纳	1. 不超过 1 万元的，每件交纳 50 元； 2. 超过 1 万元至 10 万元的部分，按照 2.5%交纳； 3. 超过 10 万元至 20 万元的部分，按照 2%交纳； 4. 超过 20 万元至 50 万元的部分，按照 1.5%交纳； 5. 超过 50 万元至 100 万元的部分，按照 1%交纳； 6. 超过 100 万元至 200 万元的部分，按照 0.9%交纳； 7. 超过 200 万元至 500 万元的部分，按照 0.8%交纳； 8. 超过 500 万元至 1000 万元的部分，按照 0.7%交纳； 9. 超过 1000 万元至 2000 万元的部分，按照 0.6%交纳； 10. 超过 2000 万元的部分，按照 0.5%交纳。

续表

案件类型	案件受理费的交纳标准
非财产案件	1. 离婚案件每件交纳 50—300 元。涉及财产分割，财产总额不超过 20 万元的，不另行交纳；超过 20 万元的部分，按照 0.5%交纳。 2. 侵害姓名权、名称权、肖像权、名誉权、荣誉权以及其他人格权的案件，每件交纳 100—500 元。涉及损害赔偿，赔偿金额不超过 5 万元的，不另行交纳；超过 5 万元至 10 万元的部分，按照 1%交纳；超过 10 万元的部分，按照 0.5%交纳。 3. 其他非财产案件每件交纳 50—100 元。
劳动争议案件	每件交纳 10 元

【依据】《诉讼费用交纳办法》第 13 条。

此外，还要注意以下几个问题：

（1）以调解方式结案或者当事人申请撤诉的，减半交纳案件受理费。

【依据】《诉讼费用交纳办法》第 15 条。

（2）适用简易程序审理的案件减半交纳案件受理费。

【依据】《诉讼费用交纳办法》第 16 条。

（3）对财产案件提起上诉的，按照不服一审判决部分的上诉请求数额交纳案件受理费。

【依据】《诉讼费用交纳办法》第 17 条。

3. 诉讼费用的预交与退还。案件受理费由原告预交。被告提出反诉的，根据反诉金额或者价款计算案件受理费，由被告预交。原告应自接到人民法院预交诉讼费用通知的次日起 7 日内预交，在预交期内未预交又未提出司法救助申请，或者申请司法救助未获批准，在人民法院指定期限内仍未交纳诉讼费用的，按自动撤回起诉处理。所以，原告不能在接到预交诉讼费用通知的次日起 7 日内预交诉讼费用的，就将失去进行诉讼的机会。

另外，人民法院在审理民事案件过程中发现涉嫌刑事犯罪并将案件移送有关部门处理的，当事人交纳的案件受理费应当退还；移送后民事案件需要继续审理的，当事人已交纳的案件受理费不予退还。

【依据】《诉讼费用交纳办法》第 20、22、24 条。

4. 诉讼费用的负担。虽然诉讼费用由原告预交，但是最终案件受理费是由败诉的当事人负担（胜诉方自愿负担的除外），双方都有责任的，由双方分担。共同诉讼当事人败诉的，由人民法院根据他们各自对诉讼标的的利害关系，决定各自应负担的金额。

经人民法院调解达成协议的案件，诉讼费用的负担由双方当事人协商解决；协商不成的，由人民法院决定。

离婚案件诉讼费用的负担也由双方当事人协商解决；协商不成的，同样由人民法院决定。

应当注意，当事人不得单独对人民法院关于诉讼费用的决定提起上诉。当事人单独对人民法院关于诉讼费用的决定有异议的，可以向作出决定的人民法院院长申请复核。复核决定应当自收到当事人申请之日起 15 日内作出。当事人对人民法院决定诉讼费用的计算有异议的，可以向作出决定的人民法院请求复核。计算确有错误的，作出决定的人民法院应当予以更正。

【依据】《诉讼费用交纳办法》第 **29、31、33、43** 条。

5. 司法救助（诉讼费用缓交、减交和免交的办理）。当事人交纳诉讼费用确有困难的，可以向人民法院申请缓交、减交或者免交诉讼费用。应当注意，诉讼费用的免交只适用于自然人，不适用于法人或其他组织。

【依据】《诉讼费用交纳办法》第 **44** 条。

司法救助的类型	适用情形	依据
诉讼费用的缓交	(1) 追索社会保险金、经济补偿金的； (2) 海上事故、交通事故、医疗事故、工伤事故、产品质量事故或者其他人身伤害事故的受害人请求赔偿的； (3) 正在接受有关部门法律援助的； (4) 确实需要缓交的其他情形。	《诉讼费用交纳办法》第 47 条
诉讼费用的减交	(1) 因自然灾害等不可抗力造成生活困难，正在接受社会救济，或者家庭生产经营难以为继的； (2) 属于国家规定的优抚、安置对象的； (3) 社会福利机构和救助管理站； (4) 确实需要减交的其他情形。	《诉讼费用交纳办法》第 46 条
诉讼费用的免交	(1) 残疾人无固定生活来源的； (2) 追索赡养费、扶养费、抚育费、抚恤金的； (3) 最低生活保障对象、农村特困定期救济对象、农村五保供养对象或者领取失业保险金人员，无其他收入的； (4) 因见义勇为或者为保护社会公共利益致使自身合法权益受到损害，本人或者其近亲属请求赔偿或者补偿的； (5) 确实需要免交的其他情形。	《诉讼费用交纳办法》第 45 条

☞**重点提示**

> 　　事实胜于雄辩，证明自己困难的最好办法不是向法官诉苦，而是用事实说话，主要就是提供一些社会组织或公共管理部门的相关证明。当事人证明自己生活困难，最好就是让当地社区出具家庭生活情况的证明，如年收入多少，家庭有多少人，经济负担有多大，处于一种什么样的生活状态等。这样一来，你的经济情况才一目了然，法官也更容易相信。

（三）普通程序与简易程序的选择

　　基层人民法院及其派出法庭审理事实清楚、权利义务关系明确、争议不大的简单的民事案件，可以适用简易程序。基层人民法院适用第一审普通程序审理的案件，当事人各方自愿选择适用简易程序，经人民法院审查同意的，可以适用简易程序进行审理。这样，在开始诉讼时，就涉及选择普通程序还是简易程序的问题，当事人可以根据自己的需要进行选择。

　　【依据】《民事诉讼法》第 142 条；《最高人民法院关于适用简易程序审理民事案件的若干规定》（以下简称《简易程序规定》）第 2 条。

　　1. 简易程序的特点

　　（1）起诉方式简便。对简单的民事案件，原告可以口头起诉，不附加任何条件和限制；按照普通程序审理的案件，原告只有在书写起诉状有困难时，才允许口头起诉。

　　（2）受理程序简便。双方当事人可以同时到基层人民法院或其派出法庭，请求解决纠纷。审判人员经过审查，认为符合起诉条件的，可以立即受案审理，也可以另定日期审理。

　　（3）传唤当事人、证人的方式简便。基层人民法院及其派出法庭审理简单的民事案件，可以根据情况，用简便的方式随时传唤当事人、证人。这里的简便方式包括捎口信、电话、传真、电子邮件等方式。传唤的时间也不受在开庭前 3 日通知当事人和其他诉讼参与人的限制。

　　（4）实行独任制。按照简易程序审理简单的民事案件，由审判员一人独任审判，书记员担任记录。

　　（5）审理程序简便。对案件可以随到随审，不一定非要经过审理前的准备阶段。公开审理的，不受 3 天前必须通知当事人和诉讼参与人的限制，也不一定要发布公告。同时，按照简易程序开庭审理案件时，对法庭调查、法庭辩论两大步骤不必严格区分，也不受法庭调查、法庭辩论先后顺序的限制，调查与辩论可以结合进行，灵活掌握。

（6）审结期限较短。根据《民事诉讼法》第 146 条的规定，人民法院适用简易程序审理案件，应当在立案之日起 3 个月内审结。

2. 简易程序的适用范围

（1）简易程序仅适用于基层人民法院及其派出法庭。中级以上人民法院审理第一审民事案件，不得适用简易程序。

（2）简易程序适用于事实清楚、权利义务关系明确、争议不大的简单民事案件。可以说，农村发生的相当一部分案件都属于这种类型。

同时应当注意，还有一些情形不能适用简易程序：

不能适用简易程序 的情形	（1）起诉时被告下落不明的； （2）发回重审的； （3）共同诉讼中一方或者双方当事人人数众多的； （4）法律规定应当适用特别程序、审判监督程序、督促程序、公示催告程序和企业法人破产还债程序的； （5）人民法院认为不宜适用简易程序进行审理的。

3. 是否选择简易程序

只要双方同意，即使是普通程序的案件，也可以向人民法院申请按简易程序审理。当事人就适用简易程序提出异议，人民法院认为异议成立的，或者人民法院在审理过程中发现不宜适用简易程序的，应当将案件转入普通程序审理。这表明，当事人也可以将适用简易程序的案件审理转为普通程序。这就赋予当事人选择简易程序还是普通程序的权利，如何运用这个诉讼权利也是我们在诉讼中必须注意的。

【依据】《简易程序规定》第 2、3 条。

☞重点提示

> 运用上述程序选择权时，应根据简易程序的特点和当事人的需要来灵活决定。一般来讲，如果希望案件早日结束，那就选择简易程序；如果希望诉讼拖的时间长一些，那就选择普通程序。如果对方收集证明、召集证人比较困难，那就选择简易程序；如果自己收集证据、召集证人比较困难，那就选择普通程序。

（四）申请财产保全

民事诉讼中一个突出问题是"赢了官司输了钱"，这反映了诉讼中执行的难度。实际上，对于保证生效判决能够得以最后执行，民事诉讼法中有切实的保障措施，即可以在诉前或诉讼中采取财产保全。财产保全是指人民法院根据利害关系人或当事人的申请，或者依职权对当事人的财产采取一定的保护措施，以保障将来的生效判决得到执行的一种制度。

1. 财产保全的两种类型

（1）诉前财产保全——是指利害关系人因情况紧急，不立即申请财产保全将会使其合法权益受到难以弥补的损害的，可以在起诉前向人民法院申请财产保全，人民法院根据其申请对财产所采取的一种保护措施。

（2）诉讼中财产保全——是指人民法院受理案件后，对于可能因当事人一方的行为或其他原因，使判决不能执行或者难以执行的案件，根据对方当事人的申请或依职权裁定，对当事人的财产或争议的标的物所采取的一种保护措施。

2. 两种财产保全的区别

二者的区别	具体表现
（1）提起的主体不同	诉前财产保全——只能由利害关系人向法院提出。此处的利害关系人不仅包括双方当事人，也包括对民事权利负有保护责任的人。 诉讼财产保全——既可由当事人申请，也可由人民法院依职权采取。
（2）提起的原因不同	诉前财产保全——其发生是因情况紧急，利害关系人来不及起诉，不立即申请财产保全将会使其合法权益受到难以弥补的损失。 诉讼财产保全——因一方当事人的行为或其他原因，有可能使判决不能执行或难以执行，或者是在诉讼前没有发现对方当事人的财产而在诉讼中通过努力才发现。
（3）提供担保不同	诉前财产保全——申请人应当提供担保。 诉讼财产保全——可以提供，也可以不提供。
（4）裁定的时间不同	诉前财产保全——人民法院必须在接受申请后48小时内作出裁定。 诉讼财产保全——对情况紧急的，人民法院必须在48小时内作出裁定；对情况不紧急的，可以适当延长作出裁定的时间。
（5）保全措施的解除不同	诉前财产保全——申请人在人民法院采取保全措施后15日内不起诉的，人民法院应当解除财产保全。 诉讼财产保全——被申请人提供担保的，人民法院应当解除财产保全。

☞重点提示

　　为了保证最后能够得到实际的赔偿，而不是"赢了官司输了钱"，在向法院起诉之前，可以考虑采取诉前财产保全，将对方当事人的财产冻结，以便胜诉后有可执行的财产。否则对方当事人一旦知悉我方提起诉讼，会采取转移财产的方法来逃避法律义务。很多有经验的律师都是先进行诉前财产保全然后再提起诉讼，不给对方转移财产的机会。而且只要保全的财产没有达到自己的诉讼请求金额，在诉讼中还可以对对方的财产进行保全。一般法院很少会采取财产保全的措施，当事人要主动申请。

　　3. 财产保全的范围

　　(1) 限于诉讼请求的范围。也就是说，被保全财物的金额应该在诉讼请求的财产范围内，二者在数额上应大致相等。比如要求被告赔偿 1 万元，那么，如果要对被告的财产申请保全，保全财物的价值也应当是 1 万元。

　　(2) 保全的财产是与本案有关的财物。

　　【依据】《民事诉讼法》第 94 条。

　　4. 财产保全的担保

　　由于财产保全在判决作出之前进行，案件的最终结果还未确定，但是采取该措施会对当事人产生一定的影响，造成一定的损失；如果财产保全措施错误的，还要赔偿。所以，当事人在申请财产保全时，人民法院一般会要求提供担保。具体分为两种情况：

　　(1) 人民法院在采取诉前财产保全时，必须由申请人提供相当于请求保全数额的担保。拒绝提供担保的，驳回申请。

　　(2) 在诉讼财产保全中，人民法院可以责令申请人提供担保，申请人不提供的，驳回申请；也可以不责令申请人提供担保。是否责令申请人提供担保，由人民法院根据案件的具体情况而定。

　　【依据】《民事诉讼法》第 92 条。

　　5. 申请财产保全错误的赔偿

　　申请有错误的，申请人应当赔偿被申请人因财产保全所遭受的损失。在申请财产保全时，当事人必须对自己的诉讼结果有一个比较明确的预期，否则采取这样的措施只会增加自己的损失。

【依据】《民事诉讼法》第 **96** 条。

（五）立案阶段证据的收集及其技巧

正式进入诉讼阶段后，证据方面有两个比较重要的工作要及时完成。

1. 申请人民法院代为收集证据

为了保证民事诉讼的正常进行，当事人及其诉讼代理人因客观原因不能自行收集的证据，或者人民法院认为审理案件需要的证据，人民法院应当调查收集。

【依据】《民事诉讼法》第 **64** 条。

（1）人民法院调查收集证据必须依当事人的申请。除了涉及可能有损国家利益、社会公共利益或者他人合法利益的事实和涉及依职权追加当事人、中止诉讼、终结诉讼、回避等与实体争议无关的程序事项外，人民法院调查收集证据，应当依当事人的申请进行。

【依据】《民事诉讼证据规定》第 **16** 条。

（2）人民法院调查收集证据的范围。人民法院只代为收集当事人及其诉讼代理人一般无法收集到的证据，大致包括：

人民法院调查 收集证据的范围	第一，申请调查收集的证据是属于国家有关部门保存并须人民法院依职权调取的档案材料； 第二，涉及国家秘密、商业秘密、个人隐私的材料； 第三，当事人及其诉讼代理人确因客观原因不能自行收集的其他材料。

（3）当事人申请人民法院调查收集证据的程序：

第一，应当提交申请书。申请书中应当载明被调查人的姓名或者单位名称、住所地等基本情况，所要调查收集的证据的内容，需要由人民法院调查收集证据的原因及其要证明的内容等。

第二，当事人及其诉讼代理人申请人民法院调查收集证据，不得迟于举证期限届满前 7 日。

第三，人民法院对当事人及其诉讼代理人的申请不予准许的，应当向当事人或其诉讼代理人送达通知书。当事人及其诉讼代理人可以在收到通知书的次日起 3 日内向受理申请的人民法院书面复议一次。人民法院应当在收到复议申请之日起 5 日内作出答复。

【依据】《民事诉讼法》第 **64** 条；《民事诉讼证据规定》第 **17~19** 条。

2. 申请保全证据

如果对发现和收集到的证据不能加以妥善保管，由于自然或人为的原因，时间一长，往往会造成证据的自然消灭和损坏，这样会给日后的诉讼带来困难，甚至造成败诉。为解决这一问题，在证据可能灭失或者以后难以取得的情况下，诉讼参加人可以向人民法院申请保全证据。

【依据】《民事诉讼法》第74条。

关于证据保全，有以下几个问题需要注意：

证据保全的条件	（1）证据可能灭失。如相关证人重病即将死亡，如不及时取得其证言，以后可能永远不能取得；相关物证或书证可能腐烂或被销毁等。 （2）证据将来难以取得。如证人将要出国留学或定居，日后要取得该证人的证言会有相当的难度。
证据保全的方式	根据证据种类的不同，保全的方式也不同。对证人证言，一般是制作人证言的笔录或者采取录音的方法。对物证的保全，可由人民法院进行勘验，制作勘验笔录、绘图、拍照、摄像或者保存原物。
申请证据保全的程序	证据保全的申请可以在起诉前，也可以在起诉后。 在起诉前申请的，人民法院认为需要采取保全措施的，应当通知申请人在一定期限内提出诉讼。 起诉后申请的，由人民法院审查决定。

【案例二】

王老汉生前没有写书面遗嘱，在临终前留下了口头遗嘱。后来，王老汉的子女因遗产继承问题发生纠纷起诉到法院。王老汉的口头遗嘱有两位见证人，均已八十岁高龄且健康状况不好。为了保证证人证言的有效，原告律师在立案后就要求法院对证人证言进行保全，法院在收到申请后及时进行证据保全，对两个证人的证言制作了笔录并录音。这份证据成为原告胜诉最重要的证据。后来在二审中，其中的一位见证人去世，但是由于及时进行了证据保全，所以没有影响到证据的效力。

（六）申请先予执行

先予执行是人民法院在诉讼过程中，根据当事人的申请，裁定一方当事人预先付给另一方当事人一定数额的金钱或者其他财物的一种制度。设计这个制度是因为人民法院从审理案件到作出判决再到判决生效执行，需要经过相当长一段时间。在此期间内，有的原告可能会因经济困难不能维持正常的生活，或者无法进行生产经营。为了保证这些当事人不至于陷入危机，于是人民法院在终审判决作出前，裁定采取先予执行措施，让被告先付给原告一定数额的款项或者财物，以解决原告的燃眉之急，使原告的生活或生产经营能继续维持下去。

1. 先予执行的范围

（1）追索赡养费、抚养费、抚育费、抚恤金、医疗费用的案件。

（2）追索劳动报酬的案件。

（3）因情况紧急需要先予执行的案件，包括：需要立即停止侵害、排除妨碍的；需要立即停止某项行为的；需要立即返还用于购置生产原料、生产工具货款的；追索恢复生产、经营急需的保险理赔费的。

【依据】《民事诉讼法》第 97 条。

2. 先予执行的条件

（1）当事人之间权利义务关系明确。即原告必须是享有权利的一方，被告是应履行义务的一方，比如父亲向儿子追索赡养费，在此，双方当事人之间存在父子关系，儿子有赡养父亲的义务。

（2）不先予执行将严重影响申请人的生活或生产经营。申请人无生活来源，如不先予执行，可能会给权利人的生活带来严重困难，甚至可能因生活无着落而死亡，此时，应裁定先予执行。如有的当事人缺少生产经营资金，急需一笔资金用于购置生产原料，如不先予执行，就将使申请人停工停产，甚至破产、工人下岗。

（3）被申请人有履行能力。如果被申请人没有履行能力，采取先予执行措施会引起被申请人无法维持生活或生产经营。

【依据】《民事诉讼法》第 98 条。

3. 先予执行的申请和担保

先予执行，必须由当事人向人民法院提出书面申请，申请书应当写明申请先予执行的理由和依据，并提供对方当事人有先予履行能力的情况。

由于先予执行是在生效判决作出之前的执行，为了保护被申请人的利益，避免因申请人申请错误而使被申请人遭受不应有的损失，人民法院可以责令申请人提供担保。是否责令提供担保，由人民法院根据案件的具体情况决定。人民法院一旦责令提供担保，申请人就必须提供担保，否则法院就会驳回申请。提供担保的形式，可以采用保证人担保，也可以采用实物或现金担保。

【依据】《民事诉讼法》第 98 条第 2 款。

4. 被申请人遭受损失的赔偿

当事人在申请先予执行时，要对申请错误的后果有一个合理的预期，否则反而会增加自己的损失。如果人民法院对案件审理终结，判决申请人败诉，申请人应当赔偿被申请人因先予执行所遭受的财产损失。

【案例三】

甲县超市从乙乡办企业饮料厂购买了一批果汁饮料，价值50万元，但是一直没有付款。由于甲超市的欠款导致乙饮料厂流动资金严重短缺，饮料厂在与超市多次协商无效的情况下，向县法院提起诉讼。法院经过审查，发现双方权利义务关系明确，被申请人即超市也确有履行能力，并且饮料厂确实存在严重的资金困难，于是同意饮料厂的申请，要求甲县超市先行支付20万元给饮料厂。

（七）申请回避

为了保证整个诉讼活动的公正性，防止案件受到一些主观因素的影响，《民事诉讼法》专门规定了回避制度，即对于审判人员及其他有关人员，如果遇有法律规定的回避情形时，就要退出某一具体案件的审理或者诉讼活动。进入立案阶段后，就可以知道自己案件的主审法院和其他人员的具体情况了，这时，就可以申请相关人员回避。

1. 回避的适用范围

（1）审判人员，包括审判员和合议庭组成人员，如果有人民陪审员，也包括人民陪审员；（2）书记员；（3）翻译人员；（4）鉴定人；（5）勘验人。

【依据】《民事诉讼法》第45条。

2. 回避的条件

上述审判人员、书记员、翻译人员、鉴定人和勘验人有以下情形之一的，必须回避，当事人有权用口头或书面方式申请他们回避：

（1）是本案当事人或者当事人、诉讼代理人的近亲属；

（2）与本案有利害关系；

（3）与本案当事人有其他关系，可能影响到案件的公正审理。

【依据】《民事诉讼法》第45条。

【案例四】

王二和李四因为借款纠纷起诉到县人民法院，适用简易程序审理，法院指定法官马某担任独任审判员。王二从他人那里了解到马某是李四的表叔，担心案件的审理会受到不公正的对待，于是向法院申请要求法官马某回避。法院经过调查发现情况属实，于是作出决定让马某回避，另外指定其他法官来审理此案。

3. 如何申请回避

当事人及其诉讼代理人申请回避的，可以口头申请也可以书面申请。申请的时间一般应在案件开始审理时提出，如果回避事由是在案件审理开始后知道的，也可以在法庭辩论终结前向法院提出回避的申请。人民法院对申请回避的决定，应当在回避申请提出的 3 日内，以口头或者书面形式作出决定。申请人对该决定不服，可以在接到决定时申请复议一次，但是在复议期间，被申请回避的人员，不停止参与本案的审理工作。人民法院对复议申请，应当在 3 日内作出复议决定，并通知复议申请人。

（八）被告的应诉准备工作

人民法院应当在立案之日起 5 日内将起诉状副本发送给被告，这时，原被告双方正式在诉讼中接触。面对原告的起诉，被告应当以一种积极的心态应诉，并从这时开始应诉准备工作。

【依据】《民事诉讼法》第 113 条。

应诉准备工作主要包括：

1. 接收送达的诉讼文件

人民法院在立案后 5 日内要向被告送达如下诉讼文书：（1）原告的起诉状副本；（2）应诉通知书；（3）诉讼风险提示书；（4）举证通知书；（5）开庭传票（如果已经确定开庭日期）。

【依据】《民事诉讼法》第 113、114 条；《民事诉讼证据规定》第 33 条。

作为被告，当人民法院送达诉讼文书时，第一，要把送来的诉讼文书看清楚，不懂的要马上询问送达人；第二，要向送达人了解下一步要进行的诉讼活动，如是否接受调查等；第三，要询问审理法官的姓名、联系方式，以便于联系；第四，如果对受理的人民法院地址不清楚，要问清具体地址，以及到达的交通方式等；第五，应在送达回证上签字。

2. 准备答辩状。

准备答辩状是重要的应诉准备工作。根据《民事诉讼法》第 113 条，被告应当在收到起诉状副本之日起 15 日内提出答辩状。虽然被告不提出答辩状不影响法院的审理，但是对于被告来说，答辩状是为自己辩护的一个重要手段，一定要认真准备。

3. 收集证据。

比起原告，被告收集证据更容易一些。这是因为原告已经收集了一些证据，并在起诉状中反映出来；而且，被告收集证据的目的性更强，就是要证明原告的漏洞。收集证据的方法同原告一样，所有适用于原告的证据收集方法一样也适用于被告。

三、举证和证据交换阶段及其应对

《民事诉讼证据规定》对民事诉讼的举证责任、举证期限、证据交换、质证和证据认定等问题进行了系统规定。诉讼双方应充分分析和整理自己的证据，形成一个完整的证据链，以支持自己的诉讼请求和反驳对方的诉讼请求；并发现对方证据的漏洞，寻找对自己有用的证据，为庭审做好准备。

在这一阶段，需要做的主要工作流程图表示如下：

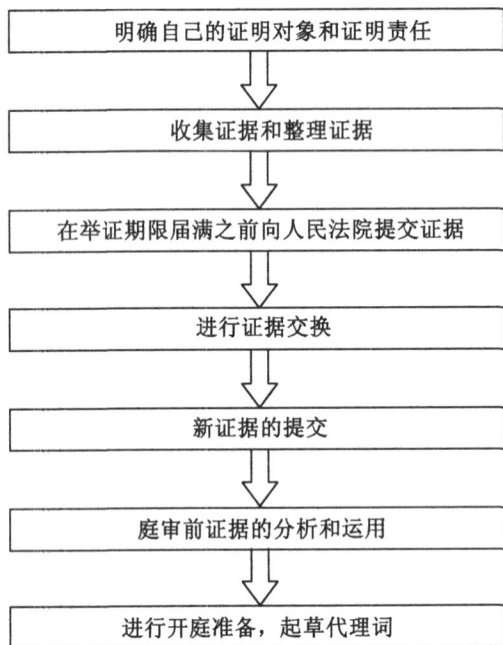

```
┌─────────────────────────────────────┐
│      明确自己的证明对象和证明责任      │
└─────────────────────────────────────┘
                  ↓
┌─────────────────────────────────────┐
│           收集证据和整理证据          │
└─────────────────────────────────────┘
                  ↓
┌─────────────────────────────────────┐
│   在举证期限届满之前向人民法院提交证据  │
└─────────────────────────────────────┘
                  ↓
┌─────────────────────────────────────┐
│             进行证据交换              │
└─────────────────────────────────────┘
                  ↓
┌─────────────────────────────────────┐
│             新证据的提交              │
└─────────────────────────────────────┘
                  ↓
┌─────────────────────────────────────┐
│         庭审前证据的分析和运用         │
└─────────────────────────────────────┘
                  ↓
┌─────────────────────────────────────┐
│       进行开庭准备，起草代理词         │
└─────────────────────────────────────┘
```

（一）证明对象和举证责任

1. 证明对象

证明对象就是在诉讼中当事人需要证明哪些事实。根据《民事诉讼证据规定》，以下事实无须举证证明：（1）众所周知的事实（如10月1日是我国国庆节等）；（2）自然规律及定理（如日出东方日落西方等）；（3）根据法律规定或者已知事实和日常生活经验法则能推定出的另一事实；（4）已为人民法院发生法律效力的裁判所确认的事实；（5）已为仲裁机构的生效裁决所确认的事实；（6）已为有效公证文书所证明的事实。

2. 举证责任

举证责任是指当事人对自己提出的主张，有提出证据并加以证明的责任。任何一方当事人为了支持自己的主张或反驳对方的主张，均应提供相应的证据来加以证明。举证责任的一般原则是"谁主张，谁举证"，但是，又有一些特殊规定，与农村民事纠纷相关的包括：

（1）高度危险作业致人损害的侵权诉讼，由加害人就受害人故意造成损害的事实承担举证责任。例如，某村的甲碰到架在村头的高压电线，触电死亡。这时，如果甲的家属向法院提起诉讼，作为被告的高压电线管理者应当证明甲是故意触电，这样才能免除承担责任。否则，就要承担对甲触电死亡的赔偿责任。

（2）因环境污染引起的损害赔偿诉讼，由加害人就法律规定的免责事由及其行为与损害结果之间不存在因果关系承担举证责任。例如，某造纸厂往河里排放的污水把河两岸农田里的庄稼污染致死，这时，造纸厂如果想要免责，就要证明自己排放污水的行为与农田庄稼受损之间不具有因果关系，庄稼受损是别的原因造成的。

（3）建筑物或者其他设施以及建筑物上的搁置物、悬挂物发生倒塌、脱落、坠落致人损害的侵权诉讼，由建筑物的所有人或者管理人对其无过错承担举证责任。

（4）饲养动物致人损害的侵权诉讼，由动物饲养人或者管理人就受害人有过错或者第三人有过错承担举证责任。

（5）因缺陷产品致人损害的侵权诉讼，由产品的生产者就法律规定的免责事由承担举证责任。

（6）因医疗行为引起的侵权诉讼，由医疗机构就医疗行为与损害结果之间不存在因果关系及医院不存在过错承担举证责任。

【依据】《民事诉讼证据规定》第 4、9 条。

（二）证据种类

根据《民事诉讼法》的规定，民事诉讼中主要适用的证据种类有：书证、物证、视听资料、证人证言、当事人陈述、鉴定结论、勘验笔录等七种。

1. 书证

书证是用文字、符号、图表等表达一定的思想或行为，其内容能够证明案件真实情况的物品。这些物品称为书证，不仅是因为它一般都有书面形式，更重要的是它记载或表示的内容能够证明案件事实。常见的书证有各种文件、文书、合同、票据、借条、房产证、公民之间的往来书信等。

☞**重点提示**

> 收集书证时应注意两点：
>
> 第一，国家机关、社会团体依职权制作的书证的证明力一般大于其他书证。所以要注意收集国家机关、社会团体依职权制作的公文书证。如人民法院的调解书、判决书，公证机关的公证书，婚姻登记机关的结婚证、离婚证，行政机关的处罚书。
>
> 第二，书证原件的证明力一般大于复印件的证明力。原件是第一手资料，伪造的可能性小。所以，首先要注意收集书证原件，如果实在无法得到原件而只能取得复印件，也要通过相应的措施证明复印件是与原件核对无误的。无法与原件核对的复印件，人民法院很难采信。

2. 物证

民事诉讼中常见的物证有：所有权有争议的物品，与履行合同有关的物品，因侵权行为而被损害的公私财物及侵权用的工具，遗留的痕迹等。

3. 视听资料

视听资料是指采用先进科学技术，利用图像、音响及电脑储存反映的数据和资料来证明案件真实情况的一种证据。常见的如：录像带、录音带、胶卷、电话录音、电脑存储的数据和资料等。

对于视听资料的使用，长期存在很大的限制，有非常严格的程序要求。《民事诉讼证据规定》第68条规定，以侵害他人合法权益或者违反法律禁止性规定的方法取得的证据，不能作为认定案件事实的依据。电视暗访、私自录音不一定是非法证据，只有侵犯了他人的合法权益或国家秘密、商业秘密的证据才能称为非法证据。

4. 证人证言

证人就其所了解的案件事实向当事人和人民法院所作的陈述，就是证人证言。凡是知道案件情况的人，都有义务向法院提供证言。但是，不能正确表达意思的人不能作为证人，例如完全丧失行为能力的精神病人。一些未成年人也可以就其所了解的案件事实作证。

证人应当出庭接受当事人和法庭的询问。当然，如果证人确有困难不能出庭时，可以不出庭作证而只提交书面证言，这些情况包括：（1）年迈体弱或者行为不便无法出庭的；（2）特殊岗位确实无法离开的；（3）路途特别遥远交通不便难以出庭的；（4）因自然灾害等不可抗力的原因无法出庭的；（5）其他无法出庭的特殊情况。

5. 当事人陈述

当事人陈述是当事人就有关案件的事实情况向人民法院所作的说明。

6. 鉴定结论

鉴定是运用专门知识对某些专门性问题进行的鉴别和判断活动。鉴定人运用自己的专业知识，根据案件事实材料，对某些专门性问题进行鉴定所得出的结论性意见，就是鉴定结论。民事诉讼中常见的鉴定结论有受伤程度鉴定、精神病鉴定、会计鉴定、产品质量鉴定、文书鉴定等。

7. 勘验笔录

勘验是人民法院审判人员在诉讼过程中，为了查明一定的事实，对与案件争议有关的现场、物品或物体亲自进行或指定有关人员进行查验、拍照、测量的行为。对查验的情况与结果制成的笔录就叫勘验笔录。

在民事诉讼中，常常会遇到与案件有关的物品或者现场，由于某种原因不便于或根本不可能拿到法庭。为了弄清事实真相，就要求审判人员必须到现场勘验。如一些房屋纠纷、宅基地纠纷、相邻关系纠纷、土地山林纠纷等。

（三）举证期限

当事人应当在举证期限内向人民法院提交证据材料，在举证期限内不提交的，视为放弃举证权利。对于当事人逾期提交的证据材料，人民法院审理时不组织质证。但对方当事人同意质证的除外。

【依据】《民事诉讼证据规定》第 34 条。

这一规定赋予举证期限特殊的法律效力。因为，未在规定期限内提交的证据材料不会质证，而没有质证的证据，不能作为认定案件事实的依据。

1. 举证期限的确定

人民法院应当在送达案件受理通知书和应诉通知书的同时向当事人送达举证通知书。举证通知书应当载明举证责任的分配原则与要求，可以向人民法院申请调查取证的情形、人民法院根据案件情况指定的举证期限以及逾期提供证据的法律后果。举证期限可以由当事人协商一致，并经人民法院认可。由人民法院指定举证期限的，指定的期限不得少于 30 日，自当事人收到案件受理通知书和应诉通知书的次日起计算。

【依据】《民事诉讼证据规定》第 33 条。

一般情况下，当事人的举证期限由人民法院指定，一般不少于 30 日，自当事人收到案件受理通知书和应诉通知书的次日起计算。如果当事人觉得人民法院指定的举证期限太短，还可以与对方当事人协商，约定一个更长的举证期限，并取得人民法院的认可；一般情况下，人民法院都会认可。

2. 举证期限的变更

（1）诉讼请求的变动。诉讼过程中，当事人主张的法律关系的性质或者民事行为的效力与人民法院根据案件事实作出的认定不一致的，不受《民事诉讼证据规定》第 34 条的限制，人民法院应当告知当事人可以变更诉讼请求。当事人变更诉讼请求的，人民法院应当重新指定举证期限。

【依据】《民事诉讼证据规定》第 35 条。

（2）当事人可以申请延期举证。当事人在举证期限内提交证据材料确有困难的，应当在举证期限内向人民法院申请延期举证，经人民法院准许可以适当延长举证期限。当事人在延长的举证期限内提交证据材料仍有困难的，可以再次提出延期申请，是否准许由人民法院决定。据此，双方当事人，特别是被告要充分利用这一规定，以争取更多的时间去收集证据、准备诉讼。

人民法院收到当事人提交的证据后，要给当事人出具证据收据，当事人要妥善保存，在今后的诉讼中作为一个重要的凭证。

【依据】《民事诉讼证据规定》第 36 条。

（四）证据交换

《民事诉讼证据规定》对证据交换作了专门规定，其目的在于让双方当事人在开庭前充分了解对方使用的证据，为接下来的质证进行充分的准备，从而避免由于突然袭击而无法了解对方证据的真伪。

关于证据交换，主要涉及以下几个问题：

证据交换的适用条件	1. 当事人申请，人民法院同意。 2. 人民法院依职权认定要组织证据交换的。人民法院对于证据较多或者复杂疑难的案件，应当组织当事人交换证据。	【依据】《民事诉讼证据规定》第 37 条
证据交换的时间	1. 交换证据的时间可以由当事人协商一致并经人民法院认可，也可以由人民法院指定。 2. 人民法院组织当事人交换证据的，交换证据之日举证期限届满。 3. 当事人申请延期举证经人民法院准许的，证据交换相应顺延。	【依据】《民事诉讼证据规定》第 38 条

证据交换的程序	证据交换应当在审判人员的主持下进行。在证据交换的过程中，审判人员对当事人无异议的事实、证据应当记录在案；对有异议的证据，按照需要证明的事实分类记录在卷并记载异议的理由。通过证据交换，人民法院要确定双方当事人争议的主要问题。	**【依据】**《民事诉讼证据规定》第 39 条
证据交换的次数	证据交换一般不超过两次。第一次主要明确整个案件争议的主要问题，第二次则就争议的主要问题的一些新证据进行交换。	**【依据】**《民事诉讼证据规定》第 40 条

（五）新证据的提交

根据《民事诉讼法》的规定，在举证期限届满和证据交换结束后，就不能再提交证据了。但是为了查明案情，这个规定也有例外，即新的证据能够在举证期限届满后继续向人民法院提交。当然，这个例外不能太宽泛，否则举证期限和证据交换就失去了意义。

关于新证据的提交，需要注意以下两个问题：

哪些新证据可以提交	1. 一审程序中新的证据包括：当事人在一审举证期限届满后新发现的证据；当事人确因客观原因无法在举证期限内提供，经人民法院准许，在延长的期限内仍无法提供的证据。 2. 二审程序中新的证据包括：一审庭审结束后新发现的证据；当事人在一审举证期限届满前申请人民法院调查取证未获准许，二审法院经审查认为应当准许并依当事人申请调取的证据。	**【依据】**《民事诉讼证据规定》第 41 条
新证据提交的时间	1. 当事人在一审程序中提供新的证据的，应当在一审开庭前或者开庭审理时提出。 2. 当事人在二审程序中提供新的证据的，应当在二审开庭前或者开庭审理时提出；二审不需要开庭审理的，应当在人民法院指定的期限内提出。	**【依据】**《民事诉讼证据规定》第 42 条

四、第一审程序及其应对

第一审程序主要是进行庭审和宣判，其中庭审是关键，庭审由庭审准备、法庭调查、法庭辩论等程序构成。第一审程序的主要流程大致可以表示如下：

（一）法庭调查

法庭调查的主要任务是，审判人员在法庭上全面调查案件事实，审查和核实各种证据，为正确认定案件事实和适用法律奠定基础。法庭调查主要包括两个方面的内容：

1. 当事人陈述

首先由原告一方口头陈述其诉讼请求及所依据的事实、理由，然后由被告陈述案件事实及其所持的不同意见。被告提出反诉的，应陈述反诉的诉讼请求及所依据的事实、理由，再由无独立请求权的第三人针对原、被告的陈述提出承认或者否认的答辩意见。当事人如果聘请诉讼代理人的，可以由诉讼代理人陈述或答辩，也可以在当事人陈述或答辩完后，再由诉讼代理人补充。一般情况下，双方当事人在陈述阶段往往就是复述各自的起诉状和答辩状。审判人员在当事人陈述时，有权就案件事实进行询问，归纳本案争议的焦点或者法庭调查重点，并征求当事人的意见。

2. 出示证据和质证

双方当事人陈述结束后，必须将案件的有关证据在法庭上出示，并由当事人进行质证。未经质证的证据，不能作为认定案件事实的依据。当事人质证应当按照一定的顺序进行：

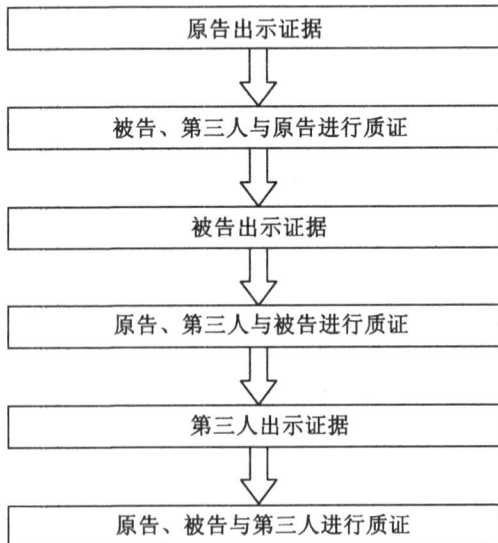

原告出示证据
↓
被告、第三人与原告进行质证
↓
被告出示证据
↓
原告、第三人与被告进行质证
↓
第三人出示证据
↓
原告、被告与第三人进行质证

此外，根据《民事诉讼法》的规定，各类证据也要按照一定的先后顺序出示：

```
┌─────────────────────────────┐
│          证人证言            │
└─────────────────────────────┘
              ↓
┌─────────────────────────────┐
│     书证、物证和视听资料     │
└─────────────────────────────┘
              ↓
┌─────────────────────────────┐
│          鉴定结论            │
└─────────────────────────────┘
              ↓
┌─────────────────────────────┐
│          勘验笔录            │
└─────────────────────────────┘
```

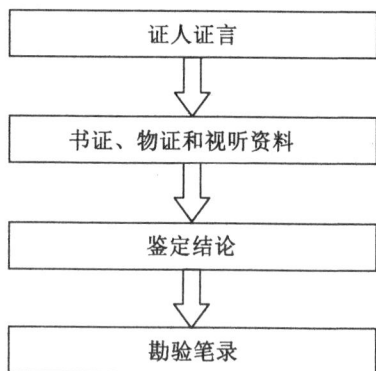

【**依据**】《民事诉讼法》第 124 条；《民事诉讼证据规定》第 51 条。

（二）法庭辩论

法庭辩论是整个庭审中最激烈的一个环节，也是双方观点交锋最生动和最集中的体现。当事人及其诉讼代理人针对法庭调查阶段审核的事实和证据，围绕案件争执焦点，互相进行口头辩论，争取法庭能够作出有利于自己的裁判。法庭辩论应当按照以下顺序进行：

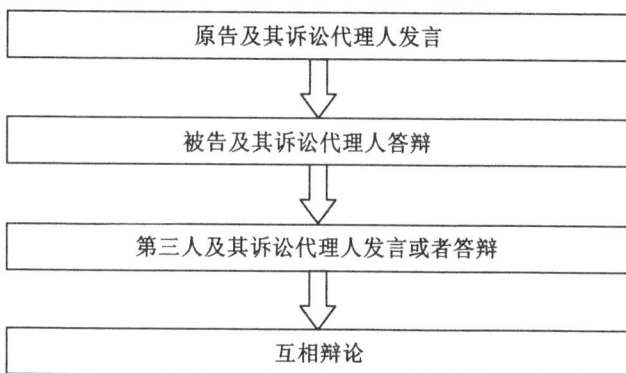

```
┌─────────────────────────────────────────┐
│          原告及其诉讼代理人发言          │
└─────────────────────────────────────────┘
                     ↓
┌─────────────────────────────────────────┐
│          被告及其诉讼代理人答辩          │
└─────────────────────────────────────────┘
                     ↓
┌─────────────────────────────────────────┐
│     第三人及其诉讼代理人发言或者答辩     │
└─────────────────────────────────────────┘
                     ↓
┌─────────────────────────────────────────┐
│                互相辩论                  │
└─────────────────────────────────────────┘
```

【**依据**】《民事诉讼法》第 127 条。

（三）法院调解

法庭辩论结束后，如果案件事实清楚，审判长应当询问当事人是否愿意调解，这就涉及法院调解制度。详见第四节"调解及其技巧"。

（四）撤诉、缺席判决和延期审理

法庭审理中还有一些特殊的程序需要注意，大致包括撤诉、缺席判决和延期审理。

1. 撤诉

撤诉是在人民法院受理案件后到判决宣告前，原告撤回自己起诉的行为。撤诉是当事人自由处分自己诉讼权利的一种体现，是与起诉权相对应的一种诉讼权利。我国《民事诉讼法》规定的撤诉包括两种情形：申请撤诉和按撤诉处理。

申请撤诉	（1）撤诉的主体只能是原告。（被告一般不能撤诉，不过如果被告提出了反诉，可以撤回反诉） （2）要有申请撤诉的具体行为，即必须向人民法院明确提出撤诉的请求。（通常是递交撤诉申请书） （3）申请撤诉的目的必须正当、合法。 （4）原告的撤诉请求必须在受诉人民法院宣判前提出。 （5）申请撤诉是否能得到准许，由人民法院裁定。	【依据】《民事诉讼法》第131条
按撤诉处理	（1）原告经传票传唤，无正当理由拒不到庭的。 （2）在法庭审理过程中，原告未经法庭允许中途退庭的。 （3）原告为无诉讼行为能力人的，其法定代理人经传票传唤，无正当理由拒不到庭，又不委托诉讼代理人到庭的。 （4）原告未按规定预交案件受理费，经法院通知后仍不预交的，又没有申请免交或者缓交理由的。	【依据】《民事诉讼法》第129条；《民事诉讼法意见》第143、158条

需要注意，人民法院裁定撤诉后，诉讼即告终结，当事人可以在诉讼时效内再行起诉。当然，原告撤诉或者按撤诉处理的离婚案件，没有新情况、新理由，6个月内又起诉的，法院可以不予受理。

【依据】《民事诉讼法意见》第144条。

2. 缺席判决

缺席判决是人民法院在一方当事人无故拒不到庭或者未经法庭许可中途退庭的情况下依法审理后作出的判决。有以下情形之一的，可以缺席判决：

（1）被告经人民法院合法传票传唤，无正当事由拒不到庭，或者未经法庭许可中途退庭的；

（2）被告反诉，原告经合法传票传唤，无正当事由拒不到庭，或者未经法庭许可中途退庭的；

（3）无民事行为能力的被告的法定代理人经传票传唤，无正当理由拒不到庭，

又不委托诉讼代理人的;

（4）人民法院裁定不准许原告撤诉的，原告经法院传票传唤，无正当理由拒不到庭的;

（5）无独立请求权的第三人经法院传票传唤，无正当理由拒不到庭的，或者未经法庭许可中途退庭的。

【依据】《民事诉讼法》第 129~131 条;《民事诉讼法意见》第 158~159 条。

3. 延期审理

延期审理是人民法院确定了案件的审理期后或者在开庭审理过程中，由于出现了法律规定的特殊情况，使开庭审理无法如期或继续进行，而将开庭审理期日推延的制度。有下列情形之一的，可以延期审理:

（1）必须到庭的当事人和其他诉讼参与人有正当理由没有到庭的。

必须到庭的当事人是指不到庭就无法查清案情的当事人，主要包括:能正确表达意志且无特殊情况的离婚案件当事人;负有赡养、抚育、扶养义务而不到庭就无法查清案件的被告。

必须到庭的其他诉讼参与人是指不到庭就无法查清案件或无法开庭审理的诉讼参与人，如不可缺少的翻译人员、对案件事实的认定起重要作用的证人。

（2）当事人临时提出回避申请的。

（3）需要通知新的证人到庭，调取新的证据，重新鉴定、勘验，或者需要补充调查的。

（4）其他应当延期的情形。

延期审理只能发生在开庭审理阶段，延期审理前已进行的诉讼行为，对延期后的审理仍然有效，但延期的时间不计算在审理期限内。

【依据】《民事诉讼法》第 132 条。

（五）审理期限和法庭宣判

案件类型	审理期限
适用普通程序审理的第一审民事案件	一般期限为 6 个月;有特殊情况需要延长的，经本院院长批准，可以延长 6 个月;还需要延长的，报请上一级人民法院批准，可以再延长 3 个月。
适用简易程序审理的民事案件	3 个月
适用特别程序审理的民事案件	30 日;有特殊情况需要延长的，经本院院长批准，可以延长 30 日，但审理选民资格案件必须在选举日前审结。

案件的审理期限从立案次日起开始计算，在法律规定的审理期限内，人民法院必须将案件审理完结，进行法庭宣判。

法庭宣判有两种：一是当庭宣判。在合议庭评议后，由审判长宣布继续开庭并宣读裁决。宣判后，10 日内向有关人员发送判决书。二是定期宣判。不能当庭宣判的，另定日期宣判。定期宣判后，应立即发给判决书。无论是公开审理还是不公开审理的案件，宣判一律公开。

【依据】《民事诉讼法》第 134、135、146、163、165 条；《民事诉讼法意见》第 164 条。

五、第二审程序及其应对

我国民事诉讼实行两审终审制，经过第二审程序审判的民事案件，当事人不得再依上诉的方式声明不服。二审程序中大部分的规定与一审相同，如证据的收集与整理、法庭调查、法庭辩论和宣判等，这里只介绍二审程序中特殊的地方。

（一）上诉的条件

当事人提起上诉必须同时符合以下 4 个条件：

1. 必须针对依法可以上诉的裁判提出。当事人能够提出上诉的裁判包括第一审判决和可以上诉的裁定。可以上诉的裁定只有三种：不予受理裁定、驳回起诉裁定和管辖权异议裁定。

2. 必须有合格的上诉人与被上诉人。上诉人与被上诉人必须是第一审程序中的当事人、当事人的继承人或者诉讼承担人，具体包括第一审中的原告、被告、共同诉讼人、诉讼代表人、有独立请求权的第三人、判决承担民事责任的无独立请求权的第三人，以及上述当事人的继承人或诉讼承担人。

3. 必须在法定期间内提出。对裁定不服的上诉期间为 10 日，对判决不服的上诉期间为 15 日。上诉期间从第一审人民法院裁判文书送达之日的次日起计算。

必须注意，一定要在上诉期间内提起上诉，否则就丧失了上诉权。当然，在上诉期间内，如果当事人因不可抗拒的事由或者有其他正当事由耽误上诉期间的，在障碍消除后 10 日内，可以申请顺延期间，是否准许，由人民法院决定。

4. 必须递交上诉状。

【依据】《民事诉讼法》第 141、147、148 条。

（二）提起上诉的程序

1. 提起上诉。提起上诉应当向原审人民法院递交上诉状，并按对方当事人或者代表人的人数提交副本，上诉于原审人民法院的上一级人民法院。上诉人原则上应当通过原审人民法院提交上诉状。但是，法律也不禁止当事人直接向第二审人民法院提交上诉状。同时，在提交上诉状时，要预交上诉费。

2. 二审法院受理。

3. 上诉的撤回。上诉人提起上诉，在二审人民法院宣告判决前，可以请求撤回上诉。上诉人撤回上诉，应当向二审人民法院提出申请，该申请既可以是书面的，也可以是口头的。对上诉人撤回上诉的申请，第二审人民法院应当进行审查并作出是否准许的裁定。

第二审人民法院一旦作出准许撤回上诉的裁定，将立即产生以下法律效力：（1）第二审程序终结；（2）当事人不得再行上诉；（3）原审裁判生效。

【依据】《民事诉讼法》第 149、156 条。

六、再审程序及其应对

再审，是人民法院对裁判已经发生法律效力的案件再一次进行审理并重新作出裁判的活动。通常情况下，裁判一旦生效，就必须维护其稳定性和权威性，当事人不得再对此裁判确认的实体法律关系进行争议，法院也不得随意撤销或者变更该裁判。所以，提起再审有严格的范围和条件限制。同时，再审程序还体现了对法院审判活动的监督，所以再审程序的启动主体不限于当事人。在我国，再审程序的启动分为当事人申请、人民法院依职权决定和人民检察院抗诉三种方式。

（一）当事人申请再审的条件和程序

1. 当事人申请再审的条件

申请再审是当事人享有的一项重要诉讼权利，而且在实践中，当事人申请再审在再审程序中所占的比例也最大。但是，由于生效裁判具有稳定性和权威性，所以，当事人申请再审必须符合严格的条件，这些条件包括：（1）认为人民法院已经发生法律效力的判决、裁定、调解书有错误；（2）具有法定的申请事由；（3）必须在法定期限内提出申请；当事人申请再审，应当在判决、裁定、调解书发生法律效力后 2 年内提出。必须注意，这里的 2 年为不变期间，自判决、裁定、调解书发生法律效力的次日起计算。在法定期间内，具有法定事由的，当事人有权申请再审；超过法定期间的，即使具有法定事由，也不得申请再审。（4）必须向有管辖权的人民法院提出申请。当事人申请再审，应向上一级人民法院提出。

【依据】《民事诉讼法》第178、184条；《审判监督若干解释》第2条。

对以判决和裁定方式结案的案件申请再审的法定事由	（1）有新的证据，足以推翻原判决、裁定的； （2）原判决、裁定认定的基本事实缺乏证据证明的； （3）原判决、裁定认定事实的主要证据是伪造的； （4）原判决、裁定认定事实的主要证据未经质证的； （5）对审理案件需要的证据，当事人因客观原因不能自行收集，书面申请人民法院调查收集，人民法院未调查收集的； （6）原判决、裁定适用法律确有错误的； （7）违反法律规定，管辖错误的； （8）审判组织的组成不合法或者依法应当回避的审判人员没有回避的； （9）无诉讼行为能力人未经法定代理人代为诉讼或者应当参加诉讼的当事人，因不能归责于本人或者其诉讼代理人的事由，未参加诉讼的； （10）违反法律规定，剥夺当事人辩论权利的； （11）未经传票传唤，缺席判决的； （12）原判决、裁定遗漏或者超出诉讼请求的； （13）据以作出原判决、裁定的法律文书被撤销或者变更的。 对违反法定程序可能影响案件正确判决、裁定的情形，或者审判人员在审理该案件时有贪污受贿，徇私舞弊，枉法裁判行为的，人民法院应当再审。	【依据】《民事诉讼法》第179条
对以调解方式结案的案件申请再审的法定事由	第一，有证据证明调解违反自愿原则的； 第二，有证据证明调解协议的内容违反法律规定的。	【依据】《民事诉讼法》第182条

还应注意，对于下列案件，当事人不得申请再审；当事人提起再审申请的，应当视为不符合申请条件：

第一，判决解除离婚关系的案件；

第二，按照特别程序、督促程序、公示催告程序、企业法人破产还债程序审理的案件；

第三，依照再审程序审理后维持原判的案件。

【依据】《民事诉讼法》第 181 条；《民事诉讼法意见》第 207 条。

当然，从理论上讲，只要当事人的申请符合法定条件，人民法院就应当再审。但是，人民法院享有启动再审程序的决定权。如果人民法院不启动再审程序，当事人也没有办法，只有接受这一现实，这也是当事人在申请再审时需要做好的心理准备。

2. 当事人申请再审的程序

（1）申请再审的形式与要求。当事人申请再审要向人民法院提交书面的再审申请书，并附生效的法律文书，申请再审不能以口头形式提出。

（2）对再审申请的审查与处理。人民法院对当事人的再审申请，应当进行审查，认为符合再审条件的，裁定中止原判决、裁定或者调解书的执行，开始再审程序。发生法律效力的判决、裁定、调解书是第一审法院作出的，按照第一审程序进行再审，对再审作出的判决、裁定不服的，当事人可以上诉；发生法律效力的判决、裁定、调解书是第二审法院作出的，按照第二审程序进行再审，所作出的裁判是发生法律效力的裁判，当事人不得再上诉。

如果人民法院经过审查，认为当事人的申请不符合法定条件的，应当裁定驳回申请。

【依据】《民事诉讼法》第 180、185、186 条。

（二）人民法院决定再审

各级人民法院院长和审判委员会对本院、最高人民法院对地方各级人民法院和专门人民法院、上级人民法院对下级人民法院享有审判监督权。据此，人民法院对本院以及下级人民法院确有错误的生效裁判依职权能够发动再审。

关于人民法院决定再审，需要注意以下几个问题：

适用条件	(1) 案件的性质必须是诉讼案件； (2) 案件的判决或者裁定必须已经发生法律效力； (3) 生效的判决或者裁定必须确有错误； (4) 必须由法定的主体提起或者决定。对于本院已经发生法律效力的判决、裁定，应当由本院院长提交审判委员会讨论决定是否再审；对于地方各级人民法院已经发生法律效力的判决、裁定，最高人民法院、上级人民法院有权决定再审。	【依据】《民事诉讼法》第 177 条
决定再审的方式	(1) 本法院决定再审；（程序为：本院院长提交审判委员会讨论，由本院审判委员会决定） (2) 上级人民法院提审或者指令再审； (3) 最高人民法院提审或者指令再审。	【依据】《民事诉讼法》第 177 条

如果希望自己的案件进入到人民法院决定再审程序，可以进行如下的合法活动：（1）向作出生效裁判的人民法院进行信访申诉；（2）向上级人民法院信访；（3）向最高人民法院信访。

（三）人民检察院抗诉提起再审

人民检察院是国家的法律监督机关，依法对人民法院的审判活动享有法律监督权，抗诉正是人民检察院基于其法律监督权而进行的诉讼行为。人民检察院的抗诉，就是人民检察院对人民法院已经发生法律效力的民事判决、裁定，发现确有错误，依照法定程序要求人民法院对案件进行再次审理的诉讼行为。

关于人民检察院抗诉提起再审，需要注意以下几个问题：

适用条件	同时具备以下条件： 1. 案件存在民事权益争议。 2. 判决、裁定已经发生法律效力。 3. 具备法定的理由： (1) 原判决、裁定认定事实的主要证据不足； (2) 原判决、裁定适用法律确有错误； (3) 人民法院违反法定程序，可能影响案件正确判决、裁定； (4) 审判人员在审理该案时有贪污、徇私舞弊、枉法裁判行为的。 4. 由有权的人民检察院提出。只有最高人民检察院、上级人民检察院才有权提出抗诉。除最高人民检察院外，人民检察院无权对同级人民法院的裁判提出抗诉。	【依据】《民事诉讼法》第 185 条

续表

抗诉的类型	1. 最高人民检察院对各级人民法院的判决、裁定抗诉； 2. 同级人民检察院提请上级人民检察院对同级人民法院的判决、裁定抗诉（第二种类型在实践中最为常见）。	【依据】《民事诉讼法》第185条
抗诉的程序	立案审查→决定提起抗诉→制作抗诉书→派员出席法庭	

应当注意，对人民检察院抗诉的民事案件，人民法院应当进行再审。也就是说，人民检察院的抗诉必然引起再审程序，人民法院无权审查人民检察院的抗诉是否有理由。

七、执行及其申请

实践中，常常发生这样的现象：当事人赢了官司，却迟迟得不到对方的赔偿或对方对法院生效裁判的自觉履行，这时，就涉及执行生效民事裁判的问题。

执行程序流程图：

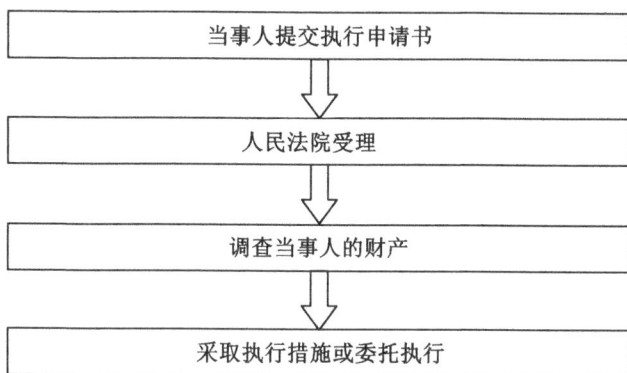

（一）执行的根据

申请执行，首先要弄清楚自己有没有可供执行的生效法律文书。这类文书主要有两种：人民法院制作的法律文书和法律规定的由人民法院执行的其他法律文书。

（二）执行的管辖

执行案件一般应当由第一审人民法院或者与第一审人民法院同级的被执行的财产所在地人民法院执行。法律规定由人民法院执行的其他法律文书，由被执行人住所地或者被执行的财产所在地人民法院执行。

人民法院制作的法律文书		法律规定由人民法院执行的法律文书
1. 发生法律效力的判决		1. 仲裁裁决书
2. 发生法律效力的裁定		2. 公证债权文书
3. 发生法律效力的调解书、支付令		

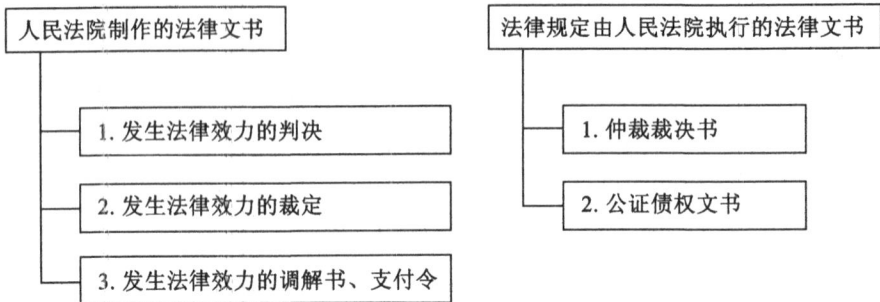

两个以上人民法院都有管辖权的，当事人可以向其中一个人民法院申请执行；当事人向两个以上人民法院申请执行的，由最先立案的人民法院管辖。

【依据】《民事诉讼法》第 201 条；《民事诉讼法意见》第 256 条；《执行程序若干解释》第 2 条。

（三）执行的申请与受理

根据《民事诉讼法》的规定，执行程序的开始有两种形式：申请执行和移送执行。执行程序一般只有在申请人提出申请以后才开始，只有在特殊情况下才不依当事人的申请而由人民法院依职权开始，这就是移送执行。发生法律效力的具有给付赡养费、扶养费、抚育费内容的法律文书、民事制裁决定书，以及刑事附带民事判决、裁定、调解书，由审判庭移送执行机构执行。除此之外，其他的都必须依据当事人的申请才能启动执行程序。

1. 申请执行的条件

（1）申请执行的法律文书已经生效；

（2）申请执行人是生效法律文书确定的权利人或其继承人、权利承受人；

（3）申请执行人必须在法定期限内提出申请。申请执行的期限为两年。这里所规定的期限，是从法律文书规定履行期间的最后一日起计算；法律文书规定分期履行的，从规定的每次履行期间的最后一日起计算；若法律文书未规定履行期间的，从法律文书生效之日起计算。

【依据】《民事诉讼法》第 212、215 条。

（4）申请执行的法律文书有给付内容，且执行标的和被执行人确定；

（5）义务人在生效法律文书确定的期限内未履行义务；

（6）属于受申请的人民法院管辖。

2. 当事人申请执行应当提交的文件和证件

（1）申请执行书。申请执行书中应当写明申请执行的理由、事项、执行标的，以及申请执行人所了解的被执行人的财产状况。申请执行人书写申请执行书确有困难的，可以口头提出申请。

（2）生效法律文书副本。

（3）申请执行人的身份证明。

（4）继承人或权利承受人申请执行的，应当提交继承或承受权利的证明文件。

（5）其他应当提交的文件或证件。比如，申请执行人向被执行的财产所在地人民法院申请执行的，应当提供该人民法院辖区有可供执行财产的证明材料。

【依据】《执行程序若干解释》第 1 条。

3. 人民法院的受理

人民法院在收到执行申请书后，要对申请进行审查，对符合执行条件的申请，应当予以立案；对不符合执行条件的，应当裁定不予受理。人民法院决定受理执行案件后，应当由执行员在 10 日内向被执行人发出执行通知书，责令其在指定的期间内履行生效法律文书确定的义务，并支付迟延履行期间的费用、债务利息或迟延履行金。被执行人未按照通知书指定的期间履行生效的法律文书确定的义务的，人民法院应当立即采取执行措施。

【依据】《民事诉讼法》第 216、228、229 条；《民事诉讼法意见》第 279 条。

4. 调查被执行人的财产状况

最终能否成功执行被执行人的财产，取决于能否找到被执行人的财产。执行失败有两种可能：一是被执行人确实没有财产；二是被执行人成功地转移了自己的财产。对于第一种情况，只能自认倒霉；对第二种情况，就要看能否通过各种手段将对方隐藏的财产找出来。

（1）当事人自己的调查。虽然法律赋予了人民法院的执行人员充分的调查权，但是如何将这些调查权充分运用，则有赖于当事人提供的线索。例如，申请人如果要求人民法院的执行人员去冻结、划拨被执行人的银行存款，自己就必须搞清被执行人的银行存款在哪个银行，在哪个营业部。再如，申请人如果要求法院扣押被执行人的车辆，那么，自己就必须搞清要扣押的车辆的车牌号是多少，该车辆是否属于被执行人所有，它的日常行车线路以及在哪个地点最适合将该车扣押等。

（2）人民法院依职权进行调查。我国法律赋予人民法院充分的调查权。人民法院可以要求被执行人告知其财产状况，被执行人必须如实向人民法院报告其财产状况。在执行中，人民法院有权向有关机关、社会团体、企事业单位或公民个人调查了解被执行人的财产状况，对调查所需的材料可以复制、抄录或拍照，但应当依法保密。当被执行人拒绝按照人民法院的要求提供其有关财产状况的证据材料时，人民法院可以按照《民事诉讼法》第 224 条的规定进行搜查。

八、常用民事特别程序

民事案件，在性质上可以分为诉讼案件和非诉案件，以上介绍的都是诉讼案件的办理。我国《民事诉讼法》及相关法规规定的非诉案件程序大致包括：特别程序、督促程序、公示催告程序三种，这里主要介绍跟农民纠纷有关的前两种。

（一）特别程序

特别程序是人民法院审理某些非民事权益争议案件所适用的特殊审判程序。根据《民事诉讼法》第15章的规定，适用特别程序审理的案件主要包括以下几种：

1. 选民资格案件

为了确保公民能够真正享有选举权和被选举权，国家设立了多种法律制度，通过诉讼的方式解决选民资格的异议是其中的一种。选民资格案件，是公民对选举委员会公布的选民资格名单有不同意见，向选举委员会申诉后，对选举委员会就其申诉所作的决定仍然不服，而向人民法院提起申诉的案件。

☞**重点提示**

> 选民资格案件的提起是有前提条件的，就是该公民已经向选举委员会提出申诉并对申诉结果不服。如果该公民还没有向选举委员会提出申诉，或者选举委员会已经根据该公民的申诉意见对选民名单进行了更改，那么，该公民就不得再提起诉讼，即使起诉，人民法院也不会受理。

在选民资格案件中，有以下几个问题需要注意：

（1）管辖法院——选区所在地基层人民法院。

（2）起诉人——只要是不服选举委员会对选民资格的申诉作出的处理决定的公民，都可以作为起诉人向人民法院提起诉讼。选民资格案件中，提起诉讼的公民不称原告，而只称起诉人。

（3）审判组织——由于这种类型的案件涉及公民重大的政治权利，所以必须组成合议庭进行审理，而不得由一名审判员独任审判。而且，选民资格案件的合议庭必须由审判员组成，人民陪审员不得参加。

（4）起诉及审理期限要求——公民不服选举委员会对选民资格的申诉所作的处理决定，可以在选举日的5日前向法院起诉；人民法院在受理选民资格案件后，必须在选举日前审结。

（5）一审终审——人民法院对选民资格案件所作的判决一经送达就立即发生法律效力，当事人不得提起上诉。

【依据】《民事诉讼法》第 161、164、165 条。

2. 宣告公民失踪和宣告公民死亡案件

实践中，因为战争、自然灾害以及从事一定危险性的航海、航空、登山等活动，使人们遭受各种危险而导致失踪，是经常发生的事情。失踪人失踪之后，其财产关系和人身关系都处于一种不确定的状态，这种状态的长期持续不利于社会经济的发展和社会秩序的稳定，而且也会损害与失踪人有利害关系的第三人的利益。为了解决这个问题，民法规定了宣告失踪和宣告死亡制度。

（1）宣告公民失踪和死亡的条件，如下表

宣告公民失踪的条件	宣告公民死亡的条件
1. 存在公民失踪的法律事实（要求公民下落不明满 2 年）。 2. 由利害关系人提出申请（这里的利害关系人是指与下落不明人有人身关系或者民事权利义务关系的人）。 3. 申请采取书面形式提出。 4. 受申请的人民法院对案件有管辖权（宣告失踪的案件，由被宣告失踪人住所地的基层人民法院管辖）。	1. 必须存在公民下落不明的事实。 2. 公民下落不明必须达到法定期限（正常情况下，要求公民下落不明满 4 年；因意外事故下落不明的，要满 2 年；因意外事故下落不明，经有关机关证明该公民不可能生存的，不受上述期限限制）。 3. 由利害关系人提出书面申请（申请宣告死亡的利害关系人的顺序是：配偶；父母、子女；兄弟姐妹、祖父母、外祖父母、孙子女、外孙子女；其他有民事权利义务关系的人。如果配偶不申请，其他人不能申请）。 4. 受申请的人民法院对案件有管辖权（由下落不明人住所地的基层人民法院管辖）。

【依据】《民法通则》第 20、23 条；《民法通则意见》第 24、25 条；《民事诉讼法》第 166、167 条。

（2）宣告公民失踪和死亡的法律程序。人民法院受理宣告失踪、宣告死亡案件后，应当发出寻找下落不明人的公告。宣告失踪的公告期间为 3 个月，宣告死亡的公告期间为 1 年。因意外事故下落不明，经有关机关证明该公民不可能生存的，宣告死亡的公告期间为 3 个月。

公告期间届满，人民法院应当根据被宣告失踪、宣告死亡的事实是否得到确认，作出宣告失踪、宣告死亡的判决或者驳回申请的判决。

【依据】《民事诉讼法》第 168 条。

（3）法律后果。

①宣告公民失踪的法律后果

首先，下落不明人被人民法院宣告失踪后，该下落不明人就被称为失踪人。失踪人的财产应当由其财产代管人代管。因此，宣告失踪后，代管人可以用失踪人的财产清偿失踪人所欠的债务。其次，被宣告为失踪人后，公民的民事权利能力并不因宣告失踪而消灭，具有民事行为能力的公民在被宣告失踪期间实施的民事法律行为仍然有效，与失踪人人身有关的民事法律关系，如婚姻关系、收养关系等，也不发生变化。

【案例五】

某村的甲欠乙3万元债务，后来乙到外面打工多年，与家庭失去联系。当乙的妻子向甲要求偿还3万元时，甲认为乙已去世，以此为借口拒不还款。后来，乙的妻子以利害关系人的名义向法院申请宣告乙失踪，然后，乙的妻子作为乙的财产代管人向甲提起诉讼，以此要回了3万元。

②宣告死亡的法律后果

应当注意，公民被宣告死亡与其自然死亡的后果基本相同。具体来说，该公民的民事权利能力因宣告死亡而终止，其与配偶的婚姻关系自宣告死亡之日起消灭，其配偶可以再嫁或再娶，继承也因宣告死亡而开始。但是，宣告死亡毕竟是法律上的推定死亡，如果该公民并没有死亡，而是在别的地方生存，其仍然享有民事权利能力，具有民事行为能力的公民在被宣告死亡期间实施的民事法律行为是有效的。

另外要注意，宣告死亡并不以宣告失踪为前提，只要符合宣告死亡的条件即可。

(4) 被宣告失踪人和被宣告死亡人重新出现的处理。

①被宣告失踪人重新出现的处理。被宣告失踪人重新出现或者确知其下落的，本人或者利害关系人有权向原审人民法院提出申请，请求撤销宣告失踪的判决，以恢复正常的权利义务状态。原审人民法院审查属实的，应当作出新的判决，撤销原判决。宣告失踪的判决撤销后，财产代管人的职责终止，无权再代管财产，而应将财产返还给该公民。

【依据】《民法通则》第21~23条；《民事诉讼法》第169条。

②被宣告死亡人重新出现的处理。如果被宣告死亡的公民重新出现或者确知其没有死亡的，经本人或者利害关系人申请，人民法院应当作出新判决，撤销原判决。人民法院作出新判决后，被撤销死亡宣告的公民的人身关系和财产关系按下列方法处理：

第一，其因宣告死亡而消灭的人身关系，有条件恢复的，可以恢复。如果其配偶尚未再婚的，夫妻关系从撤销死亡宣告之日其自行恢复；但是，如果其配偶已再婚，或者再婚后又离婚，或者再婚后配偶又死亡的，则不得认定夫妻关系自行恢复。在被宣告死亡期间，子女被他人收养的，死亡宣告撤销后，被撤销死亡宣告的公民仅以未经本人同意而主张收养关系无效的，一般不应当准许，但收养人和被收养人同意的除外。

第二，被撤销死亡宣告的公民有权请求返还财产，但是原物已被第三人合法取得的，第三人可不予返还。但依继承法取得原物的公民或者组织，应当返还原物或者适当补偿。

【依据】《民法通则》第 24 条；《民法通则解释》第 37~40 条。

3. 认定公民无民事行为能力和限制民事行为能力案件

人民法院根据利害关系人的申请，对不能辨认或者不能完全辨认自己行为能力的精神病人，按照法定程序，认定并宣告该公民为无民事行为能力人或者限制民事行为能力人的案件。这类案件的审理程序表示如下：

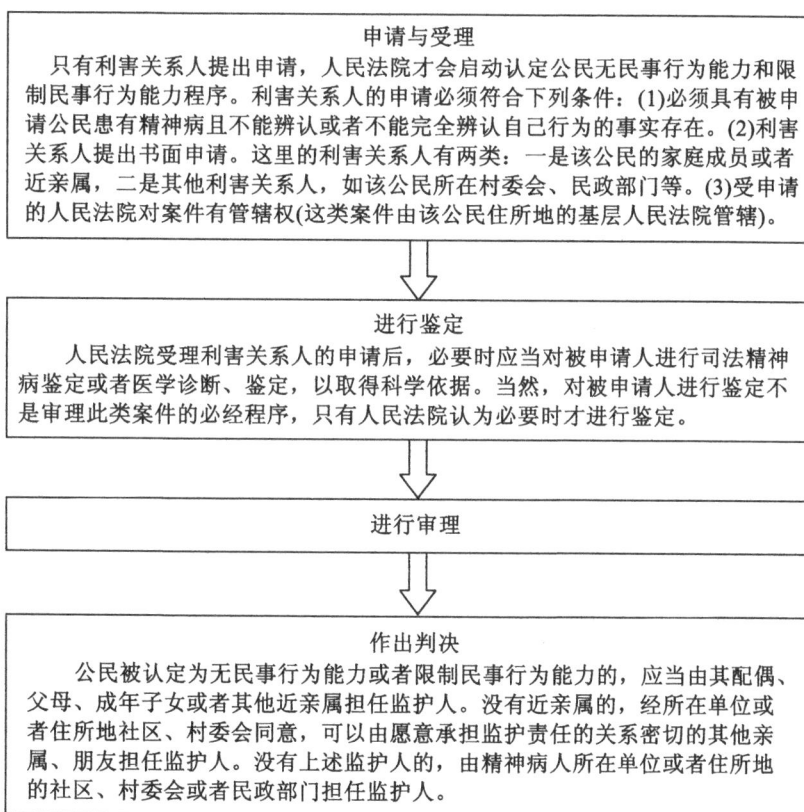

申请与受理

只有利害关系人提出申请，人民法院才会启动认定公民无民事行为能力和限制民事行为能力程序。利害关系人的申请必须符合下列条件：(1)必须具有被申请公民患有精神病且不能辨认或者不能完全辨认自己行为的事实存在。(2)利害关系人提出书面申请。这里的利害关系人有两类：一是该公民的家庭成员或者近亲属，二是其他利害关系人，如该公民所在村委会、民政部门等。(3)受申请的人民法院对案件有管辖权(这类案件由该公民住所地的基层人民法院管辖)。

⬇

进行鉴定

人民法院受理利害关系人的申请后，必要时应当对被申请人进行司法精神病鉴定或者医学诊断、鉴定，以取得科学依据。当然，对被申请人进行鉴定不是审理此类案件的必经程序，只有人民法院认为必要时才进行鉴定。

⬇

进行审理

⬇

作出判决

公民被认定为无民事行为能力或者限制民事行为能力的，应当由其配偶、父母、成年子女或者其他近亲属担任监护人。没有近亲属的，经所在单位或者住所地社区、村委会同意，可以由愿意承担监护责任的关系密切的其他亲属、朋友担任监护人。没有上述监护人的，由精神病人所在单位或者住所地的社区、村委会或者民政部门担任监护人。

【依据】《民法通则》第 17、19 条；《民事诉讼法》第 170、171、173 条。

4. 认定财产无主案件

人民法院根据公民、法人或者其他组织的申请，依照法定程序将某项归属不明或者失去所有人的财产判决认定为无主财产，并将其收归国有或者集体所有的案件。

申请认定财产无主必须同时具备以下条件：

(1) 申请认定的财产必须是有形财产。

(2) 财产确实失去了所有人或者所有人不明，权利归属长期无法确定。

实践中常见的无主财产有以下几类：第一，没有所有人或者所有人不明的财产；第二，所有人不明的埋藏物或者隐藏物，拾得的遗失物、漂流物、失散的饲养动物，经公安机关或者有关单位公告招领满 6 个月无人认领的财产；第三，无人继承又无人受遗赠的财产。

(3) 财产没有所有人或者所有人不明的持续状态已满法定期间。

(4) 必须有申请人提出书面申请（任何公民、法人或者其他组织，只要认为财产无主或者财产所有权归属不明，都可以申请）。

(5) 必须向有管辖权的人民法院提出申请（由财产所在地基层人民法院管辖）。

关于申请认定财产无主案件，还有几点需要注意：

第一，人民法院受理这类案件后，应当发出财产认领公告寻找财产的所有权人。这里的公告期间为 1 年，而且不能延长或者缩短。

第二，公告期满，无人认领财产的，人民法院应当作出判决，认定该财产为无主财产，并将其收归国家或者集体所有。

第三，认定财产无主的判决作出后，如果财产的原所有权人提出主张，要求恢复其对财产的所有权，人民法院经查证属实后，应当作出新判决，撤销原判决。

【依据】《物权法》第 113 ~ 114 条；《继承法》第 32 条；《民事诉讼法》第 174 ~ 176 条。

(二) 督促程序

民事诉讼是一件非常耗费时间、精力和金钱的事情。比如甲和乙之间的债权债务关系非常清楚，债务人乙也不否认自己的债务，就是以各种理由拒绝向甲还款。这时，没有必要打官司，因为《民事诉讼法》专门规定了督促程序。在这一程序中，通过书面审查就可以催促债务人履行自己的义务；如果债务人在法定期间内不履行债务又没有提出书面异议，那么，债权人可以向法院申请强制执行，从而使债务能够得到快速的偿付。积极合理地应用这一程序，既能节约诉讼成本，又能节约诉讼时间。

督促程序流程图：

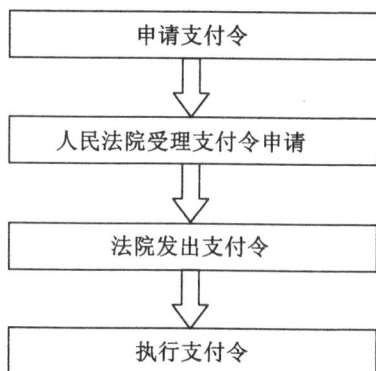

```
          ┌──────────────────┐
          │    申请支付令     │
          └──────────────────┘
                   ↓
       ┌────────────────────────┐
       │  人民法院受理支付令申请  │
       └────────────────────────┘
                   ↓
          ┌──────────────────┐
          │   法院发出支付令   │
          └──────────────────┘
                   ↓
          ┌──────────────────┐
          │    执行支付令     │
          └──────────────────┘
```

关于支付令的申请，涉及以下几个问题：

申请支付令 的条件	1. 债权人请求给付的标的物仅限于金钱或者有价证券（包括汇票、本票、支票、股票、债权、国库券和可转让的存款单等）； 2. 债权已经到期且数额确定； 3. 债权人与债务人之间没有其他债务纠纷； 4. 支付令能够送达债务人。	【依据】《民事诉讼法》第191条
案件的管辖 法院	债权人申请支付令，由债务人住所地的基层人民法院管辖。	
申请支付令 的方式	债权人申请支付令，应当提交申请书，并附有债权文书。债权人不能采用口头方式申请支付令。	

在督促程序中，由于不经审理就可以要求债务人清偿债务，还可以向人民法院申请强制执行，这可能会损害债务人的利益。为了保护债务人的合法权益，法律也赋予债务人对支付令提出异议的权利。债务人异议，就是债务人向签发支付令的人民法院提出不同意支付令所确定的给付义务的法律行为。

债务人提出的异议必须符合以下条件：

第一，异议必须由债务人提出。其他人提出的不构成支付令异议。

第二，异议必须在法定期限内提出。债务人对支付令的异议必须在收到支付令之日起 15 日内提出。超过这一期限，异议不成立。

第三，异议必须以书面方式提出。

第四，异议必须针对债权人的请求，即针对债务本身提出。如果债务人对债务本身没有异议，只是提出缺乏清偿能力的，不影响支付令的效力。

人民法院收到债务人提出的书面异议后，应当裁定终结督促程序，支付令自行失效，债权人可以起诉。

【依据】《民事诉讼法》第 **194** 条。

法 规 目 录

1. 《民事诉讼法》，第七届全国人大第四次会议 1991 年 4 月 9 日通过并发布施行，第十届全国人大常委会第三十次会议 2007 年 10 月 28 日修正；

2. 《诉讼费用交纳办法》（国务院令第 481 号），国务院 2006 年 12 月 19 日发布，2007 年 4 月 1 日施行；

3. 《最高人民法院关于贯彻执行〈民法通则〉若干问题的意见（试行）》，简称《民法通则意见》，1988 年 1 月 26 日最高人民法院审判委员会讨论通过并施行。

4. 《最高人民法院关于适用〈中华人民共和国民事诉讼法〉若干问题的意见》，简称《民事诉讼法意见》，最高人民法院审判委员会第 528 次会议 1992 年 7月 14 日通过并发布施行；

5. 《最高人民法院关于民事诉讼证据的若干规定》，简称《民事诉讼证据规定》，最高人民法院审判委员会第 1201 次会议 2001 年 12 月 6 日通过，12 月 21 日公布，2002 年 4 月 1 日施行；

6. 《最高人民法院关于适用简易程序审理民事案件的若干规定》，简称《简易程序规定》，最高人民法院审判委员会第 1280 次会议 2003 年 7 月 4 日通过，9 月 10 日公布，12 月 1 日施行；

7. 《最高人民法院关于适用〈中华人民共和国民事诉讼法〉审判监督程序若干问题的解释》，简称《审判监督若干解释》，最高人民法院审判委员会第 1453 次会议 2008 年 11 月 10 日通过，12 月 1 日施行；

8. 《最高人民法院关于适用〈中华人民共和国民事诉讼法〉执行程序若干问题的解释》（注释（2008）13 号），简称《执行程序若干解释》，最高人民法院审判委员会第 1452 次会议 2008 年 9 月 8 日通过，2009 年 1 月 1 日施行；

9. 《关于受理审查民事申请再审案件的若干意见》，简称《受理再审案件若干意见》，最高人民法院审判委员会 2009 年 4 月 27 日发布并施行。

第三节　刑事程序简要介绍

一、公、检、法三机关的分工

公安机关负责侦查的案件和检察机关、人民法院直接受理案件的范围：

公安机关负责侦查的案件	刑事案件的侦查一般由公安机关进行，法律另有规定的除外。也就是说，除了由人民法院直接受理、人民检察院、国家安全机关、监狱等机关自行侦查的刑事案件以外的其他绝大多数刑事案件，都由公安机关负责侦查。	【依据】《刑事诉讼法》第 18 条
检察院直接受理案件的范围	人民检察院直接受理的自行侦查的案件的犯罪主体限于国家工作人员，且属于国家工作人员职务上的犯罪或者利用职务上的便利进行的犯罪，主要包括以下三类： （1）贪污贿赂犯罪（如贪污罪、贿赂罪、挪用公款罪、巨额财产来源不明罪等）； （2）国家工作人员的渎职犯罪（如玩忽职守罪、徇私舞弊罪等）； （3）国家机关工作人员侵犯公民人身权利和民主权利的犯罪（如非法拘禁罪、刑讯逼供罪等）。	【依据】《刑事诉讼法》第 18 条
人民法院直接受理案件的范围	由人民法院直接受理的刑事案件，是指不需要经过公安机关或者检察机关立案侦查，不通过人民检察院提起公诉，而是由人民法院对当事人提起的诉讼直接立案和审理。这类案件在刑事诉讼中称为自诉案件，包括以下三类： （1）告诉才处理的案件（包括四种：侮辱、诽谤案件；暴力干涉婚姻自由案件；虐待案件；侵占他人财物案件）； （2）被害人有证据证明的轻微刑事案件（包括故意伤害案件（轻伤）、重婚案、遗弃案件、妨害通信自由案、非法侵入他人住宅案等）； （3）被害人有证据证明对被告人侵犯自己人身、财产权利的行为应当追究刑事责任，而公安机关或者检察机关不予追究被告人刑事责任的案件。	【依据】《刑事诉讼法》第 170 条

二、被告人和被害人的权利

1. 被告人的权利

刑事诉讼中，被告人享有一系列权利，主要包括：

（1）有权用本民族语言、文字进行诉讼；

（2）有权申请检察人员、审判人员、书记员、鉴定人和翻译人员回避；

（3）有权自行辩护和委托辩护人进行辩护；

（4）对于司法工作人员侵犯自己诉讼权利和人身权利的行为，有权提出控告；

（5）有权拒绝回答与本案无关的讯问；

（6）有权参加法庭审理，进行陈述，申请审判长对证人、鉴定人发问，或者经审判长许可直接发问；

（7）有权辨认物证、书证；有权了解未到庭的证人证言、鉴定人的鉴定结论、勘验笔录和其他作为证据的文书内容，并提出意见；

（8）有权阅读法庭审判笔录并请求补充、改正；

（9）有权请求通知新的证人到庭，调取新的物证，申请重新鉴定或勘验；

（10）有权参加法庭辩论，并在辩论终结后作最后陈述；

（11）有权对地方各级人民法院第一审的判决、裁定提出上诉；对已经发生法律效力的判决、裁定，有权提出申诉；

（12）自诉案件的被告人有权对自诉人提出反诉。

【依据】《刑事诉讼法》第 9、11、14、28、82、93、155～157、159、160、167、173、180、203 条；《刑事诉讼法解释》第 140、145 条。

2. 被害人的权利

被害人就是其合法权益遭受犯罪行为直接侵犯的人，其在刑事诉讼中具有独立的诉讼地位，行使控诉的职能。在自诉案件中，可以作为自诉人依法独立提起诉讼。当被害人提起附带民事诉讼时，即成为附带民事诉讼的原告人。但在公诉案件中，被害人在控诉中起从属作用，不能直接起诉。被害人的诉讼权利主要有：

（1）有权用本民族语言、文字进行诉讼。

（2）有控告犯罪的权利。

（3）有权参加法庭审理，行使陈述权、辩论权，有向证人、鉴定人、被告人发问的权利；有权申请通知新的证人到庭，调取新的物证，申请重新鉴定或者勘验。

（4）有权对应当回避的审判人员、检察人员、侦查人员、书记员、鉴定人和翻译人员申请回避。

（5）有权委托诉讼代理人参加诉讼。

（6）如果不服第一审判决，有权请求人民检察院提出抗诉；有权对生效判决提出申诉。

（7）有权提起附带民事诉讼。

【依据】《刑事诉讼法》第 9、28、40、77、84、155、156、159、182 条。

三、刑事诉讼中的辩护与辩护人

1. 犯罪嫌疑人、被告人在刑事诉讼中行使辩护权的方式

刑事诉讼中，犯罪嫌疑人、被告人有三种行使辩护权的方式。

自行辩护	犯罪嫌疑人、被告人在整个刑事诉讼过程中有权自己行使辩护权。即使在委托辩护人为自己辩护后，仍可以自行辩护。
委托辩护	公诉案件中，犯罪嫌疑人自案件移送审查起诉之日起有权委托辩护人。自诉案件的被告人有权随时委托辩护人。诉讼中，一名被告人委托辩护人不得超过 2 名；共同犯罪案件中，一名辩护人不得为 2 名以上的同案被告人辩护。
指定辩护	对盲、聋、哑或者限制行为能力的被告人，开庭审理时未满 18 周岁的未成年人，可能被判处死刑的被告人，如果他们没有委托辩护人，由人民法院指定承担法律援助义务的律师为其提供辩护。

2. 可以担任与不能担任辩护人的情形

可以担任辩护人的人员	不能担任辩护人的情形
（1）律师； （2）人民团体或者犯罪嫌疑人、被告人所在单位推荐的公民； （3）犯罪嫌疑人、被告人的监护人、亲友。	（1）被宣告缓刑和刑罚尚未执行完毕的人； （2）依法被剥夺、限制人身自由的人； （3）无行为能力或者限制行为能力人； （4）人民法院、人民检察院、公安机关、国家安全机关、监狱的现职人员； （5）审判该案的法院的人民陪审员； （6）与案件审理结果有利害关系的人； （7）外国人或者无国籍人。 　　但是，上述第（4）至（7）项的人员，如果是被告人的近亲属或者监护人，并由被告人委托担任辩护人的，人民法院可以准许。

【依据】《刑事诉讼法》第 32、34 条；《刑事诉讼法解释》第 33、35 条。

☞**重点提示**

> 　　被告人可以委托自己的亲属作为辩护人，但是，应当注意，亲属作为辩护人与律师作为辩护人存在不同之处。律师作为辩护人所享有的权利比亲属要广泛。例如：在侦查阶段，只有律师才有权被委托参加诉讼，为犯罪嫌疑人提供法律帮助，非律师则无权；在审查起诉阶段和审判阶段，律师会见被告人、与被告人通信以及查阅、摘抄、复制本案的诉讼文书、技术性鉴定材料或者本案所指控的犯罪事实的材料时，不需要经过许可，而非律师则需要经过人民检察院或人民法院的许可。

3. 辩护人享有的权利

辩护人的职责是根据事实和法律，提出证明犯罪嫌疑人、被告人无罪、罪轻或者减轻、免除其刑事责任的材料和意见，维护犯罪嫌疑人、被告人的合法权益。

根据法律规定，辩护人享有以下权利：

（1）辩护律师自人民检察院审查起诉之日起，可以查阅、摘抄、复制案件的诉讼文书、技术性鉴定材料。其他辩护人经人民检察院许可，也可以查阅、摘抄、复制上述材料。

（2）辩护律师自检察院审查起诉之日或法院受理案件之日起，可以同在押的犯罪嫌疑人或被告人会见和通信，其他辩护人经检察院或法院许可，也可从事上述行为。

（3）辩护律师自法院受理案件之日起，可以查阅、摘抄、复制指控犯罪事实的材料，其他辩护人经法院许可也可从事上述行为。

（4）辩护律师有调查取证权。经证人或其他有关单位和个人的同意，可向他们收集与本案有关的材料；经检察院或法院许可，并且经被害人或者其近亲属、被害人提供的证人同意，可以向他们收集与本案有关的材料；可以申请检察院、法院收集、调取证据，或申请法院通知证人到庭作证。

（5）辩护人在法庭审理中的权利。在法庭审理过程中，经审判长的许可，辩护人可以对被告人、证人、鉴定人发问；有权通知新的证人到庭，调取新的物证，申请重新鉴定或者勘验；可以对证据和案件情况发表意见并且可以进行辩论；经被告人同意，可以对未生效的一审判决、裁定在法定期限内提起上诉。

【**依据**】《刑事诉讼法》第 36、37、157、159、160、180 条。

四、刑事诉讼中的回避

刑事诉讼中的回避与民事诉讼中的回避相似，但又有所不同，是指审判人员、检察人员、侦查人员与其所承办的案件或者案件的当事人有某种特殊关系，因而不得参加该案件的审判、检察、侦查等活动的一项诉讼制度。规定回避制度是为了保证刑事案件得到公正、正确的处理。

应当注意以下两个问题：

适用回避的理由	回避的方式
（1）是本案的当事人或者与当事人有直系血亲、三代以内旁系血亲及姻亲关系的； （2）本人或者他的近亲属和本案有利害关系的； （3）担任过本案的证人、鉴定人、勘验人、辩护人、诉讼代理人的； （4）与本案当事人之间存在其他利害关系，可能影响案件公正审理的； （5）与本案的诉讼代理人、辩护人有夫妻、父母、子女或者同胞兄弟姐妹关系的； （6）审判人员、检察人员、侦查人员私自会见当事人及其委托的人，或者接受当事人及其委托的人的请客送礼的。	（1）自行回避，上述人员发现自己有法定回避情形时，主动提出回避； （2）申请回避，当事人及其法定代理人可以向人民法院、人民检察院或公安机关提出要求有关人员回避； （3）指定回避，由办案机关有决定权的负责人或组织作出决定，指定有关人员回避。

【依据】《刑事诉讼法》第 28、29 条；《刑事诉讼法解释》第 23~26 条。

五、刑事诉讼中的强制措施

强制措施，是人民检察院和公安机关为了保证刑事诉讼的顺利进行，防止犯罪嫌疑人、被告人继续危害社会，依法对他们的人身自由加以暂时限制或者剥夺的方法。应当注意，只有法院、检察院、公安机关有权采取强制措施，而且强制措施只能适用于犯罪嫌疑人、被告人，而不适用于其他诉讼参与人。

刑事诉讼中的强制措施包括五种，分别是拘传、取保候审、监视居住、拘留和逮捕。

1. 拘传

拘传是司法机关强制未被羁押的犯罪嫌疑人、被告人到指定场所接受讯问的一种强制措施，一般适用于经合法传唤，无正当理由拒不到庭的犯罪嫌疑人、被告人。当然，根据案件情况，不经传唤，对未被传唤的犯罪嫌疑人、被告人直接进行拘传也是允许的。

司法机关拘传犯罪嫌疑人、被告人应当出示拘传票。对抗拒拘传的，执行拘传的人员可以使用手铐、警棍、警绳等戒具，强制其到指定场所接受讯问。拘传持续的时间不得超过 12 小时，拘传持续的时间从犯罪嫌疑人、被告人到案时开始计算。经讯问后如不需要采取拘留、逮捕时，就应将被拘传人放回，不得以连续拘传的形式变相拘禁犯罪嫌疑人、被告人。

【依据】《刑事诉讼法》第 50、92 条；《刑事诉讼法解释》第 64、65 条。

☞**重点提示**

> 应当注意，拘传与传唤不同。传唤是司法机关使用传票通知当事人在指定的时间自行到指定的地点接受讯问或者询问，属于通知的性质，不具有强制性。而拘传具有强制性，是一种强制措施。

2. 取保候审

取保候审是司法机关责令犯罪嫌疑人、被告人提出保证人或者交纳保证金，保证被保证人不得离开居住的市、县，在传讯的时候及时到案，不得妨碍侦查、起诉、审判活动的一种强制措施。有两种方式：一种是保证人保证，俗称"人保"；另一种是保证金保证，俗称"财保"。根据法律规定，二者只能选其一，不能同时采用。

适用取保候审的情形	不能适用取保候审的情形
（1）可能判处管制、拘役或者独立适用附加刑的； （2）可能判处有期徒刑以上刑罚，采取取保候审不致发生社会危害性的； （3）应当逮捕但患有严重疾病，或者是正在怀孕、哺乳自己未满 1 周岁婴儿的妇女； （4）对被拘留的犯罪嫌疑人、被告人，需要逮捕而证据尚不符合逮捕条件的； （5）对被羁押的犯罪嫌疑人、被告人不能在法定侦查羁押、审查起诉、一审、二审期限内办结，需要继续查证、审理的； （6）提请批准逮捕后，检察机关不批准逮捕，需要复议复核的； （7）移送起诉后，检察机关决定不起诉，需要复议复核的。	（1）对累犯、犯罪集团的主犯； （2）以自伤、自残办法逃避侦查的犯罪嫌疑人； （3）危害国家安全的犯罪、暴力犯罪，以及其他严重犯罪的犯罪嫌疑人。

【依据】《刑事诉讼法》第 **51、53、60、65、69、74** 条；《公安机关办理刑事案件程序规定》第 **63、64** 条。

被羁押的犯罪嫌疑人、被告人及其法定代理人、近亲属和聘请的律师都有权申请取保候审，但申请时要采用书面形式。有权决定机关应当在收到书面申请后 7 日内作出是否同意的答复。

司法机关对犯罪嫌疑人、被告人采取取保候审最长不得超过 12 个月。

保证人必须符合下列条件：

> （1）与本案无牵连；
> （2）有能力履行保证义务；
> （3）享有政治权利，人身自由未受到限制；
> （4）有固定的住所和收入。

【依据】《刑事诉讼法》第 **54** 条。

3. 监视居住

监视居住是司法机关责令犯罪嫌疑人、被告人未经批准不得离开住所或者指定的居所，并对其行动进行监视的一种强制措施。

监视居住的适用对象与取保候审基本相同。监视居住是一种比取保候审更为严厉的强制措施，但又不是羁押，不能将被监视居住的人弄到招待所、旅馆甚至私设的小黑屋内搞"监视居住"；也不能将几个被监视居住的人放在一个地方，上述做法都是变相羁押。监视居住最长不得超过 6 个月。在监视居住期间，不得中断对案件的侦查、起诉和审理，对于不应当追究刑事责任或者监视居住期限届满的，应当及时解除监视居住。

【依据】《刑事诉讼法》第 **51、57、58** 条。

4. 拘留

拘留是指公安机关、人民检察院对于现行犯或者重大嫌疑分子，在遇到紧急情况时，暂时剥夺其人身自由的一种强制措施。拘留由公安机关执行。

对于现行犯或者重大嫌疑分子，如果有下列情形之一的，可以先行拘留：

（1）正在预备犯罪、实行犯罪或者犯罪后即时被发觉的；

（2）被害人或者在场亲眼看见的人指认他犯罪的；

（3）在身边或者住处发现有犯罪证据的；

（4）犯罪后企图自杀、逃跑或者在逃的；

（5）有毁灭、伪造证据或者串供可能的；

（6）不讲真实姓名、住址，身份不明的；

（7）有流窜作案、多次作案、结伙作案重大嫌疑的。

应当注意的是，公安机关决定拘留的，拘留的期限一般为 10 天，特殊情况下为 14 天，最长不得超过 37 天。检察机关决定拘留的，拘留的期限一般为 10 天，特殊情况下为 14 天。

【依据】《刑事诉讼法》第 61、69 条。

5. 逮捕

逮捕是指在刑事诉讼期间对符合法定条件的犯罪嫌疑人、被告人，依法完全剥夺其人身自由的最严厉的一种强制措施。逮捕犯罪嫌疑人、被告人必须同时具备三个条件：

（1）有证据证明有犯罪事实（包括有证据证明发生了犯罪事实，该犯罪事实是犯罪嫌疑人、被告人实施的，并且证明犯罪嫌疑人、被告人实施犯罪的证据已经查证属实）；

（2）可能判处徒刑以上刑罚；

（3）采用取保候审、监视居住等方法尚不足以防止发生社会危害性而有逮捕的必要。

逮捕由人民检察院决定，由公安机关执行。公安机关对于经人民检察院批准逮捕的人，必须在逮捕后的 24 小时以内进行讯问，在发现不应当逮捕的时候，必须立即释放，发给释放证明。

【依据】《刑事诉讼法》第 59、60 条；《公安机关办理刑事案件程序规定》第 124 条。

六、刑事案件中的民事赔偿

刑事案件中，由于犯罪行为而使被害人遭受经济损失的，对犯罪分子除依法给予刑事处罚外，还应根据情况判处犯罪分子赔偿经济损失，这就是刑事案件中的民事赔偿，通过刑事附带民事诉讼制度来进行。刑事附带民事诉讼，是在刑事案件中，在追究被告人刑事责任的同时，解决民事赔偿问题。

在我国，被害人（包括公民、法人和其他组织）、已死亡被害人的近亲属、无行为能力或者限制行为能力被害人的法定代理人，有权提起附带民事诉讼。如果国家或集体财产遭受了损失，人民检察院在提起公诉时，也可以提起附带民事诉讼。如果被害人没有遭受损失，或者物质损失不是由被告人的犯罪行为直接引起的，不能提起附带民事诉讼。附带民事诉讼应与刑事案件一并审判；如果一并审判影响刑事审判的进行，可先审判刑事部分，然后由同一审判组织继续审理附带民事诉讼。

关于提起附带民事诉讼，需要注意以下几个问题：

1. 提起附带民事诉讼的时间

刑事案件中公民因遭受犯罪分子的侵害而造成经济损失的，有权在刑事诉讼之中的任何时候提起附带民事诉讼。也就是说，不管是在公安机关的侦查阶段，还是在检察机关的起诉和法院的审判阶段都可以提出，但在法院审理阶段需要在一审宣判前提出。

如果是国家、集体财产遭受损失，人民检察院在提起公诉时，才可以提起附带民事诉讼。

2. 提起附带民事诉讼的主体

（1）被害人；

（2）已死亡被害人的近亲属（无近亲属的，由其法定继承人提起诉讼）；

（3）因犯罪行为遭受物质损失的其他人（其他人是指为被害人承担医疗费、丧葬费、护理费或保险费等费用的人，因被害人死亡、重伤失去抚养费、赡养费的人等）；

（4）原告人是无行为能力或限制行为能力的，由其法定监护人代为诉讼。

【依据】《刑事诉讼法》第 **77~78** 条；《刑事诉讼法解释》第 **84~85** 条。

3. 可以提起民事赔偿的范围

（1）受害人遭受人身损害，因就医治疗支出的各项费用以及因误工减少的收入，包括医疗费、误工费、护理费、交通费、住宿费、医院伙食补助费、必要的营养费，赔偿义务人应当予以赔偿，另外还包括受害人遭受到的财产损失。

（2）受害人因伤致残的，其因增加生活上需要所支出的必要费用以及因丧失劳动能力导致的收入损失，包括残疾赔偿金、残疾辅助器具费、被扶养人生活费，以及因康复护理、继续治疗实际发生的必要的康复费、护理费、后续治疗费，赔偿义务人也应予以赔偿。

（3）受害人死亡的，赔偿义务人应当根据抢救治疗情况赔偿医疗费、误工费、护理费、交通费、住宿费、住院伙食补助费、必要的营养费外，还应当赔偿丧葬费、被扶养人生活费、死亡补偿费以及受害人亲属办理丧葬事宜支出的交通费、住宿费和误工损失等其他合理费用。

应当注意，根据《刑事诉讼法》第 77 条，对于因犯罪行为所造成的精神损害不能要求赔偿，而只能对物质或经济损失要求赔偿。

【依据】《侵权责任法》第 **16**、**18~20**、**25** 条。

☞**重点提示**

> 人民法院在审理刑事附带民事诉讼案件时，对民事赔偿部分一般先在双方自愿的基础上进行调解，调解不成的依法判决。如果被告人在指定期限内仍不履行判决中的赔偿义务时，原告可以向人民法院申请强制执行。

七、刑事诉讼中的法律援助

对被告人是盲、聋、哑或者未成年人或者可能被判处死刑而没有委托辩护人的，人民法院应当指定承担法律援助义务的律师为其提供辩护。

犯罪嫌疑人、被告人因经济困难或者其他原因无力委托辩护人的，可以通过人民检察院或人民法院向当地法律援助机构申请法律援助。

被害人及其法定代理人或者其近亲属、附带民事诉讼的当事人及其法定代理人因经济困难无力委托诉讼代理人的，可以向当地法律援助机构申请法律援助。

申请法律援助应当提交书面申请、身份和户籍证明、经济和居住状况证明等相关材料。

【依据】《刑事诉讼法》第 34 条；《法律援助条例》第 11~13、17 条。

八、服刑罪犯与亲属会见的相关规定

1. 亲属与罪犯会见时的注意事项

罪犯在监狱服刑期间，按照规定，可以会见亲属、监护人。罪犯收受物品和钱款，应当经监狱批准、检查。各个监狱都有自己的具体规定，应遵守其规定。

【依据】《监狱法》第 48~49 条。

2. 有关服刑人员回家探亲的规定

罪犯有下列情形之一的，监狱不仅可以给予表扬、物质奖励或者记功，如果是被判处有期徒刑，并且执行了原判刑期 1/2 以上，在服刑期间一贯表现良好，离开监狱不致再危害社会的，监狱可以根据情况准许其离监探亲：

（1）遵守监规纪律，努力学习，积极劳动，有认罪服法表现的；

（2）阻止违法犯罪活动的；

（3）超额完成生产任务的；

（4）节约原材料或者爱护公物，有成绩的；

（5）进行技术革新或者传授生产技术，有一定成就的；

（6）在防止或者消除灾害事故中作出一定贡献的；

（7）对国家和社会有其他贡献的。

【依据】《监狱法》第 57 条。

法 规 目 录

1. 《刑事诉讼法》，第五届全国人大第二次会议 1978 年 7 月 1 日通过，第八届全国人大第四次会议 1996 年 3 月 17 日修正并公布，1997 年 1 月 1 日施行；

2. 《监狱法》，第八届全国人大常委会第十一次会议 1994 年 12 月 29 日发布施行。

3. 《侵权责任法》，第十一届全国人大常委会第十二次会议 2009 年 12 月 26 日通过，2010 年 7 月 1 日起施行；

4. 《法律援助条例》，国务院第十五次常务会议通过，2003 年 9 月 1 日施行；

5. 《最高人民法院关于执行〈中华人民共和国刑事诉讼法〉若干问题的解释》（法释〔1998〕23 号），简称《刑事诉讼法解释》，最高人民法院审判委员会第 989 次会议 1998 年 6 月 29 日通过，9 月 2 日公布，9 月 8 日施行。

6. 《公安机关办理刑事案件程序规定》，公安部部长办公会议 1998 年 4 月 20 日通过，5 月 14 日发布施行。

第四节　调解及其技巧

调解，是当事人之间发生纠纷之后，第三者从中进行沟通疏导、说服教育，促使当事人双方互谅互让，达成协议，从而解决纠纷的一种活动。例如，某村民甲与乙因宅基地问题发生纠纷，由于甲乙是邻居，双方都不想把问题搞复杂，不想打官司。村里德高望重的丙了解情况后愿意为甲乙二人从中说和，甲与乙也都同意。于是，丙详细问明情况，对双方动之以情、晓之以理，最终说服双方作出让步，纠纷得以解决，这就是调解。

我国法律规定的调解主要包括：人民调解、法院调解、仲裁调解和行政调解。

一、人民调解

人民调解是指当事人双方发生纠纷后，人民调解委员会通过说服、疏导等方法，促使当事人在平等协商基础上自愿达成调解协议，解决民间纠纷的活动。

人民调解调处的纠纷大都是一些民间纠纷，常见的有婚姻纠纷、继承纠纷、赡养纠纷、抚养纠纷、债务纠纷、简单的侵权纠纷以及轻微的刑事伤害纠纷等。人民调解没有固定场所，可以在村、厂、街道的调解室和相关当事人家中进行，甚至可以在大街上进行。在这一点上只需要遵循便利原则，怎样方便纠纷当事人，怎样有利于纠纷的迅速解决就可以进行。

☞**重点提示**

> 1. 人民调解必须遵循两项原则：一是平等、自愿原则。从调解开始、发展到调解协议的达成和协议的履行，整个过程都要建立在当事人平等、自愿的基础上，不得进行强迫调解。二是合法合理的原则。人民调解必须以国家的法律、法规和国家政策为依据，同时，社会主义道德规范和某些传统道德习惯也可以成为人民调解委员会解决纠纷的依据。三是尊重当事人的权利，不得因调解而阻止当事人依法通过仲裁、行政、司法等途径维护自己的权利。
>
> 2. 并非所有的纠纷都能通过人民调解解决，下列两种情况下，人民调解委员会对当事人申请调解的案件不予受理：（1）法律、法规规定只能由专门机关管辖处理的，或者法律、法规禁止采用民间调解方式解决的；（2）人民法院、公安机关或者其他行政机关已经受理或者解决的。
>
> 3. 人民调解不需要交纳任何费用，这是人民调解的一大特色和优势。

（一）人民调解委员会与人民调解员

1. 人民调解委员会

人民调解委员会是依法设立的调解民间纠纷的群众性组织。一般来说，人民调解委员会的设立情况包括如下几种：

（1）农村村民村委会、城市居民居委会设立的人民调解委员会；

（2）乡镇、街道设立的人民调解委员会；

（3）企事业单位根据需要设立的人民调解委员会；

（4）根据需要设立的区域性、行业性人民调解委员会。

人民调解委员会在当地人民政府以及人民法院的指导下开展工作。

2. 人民调解员

担任人民调解员的条件：公道正派、热心人民调解工作，并具有一定文化水平、政策水平和法律知识的成年公民。

【依据】《人民调解法》第 7、8、14、34 条。

（二）人民调解活动中当事人的权利和义务

当事人在人民调解活动中享有下列权利：

（1）选择或者接受人民调解员；

（2）接受调解、拒绝调解或者要求终止调解；

（3）要求调解公开进行或者不公开进行；

（4）自主表达意愿、自愿达成调解协议。

当事人在人民调解活动中履行下列义务：

（1）如实陈述纠纷事实；

（2）遵守调解现场秩序，尊重人民调解员；

（3）尊重对方当事人行使权利。

【依据】《人民调解法》第 23~24 条。

（三）人民调解的程序

从实践来看，在调解民间纠纷时，一般有如下五步：

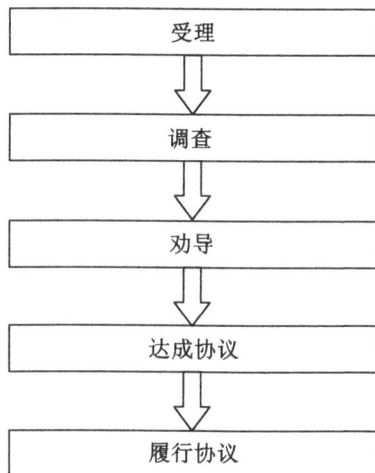

```
┌─────────────┐
│    受理     │
└─────────────┘
       ↓
┌─────────────┐
│    调查     │
└─────────────┘
       ↓
┌─────────────┐
│    劝导     │
└─────────────┘
       ↓
┌─────────────┐
│   达成协议   │
└─────────────┘
       ↓
┌─────────────┐
│   履行协议   │
└─────────────┘
```

1. 受理

这里的受理有两种情况：一种是纠纷当事人一方或双方主动找上门来申请调解。这种申请的形式可以是口头或书面。另一种是调解人员不等纠纷当事人找上门来，就主动前去调解。不论哪一种情况，调解人员都应当认真听取当事人陈述，认真受理。

但不论通过哪种形式受理纠纷，都必须注意一个原则，就是要尊重当事人的意愿，尊重当事人的诉讼权利，不能强迫当事人接受调解。

基层人民法院、公安机关对适合通过人民调解方式解决的纠纷，可以在受理前告知当事人向人民调解委员会申请调解。

2. 调查

调解人员受理纠纷后，应立即查明纠纷的真实情况，即要认真调查事发的原因、经过和纠纷发生的程度。通过调查分析，弄清事件的真相，明确责任。

3. 劝导

首先，要引导纠纷双方当事人主动讲清发生的事实，并在当事人陈述的过程中逐步引导他们分清双方的责任。其次，针对纠纷发生的类型，向当事人宣讲与此纠纷有关的法律、政策、文件规定的精神，并在此基础上运用多种方法增进纠纷双方当事人的感情，消除对立情绪，为纠纷的调解进一步开展奠定基础。再次，依法合理地明断是非，分清双方的责任，提出公正的调解意见。最后，在做通双方当事人思想工作的基础上，引导双方本着互谅互让的精神，心平气和地就纠纷事宜达成和解协议。

4. 达成协议

达成的和解协议通常有两种形式：经人民调解委员会调解达成调解协议的，可以制作调解协议书。当事人认为无须制作调解协议书的，可以采取口头协议方式，人民调解员应当记录协议内容。

无论纠纷双方达成什么形式的调解协议，人民调解委员会在不违背纠纷当事人自愿原则的同时都要认真督促双方履行协议，并对调解的结果登记备案。

5. 履行协议

经人民调解委员会调解达成的调解协议，具有法律约束力，当事人应当按照约定履行。人民调解委员会应当对调解协议的履行情况进行监督，督促当事人履行约定的义务。

对于调解失败达不成协议的纠纷，在宣告调解结束的时候，可根据情节作出两方面的处理：一是移送给司法助理员进行司法行政调解；二是告知纠纷双方当事人可到有关主管机关处理，或到仲裁机关仲裁，或向当地人民法院提起诉讼。

【依据】《人民调解法》第 17–18、26、28、31 条。

（四）人民调解协议书的内容和效力

1. 人民调解协议书的内容

调解协议就是在人民调解委员会的主持下，纠纷双方当事人平等协商取得一致解决纷争的意见。调解协议应当写明下列内容：

（1）双方当事人的基本情况，包括双方当事人的姓名、性别、民族、年龄、职业、单位或住址等。

（2）纠纷的简要事实、争议事项及当事人的责任。即当事人双方产生纠纷的主要原因、过程，所争议的具体事项及内容，以及在该纠纷中双方当事人各自承担什么样的责任。

（3）当事人达成调解协议的内容，履行的方式、期限。

（4）当事人签名，调解主持人签名，人民调解委员会印章。

调解协议制作完成后，由纠纷当事人各执一份，人民调解委员会留存一份。

【依据】《人民调解法》第 29 条。

2. 人民调解协议书的效力

人民调解协议书不像人民法院的裁判文书那样具有强制执行力，但具有法律效力，其法律效力表现为如下几个方面：

（1）它是在国家法律认可的人民调解委员会主持下达成的解决纠纷的协议，对当事人具有约束力，当事人应当履行。人民调解委员会应当对调解协议的履行情况进行监督，督促当事人履行约定的义务。

（2）经人民调解委员会调解达成调解协议后，当事人之间就调解协议的履行或者调解协议的内容发生争议的，一方当事人可以向人民法院提起诉讼。

（3）经人民调解委员会调解达成调解协议后，双方当事人认为有必要的，可以自调解协议生效之日起 30 日内共同向人民法院申请司法确认，人民法院应当及时对调解协议进行审查，依法确认调解协议的效力。人民法院依法确认调解协议有效，一方当事人拒绝履行或者未全部履行的，对方当事人可以向人民法院申请强制执行。人民法院依法确认调解协议无效的，当事人可以通过人民调解方式变更原调解协议或者达成新的调解协议，也可以向人民法院提起诉讼。

【依据】《人民调解法》第 31~33 条。

二、法院调解

人民法院在审理民事案件时，可以采取两种形式结案：一种是判决结案，另一种就是调解结案。法院调解，是人民法院在民事诉讼中对已经受理的民事案件，在审判人员的主持下，对双方当事人的争议用平等协商的方法解决和结案的方式。

法院调解与人民调解不同，最显著的区别就是，法院调解具有诉讼性质，是一种法定的诉讼活动，而人民调解只是一种民间纠纷解决方式。有几个问题需要明确：（1）法院调解的对象：包括全部民事案件、刑事附带民事案件和刑事自诉案件。（2）调解贯穿于诉讼阶段的始终，可以在开庭前进行，也可以在庭审过程中进行，还可以在法庭辩论终结后进行。可以在一审、二审程序中进行，还可以在审判监督程序即再审程序中进行。（3）调解不是一切案件的必需程序。除了离婚案件非经调解不能判决外，对于其他案件，当事人拒绝调解或者根本没有调解可能的，不应强行调解。

（一）法院调解的原则

1. 自愿和合法原则

人民法院审理民事案件，应当根据自愿和合法的原则进行调解；调解不成的，应当及时判决。人民法院对民事案件进行调解首先要征得当事人双方的同意，如果当事人不自愿同意就不能强行调解。

【依据】《民事诉讼法》第9、85条。

2. 查明事实，分清是非原则

人民法院的调解工作同样应当严格遵循"以事实为根据，以法律为准绳"的原则，不能无原则地"和稀泥"，所以只能在查明事实、分清是非的基础上进行。只有事实清楚，才能有理有据地说服教育当事人，使其自觉地承担应当由其承担的责任。

☞重点提示

> 根据《民事诉讼法》和《婚姻法》的相关规定，人民法院审理离婚案件，必须进行调解。也就是说，调解是审理离婚案件的必经程序，不管离婚案件双方当事人是否自愿，都适用调解程序。之所以如此规定，主要是考虑到离婚案件的特殊性，尽可能地让双方当事人之间消除对立情绪，减少或者避免滋生新的纠纷，同时也有利于对子女的抚养和社会的和谐与安定。

（二）法院调解的程序

调解与审判不同，在操作上具有相当大的灵活性。根据司法实践经验，从大的方面来看，法院调解一般可以分为三个阶段：

1. 调解的开始

法院调解可以依当事人的申请而开始，也可以由人民法院依职权主动征求当事人的意见，取得当事人同意后而开始。实践中，法院调解大多是因法院主动征求意见而开始的。

在这一阶段，应重点注意以下几个问题：

```
┌─────────────────────────┐
│      调解的开始          │
└─────────────────────────┘
            ↓
┌─────────────────────────┐
│      调解的进行          │
└─────────────────────────┘
            ↓
┌─────────────────────────┐
│      调解结束            │
└─────────────────────────┘
```

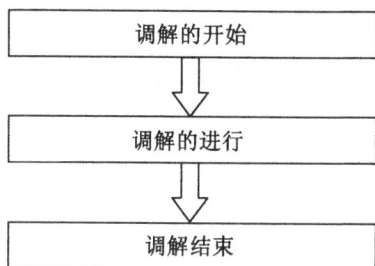

（1）人民法院在受理民事案件后，在案件事实基本查明、是非责任分清的基础上，应当考虑本案是否有调解的可能，如果有调解的可能，要在征求双方当事人同意的前提下进行调解。

（2）调解的形式应与审判一样，除了法律另有规定的以外，应当公开进行。

（3）法院调解的组织形式，由受诉人民法院根据案件的具体情况决定。适用普通程序审理的案件，既可以由合议庭主持调解，也可以由合议庭授权某个审判员主持调解；适用简易程序的案件，由独任审判员主持调解。如果案情需要，可以邀请有关单位和个人协助调解。

（4）法院调解可以用简便的方式通知当事人和证人到庭。

（5）调解时，双方当事人都应当出庭。确因特殊情况不能出庭的，经其特别授权，可以由其委托代理人参加调解，达成的调解协议，可以由委托代理人签名。

2. 调解的进行

在法院调解程序开始后，人民法院的审判组织首先要听取当事人的陈述意见，并根据已经查明的案件事实，对当事人有针对性地进行法律的宣传教育。审判人员可以主持和参加他们之间自行协商的活动，并可以适时地提出意见或者建议，供当事人参考，但切忌将自己的意见或建议强加给当事人一方或者双方。如果双方当事人的意见达成一致，即可以结束调解过程。

3. 调解结束

调解有两种结果：一是未达成调解协议；二是达成了调解协议。

对于调解未达成协议的案件，人民法院应当及时结束调解，恢复审判作出判决，不能久调不决。

对于达成调解协议的案件，人民法院应当及时地对调解协议进行认真审查，凡不违反法律禁止性规定的，应当批准。对于应当制作调解书的案件，在调解书制作后即送达双方当事人；对于无须制作调解书的调解协议，由书记员记入笔录，并由双方当事人、审判人员、书记员签名盖章。

【依据】《民事调解若干规定》第 4、5、7、8、13 条。

下列案件调解达成协议，人民法院可以不制作调解书：

(1) 调解和好的离婚案件；

(2) 调解维持收养关系的案件；

(3) 能够即时履行的案件；

(4) 其他不需要制作调解书的案件。

【依据】《民事诉讼法》第 90 条。

(三) 调解书及其制作

调解书是人民法院制作的记载当事人调解协议内容的法律文书。调解达成协议，除上述法律规定情形外，人民法院应当制作调解书。应当注意，调解书与调解协议既有联系又有区别，调解书须依据调解协议制作，反映调解协议的内容，但调解协议仅是双方当事人的意思表示，调解书则是具有法律效力的法院的司法文书。

以下通过一份调解书的范本来说明调解书包括哪些内容。

民事调解书（一审）

(2004) ×民初字第×号

原告人：周×，男，30 岁，汉族，教师，住×省××市×街×号。

被告人：张××，女，30 岁，汉族，工人，住址同上。

委托代理人：王×，××律师事务所律师。

案由：离婚纠纷。

原告周×与被告张××离婚纠纷一案，本院于 2004 年 3 月 24 日受理后，依法组成了合议庭，不公开开庭进行了审理。本案当事人及其诉讼代理人均到庭参加诉讼。本案现已审理终结。

经审理查明，原告与被告与 2002 年 1 月 1 日自由恋爱结婚，婚后感情一直很好，但自从 2004 年春节被告喜欢上打麻将后，经常与同事聚集一起打麻将，对家里的事不闻不问，故原告请求离婚。

经本院主持调解，被告人认识到了自己的错误，并愿意向原告道歉，保证今后不再打麻将，原告也谅解了被告过去的行为，双方当事人自愿达成如下协议：

一、被告向原告赔礼道歉。

二、原告不再要求离婚。

三、本案诉讼费50元，原、被告各负担25元。

上述协议，不违背法律规定，本院予以确认。

本调解书经双方当事人签收后，即具有法律效力。

审　判　长　　　刘×

代理审判员　　　王××

代理审判员　　　董××

书　记　员　　　王×

×年×月×日

（四）调解书的法律效力

调解书经双方当事人签收后，即具有法律效力。因而，调解书应由人民法院送达双方当事人，只有双方当事人在送达回证上签收后，才具有法律效力，送达时当事人不签收的，不具有法律效力。仅一方当事人签收的，调解书也不具有法律效力。

【依据】《民事诉讼法》第89条第3款。

应当特别注意，调解书不适用留置送达和公告送达，而应当直接送达给当事人本人，由其签收。如果当事人拒绝签收，就视为反悔，应当依法进行判决。

调解书经双方当事人签收后，会产生相应的法律效力，体现在：

1. 随着调解书的生效，当事人之间所发生的民事权利义务争议消灭，双方当事人之间的民事权利义务关系依据调解书中记载的调解协议的内容而确定。

2. 诉讼程序结束。调解书生效，表明双方当事人之间的纠纷已经通过诉讼得到解决，诉讼程序因此而结束。

3. 当事人不得提出上诉和再行起诉。调解协议是当事人自愿达成的，为了保证自愿性，法律允许当事人在调解书送达前反悔。由于法律已经为调解的自愿性提供了充分的程序保障，所以对已生效的调解书不允许当事人再提出上诉。已生效的调解书与生效判决书具有同等法律效力，它们已从法律上最终解决了当事人之间的争议，因此，当事人不得以同一事实和理由再次提起诉讼。

4. 具有强制执行的效力。生效的调解书和生效的判决书一样，当事人必须履行，一方拒绝履行的，对方当事人可以将调解书作为执行根据向人民法院申请强制执行。

☞**重点提示**

> 实践中，经常会发生这样的情况，就是当事人在签收调解书后又想反悔。那么，当事人在签收调解书后是否还可以反悔呢？如前所述，人民法院制作的调解书送达给双方当事人后，会产生与生效的判决书同等的法律效力，任何一方当事人都必须认真履行，不能任意撤销和改变。如果当事人反悔，即使有正当理由，比如认为调解违反了自愿原则或认为调解内容违法等，也只能通过申请再审，由法院通过审判监督程序来撤销或变更。

三、行政调解

(一) 行政调解简介

行政调解是行政机关依照法律调解纠纷的一种行政行为，具体来说，就是行政机关主持的，以国家法律和政策为依据，以自愿为原则，通过说服教育的方法，促使双方当事人友好协商、互让互谅、达成协议、消除纷争的诉讼外的调解活动。

应当注意，行政调解由行政机关主持，其所调解纠纷的范围具有一定的特殊性。人民调解所调解的纠纷一般是民事纠纷，而行政调解除了调解民事纠纷、劳动纠纷以外，还可以调解某些行政争议或行政纠纷，以及一些经济合同纠纷和轻微刑事案件。

总的来说，行政调解的范围非常广泛，主要有以下几类：

基层政府的调解	是设在农村乡镇政府、街道办事处的司法助理员或者民政助理员所主持的调解。
行政仲裁机关的调解	是指经济合同仲裁委员会和劳动争议仲裁委员会决定受理案件后，都应当先进行调解，调解不成的，再进行仲裁。
行政裁决机关的调解	是指行政机关根据法律、法规的授权，在解决某些民事纠纷的过程中所进行的调解。例如，某农民承包的农地使用权受到别人的侵犯，该农民可以请求该地农业管理部门进行处理。农业管理部门在对此进行处理的过程中所进行的调解，就属于行政裁决机关的调解。

解决某些行政争议或行政纠纷的行政机关所进行的调解	如有关行政补偿和行政赔偿的纠纷，一般是由补偿或赔偿机关的上级行政机关处理。处理行政补偿和行政赔偿纠纷的行政机关，在调查了解情况后，首先要进行调解，调解不成的才予以裁决。
行政机关的一般调解	所有行政机关对于其所属成员或所属成员与其他单位成员之间的民事纠纷，例如邻里纠纷、一般的民事伤害等，都有调解的责任。

上述几种行政调解类型中，以第一种也就是基层政府的行政调解与农村和农民的纠纷最密切相关。

（二）行政调解的基本原则

1. 合法原则。行政调解必须依法进行。行政调解过程中，行政机关或其他组织必须根据所调解的纠纷性质，适用不同的法律规范进行调解。调解不是无原则的"和稀泥"，对当事人暴露出来的错误、违反法律的意见、建议等，都要坚持说服教育，以法服人。

2. 合理原则。行政调解所涉及的往往是细微琐碎的民间纠纷，这种纠纷或许不属于法律调整的范围，这就需要行政调解机关根据精神文明建设的需要，耐心地对当事人进行道德方面的教育，根据公序良俗公平合理地进行调解。

3. 自愿平等原则。

4. 尊重当事人要求裁决、仲裁或起诉的权利原则。

四、农村和农民常用调解类型简介

（一）治安纠纷的调解

在农村，经常会发生一些打架斗殴、损毁他人财物等违反治安管理的行为，对于这些行为中情节较轻微的，公安机关及其基层派出所可以调解处理，这种调解就是治安纠纷的调解。

1. 可以进行治安纠纷调解的条件

（1）这种行为是由民间纠纷引起的。民间纠纷就是公民之间发生的各种民事权益争执，常见的主要有两种类型，一类是家庭内部纠纷，如夫妻闹离婚、兄弟姐妹之间的争斗、婆媳不合、分家析产、不尽赡养老人义务产生的矛盾等；另一类是公民之间、家庭与家庭之间产生的纠纷，如债权债务、房屋、宅基地、承包土地等纠纷。这些民事权益纠纷解决不好常常会引起打架斗殴或者损毁他人财物等违反治安管理的行为。

（2）必须是在《治安管理处罚条例》规定的调解范围之内。

（3）必须是已经构成违反治安管理条例、应当受到治安处罚的行为。

（4）必须是当事人各方有自愿接受调解的意思。

（5）必须是公安机关认为可以适用调解的。即公安机关在认定行为符合上述四个条件的前提下，对是否适用治安调解处理有自行决定的权力。

2. 治安纠纷调解的程序

治安纠纷的调解一般按照下列几个步骤进行：

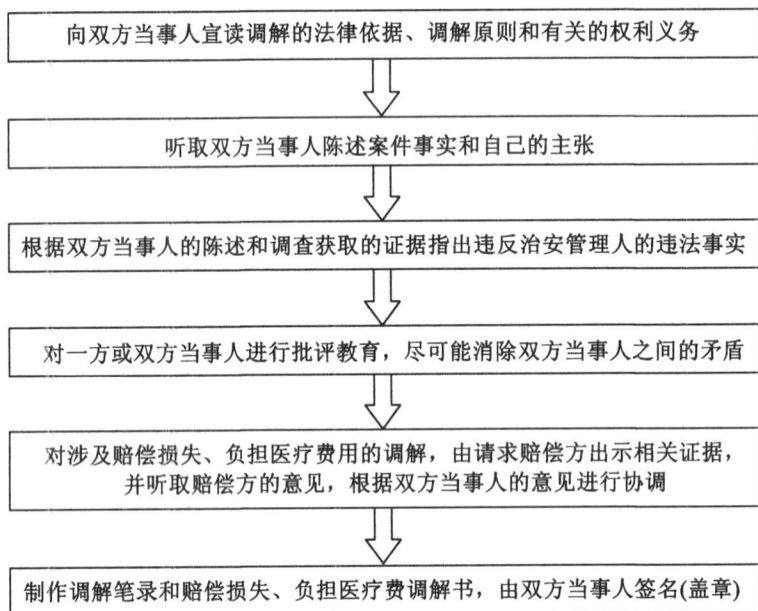

```
┌─────────────────────────────────────────────────────┐
│ 向双方当事人宣读调解的法律依据、调解原则和有关的权利义务 │
└─────────────────────────────────────────────────────┘
                         ⬇
┌─────────────────────────────────────────────────────┐
│      听取双方当事人陈述案件事实和自己的主张            │
└─────────────────────────────────────────────────────┘
                         ⬇
┌─────────────────────────────────────────────────────┐
│ 根据双方当事人的陈述和调查获取的证据指出违反治安管理人的违法事实 │
└─────────────────────────────────────────────────────┘
                         ⬇
┌─────────────────────────────────────────────────────┐
│  对一方或双方当事人进行批评教育，尽可能消除双方当事人之间的矛盾 │
└─────────────────────────────────────────────────────┘
                         ⬇
┌─────────────────────────────────────────────────────┐
│ 对涉及赔偿损失、负担医疗费用的调解，由请求赔偿方出示相关证据， │
│   并听取赔偿方的意见，根据双方当事人的意见进行协调        │
└─────────────────────────────────────────────────────┘
                         ⬇
┌─────────────────────────────────────────────────────┐
│ 制作调解笔录和赔偿损失、负担医疗费调解书，由双方当事人签名(盖章) │
└─────────────────────────────────────────────────────┘
```

3. 治安调解的要求

（1）调解工作由公安机关的人民警察主持，必要时可吸取社会各界人士参加，这样更有利于调解的完成。比如，在农村的乡镇派出所，对于一些邻里纠纷引起的治安案件，可以要求村委会主任、治保主任或者村里德高望重的老人参与说服教育，这样更有利于当事人认识自己的错误，促进纠纷的解决。

（2）当事人有伤情的，民警应开具《公安局指定医院就诊证明信》，让其到指定医院就诊，诊断结果要及时反馈给办案民警。

（3）对调解不成的治安案件，如果案件事实清楚、证据充分、因果关系明确，应当依法作出裁决。如果不是事实清楚，证据充分，因果关系明确，或者经过多次调解当事人仍达不成一致意见，对调解不服的，经所长同意，可签发结案通知书，并通知当事人持通知书到人民法院提起民事诉讼。

（4）调解以两次为限，自调查终结之日起，最长不得超过两个月。对两次调解仍达不成一致意见或调解结束后反悔的，可签发结案通知，告知双方当事人到所在地的人民法院提起民事诉讼。

（二）劳动争议的调解

近些年，农村外出务工的农民越来越多，不可避免地会与务工单位发生劳动方面的纠纷。在解决劳动纠纷和劳动争议的过程中，我们必须对劳动争议中的调解有所了解，才能更好地保障自己的合法劳动权益。

劳动争议调解，是指劳动争议有关各方将争议提交有关第三人或由争议各方共同组成调解组织进行调解，以解决劳动争议的一种诉讼外调解制度。对于劳动争议调解，应注意了解以下几个问题：

1. 劳动争议调解机构

发生劳动争议，当事人可以到下列调解组织申请调解：

（1）企业劳动争议调解委员会；

（2）依法设立的基层人民调解组织；

（3）在乡镇、街道设立的具有劳动争议调解职能的组织。

企业劳动争议调解委员会由职工代表和企业代表组成。职工代表由工会成员担任或者由全体职工推举产生，企业代表由企业负责人指定。企业劳动争议调解委员会主任由工会成员或者双方推举的人员担任。

2. 可以申请调解的劳动争议

（1）因确认劳动关系发生的争议；

（2）因订立、履行、变更、解除和终止劳动合同发生的争议；

（3）因除名、辞退和辞职、离职发生的争议；

（4）因工作时间、休息休假、社会保险、福利、培训以及劳动保护发生的争议；

（5）因劳动报酬、工伤医疗费、经济补偿或者赔偿金等发生的争议；

（6）法律、法规规定的其他劳动争议。

【依据】《劳动争议调解仲裁法》第 2、10 条。

3. 当事人如何申请劳动争议调解

（1）申请的时间。当事人在弄清自己的争议属于企业劳动争议调解委员会的受案范围后，应当尽快向其申请调解。当事人应自劳动争议发生之日起 30 日内提出调解申请。例如，某农民工接到被单位开除的通知书，但自己对开除处分不服，从其接到开除通知书之日起 30 日内，他可以向企业劳动争议调解委员会申请进行调解。

如果自劳动争议发生之日起超过了 30 天当事人未申请调解的，当事人一方或双方可以直接到当地劳动争议仲裁委员会申请仲裁，但应注意，当事人必须自劳动争议发生之日起 1 年以内，向仲裁委员会提出仲裁申请才会被受理。

【依据】《企业劳动争议调解委员会组织及工作规则》第 **14** 条；《劳动争议调解仲裁法》第 **14、27** 条。

（2）如何申请。当事人在申请劳动争议调解时，应注意以下几个问题：

第一，当事人申请调解时，可以用书面形式，也可以口头提出申请。申请书中应当写明申请人与被申请人的姓名（或单位名称）、性别、年龄、工作部门、工种、参加工作时间、劳动合同期限等个人事项，还要填写好请求内容、事实和理由等。书写有困难的职工，可以在口头申请后，由调解人员做好笔录并由申请人认可签字。

第二，如果发生争议的职工一方是 3 人以上，且有共同的申诉理由，应当推选代表参加调解活动。

第三，企业调解机构是为本企业提供调解服务的，实行免费办案，当事人既不用交纳受理费，也不用交纳处理费。

第四，调解委员会有下列情形之一的，当事人有权口头或者书面申请回避：是劳动争议当事人或者当事人近亲属的；与劳动争议的处理结果有利害关系的；与劳动争议当事人有其他关系，可能影响公正调解的。

调解委员会对回避申请应当及时作出决定，并以口头或书面形式通知当事人。

第五，调解未达成协议，或者达成协议后当事人又反悔的，或者调解协议送达后当事人反悔的，或者调解在法定期限内未结束的，以及调解中当事人拒绝调解的，都属于调解不成，当事人任何一方都可以向有管辖权的劳动争议仲裁委员会申请仲裁。

（三）消费者权益纠纷调解

在市场经济发展的过程中，一些商品生产者和经营者为了追求最大程度的利润，将很多质量不合格甚至劣质商品投入市场，因此，近些年，消费者权益受到侵害的事件屡屡发生。在农村，也经常发生农民买到质量不合格的种子、化肥、农药和药品食品等事件。农民作为消费者的权益受到侵害时，可以通过多种方式救济自己的权利，消费者权益纠纷调解就是其中之一。

根据《消费者权益保护法》的规定，消费者争议可以通过消费者协会调解解决。实际上，消费者纠纷的调解并非只能由消费者协会进行，任何第三人参与消费者纠纷的解决，促使争议双方达成协议的，都属于调解的范围。不过，消费者协会调解是消费者纠纷调解中最规范、最普遍和最有效的一种调解方式。

1. 消费者协会受理投诉的范围

消费者协会受理投诉的范围非常广泛，只要属于消费者权益受到损害的情况，都可以向消费者协会投诉。跟广大农民最密切相关的，比如，农民购买、使用直接用于农业生产的种子、化肥、农药、农膜、农工具等生产资料时，如果权益受到侵害，都可以向当地的消费者协会投诉。

与此同时，还应当注意消费者协会不予受理投诉的几种情况：

消费者协会不予受理投诉的情形	（1）经营者之间有关购、销方面的纠纷。 （2）消费者个人私下交易的纠纷。例如，甲买了乙的一台电视机，拿回家后发现电视机色彩有问题，就去找乙，而乙对此不承认，于是甲决定去请消费者协会处理，在这种情况下，消协不予受理。 （3）商品超过了规定的保修期和保证期。 （4）商品标明是"处理品"的（没有真实说明处理原因的除外）。 （5）未按商品使用说明安装、使用、保管或自行拆动而导致商品损坏或人身危害的。 （6）被投诉方不明确的。 （7）争议双方曾达成调解协议并已执行，而且没有新情况、新理由的。 （8）法院、仲裁机构或有关行政部门已受理调查和处理的。 （9）不符合国家法律、法规有关规定的。

2. 消费者权益纠纷调解的程序

消费者协会对消费者权益争议的调解一般按照以下程序进行：

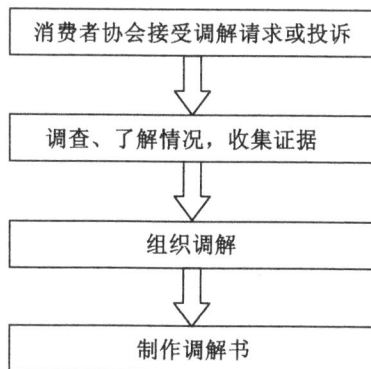

```
┌─────────────────────────┐
│  消费者协会接受调解请求或投诉  │
└─────────────────────────┘
            ↓
┌─────────────────────────┐
│   调查、了解情况，收集证据    │
└─────────────────────────┘
            ↓
┌─────────────────────────┐
│         组织调解          │
└─────────────────────────┘
            ↓
┌─────────────────────────┐
│        制作调解书         │
└─────────────────────────┘
```

需要注意，消费者协会主持调解所达成的协议不具有强制执行力。如果一方或者双方对调解协议反悔的，可以采取别的解决方式，比如向法院提起民事诉讼等。

五、调解技巧简介

（一）调解的目标

与诉讼相比，调解更侧重于平息纠纷，不仅能解决目前一时发生的矛盾，还能实现双方当事人对公平、道义、亲情、友谊、名誉等多方面的追求。同时，调解的目标不在于分清是非对错，而在于解决眼前发生的问题或杜绝类似情况的再次发生。由于调解不受法律制度的约束，不必完全遵照法律的刻板程序，因此，争议双方当事人有机会向调解人全面、自由地表达各自的观点，讲述事情的来龙去脉，使调解人充分了解事情的前后经过，从而协助当事人寻找到最符合他们意愿的解决方式。

然而，调解也存在一些弊端。调解解决问题的基础是双方遵守诺言，调解协议不具备法定强制力，协议的履行完全依赖当事人的自我约束。如果调解不成或调解成功但当事人没有切实履行协议内容，那么，调解就无法体现其节约成本的特点，无法达到预期的目标。另外，调解不可能像诉讼那样严格遵从公平原则，如果协议的达成是以弱势一方过多地忍让或付出为代价，那么，这种调解协议就无法体现公平。

因此，在确定调解的目标时，要全面分析利弊，既要力争解决矛盾，又要把握分寸、兼顾公平，避免牺牲单方面的利益而一味追求息事宁人。

（二）调解的计划

在调解计划的制订上，要注意以下几个方面：

1. 了解事实

调解之前，应当掌握必要的资料，比如：案件是否适合调解？有无调解的可能？当事人之间的关系如何？他们虽然表示同意调解，是否真的有诚意并积极配合？他们之间的最大矛盾是什么？他们之间的矛盾是临时性的还是积怨已久之后的爆发？当事人是否另有隐情？哪些因素可以缓解双方的紧张关系？双方之间是否存在共同利益？等等。

2. 研究法律

法律不是调解中的决定因素，并不等于法律在调解中不起作用。调解常常是当事人对法律途径解决纠纷的成本与非法律途径解决纠纷的成本总体衡量之后的选择。在调解过程中，法律的相关规定、当事人的法定权利和义务，无时无刻不在影响着双方的意见，影响着调解的进程。对许多当事人来说，法律离调解并不遥远，调解不成的结果就是诉讼。因此，法律工作者在进行调解时，应适时地为当事人提供法律信息，这样才有利于当事人作出客观的、理智的决定，同时也能够保证调解结果更公平、更具备专业水准。

3. 调解程序准备

在调解程序准备过程中，应注意做好以下几个方面的工作：

（1）确定调解员。调解员可以是由调解中心指定的，也可以是由当事人共同选定的。调解员应具备一定的法律知识背景，同时，在特定的案件中，调解员的年龄、身份、性别、嗜好等因素也是分配案件时需要考虑的因素。因为这些因素或者影响调解员的判断，或者使当事人感觉可能影响调解员的判断。

（2）确定参加人。已进入诉讼阶段的案件，当事人通常是明确的，原告、被告、第三人、其他利害关系人等都是调解的参加人。如果当事人已经请了律师，律师也可以参加调解，以帮助当事人在调解程序中解决问题。如果是未经诉讼的纠纷或者是庭外调解的案件，当事人可能带其他与案件无直接关系的人来参加调解，如自己的亲戚、朋友、邻居等他们认为信任的人。

究竟哪些人能够参加调解，哪些人参加调解更有利于问题的解决，这是调解员需要认真考虑的问题。一般来说，调解员需先了解真正的权利义务人是谁，真正做决定的人是谁，他们无疑应当参加调解，而其他无直接关系的人，常常由于过分考虑保护一方当事人的利益而给调解带来障碍，所以不主张他们参加调解。必要时，调解员可以限制各方无利害关系人的出席人数。如果当事人执意要求参加，可以请这些人在调解室外等待。当事人需要和他们商量时，到外面单独商量，从而减少他们在调解过程中可能产生的不利影响。调解时，未成年人的成年家长应当在场。调解员单独询问未成年人时，应征得其家长的同意。

总之，确定调解参加人应以有助于解决争议为基本原则。

（3）确定时间、地点。在确定调解的时间上，应有利于当事人事先准备，而且调解当中时间应充裕，要能够使当事人从容表达，充分交换意见。在安排调解时间时，应事先征得各方当事人的同意。

调解可以在调解员工作场所进行，一般不要安排在一方当事人的居住场所或者工作所在地。调解地应干净、整洁，有适当的庄严气氛，以体现调解员的认真与重视程度。调解地点应安静、独立、避免噪音和电话，不应有其他人出入。调解室外应有隔音的休息室，供单独谈话时使用。

（4）确定调解员分工。调解之前，合作的调解员应当商定如何分工，如谁做开场白、谁记录、谁提问、以谁为主以谁为辅等。

（三）调解的步骤

在调解开始之后、正式进行之前，调解员应先有一个开场白。在开场白中，可以进行自我介绍、在场人员介绍，解释调解员的作用，说明调解的原则和特点，强调遵守调解秩序等，其作用是为了打破僵局，初步建立起调解员与当事人之间的信任感。

调解开始之后，在不同的阶段，有不同的工作重点，大致表现为：

1. 初期阶段——致力于收集信息

当事人开始陈述时，调解员的主要任务如下：

（1）倾听。认真地、积极地、有回应地倾听，用鼓励的方式收集信息。既要倾听到当事人陈述的事项，又要注意当事人陈述背后隐藏的信息，以发现新的线索。

（2）理解。在倾听的同时，应当设身处地地去理解当事人的心情、处境和请求。需要注意的是，理解不是附和，不是全盘接受，特别是针对当事人的怨恨情绪和过激语言。一方当事人对对方当事人的指责和批判，不应直接表示理解和接受，否则可能使当事人认为调解员有失中立和公正。

（3）观察。注意观察细节，包括当事人语言中流露出来的所有的情绪、当事人之间过去的、现在的关系。观察这些无法用语言表达的细节，是为了发现真正有价值的信息。当事人之间的关系变化能够让调解员找出矛盾产生的根源，发现恢复关系的可能性和障碍。有时候，当事人之间真正的矛盾并未体现在语言上或请求事项上，而是反映在语气、神态和情绪上。观察这些细节，才有可能找出症结，对症下药。

（4）小结。通过初级阶段的调解，调解员逐步建立起与当事人之间的信任关系。调解员对问题的理解、分析，对矛盾的清晰认识，对纠纷的中立态度，对双方情绪的化解，对调解节奏的有效控制，都有助于建立起与当事人之间的信任关系。

初期调解结束时，应达到下列目标：

第一，认同双方当事人的感受，使当事人确认被理解；

第二，查明事实，确认无遗漏；

第三，找出争议焦点与主要矛盾所在；

第四，明确双方主要争议的利益，要达到的目的；

第五，转化语言，用中立性语言作出总结。

2. 中期阶段——致力于解决问题

这一阶段事关调解的成败。在了解矛盾冲突经过之后，应控制当事人之间的相互指责与怨恨的情绪、语言和行为，将注意力集中在正在发生的问题和矛盾上，不必分析事实，评判对错，切忌陷入矛盾纠葛之中。调解的中期阶段没有固定的顺序，应因人、因案而异。为了使双方向前看，推进调解进程，可以运用下面的调解方式：

（1）寻找共同利益作为调解的基础。如在家庭成员之间、邻里之间，和睦相处、互相尊重是大家都希望达成的共同目标。将双方当事人均能接受的共同目标作为出发点，让当事人先对共同利益达成共识，这是第一步。

（2）先易后难，先眼前后长远。在解决问题的顺序上，应首先解决那些容易的、新近发生的事情。新近发生的事情往往是矛盾激化的导火索，虽然可能是短期或眼前利益，但显得迫在眉睫，难以逾越。如果这个导火索是双方情绪不稳定时作出的过激行为或决定，在当事人略微平静后，比较容易自我纠正。

（3）回忆过去。如果双方当事人过去曾经有过良好的关系，可以通过询问过去的情况唤起当事人的回忆，比如可以这样提问："过去碰到过类似的事情吗？那时候是怎样解决的？"共同回忆过去的做法让当事人暂且搁置眼前的冲突，由主观上的抵触情绪转向寻找引起矛盾的客观因素。

（4）换位思考。当事人之间换位思考，有利于相互的理解。调解员应注意把握机会，鼓励、促使当事人之间的换位思考。

（5）消除误解。有时候冲突双方当事人之间存在误解，调解员发现后应当协助他们消除误解。

（6）打破僵局，让当事人的请求更富有弹性。矛盾中有的当事人"认死理"，如一方非让对方赔钱不可，另一方则"要钱没有，要命一条"，从而使调解陷入僵局。此时，调解员不该硬碰硬地去和他们"较量"，而应考虑可否另辟蹊径。比如，赔了钱，是不是表示问题就永远解决了；不赔钱，是否还有其他办法？在调解中应尝试所有可行的办法。例如，租户弄坏了房主的门，赔钱是一种办法，修理是一种办法，折抵住房日期是办法，给房主介绍其他租户也是办法。

（7）诉讼预测。调解失败意味着当事人要么放弃争议，要么诉诸法律。调解员有必要利用专业知识，在适当的时候给当事人提供法律意见和建议，特别是对调解不成提起的诉讼活动进行预测，以便让当事人更充分地进行衡量和选择，更积极地面对调解。

（8）单独会谈。单独会谈也就是"私下会晤"、"背对背调解"，是调解员与某一方当事人私下会谈的方法。在涉及下列调解事项时，可考虑使用单独会谈的方法：第一，涉及当事人之间的关系时；第二，涉及协议进程时；第三，涉及实体利益时。

3. 后期阶段——致力于达成协议

随着调解的推进，事实基本明朗，双方的态度、观点、利益需求逐渐明确，对于对方的立场也有了较为确实的了解，调解进入后期阶段。在这一阶段，调解员的任务为：

（1）加深相互理解。调解后期，调解员可从侧重分析各方当事人自身利益、目的、观点，转向侧重帮助一方当事人分析对方的利益和观点，其目的是使各方当事人更加理解对方的立场、观点和想法，从而增加接受协议的可能性。

（2）确定自选方案。调解员应抓住每一点一致意见，将其确定下来，逐渐缩小遗留问题的数量和范围。

（3）寻找统一标准。确定一个客观的标准和原则，当当事人双方均能够接受，而后依此标准或原则分配利益，也是一个常用的方法。这个标准和原则可以参考有关的法律规定，比如夫妻共同财产划分时，个人各自使用的私人用品归本人所有，避免了对每一项私人用品归属的争执。也可以选择其他灵活多样的标准或原则，只要双方当事人认为此标准或原则公平、合理，他们就会接受并运用该原则或标准。

（4）固定协商成果。调解员将已形成的协议以口头或书面的形式重申、固定下来，由当事人决定是否签订最后的协议。调解员在草拟协议时应当注意的技术性问题有协议生效日期、履行期限及实现方式。如果包括付款或交付物品等内容，则要明确交付的时间、地点、方式等。

（5）终止调解程序。协议达成或调解失败，都将终止调解程序。协议达成，皆大欢喜地终止程序，自不必说。如果当事人因时间紧张，需更多时间或搜集信息，或无法接受对方意见等原因不能达成协议时，调解员可以考虑用以下方式结束调解程序：

第一，明确既有的一致意见，无论其能否实现，其对于缓解矛盾和今后问题的解决，都有利而无害。

第二，肯定双方所做的努力，同时承认问题的难度。

第三，如果不至于扩大损害的话，可以建议对问题进行一段时间的冷处理。

第四，帮助当事人考虑下一步骤，其他争议解决程序是否可行，还有哪些途径可供选择。

法 规 目 录

1. 《中华人民共和国劳动法》，第八届全国人大常委会第八次会议 1994 年 7 月 5 日通过并颁布；

2.《劳动争议调解仲裁法》，第十届全国人大常委会第三十一次会议 2007 年 12 月 29 日通过，2008 年 5 月 1 日施行；

3.《人民调解法》，第十一届全国人民代表大会常务委员会第十六次会议 2010 年 8 月 28 日通过，2011 年 1 月 1 日施行；

4.《人民调解委员会组织条例》，国务院 1989 年 6 月 17 日发布施行；

5.《企业劳动争议调解委员会组织及工作规则》，劳动部会同全国总工会、国家经贸委等有关部门制定，1993 年 11 月 5 日发布；

6.《最高人民法院关于审理涉及人民调解协议的民事案件的若干规定》（法释〔2002〕29 号），最高人民法院审判委员会第 1240 次会议 2002 年 9 月 5 日通过，9 月 16 日公布，11 月 1 日施行；

7.《最高人民法院、司法部关于进一步加强新时期人民调解工作的意见》，最高人民法院、司法部 2002 年 9 月 24 日发布施行；

8.《人民调解工作若干规定》（司法部第 75 号令），司法部 2002 年 9 月 26 日发布，11 月 1 日施行；

9.《最高人民法院关于人民法院民事调解工作若干问题的规定》（法释〔2004〕12 号），简称《民事调解工作规定》，最高人民法院审判委员会第 1321 次会议 2004 年 8 月 18 日通过，9 月 16 日公布，11 月 1 日施行。

第五节　信　　访

一、信访制度简介

信访常称为"上访"，是"人民群众来信来访"的简称，是指公民、法人或者其他组织采用书信、电子邮件、传真、电话、走访等形式，向各级人民政府、县级以上人民政府工作部门反映情况，提出建议、意见或者投诉请求，依法由有关行政机关处理的活动。不仅包括群众向政府部门提出的信访，还包括群众向各级党委、司法、人大、政协、人民团体、新闻媒体等机构以各种方式反映情况、提出建议、批评或提出要求的活动。

以接受信访的国家机构为标准，可以将信访分为以下几种类型：

党的信访	主要是党员和普通公民向党的纪律检查机关提出的针对党员干部违法乱纪行为的信访。
人大信访	是公民向各级人民代表大会及其常委会提出的建议和控告。

政府信访	主要是公民按照2005年1月5日国务院通过的《信访条例》向政府部门提出的信访。
司法信访	是公民向检察机关提出的举报、控告和对人民法院生效判决的申诉。
人民团体信访	包括公民向各级工会、妇联等人民团体提出的信访。
新闻媒体信访	是公民向报纸、电台、电视台等新闻媒体提出的来信来访。
其他信访	包括向某些行业组织、企事业单位提出的信访。

相对而言，国家权力机关、行政机关和司法机关的信访更为重要，因为他们享有国家权力，能够权威性地解决问题和作出决定。

二、信访机构及信访渠道

《信访条例》第6条规定："县级以上人民政府应当设立信访工作机构；县级以上人民政府工作部门及乡、镇人民政府应当按照有利工作、方便信访人的原则，确定负责信访工作的机构或者人员，具体负责信访工作。"各级人民政府的信访局即为专门负责信访工作的机构。但是，信访局本身并不能实际解决群众反映的问题，而只是受理后把这些问题交给相关部门解决。因此，为了更实际地解决问题，群众最好到对信访事项直接负责的机关或部门信访。具体来说，应按照以下原则进行信访：

1. 属于各级人民代表大会及其常委会职权范围内的事项，应向直接负责的各级人大及其常委会信访；

2. 属于各级人民政府及其工作部门职权范围内的事项，应向直接负责的人民政府及其工作部门信访；

3. 属于人民法院职权范围内的事项，应向直接负责的人民法院信访；

4. 属于人民检察院职权范围内的事项，应向直接负责的人民检察院信访。

《信访条例》规定了很多可供选择的信访方式，包括书信、电话、电子邮件、传真、走访等。在现代网络资源和技术不断发展的今天，信访人可以通过信访信息系统直接提出信访要求。根据《信访条例》，各级人民政府、县级以上人民政府工作部门应当向社会公布信访工作机构的通信地址、电子邮箱、投诉电话、信访接待的时间和地点、查询信访事项处理进展及结果的方式等相关事项。这样，信访人就可及时掌握政府提供的有关信息，按照相应规定去安排自己的信访行为，千万不要在不了解情况时盲目进行信访，这样既花费时间和金钱，也不利于自己问题的解决。

三、信访人的权利和义务

1. 信访人的主要权利

（1）依法反映情况，提出建议、意见或者投诉请求；

（2）依法信访不受打击报复；

（3）就行政机关的行政行为及其工作人员的职务行为提出信访事项；

（4）查询信访事项办理情况；

（5）就信访事项受理、办理情况得到书面答复；

（6）要求对办理信访事项有直接利害关系的工作人员回避；

（7）检举、揭发材料及有关材料不被透露或者转给被检举、揭发的人员或者单位；

（8）反映的情况，提出的建议、意见，对国民经济和社会发展或者对改进国家机关以及保护社会公共利益有贡献的，得到奖励；

（9）事实清楚、法律依据充分的投诉请求得到支持；

（10）对信访事项处理不服，要求复查、复核。

【依据】《信访条例》第 3、8、22、23、30、34、35 条。

2. 信访人的义务

第一，在提出信访事项时，应当客观真实，对其所提供的材料内容的真实性负责，不得捏造、歪曲事实，不得诬告、陷害他人。

第二，在信访过程中应当遵守法律、法规，不得损害国家、社会、集体的利益和其他公民的合法权利，自觉维护社会公共秩序和信访秩序，尤其不得有下列行为：

（1）在国家机关办公场所周围、公共场所非法聚集，围堵、冲击国家机关，拦截公务车辆，或者堵塞、阻断交通的；

（2）携带危险物品、管制器具的；

（3）侮辱、殴打、威胁国家机关工作人员，或者非法限制他人人身自由的；

（4）在信访接待场所滞留、滋事，或者将生活不能自理的人弃留在信访接待场所的；

（5）煽动、串联、胁迫，以财物诱使、幕后操纵他人信访或者以信访为名借机敛财的；

（6）扰乱公共秩序、妨害国家和公共安全的其他行为。

【依据】《信访条例》第 19~20 条。

如果信访人违反上述规定，可能会受到如下不同的处理：

（1）由接待信访的有关国家机关工作人员进行劝阻、批评和教育；

（2）经劝阻、批评和教育无效的，由公安机关予以警告、训诫或者制止；

（3）构成违反治安管理行为的，由公安机关依法采取必要的现场处置措施，给予治安管理处罚；构成犯罪的，依法追究刑事责任。

☞**重点提示**

> 应当注意，信访人虽然享有一系列的权利，但在信访活动中不能破坏信访秩序，一定要按照规定行事，遵守法律和有关规定。"大闹大解决，小闹小解决"的想法是错误的。喊口号、游行示威等都不是适当的信访方式，应当避免使用这些方式。如果在信访时采取这些不适当的、过激的形式，情况严重的可能受到治安管理处罚，构成犯罪的还可能受到刑事制裁。

四、信访事项的提出、受理和处理

1. 信访事项的提出

根据《信访条例》第16条，信访人可以通过来信和来访的方式提出问题。如果采用走访的形式，有一点需要注意，那就是必须找准信访的机构，否则不利于问题的及时解决。

那么，哪个机关是依法有权处理自己问题的机关呢？根据相关法律法规，结合农村信访的主要问题，下面将具体列举有关信访机关及其信访职责：

（1）涉及超生、早育、计划生育中违法乱纪等问题的，应当找乡镇或街道计划生育办公室；问题较严重的，也可直接找县（市、区）计划生育局（委）。

（2）涉及盲聋哑人、残疾人员就业安置等问题的，应当找县（市、区）残联。

（3）涉及军烈属、残废军人、复员退伍军人优抚安置、补发证件，要求解决生活困难等问题的，应当找县（市、区）民政局。

（4）涉及农村经济和土地调整等农村政策问题的，应当找县（市、区）农委。

（5）涉及征占地补偿问题的，应找县（市、区）土地局。

（6）涉及水库移民安置等问题的，应找当地建委下设的移民办。

（7）涉及水利纠纷等问题的，应找问题发生地的县（市、区）水利局。

（8）涉及公办、民办教师问题，学籍处理、招生、大专毕业生分配等问题的，应找县（市、区）教育局以及教育局下属的招生办公室。

（9）涉及城镇房屋管理和私房改造等问题的，应找县（市、区）房管局。

（10）涉及拆迁回迁、城镇建设、环境污染等问题的，应找县（市、区）城建环保局。

（11）涉及医疗事故等问题的，应找县（市、区）卫生局或和事故发生地卫生局。

（12）涉及劳保工资、劳动福利、工伤争议、劳动就业等问题的，农村的（包括县城）找县劳动局；城市的，如果本单位处理不了，可找本单位的上级主管部门直至区、市劳动局。

（13）反映的问题涉及几个部门，或者问题不好归口、无口可归，以及重大疑难问题的，可直接向县（市、区）信访局或信访办投诉或面谈。

还应当注意，对于以下四种情形的信访事项，各级人民政府信访工作机构及其他行政机关是不予受理的：

（1）对各级国家权力机关、审判机关、检察机关职权范围内的信访事项。这些事项，行政机关无权受理，但要告知信访人向有权处理的上述机关提出。

（2）对已经或者依法应当通过诉讼、仲裁、行政复议等法定途径解决的信访事项。这是为了督促信访人积极通过诉讼、仲裁、行政复议等法定途径解决纠纷，维护权益。

（3）信访人对已经受理或者正在办理的事项在规定期限内向受理、办理机关的上级机关再提出同一信访事项的，该上级机关不予受理。

（4）信访人对复核意见不服，仍然以同一事实和理由提出投诉请求的。

【依据】《信访条例》第 16、21、35 条。

2. 信访事项的受理和处理

在信访事项的受理和处理上，大致的程序如下：

（1）登记。信访工作机构在接到信访后，首先应做的工作就是进行登记，也就是将信访人的基本信息、信访事项、信访时间、信访人陈述的事实及理由、相关证据等进行登记。信访登记是信访机构的义务，信访人有权要求进行登记。

（2）作出不予受理或转送的处理决定。信访工作机构在对信访事项进行登记后，应在 15 日内作出"不予受理或转送"的处理决定。

其一，对于不属于本机关信访受理范围的事项，不予受理，并告知信访人向有受理权的机关信访。对于应通过诉讼、仲裁、行政复议等途径解决的事项，不予受理，并告知信访人采取法定的途径解决。

其二，对于属于本级机关或部门受理的信访事项，应当转送有权处理的机关或部门；情况重大、紧急的，应当及时提出建议，报请本级机关决定。

【依据】《信访条例》第 21、22 条。

3. 信访人不服信访处理决定的救济方法

（1）信访人对信访处理决定不服的，可以自收到书面答复之日起 30 日内请求原处理机关的上一级行政机关复查。收到复查请求的行政机关应当自收到复查请求之日起 30 日内提出复查意见，并予以书面答复。

（2）信访人对复查决定仍不服的，可以自收到书面答复之日起 30 日内向复查机关的上一级行政机关请求复核。收到复核请求的行政机关应当自收到复核请求之日起 30 日内提出复核意见。

应当注意，复核意见属于终局决定。信访人对复核意见仍不服的，仍然以同一事实和理由提出投诉请求的，各级人民政府信访工作机构和其他行政机关不再受理。

【依据】《信访条例》第 34、35 条。

五、人大信访相关问题

人大信访是公民向各级人民代表大会及其常委会提出建议、要求和控告并由人大处理的法律活动。由于人大信访往往和人大代表的职责活动相关联，所以，如果公民有什么要求和建议，一个比较可行的方法是直接去找自己地区选出来的人大代表，通过他来反映大家的呼声。

对于人大信访来说，公民可以提出信访的对象既包括人大及其工作人员的职务行为，也包括政府和司法机关及其工作人员的职务行为，可以说，人大信访的受理范围相当广泛。

为了进一步加强人大信访工作，2005 年 6 月，全国人大常委会办公厅出台了《全国人大常委会机关信访工作若干规定》。根据这一规定，公民、法人或者其他组织，可以采用书信、电子邮件、传真、电话等形式，向全国人大及其常委会反映情况，提出建议、批评和意见，提出申诉、控告和检举，由全国人大专门委员会、工作委员会和办公厅及其各业务部门分别受理。

除此之外，一些地方人大也有关于信访的规定，对此，可以通过电话、信函、来访等方式详细了解。

六、党的信访相关问题

党的信访工作是指党员或公民通过来信来访以及其他形式向党组织反映问题、提出建议、投诉或控告的活动，这种信访所针对的对象主要是党员。

党内有很多机构，其中负责信访工作的部门是党的纪律检查委员会。党员或群众向党的纪律检查委员会通过信访反映的问题主要包括：

1. 对党政机关工作人员的批评、建议和要求；

2. 检举、揭发党政机关工作人员的违法失职行为；

3. 控告侵害自己合法权益的行为；

4. 其他信访事项。

七、农村群众在信访活动中应注意避免的几种情况

在农村信访活动中，越来越多的农民开始学习法律，通过合法或者适当的方式参与信访，维护自己的权益。但是也有一些信访行为不符合法律的规定，而且不利于问题的解决，这些行为主要有以下几种：

1. 集体上访

集体上访一般是指人数超过 5 人的信访。《信访条例》规定，信访人提出信访事项，一般应当采用书信、电子邮件、传真等书面形式；信访人采用走访形式提出信访事项的，应当到有关机关设立或者指定的接待场所提出。多人采用走访形式提出共同信访事项的，应当推选代表，代表人数不得超过 5 人。

之所以如此规定，目的是为了鼓励信访人尽量采用书面形式反映问题、提出投诉。因为信访处理问题主要还是要靠其他职能部门，而且有一个调查处理的过程，往往并不能当场处理。如果是多人走访，应当推选出不超过 5 人的代表，由代表向国家信访机构表达大家的意愿和要求。

实践中，许多人认为人越多越有理、问题越容易解决，事实上，这种想法是不对的。党中央和国务院一贯主张，群众上访不要采取集体形式，因为集体上访对国家对群众都不利。集体上访花费巨大，耽误生产，而且会妨碍国家机关工作，扰乱社会秩序。集体上访一旦成为事实，不管组织者的主观愿望如何，它对社会造成的不良影响是客观存在的，而且很容易被别有用心的人利用，最终并不利于实际问题的解决。

2. 越级上访

《信访条例》规定，信访人采用走访形式提出信访事项，应当向依法有权处理的本级或者上一级机关提出，如果信访人没有按照这一规定向有处理权的机关提出，而是上访到更高一级国家机关，这就是越级上访。

实践中，由于少数一些基层政府官员在处理信访问题时态度恶劣，方法简单，甚至故意推脱责任，所以导致群众对基层政府丧失了信任，上访一定要去省里或者去首都北京"告御状"。实际上，这种想法和做法是不正确的，因为即使把问题告到北京，最终还是要回到地方来解决。如果对地方政府信访工作不满，可以按照正常程序投诉，也可以写信给更高一级政府或人大，但是随意越级上访不仅花费巨大，而且也并不一定有助于问题的解决。

为了提高处理信访事项的效率，方便人民群众在当地尤其是在基层提出信访事项，使人民群众在当地提出信访事项就如同在省城或者首都提出一样，《信访条例》专门作出如下规定：国家信访工作机构要建立全国信访信息系统，为信访人在当地提出信访事项、查询信访事项办理情况提供便利；县级以上地方人民政府应建立或确定本地区的信访信息系统，并与上、下级政府及其部门的信访信息系统实

现互联互通。这样规定，一方面是为了方便群众在当地提出信访事项，并查询其所提出信访事项的办理进展情况；另一方面也方便了上级行政机关及其负责人了解各地方有哪些事项并及时督促信访事项的处理解决，可以减少各级行政机关对同一信访事项重复受理、办理。在这种情况下，信访人就不必千里迢迢越级上访了。

3. 暴力上访

信访是一种法律救济渠道，信访人必须遵守信访规则，依法信访，维护信访秩序。但是，有少数信访人却采用暴力手段来达到目的，这种方法不仅不可取，而且是一种违法甚至犯罪活动，会受到法律的制裁。曾经有信访人在国家重要机构门前放火自杀，也有人希望通过制造暴力事件来引起媒体和国家机关对自己上访问题的关注，这些行为与信访的宗旨不相符合，应当严格禁止。

4. 长期上访

信访人必须对信访保持一个正常的心态，那就是：信访可以为一部分受迫害有冤屈的人讨回公道，但不能满足所有人的所有要求，更不能成为少数人满足自己不正当要求的手段。根据《信访条例》的规定，信访问题经过初步处理→复查→复核三个环节就已经终结，当事人就不应再就相同问题提出上访。但实践中，有些人不能接受这样的规定，同一个问题上访了三五年甚至十几年，这就是典型的长期上访或称为"缠访"。

长期上访大致有两种情形：

一是上访人确实有冤屈受到侵害，但是因为证据灭失或者证人死亡（尤其是一些历史遗留问题），无法确认事实因此也很难解决问题，但是受害人坚持上访。这种情况可能需要特殊手段解决，政府可以给予适当救济。

二是上访人的要求不合法或不合理，经过解释、说服、教育仍不肯罢访，这就属于典型的"缠访"。这种行为不能允许，其要求也不能被满足。如果上访人存在违法行为，还要追究其法律责任。

法 规 目 录

1. 《信访条例》，国务院 2005 年 1 月 10 日发布，5 月 1 日施行；

2. 《人事部门信访工作暂行办法》，人事部 1991 年 1 月 11 日发布，1 月 20 日施行；

3. 《司法行政机关信访工作办法（试行）》，司法部 1991 年 1 月 24 日发布施行；

4. 《卫生部门信访工作办法》，卫生部 1993 年 6 月 29 日发布施行；

5. 《关于进一步加强教育系统信访工作的几点意见》，教育部 1999 年 8 月 6 日发布施行；

6.《劳动和社会保障信访工作暂行规定》，劳动和社会保障部 1999 年 8 月 12 日发布施行；

7.《民政信访工作办法》，民政部 1999 年 12 月 23 日发布施行；

8.《公安机关信访工作规定》，公安部 2005 年 8 月 18 日发布施行；

9.《财政部信访工作办法》，财政部 2005 年 8 月 22 日发布，10 月 1 日施行；

10.《国土资源信访规定》，国土资源部 2006 年 3 月 1 日发布施行；

11.《环境信访办法》，国家环保总局 2006 年 6 月 24 日发布，7 月 1 日施行；

12.《中国共产党纪律检查机关控告申诉工作条例》，中共中央纪律检查委员会 1993 年 5 月 21 日发布，9 月 1 日施行。

第六节　常用文书及其格式

一、常用民事文书及其格式

（一）民事起诉状

民事起诉状就是民事案件的原告，为了维护自己的民事权益，就有关民事权利义务的纠纷，向人民法院提起诉讼所制作的法律文书。

在制作民事起诉状时应注意以下几个方面：

1. 诉状的标题。在诉状顶部正中写"民事起诉状"五个字。

2. 原告和被告的基本情况。首先写明原告的基本情况，包括姓名、性别、年龄、民族、籍贯、职业、工作单位、地址八项；其次写明被告的基本情况（同原告的八项）。被告是法人的，应写明名称、地址、法定代表人的姓名、职务。如果有数个原告和被告，应依他们在案件中的地位和作用，一一列举，逐次说明情况。

3. 诉讼请求。诉讼请求既要明确具体，又要合法合情合理。例如关于赡养费的案件，诉讼请求的数额、期限、给付方式等都要明确具体；同时索要的赡养费数额不能过分超出对方的经济负担能力，否则诉讼请求有失合法合情合理，也可能得不到法院的支持。

4. 事实和理由。在写事实和理由时，着重写争议的焦点，过程尽量概括，分析问题必须有根据，引用法律必须明确。在事实方面，要写清当事人之间发生纠纷的原因、过程、结果；当事人之间争议的焦点及与案件有直接关联的客观真实情况；恰当地说明被告应承担的责任。在理由方面，要概括地分析其纠纷的性质、危害、结果及责任，同时提出诉讼请求所依据的法律条文，以证明其诉讼请求的合理性。

5. 结尾。左下方写明诉状所提交的人民法院的名称，右下方由起诉人（原告）

签名并盖章，写明年、月、日。

6. 附项。写明诉状的副本×份、物证×份、书证×份等。

民事起诉状例文：

民事起诉状

原告：（写明基本情况）

法定代表人：

地址：

邮政编码：

被告：（写明基本情况）

法定代表人：

地址：

邮政编码：

诉讼请求：

事实与理由：

此致

_____人民法院

起诉人：（签名或者盖章）

年　月　日

附：本状副本_____份。

（资料来源：北大法律信息网，http://vip. chinalawinfo. com/newlaw2002/slc/slc. asp？db = fmt&gid = 285215713。）

（二）民事上诉状

民事上诉状，就是民事案件的当事人不服第一审法院的判决、裁定，在上诉期限内，依照法定程序，要求上一级人民法院对案件重新审理的法律文书。

概括来说，民事上诉状的内容包括以下几个部分：

1. 标题。在诉状顶部正中写"民事上诉状"五个字。

2. 上诉人与被上诉人的基本情况（内容与民事起诉状相同）。

3. 上诉事由。通常的表述为："上诉人因××一案，不服××人民法院×年×月×日×字第×号民事判决书或裁定书，现提起上诉。"

4. 上诉请求。通常的表述方式为："请求二审人民法院依法撤销一审判决（裁定），或依法变更一审判决中的某项，或依法维持判决中的某项。"

5. 上诉理由。主要针对一审裁判文书中存在的问题和错误一一列出，深入剖析，抓住要害问题进行论证。要害问题主要在于：认定事实方面；确定性质、责任、是非方面；适用法律方面；办案程序方面。主要是针对以上要害问题存在的错误进行反驳。

6. 结尾。与民事起诉状相同。

民事上诉状例文：

民事上诉状

上诉人：

被上诉人：

上诉人因_____一案，不服_____人民法院_____年____月____日（　　）　　字第_____号_____，现提出上诉。

上诉请求：

上诉理由：

此致
_____人民法院

上诉人：

年　　月　　日

附：本上诉状副本_____份。

（资料来源：北大法律信息网，http：//vip. chinalawinfo. com/newlaw2002/slc/slc. asp？db = fmt&gid = 285213018。）

（三）民事答辩状

民事答辩状是民事案件的被告、被上诉人针对起诉状、上诉状进行答复、辩解的书状。

民事答辩状的主要内容大致包括以下几部分：

1. 标题。在答辩状顶部正中写"民事答辩状"五个字。

2. 答辩人的基本情况，各项内容及写法与民事起诉状相同。如果答辩人是法人或其他组织的，则写答辩人的名称、单位所在地。

3. 案由。写明对原告（或上诉人）为什么纠纷案件起诉（或上诉）进行答辩。可表述为"因××一案，提出答辩如下"或写为"因原告（或上诉人）××（姓名）提起××诉讼一案，提出答辩如下"。

4. 答辩理由。分两种情况：一是就事实部分进行答辩。如果所诉事实全部不能成立，就全部予以否定；部分不能成立，就部分予以否定。二是就适用法律方面进行答辩。

5. 提出答辩主张。在提出事实、法律方面的答辩之后，提出自己的答辩主张，即对诉状中的请求是完全不能接受，或部分不能接受。

民事答辩状例文：

民事答辩状

答辩人：＿＿＿＿＿＿＿＿

被答辩人：＿＿＿＿＿＿＿＿

被答辩人就＿＿＿＿＿＿＿纠纷对答辩人提起诉讼，答辩人就起诉书中的有关问题答辩如下：（写明答辩的理由与事实依据）

此致
＿＿＿＿＿＿＿＿＿＿人民法院

答辩人：（签名或者盖章）

年　　月　　日

附：（答辩人提供的证据）

（资料来源：北大法律信息网，http：//vip. chinalawinfo. com/newlaw2002/slc/slc. asp？db＝fmt&gid＝285215715。）

（四）民事再审申请书和申诉书

民事再审申请书，就是民事案件的当事人对已经发生法律效力的民事判决、裁定和调解书认为确有错误，在法定期间内向人民法院要求重新处理所提出的书面请求。当事人申请进行民事再审是通过申诉的形式进行的，所以，这里的申请书和申诉书的格式是一样的。

民事再审申请书大致应写明以下内容：

1. 标题。在文书顶部正中写"民事申诉状"或"再审申请书"五个字。

2. 当事人的基本情况。各项内容及写法与民事起诉状相同。

3. 案由。这部分可以表述为："申诉人××（姓名）对××人民法院×年×月×日第×号民事判决（或裁定）不服，申请再审。"

4. 请求事项。说明原裁判何处存在错误，扼要地提出要求，表明通过申诉要求达到什么样的目的。

5. 事实与理由。首先要概述案情事实，原来的处理经过及最后的处理结果；然后阐明不服观点，针对原处理决定的错误或不当之处，要具体阐述。如果认定事实错误，就列出正确的事实，以确凿的足以推翻原处理决定的证据予以说明。如果适用法律不当，就从法律规定方面分析说明，指出原适用的法律错在哪里，为什么错了，应适用何种法律。如果属于程序上的错误，就直接指明什么地方违反了程序法的规定。

6. 附项。在附项中应注明并附送原司法机关的法律文书复印件。

民事再审申请书例文：

民事申诉状

申诉人：

申诉人因××一案，对××人民法院×年×月×日（××）××字第××号民事判决（或裁定），提出申诉。

请求事项

事实与理由

此致

_____人民法院

申诉人：

年　　月　　日

附：1. 原审民事判决书（或裁定书）　　　份；

　　2. 证据材料　　　份。

（资料来源：北大法律信息网，http：//vip. chinalawinfo. com/newlaw2002/slc/slc. asp？db = fmt&gid = 285214242。）

（五）民事反诉状

在民事诉讼中，对于原告的起诉，被告为了维护自身的合法权益，可以在诉讼进行过程中对原告的起诉提出相反的独立诉讼请求，在这个过程中所运用到的文书就是民事反诉状。

应当注意，民事反诉状必须是民事案件中的被告或其法定代理人提出的，而且，反诉的被告只能是民事原告，而不能是其他人。反诉的内容必须是与民事原告所提出的诉讼请求针锋相对，与起诉的内容密切相关。

民事反诉状大致应当包括如下内容：

1. 标题。在诉状顶端正上方写"民事反诉状"五个字。

2. 反诉人和被反诉人的基本情况。

3. 反诉请求。写明要求被反诉人承担的民事责任，请求抵消或吞并本诉标的的数额等。

4. 事实和理由。详细叙述关键性的反诉事实，并列举证据。要有足够的理由论述反诉请求的正确性，以请求法院受理反诉。

5. 附项。写明反诉状副本份数。

民事反诉状例文：

民事反诉状

反诉人（本诉被告）：

被反诉人（本诉原告）：

反诉人就××一案，对被反诉人提起反诉。

反诉请求

事实与理由

证据和证据来源，证人姓名和住址

此致

424

_____人民法院

　　　　　　　　　　　　　　　　　　　反诉人：
　　　　　　　　　　　　　　　　　　　年　　月　　日

　　附：1. 本反诉状副本　　份；
　　　　2. 证据材料　　份。

（资料来源：北大法律信息网，http：//vip. chinalawinfo. com/newlaw2002/slc/slc. asp？db = fmt&gid = 285214240。）

二、常用刑事文书及其格式

（一）刑事自诉状

　　刑事自诉状就是刑事案件的自诉人或其法定代理人，根据事实和法律直接向人民法院提起诉讼，控告被告人侵犯其合法权益，要求追究刑事责任的法律文书。

　　刑事自诉状的内容大致包括：

　　1. 标题。诉状顶端的正上方写"刑事自诉状"五个字。

　　2. 自诉人和被告人的基本情况。

　　3. 案由和诉讼请求。写明控告的罪名和依法追究被告人刑事责任的具体要求。

　　4. 事实与理由。在叙述犯罪事实方面，要注意七个要素：时间要准确；地点要具体；犯罪的手段和工具要现实；犯罪情节要详略得当，突出重点；揭露犯罪动机要客观；揭露犯罪目的要深刻；犯罪后果要真实、具体。理由方面是一个论证过程，自诉人要从被告人实施犯罪的动机、目的、情节、手段、后果等方面，结合我国刑法中关于具体犯罪构成条件，论证被告人犯罪成立，应负相应的刑事责任。然后，援引《刑事诉讼法》第 18 条作为提起诉讼的法律依据。

　　5. 附项。写明自诉状副本的份数。

　　刑事自诉状例文：

刑事自诉状

　　自诉人：雷××，女，××年×月×日出生，×族，××市××公司职员，住××市××街××号。

　　被告人：于××，女，××岁。

　　案由：诽谤

诉讼请求：（1）于××应公开赔礼道歉、澄清事实，消除其言行所造成的恶劣影响；（2）于××应赔偿精神损失××元。

事实和理由：

（应详述犯罪事实，此略）

在此，我请求人民法院依据《中华人民共和国刑法》第 246 条关于诽谤罪的规定，并根据《中华人民共和国刑事诉讼法》第 170 条和第 171 条之规定，对于××的行为进行审判，维护我的合法权益。

主要证据和证据来源：（1）证人证言两份。单位同事赵××和何××各出具证言一份；（2）住院证明一份。

此致

_____人民法院

自诉人：雷××

代书人：××律师

××年×月×日

附：本诉状副本两份。

（资料来源：北大法意网，http：//www. lawyee. net/OT_ Data/Law_ Writ_ display. asp？Re-codeID = 304&KeyWord。）

（二）刑事附带民事诉状

刑事附带民事诉状，是指刑事案件中的被害人及其法定代理人，为要求赔偿因被告人犯罪行为使被害人遭受的物质损失而向司法机关提出的法律文书。刑事附带民事诉状仅对被害人遭受的物质损失进行赔偿，被害人的精神损失不在附带民事赔偿范围之内。

刑事附带民事诉状的结构和内容与上述刑事自诉状的结构和内容基本相同，不同的是刑事附带民事诉状的重点是被害人的物质损失与被告人的犯罪行为之间存在因果关系。

刑事附带民事诉状例文：

刑事附带民事诉状

原告人：杜××，女，85 岁，住××省××市××街××号。

法定代理人：吴××，女，36 岁，住××省××市××街××号，系杜××

之女。

诉讼代理人：陈××，××律师事务所律师

被告人：吴××（原告之子），男，40 岁，系××省××市××公司工人。×
×年×月×日被依法逮捕。

诉讼请求：

（1）依法追究被告人吴××虐待杜××的刑事责任；（2）责令被告人吴××
支付为杜××治病所花费的人民币××元；（3）责令被告人吴××赔偿杜××为
恢复身体所需的营养费××元。

事实与理由：

（应详述犯罪事实，此略。）

本案被告人吴××无视国家的法律和社会主义道德，虐待年老的自诉人杜×
×，致使杜××的身心受到了严重的摧残。他的行为已触犯刑律，根据 1997 年 7
月 1 日生效实施的《中华人民共和国刑法》第 260 条规定，已构成虐待罪（该案
正在审理中）。杜××需要一笔费用治疗，被告人吴××理应对此承担民事责任。
根据 1996 年 3 月 17 日修正并于 1997 年 1 月 1 日生效实施的《中华人民共和国刑
事诉讼法》第 77 条之规定："被害人由于被告人的犯罪行为而遭受物质损失的，
在刑事诉讼过程中，有权提起附带民事诉讼"，我们请求人民法院在依法追究被告
人吴××刑事责任的同时，依法对与这一刑事案件有关的附带民事诉令进行审判，
以及时、有效地维护被害人杜××的合法权益。

证据情况：

1. 医院诊断证明一份；

2. 鉴定结论一份；

3. 住院治疗支出的费用单据×张。

此致

_____人民法院

起　诉　人：吴××

代理律师：陈××

××年×月×日

（资料来源：北大法意网，http：//www. lawyee. net/OT_ Data/Law_ Writ_ display. asp？Re-
codeID＝298&KeyWord。）

（三）刑事上诉状

刑事上诉状，是刑事诉讼当事人或者他们的法定代理人不服地方各级人民法院

的第一审判决，依照法定程序和期限，向上一级人民法院提起上诉，要求撤销、变更原审判决的法律文书。

刑事上诉状一般应包括如下内容：

1. 标题。在诉状正上方写"刑事上诉状"五个字。

2. 上诉人和被上诉人的基本情况。

3. 上诉事由。通常表述为："上诉人因××一案，不服××人民法院×年第×号刑事判决书或裁定书，现提出上诉。"

4. 上诉请求和上诉理由。请求的内容要具体，要有针对性。上诉理由应从以下几个方面进行论述：认定事实是否错误；对犯罪行为的定性是否准确；量刑是否适当；审判程序是否合法等。

5. 附项。写明副本的份数及相关证据。

刑事上诉状例文：

刑事上诉状

上诉人（刑事公诉案件被告人、刑事自诉案件自诉人、刑事附带民事案件原告人或被告人）：

填写姓名、性别、出生年月日、民族、籍贯、职业、工作单位和职务、住址等基本情况。

被上诉人（刑事自诉案件自诉人或被告人、刑事附带民事案件原告人，刑事公诉案件被告人提出上诉者不列被上诉人）：

填写姓名等基本情况。

上诉人因_____一案，不服_____人民法院_____年____月____日（ ）字第_____号刑事判决（或裁定），现提出上诉。

上诉请求：

填写具体的上诉请求

上诉理由：

对一审判决或裁定不服的具体内容，阐明上诉的理由和法律依据。

此致

_____人民法院

上诉人：

代书人：

年　月　日

附：本上诉状副本_____份。

（资料来源：北大法律信息网，http：//vip. chinalawinfo. com/newlaw2002/slc/slc. asp？ db = fmt&gid = 285212974。）

（四）刑事申诉状

刑事申诉状，是刑事案件当事人、被害人及其家属或其他公民，对已经发生法律效力的刑事判决、裁定及人民检察院的不起诉决定不服，依法向人民法院或人民检察院要求重新处理所提出的书面请求。

刑事申诉状的内容大致包括：

1. 标题。在诉状正上方写"刑事申诉状"五个字。

2. 申诉人的基本情况。

3. 案由。对人民法院的审理结论不服的，可以表述为："申诉人××（姓名）对××人民法院×年×字第×号刑事判决（或裁定）不服，提出申诉。"对人民检察院的处理决定不服的，可以表述为："申诉人××（姓名）因××一案，对××人民检察院×年×检刑字第×号不起诉决定书不服，提出申诉。"

4. 请求事项。说明原裁判何处不当，扼要地提出要求，表明通过申诉要求达到什么样的目的。例如，是请求人民法院再审、提审，还是指令下级人民法院再审；是请求人民检察院复查，还是按照审判监督程序向人民法院提出抗诉。

5. 事实与理由。首先概述案件事实，原来的处理经过及最后处理结果，然后阐明不服之处，针对原处理决定的不当之处，具体阐述。

6. 附项。注明并附送原司法机关的法律文书复印件及相关证据。

刑事申诉状例文：

刑事申诉状

申诉人：

申请人因××一案，对××人民法院×年×月×日（××）××字第××号刑事判决（或裁定），提出申诉。

请求事项：

事实与理由：

证据和证据来源，证人姓名和住址：

此致

_____人民法院

申诉人：

年 月 日

附：1. 原审判决（或裁定） 份；

2. 证据材料 份。

（资料来源：北大法律信息网，http：//vip. chinalawinfo. com/newlaw2002/slc/slc. asp？db＝fmt&gid＝285213728。）

（五）刑事答辩状

刑事答辩状是刑事自诉案件中被告人、被上诉人针对起诉状、上诉状进行答复、辩解的法律文书。

刑事答辩状的格式和内容可参考上述民事答辩状的相关内容。

刑事答辩状例文：

刑事答辩状

答辩人（刑事附带民事案件一、二审被告人、刑事自诉案件二审中原为自诉人的为被上诉人）：

姓名、性别、出生年月日、民族、籍贯、职业或工作单位和职务、住址等基本情况。

因_____一案，现提出答辩如下：（针对诉状或上诉状的指控所作出的答辩理由）

此致

_____人民法院

答辩人：

代书人：

年 月 日

附：本案辩状副本 份。

（资料来源：北大法律信息网，http：//vip. chinalawinfo. com/newlaw2002/slc/slc. asp？db = fmt&gid = 285213097。）

三、常用行政文书及其格式

（一）行政起诉状

行政起诉状是公民、法人或者其他组织认为行政机关或者行政机关工作人员的具体行政行为侵犯了自己的合法权益，依照行政诉讼法的规定，向人民法院提起诉讼，要求法院追究行政机关或者行政机关工作人员的行政责任、保护自己合法权益的法律文书。

行政起诉状的主要内容大致包括：

1. 标题。在诉状正上方写"行政起诉状"五个字。

2. 原告和被告的基本情况。

3. 诉讼请求。原告的诉讼请求大致可以归纳为三个方面：要求撤销、部分撤销或变更具体行政行为；强制行政机关履行具体的行政行为；对具体行政行为所造成的损害要求给予赔偿等。

4. 事实和理由。在叙述事实方面，应从四个方面进行表述，即主要证据不足、行政机关因此作出了错误的处罚、处理决定；适用法律、法规错误；超越职权；违反程序。在阐明理由时，首先指出对具体行政行为不服之处，然后结合事实，援引准确的法律、法规作为依据，推出行政机关具体行政行为不当的结论。

5. 附项。写明副本的份数及相关证据。

行政起诉状例文：

行政起诉状

原告：（写明基本情况）

法定代表人：

地址：

邮政编码：

被告：（写明基本情况）

法定代表人：

地址：

邮政编码：

诉讼请求：

事实与理由：

此致

_____人民法院

起诉人：（签名或者盖章）

年　月　日

附：本状副本_____份

（资料来源：北大法律信息网，http：//vip. chinalawinfo. com/newlaw2002/slc/slc. asp？ db＝
fmt&gid＝285216315。）

（二）行政答辩状

行政答辩状是行政案件中被告（行政机关）、被上诉人针对起诉状、上诉状进行答复、辩解的法律文书。

有关行政答辩状的格式和内容，可以参考上述民事答辩状的相关内容。

行政答辩状例文：

行政答辩状

答辩机关（单位）名称：

住所地：

电话号码：

法定代表人姓名：　　　　　　　　职务：

电话号码：

因_____一案，现答辩如下：

此致

_____人民法院

答辩机关（单位）名称（公章）：
法定代表人姓名、职务（签章）：
年 月 日

附：本答辩状副本_____份。

（资料来源：北大法律信息网，http：//vip. chinalawinfo. com/newlaw2002/slc/slc. asp？db = fmt&gid = 285213028。）

（三）行政上诉状

行政上诉状，是行政诉讼当事人不服人民法院第一审判决或者裁定，在法定期限内向上一级人民法院提起上诉的文书。

行政上诉状的写法和内容与前述民事上诉状基本相同。

行政上诉状例文：

行政上诉状

上诉人：

被上诉人：

上诉人因_____一案，不服_____人民法院_____年____月____日（ ）字第_____号行政判决（或裁定），现提出上诉。

上诉请求：

上诉理由：

此致

_____人民法院

上诉人：
年 月 日

附：本上诉状副本_____份。

（资料来源：北大法律信息网，http：//vip. chinalawinfo. com/newlaw2002/slc/slc. asp？db＝fmt&gid＝285213112。）

（四）行政申诉状

行政申诉状，是行政案件的当事人对已经发生法律效力的行政判决、裁定不服，依法向人民法院要求重新进行审理所提交的法律文书。

行政申诉状的主要内容大致包括：

1. 标题。在诉状顶端正上方写"行政申诉状"五个字。

2. 申诉人的基本情况。

3. 申诉理由。通常表述为："申诉人因××一案，对××人民法院×年×月×日所作出的×字×号行政判决（裁定）不服，提出申诉。"

4. 请求事项。写明请求撤销或变更原审裁判的具体意见。

5. 事实与理由。可以参考前述民事（刑事）申诉状的事实和理由部分。

6. 附项。写明副本的份数及相关证据。

行政申诉状例文：

行政申诉状

申诉人：

申诉人因_____一案，不服_____人民法院_____年____月____日（　　）字第_____号行政判决（或裁定），现提出申诉。

请求事项：

事实与理由：

此致

_____人民法院

审诉人：

年　　　月　　　日

附：原审判决书（或裁定书）_____份。

（资料来源：北大法律信息网，http：//vip. chinalawinfo. com/newlaw2002/slc/slc. asp？ db ＝ fmt&gid ＝ 285213029。）

四、其他常用文书及格式

（一）遗嘱、遗赠书和遗赠扶养协议书

1. 遗嘱

遗嘱是公民生前依法定方式处理自己的财产或其他事务，并于死亡时发生法律效力的法律行为。

遗嘱大致包括如下几部分内容：

（1）标题。在文书顶端正上方写明"遗嘱"或"遗嘱书"。

（2）立遗嘱人的基本情况以及立遗嘱的原因。

（3）遗产的范围及分配方案、遗嘱人的要求。

（4）立遗嘱人签名，并注明年月日。在他人代书的遗嘱中，见证人和代书人也要签名。

遗嘱例文：

遗　　嘱

立遗嘱人：

我因_____，特请_____和_____作为见证人，并委托_____律师事务所_____律师代书遗嘱如下：

一、立遗嘱人所有的财产名称、数额、价值及特征：

二、立遗嘱人对所有财产的处理意见：

三、其他：

本遗嘱一式_____份，由_____、_____、_____保存。

立遗嘱地点：

立遗嘱时间：

立遗嘱人：

见证人：

年　　月　　日

435

（资料来源：北大法律信息网，http：//vip. chinalawinfo. com/newlaw2002/slc/slc. asp？ db ＝ con&gid＝268437812。）

2. 遗赠书

遗赠书是立遗嘱人以遗嘱的方式，将其财产的一部分或者全部赠与特定的人，而于其死亡时发生法律效力的文书。遗赠书的内容和写作方法与遗嘱基本相同，可参考上述遗嘱的写作方法。

3. 遗赠扶养协议书

遗赠扶养协议书是公民之间、公民与集体组织之间，为确定扶养和遗赠民事权利和义务关系而订立的书面协议。遗赠扶养协议对于老年人安度晚年，发扬养老育幼的道德风尚，具有重要意义。

遗赠扶养协议书的内容大致包括：

（1）标题。在文书顶端正上方写明"遗赠扶养协议书"。

（2）遗赠人和扶养人的基本情况。

（3）订立遗赠扶养协议书的目的。

（4）扶养的范围（或义务）以及遗赠财产的范围。

（5）协议双方当事人签名，见证人签名，并注明协议的时间。

遗赠扶养协议书例文：

遗赠扶养协议书

遗赠人：康××，男，××岁，××省××县人，住××县××乡××生产队，农民。

扶养人：刘××，男，××岁，××省××县人，住××县××乡××生产队，农民。

康××因年老，患支气管炎、肺气肿等病，身体衰弱。有一子，在边防部队某地任连长，已在边疆安家。我家中无人照料，长期以来依靠内侄刘××照顾。经双方邀约，愿意遗赠扶养协议，并请村长向××，村调解委员会主任李××代书，双方承诺履行以下协议：

一、康××愿将自己的瓦房三间、猪圈一个，建筑面积为117平方米，以及房屋中的一切家具杂物（计有大床一张、小床两张，大小方桌各一个、大小立柜各一个、木凳六个、水桶一挑、小家具若干件）全部赠给刘××。刘××在康××去世后即受领上述全部财产。

二、刘××保证继续悉心照顾康××，让老人安度晚年。至康××去世之前供给生活水平保持全村平均水平以上。康✕✕的饮食起居的一切照顾由刘✕✕承担。康✕✕去世后由刘✕✕负责送终安葬。

三、本协议自签订之日起生效。

本协议一式三份，刘✕✕、康✕✕各执一份，村长向✕✕保存一份。

立遗嘱扶养协议人：康✕✕（签字盖章）

刘✕✕（签字盖章）

证明人：向✕✕（签字盖章）

李✕✕（签字盖章）

_____年____月____日

（资料来源：找法网，http：//china.findlaw.cn/falvchangshi/yizhujicheng/fyxy/xyfb/6595.html。）

（二）和解协议书、收养协议书和离婚协议书

1. 和解协议书

和解协议书是发生纠纷的当事人就有关解决纠纷的方案，经过协商达成一致而形成的书面协议。

和解协议书的内容大致包括：

（1）标题。在文书顶端正上方写明"和解协议书"五个字。

（2）双方当事人的基本情况。

（3）纠纷发生的具体过程，各自应承担的责任。

（4）协商处理纠纷的具体方案以及违背协议的责任。

（5）协议生效时间及份数。

（6）当事人签名及协议签订时间。

和解协议书例文：

和解协议书

甲方：_____

乙方：_____

鉴于乙方_____曾于____年___月___日至___年___月___日在甲方处住院治疗，甲、乙双方因患者医疗问题发生争议，但均愿通过协商解决；故，甲、乙双方本着平等、自愿、诚实信用的原则，根据《医疗事故处理条例》以及相关法律的规定，经充分协商，达成本协议如下，共同遵照执行。

第一条　本协议相关数据如下：
职工平均工资：　元
城镇居民平均生活费：　元
城镇居民最低生活保障金：　元

第二条　补偿项目及计算方法

甲方同意向乙方补偿下述款项：_____

第三条　甲方同意于本协议生效后＊日内向乙方一次性（或分期）支付本协议第二条规定的款项。

第四条　在甲方依本协议约定支付全部款项后，甲、乙双方因患者医疗问题引起的所有争议即告终结，乙方不得再以任何理由和任何方式向甲方主张权利，否则乙方应无条件返还甲方以支付的全部款项，且不得以本协议作为其主张权利的依据。

第五条　本协议一式两份，甲、乙双方各执一份，自双方授权代表签字盖章（并公证）之日起生效。

甲方：

乙方：

_____年___月___日

（资料来源：找法网，http：//china.findlaw.cn/yiliao/yiliaosuopei/hejie/2777.html。）

2. 收养协议书

收养协议书是收养人与送养人之间达成的有关收养被收养人的权利义务关系的协议。

收养协议书应当包括以下内容：

（1）标题。在文书顶端正上方写明"收养协议书"五个字。

（2）收养人和送养人的基本情况。

（3）收养的理由。

（4）收养约定的具体条款。

（5）收养人和送养人签名，注明协议签订的时间。

收养协议书例文：

收养协议书

收养人：_____（男）_____籍人_____年____月____日出生，职业_____现住_____

收养人：_____（女）_____籍人_____年____月____日出生，职业_____现住_____

送养人：_____

被送养人：_____，性别_____，_____年____月____日出生。

一、经多方查找，找不到被送养人_____亲生父母，于_____年____月____日由_____乡、镇街道送至_____福利院。

二、收养人_____、_____要求领养_____福利院_____为养子（女），并保证一定将他（她）抚养教育成人，决不遗弃，享受亲子（女）一样的权利。

三、经审查符合收养条件，我们同意将_____送给他们抚养、教育。

送养人（盖章）：_____　　　　　收养人（签字）：_____

_____年____月____日　　　　　　　_____年____月____日

附件：

证　　明

被送养人_____，性别_____，_____年____月____日出生。经多方查找，找不到其亲生父母。于_____年____月____日由_____乡、镇、街道送至

_____福利院，由我院抚养、教育至今，故我院是_____的合法监护人。

特此证明。

_____福利院（章）

_____年____月____日

（资料来源：北大法律信息网，http：//vip.chinalawinfo.com/newlaw2002/slc/slc.asp？db=con&gid=268440482。）

3. 离婚协议书

离婚协议书是夫妻双方为解除婚姻关系而达成的书面协议。其内容大致包括：

（1）标题。在文书顶端正上方写明"离婚协议书"五个字。

（2）双方当事人的基本情况。

（3）双方同意解除婚姻关系的意思表示。

（4）子女抚养方面和财产分割方面的约定及其他约定。

（5）夫妻双方签名，注明协议签订的时间。

离婚协议书例文：

离婚协议书

男方：_____，_____族，_____岁，_____省_____人。

女方：_____，_____族，_____岁，_____省_____人。

男女双方_____年____月____日结婚，_____年_____月生一女（子）_____，现就离婚事宜达成如下协议，供双方遵照执行：

1. 男女双方都同意离婚。

2. 婚生女_____跟随男方_____共同生活，女方_____每月给付生活费_____元，以现金形式月初给付，男方保证女方每月至少可探望女儿一次，时间定为每月最后一个星期日，由女方负责接送。

3. 夫妻共同财产中电视机一台（_____），冰箱一台（_____），洗衣机一台（_____）、组合音响一套、缝纫机一台归女方_____所有；组合家具一套（床、床头柜、大衣柜、梳妆台）、沙发一套、茶几一个、床上用品一套、厨具一套（包括锅、碗、液化气灶及抽油烟机）归男方_____所有；各人衣服归个人所有，个人生活用品（女方首饰、化妆品、男方剃须刀等）归个人所有。无共同债务。

4. 夫妻双方不存在生活困难需要帮助的情况。

5. 此协议一式三份，男女双方各持一份，交婚姻登记机关一份。自双方签字后生效。

男方（签字）：_____　　　　女方（签字）：_____

_____年____月____日　　　　_____年____月____日

签订地点：_____　　　　　签订地点：_____

（资料来源：北大法律信息网，http：//vip. chinalawinfo. com/newlaw2002/slc/slc. asp？ db = con&gid = 268440607。）

（三）　支付令申请书

支付令申请书，是债权人依照督促程序，向人民法院提出判令债务人给付金钱和有价证券的请求时所制作的文书。

支付令申请书的内容大致包括：

1. 标题。在文书顶端正上方写明"支付令申请书"六个字。

2. 申请人和被申请人的基本情况。

3. 请求事项。写明要求债务人支付的债款是多少，或者说明是哪一种证券，证券上标明的款项是多少等，请求人民法院发出支付令，责令债务人清偿。

4. 事实、证据和理由。

5. 附项。写明申请的相关证据。

支付令申请书例文：

支付令申请书

申请人：_____

被申请人：_____

请求事项：（写明请求给付金钱或者有价证券的数量）

事实和理由：

被申请人欠申请人×××元人民币，现到期后，被申请人拒不履行还款的义务，为此，申请人提出贵院下达支付令之申请。请依法核准。（写明债权债务关系发生的事实和根据）

此致

_____人民法院

申请人：（签名）

年　月　日

附：

（资料来源：北大法意网，http：//www.lawyee.net/OT_Data/Law_Writ_display.asp？Re-codeID＝271&KeyWord。）

（四）执行申请书

执行申请书是指因当事人不履行已经发生法律效力的民事判决书、裁定书、调解书以及法院可以执行的其他文书规定的义务时，对方当事人向人民法院提出要求执行，而向人民法院提交的法律文书。

执行申请书的内容大致包括：

1. 标题。在文书顶端正上方写明"执行申请书"五个字。

2. 申请人和被申请人的基本情况。

3. 请求事项。申请人要具体、明确地写明自己的请求内容。

4. 事实和理由。写明生效法律文书所规定的执行内容，说明被申请人不履行法律文书的情况以及被执行人的财产情况。

5. 申请人签名，写明申请时间。

执行申请书例文：

执行申请书

×××人民法院：

我与＿＿＿＿＿纠纷一案已由×××仲裁委员会作出裁决（调解）（×××农仲案［×××］第×××号），因被申请人逾期未履行裁决书（调解书）中规定的义务，根据《民事诉讼法》和《农村土地承包经营纠纷调解仲裁法》有关规定，申请贵院予以执行。

申请执行事项：

＿＿＿＿＿＿＿＿＿＿＿＿＿＿＿＿＿＿＿＿＿＿＿＿＿＿。

被申请人

姓名：　　　　　　性别：　　　　　　年龄：

442

住所：　　　　　邮编：　　　　电话：

（法人或者其他组织）

名称：　　　　　　地址：

法定代表人（主要负责人）姓名：

职务：　　　　　电话：

附件：裁决书（调解书）

申请人：（签名、盖章或者捺指印）

年　　月　　日

（资料来源：北大法律信息网，http：//vip.chinalawinfo.com/newlaw2002/slc/slc.asp？db=fmt&gid=285216308。）

（五）行政赔偿申请书

行政赔偿申请书，是指国家机关和国家机关工作人员违法行使职权，侵犯公民、法人和其他组织的合法权益造成损害的，受害人依法要求取得国家赔偿而制作的文书。

行政赔偿申请书的内容大致包括：

1. 标题。在文书顶端正上方写明"行政赔偿申请书"七个字。

2. 申请人的基本情况。

3. 要求赔偿的理由和事实根据。必须扼要地叙述损害行为发生的时间、地点及事实经过，并附上有关证明材料。

4. 具体请求。包括要求赔偿的数额，是否恢复原状或是返还财产等。

行政赔偿申请书例文：

行政赔偿申请书

申请人：（基本情况）

申请事项：

申请事由：

此致

被申请的行政机关名称：

443

申请人：

年　月　日

附：1. 书证　份；

　　2. 物证　份；

　　3. 证人证言　份；

　　4. 证人姓名、工作单位、住址。

注：基本情况中需写明姓名、性别、年龄、民族、籍贯、职业或者工作单位和职务、住址，如果是法人或者其他组织，应写明名称、法定代表人、住所、联系地址和邮政编码等。

（资料来源：北大法意网，http：//www. lawyee. net/OT＿ Data/Law＿ Writ＿ display. asp？ RecodeID＝323&KeyWord。）

（六）代理词

代理词是民事诉讼当事人委托的诉讼代理人在法庭辩论阶段，为维护被代理人的合法权益，当庭发表的综合性发言。

代理词的内容应大致包括：

1. 标题。在文书顶端正上方写明"代理词"三个字。

2. 称呼语。写明"审判长、审判员"。

3. 写明代理人的合法身份，并说明代理人在出庭前做了哪些准备工作。

4. 代理意见。这是代理词的主体部分，应从案件事实、法理和法律程序三方面发表代理意见，从而维护被代理人的合法权益，协助人民法院弄清案情，正确适用法律。

5. 结束语。对以上发言进行小结，对案件应当如何处理，向法庭提出意见和要求。

6. 代理人署名和注明时间。

代理词例文：

代　理　词

审判长、审判员：

依照法律规定，受原告（或被告）的委托和××律师事务所的指派，我担任原告（或被告）××的诉讼代理人，参与本案诉讼活动。

开庭前, 我听取了被代理人的陈述, 查阅了本案案卷材料, 进行了必要的调查。现发表如下代理意见: …… (阐明案件事实、诉讼请求的依据和理由, 或阐明反驳原告起诉的事实、诉讼请求的依据和理由) ……

(提出建议)。

××律师事务所

律师××

×年×月×日

(资料来源: 北大法意网, http://www.lawyee.net/OT_ Data/Law_ Writ_ display.asp? RecodeID=235&KeyWord。)

(七) 辩护词

辩护词是指被告人及其辩护人在诉讼过程中, 根据事实和法律提出有利于被告人的材料和意见, 部分地或全部地对控诉内容进行申诉、辩解、反驳控诉, 以证明被告人无罪、罪轻、减轻, 甚至免除刑事责任的法律文书。

一篇好的辩护词是具有很强的说服力的。但如何才能写好一篇辩护词呢? 应注意以下几个方面:

第一, 制作辩护词应当忠于事实, 忠于法律。

第二, 制作辩护词必须实事求是, 以理服人, 反对强词夺理。

第三, 对于严重侵犯被告人的合法权益的行为, 不管来自何方, 在制作辩护词时应大胆地揭发, 进行反驳, 以切实维护被告人的合法权益。

第四, 辩护词的结构要紧凑, 脉络要清楚、分明, 中心要突出, 语言要精练。

辩护词的内容大致包括:

1. 标题。在文书顶端正中写明 "辩护词" 三个字。

2. 称呼语。写明 "审判长、审判员、人民审判员"。

3. 说明辩护人的合法地位以及辩护人在开庭前所做的各项准备工作, 并说明辩护人对案件的基本看法。

4. 阐述辩护理由。这部分可以说是辩护词的中心所在, 阐述辩护理由有以下几种形式: (1) 从事实方面进行辩护, 分析被告人被指控的犯罪事实是否存在。(2) 从法理方面进行辩护, 分析检察机关对被告人所认定罪行的性质、是否犯罪进行辩护。(3) 从情节方面进行辩护, 也就是从被告人的犯罪目的、动机、手段、后果等方面是否有从轻、减轻或免除的情节进行辩护。(4) 从程序方面进行辩护。

5. 对辩护词进行小结, 概括辩护词的基本观点, 写明辩护人的姓名并注明时间。

辩护词例文：

辩　护　词

审判长、审判员、人民陪审员：

××省××市××律师事务所依法接受本案被告人张××之亲属许××的委托，指派我担任张××的一审辩护人。接受委托后，我仔细查阅了全部案件材料，并会见了被告人，还进行了大量的调查取证工作。经过认真的调查和严密的分析，我认为，本案事实不清，存在诸多疑点，难以定案。现依法发表如下辩护意见：

一、关于本案中公诉书认定张××作案的证据

公诉人所列举的能够据以认定张××强奸杀人的证据主要有两个：一是××公安局对被害人和被告人所作的血型试验结论，二是被告人身上的伤痕。由于其证据只能证明案件确实发生，但并不能证明罪犯是谁，因此，我仅就这两份证据的真实性和证明力，根据事实和法律提出如下看法。

关于血型试验结论。根据××公安局所制作的刑事科学鉴定书，死者血型为 B型，阴道内精液为 A 型，犯罪嫌疑人张××血型为 A 型，唾液为 A 型，公诉人遂将此认定为张××强奸杀人的一条主要证据。对此，我作为辩护人认为，死者阴道内精液与犯罪嫌疑人张××同属一种血型，并不能证明就是张××作的案。因为现代法医学认为血型鉴定毕竟不同于 DNA 指纹鉴定，它只能作排除认定，而不能作同一认定。具体到本案来看，死者阴道内精液为 A 型，可以据此排除血型的 B 型、O 型人作案的可能性，但不能得出必然是张××作案的结论。因为世界上 A 型血的人有很多。

关于被告人身上的伤痕认定。根据公诉人提供的照片，张××的伤痕均在右侧，即右侧肩部、右耳后、右额和右手。这是与张××的供述相一致的。张××对此的解释是：案发第二天上午正在家里买煤，他作为家中唯一的男子干体力活是责无旁贷的，由于肩挑、肩背和爬楼梯，造成了身体右部的多处划伤。按常理讲，犯罪嫌疑人或被告人的解释是有待辩证分析的，但我们可以通过张××身上的伤痕形成时间来具体分析他的这一供述是否真实。按照公诉人发表的公诉词，张××是在××年××月××日××时许作的案，这也就是说，张××身上、耳后及额上的伤应形成于此时，但问题的关键在于在案发当天，并没有人发现他有伤。因为案发当天下午，张××去单位值班，单位里的人并未看见他的脸上、额上有伤。张××单位的同事刘××和王××提供了书面证据证明。并且，张××当天值完班回家后，邻居也未曾见过其脸上、额上有伤。

二、关于本案中公诉书认定的张××的作案时间

无论是人民检察院的公诉书，还是公诉人在法庭上提出的公诉意见，都认定

被告人张××是在××年××月××日××时许作的案。但当天××时左右，张××单位的同事刘××和王××以及门卫黄××都能证明张××在单位值班。这有刘××、王××和黄××提供的书面证词予以证明。而且，张××在单位值班时，所翻阅的报纸和所作的读书笔记也能证明张××在××月××日××时许不在作案现场。以上证据与张××本人的辩解相印证，证明了张××在××时许没有作案时间。

综上所述，辩护人认为本案事实不清，认定被告人张××作案的证据严重不足。因为事关人命，我认为人民法院在采证时不可不慎。我请求人民法院根据××年××月××日修正实施的《中华人民共和国刑事诉讼法》第××条第××款之规定，宣判被告人张××无罪。

辩护人：××律师
××年××月××日

（资料来源：北大法意网，http：//www.lawyee.net/OT_ Data/Law_ Writ_ display.asp？RecodeID＝279&KeyWord。）

第 9 章
法律文献信息检索技巧

☞导读

　　法律文献检索是基层法律援助工作者办案需要掌握的重要技巧，法律工作者可以综合利用各种渠道以查找自己需要的法律文献。

　　法律文献信息类型庞杂、内容繁复、渊源多样、效力各异，法律、行政法规、地方性法规、规章、行政规范性文件、司法解释、判例文献、权威学说等都是需要经常查找以引用或参考。同时，法律文献信息的载体形式多元、渠道繁多、性质不同、特征明显，从各类政府文件、民间汇编、期刊、报纸、网站等都可以找到不同的法律信息。因此，通过合适的途径，在合适的载体上查找适用的法律文献信息是法援工作者的重要需求。本章拟结合各种法律文献信息的特点，根据不同检索方式的权威性、便捷性和易操作性，为基层法律工作者们提供多种法律文献检索工具及检索技巧。

第一节　文献信息检索基本原理

一、文献信息检索概念与分类

　　文献信息检索，简单而言就是从各类文献信息系统中找到所需要的文献信息的过程。按照不同的标准，可以将文献信息检索划分为不同的类型。例如，按照检索结果的内容可以划分为信息检索、数据检索和事实检索；按照文献信息检索技术划分，又可以分为全文文本检索、多媒体检索、超文本检索和网络信息检索等。目前较为常用的是按照文献信息检索的工具类型分类，可以分为手工文献信息检索、电子文献信息检索和网络文献信息检索。

手工文献信息检索主要利用传统的检索工具，即以纸质材料为载体的各种类型的工具书来查找所需的信息。工具书通常以书本、卡片、表册等形式出现，如书目、索引、文摘、年鉴、手册等。

电子文献信息检索是在网络技术普及之前出现的对于存储在光盘、联机数据库等电子信息载体上的文献信息进行的查找分析。随着网络信息技术的应用，电子信息检索也常被用来代指所有非纸质文献信息的检索，或称为计算机文献信息检索。

网络文献信息检索，则是指对由网络站点、网页浏览器和搜索引擎以及网络支撑组成的检索系统进行的信息收集和查找。随着信息技术的高速发展和国际互联网在人们学习生活的深入应用，这种文献信息检索方式基本成为人们查找信息的首选方式。网络信息不仅包括传统的数据库信息，还包括电子书刊、网站信息、论坛（BBS）、博客（Blog）、微博等各类信息资源。

二、文献信息的检索语言

检索语言，是信息检索系统存储和检索所使用的共同语言，其作用是标引文献内容、数据或其他信息形式，把信息的内容特征及其外表特征简明而有效地揭示出来。检索语言作为标引人员和检索者之间的沟通工具，可以引导两者理解一致，避免信息检索中的漏检和误检。检索语言的基本成分是检索词，按其规范化程度和组配程序可分类，如下图所示。

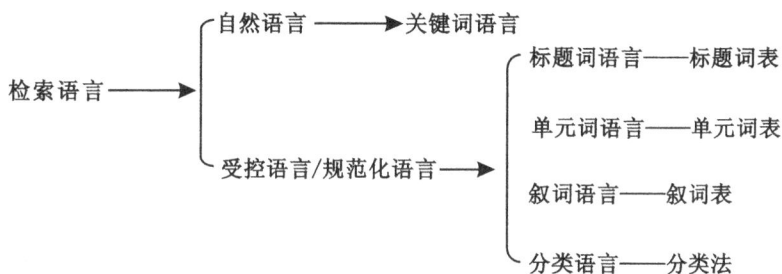

图 1　检索语言的分类

这里不对每种检索语言进行详细介绍。考虑到法律工作者通常可以在各级综合性图书馆、高校图书馆和法律专业图书馆和信息中心查找和利用有关的检索文献，因此需要对图书馆的资源分类组织方法有一定的了解，从而提高检索效率和检索的准确性。这里仅就实际工作中常用的图书分类法中有关法律文献的部分进行介绍，以帮助法律工作者在实践中更有效地利用纸质文献信息检索工具。

在我国，无论是综合性图书馆、高校图书馆还是专业图书馆，主要采用《中国图书馆分类法》（以下简称为"中图法"）和《中国科学院图书馆分类法》（以下简称为"科图法")两种分类体系组织图书信息资源。利用这两种图书分类法编制的索书号，可以迅速准确地找到所需的法律文献。

(一)中国图书馆分类法

中图法是由国家图书馆《中国图书馆分类法》编辑委员会编订的、普遍适用于我国各级各类综合性、专业性文献收藏单位的分类体系，目前已经修订出版到第5版。"中图法"采用汉语拼音字母和阿拉伯数字相结合的标记符号，以字母表示大类，以数字表示具体类目。其中，法律被归于"D 政治、法律"下的"D9"或"DF"。2010 年 9 月出版的第 5 版"中图法"对法律类体系进行了较多调整，并增补了新类。

D9 采用"先国家后法律部门"的分类标准，在查找国家的全部法律时比较方便。DF 则采用"先法律部门后国家"的分类标准，在查找同一个法律部门的不同国家立法情况时比较方便。因为 D9 的分类体系被绝大多数图书馆采用，因此这里着重介绍 D9 的部分类目：

D90 法律理论（法学）；D90-05 法学与其他学科的关系；D90-051 法律逻辑学；D90-053 法伦理学；D90-054 司法心理学；D90-055 法律语言学；D90-056 法律经济学；D90-059 其他；D901 立法理论；D902 法社会学；D903 法理学、法哲学；D904 法的历史类型、法系；D908 比较法学；D909 法学史、法律思想史；D909.9 法制史。

D91 法学各部门；D911 国家法、宪法；D912.1 行政法；D912.2 财政法；D912.28 金融法；D912.29 经济法；D912.3 土地法、房地产法；D912.4 农业经济管理法；D912.5 劳动法、社会保障法；D912.6 自然资源与环境保护法；D912.7 人权法；D912.8 传媒法、信息法；D913 民法；D913.1 总则；D913.2 物权法；D913.3 债权法；D913.4 知识产权法；D913.5 继承法；D913.6 合同法；D913.7 侵权法；D913.8 其他；D913.9 亲属法；D913.99 商法（总论）；D914 刑法；D915 诉讼法；D916 司法制度；D917 犯罪学；D918 刑事侦查学；D918.9 司法鉴定学；D919 法医学。

D92 中国法律；D921 国家法、宪法；D922.1 行政法；D922.2 财政法；D922.28 金融法；D922.29 经济法；D922.3 土地法、房地产法；D922.4 农业经济管理法；D922.5 劳动法、社会保障法；D922.6 自然资源与环境保护法；D922.7 人权法；D922.8 传媒法、信息法；D923 民法；D923.9 婚姻家庭法；D923.99 商法（总论）；D924 刑法；D925 诉讼法；D926 司法制度；D927 地方法制；D929 中国法制史。

D93/97 各国法律。

D99 国际法；D990 国际法理论；D992 国家；D993 领土；D993.7 外交关系法、

领事关系法；D993.8 条约法；D993.9 国际组织法；D994 平时国际法；D995 战时国际法；D995.9 中立；D996 国际经济法；D996.9 国际环境保护法；D997 国际私法；D997.9 国际刑法；D998 国际法上的居民；D999.1 外层空间法（宇宙法）；D999.2 核法；等等。

（二）中国科学院图书馆分类法

《中国科学院图书馆分类法》（第 3 版）的分类体系标记采用数字进行，号码分为两部分，第一部分采用顺序数字 00-99，按照各类的内容及其图书的数量并结合科学发展需要的原则分配，其中法律、法学分配的数字是 34、35。第二部分采用小数制，即在主要类 00-99 两位数字之后加一小数点 "."，小数点后数字表示细分类目。具体到法律、法学类，分类如下：34 法学理论；35.1 法学各部门；35.2 中国法律；35.4—35.5 其他国家法律；35.9 国际法。35.1 或 35.2 后的第二位数字表示法律部门，如 5 表示民法，因此 35.25 表示中国民法。具体而言，科图法关于法律、法学的分类类目主要有：

34 法律、法学。

34.03 法的理论（法学）；34.4 法学史、法律思想史；34.9 法制史。

35.1 法学各部门；35.11 国家法、宪法；35.12 行政法；35.126 行政诉讼法；35.127 经济法；35.128 财政法；35.129 商法；35.13 土地法；35.14 劳动法；35.15 民法；35.159 婚姻家庭法；35.16 刑法；35.169 犯罪学；35.17 诉讼法；35.177 犯罪侦查学；35.178 犯罪被害者学；35.179 军事法；35.18 司法制度；35.188 司法精神病学；35.189 法医学。

35.2 中国法律；35.204 中国法制史；35.21 国家法、宪法；35.22 行政法；35.23 土地法；35.24 劳动法；35.25 民法；35.259 婚姻法；35.26 刑法；35.27 诉讼法；35.279 军事法；35.28 司法制度；35.288 中国法律、法规汇编；35.29 地方法制。

35.4—35.5 其他各国法律。

35.9 国际法；35.91 国家；35.92 争议法；35.93 战时国际法；35.94 中立法；35.951 外交与领事关系法；35.952 条约法；35.953 国际组织；35.96 国际私法；35.97 国际刑法；35.98 国籍法、居民；35.99 国际经济法；等等。

（三）索书号

索书号又称为排架号，表明馆藏中的某一文献的排架位置以便提取和归架的一套编号。索书号是图书馆赋予每一种馆藏图书的唯一号码，根据索书号可以准确地确定馆藏图书在书架上的排列位置。索书号贴在图书书脊的下方，由分别表示分类号和著者号的一组字母和数字组成。分类号如前所述，著者号反映的是图书作者姓名的信息，可以使同一位作者所著的同一学科主题的图书比较集中地排列在书架上。

三、文献信息检索技术

检索文献信息采用何种方法，需要考虑的因素很多，如需要检索课题的目的、性质、所要求的文献信息类型、检索工具现状和用户的具体要求等。根据检索信息的内容特征，我们可以从分类和主题两种途径着手；也可以选择信息的外部特征，如题名、著者、号码等途径检索。

在进行电子和网络文献信息检索时，采用一定的检索技术是能够快速准确查找到所需文献信息的关键。检索技术包括基本布尔逻辑组配、加权检索、截词检索、检域限制、词位限制、自由词检索和二次检索等。这里最常用的是布尔逻辑组配检索。在进行数据库、网络搜索引擎或网页检索时，无论是想检索多个关键词，还是想利用数据库提供的题名、著者、关键词、出处等多种检索途径同时对检索进行限制，都可以采用布尔逻辑（OR、AND、NOT）原理，使用概念组配或自由词组配的方法。

（1）逻辑"与"：常用"AND"或"＊"表示，表达概念间的交叉关系，即用逻辑"与"连接的两个检索词必须同时出现在检索结果中才满足检索条件。如欲查找同时含有关键词A和B的文献，可检索"A and B"或"A＊B"。使用逻辑"与"可以缩小信息资源的检索范围，提高检索的专指度。

（2）逻辑"或"：常用"OR"或"＋"，表示概念间的并列关系，即用逻辑"或"连接的两个检索词中任意一个检索词出现在检索结果中就满足检索条件。如欲查找包含关键词A或者B的文献，可检索"A or B"或"A＋B"。使用逻辑"或"，可以扩大信息资源的检索范围，提高查全率。

（3）逻辑"非"：常用"NOT"或"－"，表示概念间的排斥关系，用逻辑"非"连接的两个检索词中应从第一个概念中排除第二个概念。如欲查找含有关键词A但不含有关键词B的文献，可检索"A not B"或"A－B"。使用逻辑"非"，可以排除不希望出现的检索词，缩小主题内容，减少信息资源量，提高查准率，但同时也可能漏检了部分信息，使用时需慎重。

第二节　纸质法律文献信息检索工具

传统的纸质法律文献检索工具包括法学参考工具书和检索工具书等，主要有3类，书目、索引和文摘。

一、法律类书目

法学类的专门性书目并不多见，常见的有：

《中国法律图书总目》：中国政法大学图书馆编（北京），中国政法大学出版社 1991 年 11 月出版。该书全面收录我国古今法律法学类图书，共 28000 余种，还收录香港和 1949 年后台湾出版的法律图书 2900 种。

《中文法学和法律图书目录》：西南政法学院编印，共收法律图书 15173 种。其中第 1、2 册系 1949—1982 年的法学与法律图书目录；第 3~5 册系解放前的法学图书目录（包括古代和近代）。

二、索引

常见的与法学密切相关的综合类索引有：

《全国报刊索引》：由上海市图书馆在 1955 年 3 月创刊，目前分成《哲学社会科学版》和《自然科学技术版》两刊。收录了包括港、台地区的期刊 8000 种左右，涉及所有哲学、社会科学、自然科学以及工程技术领域。《全国报刊索引》已成为国家政府机关、高等院校、各大企业公司、科研单位和公共图书馆与情报部门的必备检索工具类刊物。

《人大复印报刊资料索引》：由中国人民大学书报资料中心编制，1962 年创刊。它从全国范围内中国报刊中精选学术价值大、质量高、观点新颖、见解独到的重要文章，进行全文复印或索引推介，在国内社会科学领域具有极高的权威性，受到广泛赞誉和高度评价。该刊主要包括两种信息产品——《复印报刊资料》系列刊物和《报刊资料索引》系列刊物，是查考当前报刊论文资料的基本检索工具。

《内部资料索引》：上海社会科学院图书馆编印，1980 年创刊，月刊，原名为《国内部分内部系统资料篇目索引》，收录中央、各省市自治区内部交流与内部发行的刊物，涉及哲学、政治、法律、经济、历史等类。

《中国社会科学题录》：中国社会科学院文献情报中心主编，主要收集我国社会科学报刊上具有学术性、理论性、信息型的文章，分社会科学总论、政治法律专题。

查找法学文献除了利用上述综合性报刊索引外，还可以利用下面几种法学报刊资料索引：

《全国主要报刊法学资料索引》：西南政法学院图书馆编印，全书 4 册，收录 1950—1984 年报刊上的法学资料 2 万多篇。

《中国法律期刊文献索引》：邹育理主编，法律出版社出版。有 2001 年卷和 2002 年卷，分别收录 2001 年和 2002 年国内 180 种期刊上的法律学科的文章篇目。

《国外法律期刊索引（Index to Foreign Legal Periodicals）》：英国伦敦大学法学研究所与美国图书馆合作出版，季刊，收录各国的国际公法、国际私法、比较法、市政法等方面的论文。

三、参考工具书

法学参考工具书的类型较多，主要有词（辞）典、百科全书、年鉴、手册、名录、类书政书、资料汇编等。限于篇幅，本文只介绍几种主要的参考工具书。

《法学大辞典》：曾庆敏主编，上海辞书出版社 1998 年出版，共收录词目 10837 条，450 余万字。按词目笔画编排。包括法理、宪法、行政法、刑法、民商法等法学 22 个学科中的术语、学说、思想、人物、著作、机构等，内容全面，查阅方便。

《中国司法大辞典》：江平主编，吉林人民出版社 1991 年出版。该书主要收集我国司法实践中常见、常用的词条 5500 余条，除简明扼要地说明其含义外，还侧重援引法律、法规以及法律规范性解释，并提出在实践中可能遇到的疑难问题。

《元照英美法词典》：薛波主编，潘汉典总审订，法律出版社 2003 年 5 月出版。该词典由国内外法学权威学者编译，收录及注释 5 万余词条，全面介绍英美法的基本制度、概念等，填补了我国法律辞书在此方面的空白，具有较强的可读性和参考价值。

《中华人民共和国法律大百科全书》：许崇德、杨炳芝、李春霖主编，河北人民出版社 1999 年 7 月出版。全书分为 11 卷 13 册，主要内容和框架为：法学基本理论、基本知识，法律、法规、规章选辑，司法行政解释指南和典型案例范例选辑，地方法规、地方性规章目录选辑，司法文书范本，附录。全书采用与其他此类图书不同的写作形式，即在各类的编目中，采用了教材和专著相结合的编目。在具体内容编写上采用了词典与法典相结合、学理与司法实践相结合的体例。

《国际比较法百科全书·第 1 卷》：[捷] 维克托·纳普主编，法律出版社 2002 年出版。本书是世界著名的马普研究所编纂的《国际比较法百科全书》的第 1 卷，作者均为世界一流的法律专家。共包含 151 个国家简要的国家沿革和法制概况，每个国家的具体内容包括以下几方面：宪政制度；法律渊源；私法和商法沿革；私法；商法；国家对贸易（国家经济）经济计划的管理；工业产权和版权；民事和商事案件中的诉讼程序原则；国际私法和国际诉讼程序原则。另外每个国家还有 1995 年以后国家最新基本情况的扼要补充。

《中国法律年鉴》：中国法律年鉴出版社出版，是中国立法、司法、法学教育与研究等相关法律领域最具权威的综合性年鉴。1987 年创刊，已出版 18 卷、30 余万册 3800 多万字。本年鉴的稿件和资料由中央、地方各有关部门和单位提供，内容全面、翔实、准确，具有权威性。

第三节　网络法律文献信息检索工具

对于基层法律工作者而言，纸质版的法律文献检索成本高昂，可及性低，因此，利用网络资源就成了检索法律文献的重要途径。本节主要介绍利用搜索引擎、免费网站、出版社主页、网络书店以及下载工具进行法律文献的检索和收集的方法。

一、搜索引擎

搜索引擎是使用自动网页搜索机器人软件来发现、收集网页。搜索引擎突出的检索功能和信息的及时更新，使得法律文献的网络检索变得非常便捷。目前较好的中文搜索引擎主要有：百度（http：//www.baidu.com）；谷歌（http：//www.google.cn）；雅虎（http：//www.yahoo.com.cn）；新浪爱问（http：//www.iask.com）；搜狗（http：//www.sogou.com）等。

使用搜索引擎检索法律文献，可以利用以下技巧来提高检索质量和减少检索时间。

1. 正确选择关键词和搜索范围

首先，关键词要准确。搜索引擎的搜索严格按照所查询的关键词进行。其次，关键词要与所查询主题保持较高的关联度且应尽量简练。再次，可以使用相关的关键词。当使用与主题直接关联的关键词搜索不到所需内容时，或者对该关键词的确切表述记忆不清时，可以使用其他相关的关键词进行检索。

2. 使用高级搜索（限定搜索范围）

搜索引擎一般都有高级搜索功能，其搜索条件更加精确。这里以百度为例。点击链接 http：//www.baidu.com/gaoji/advanced.html，即可直接进入百度高级搜索页面（如图 2）。

图 2　高级检索页面

在百度高级搜索页面中，可以通过限定逻辑检索、网页时间、网页语言、文档格式、关键词位置以及选择站内搜索等方式缩小搜索范围。其中，站内搜索的用法是，如果要搜索某个网站内的特定文献，可直接将该网站的网址输入"站内搜索"栏进行搜索。例如要在"中国人大网"http：//www.npc.gov.cn/内搜索侵权责任法草案，可将npc.gov.cn键入站内搜索栏，将"侵权责任法草案"键入关键词栏，然后点击搜索即可（如图3、图4）。

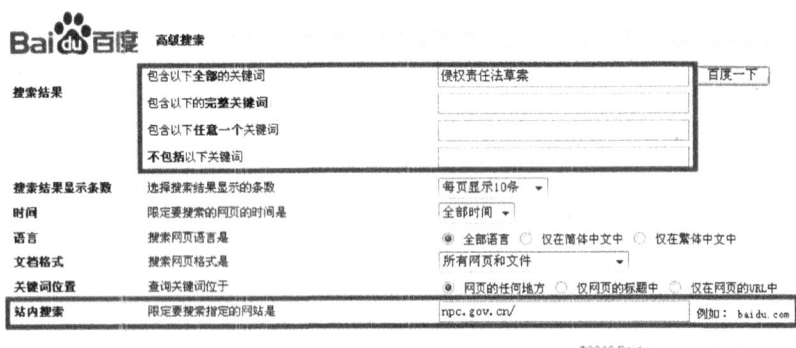

图 3　百度高级搜索之站内搜索

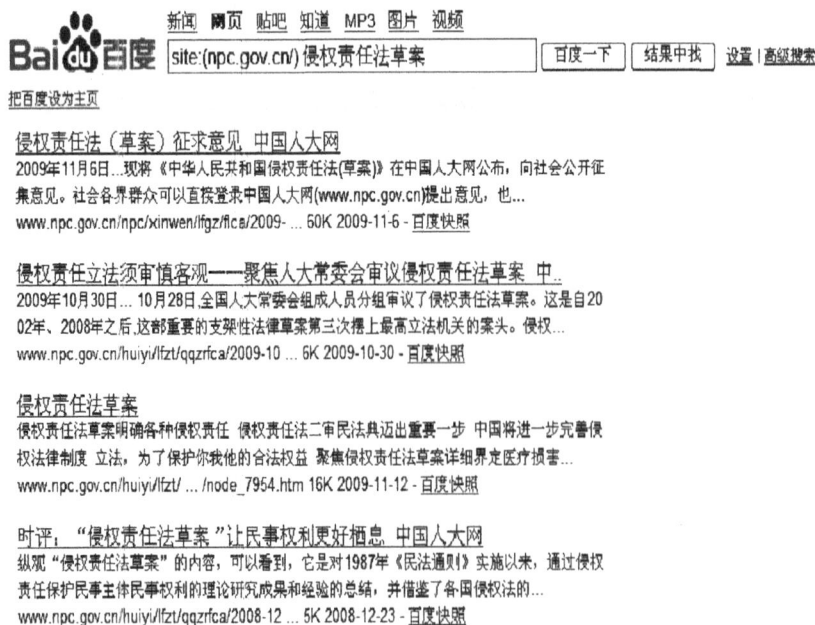

图 4　站内搜索结果页面

3. 使用快照功能，提高搜索结果浏览速度

如果无法打开某个搜索结果，或者打开速度特别慢，可以尝试使用搜索引擎提供的"快照"功能。仍然以百度为例，如图5、图6所示的对"刑法修正案七"的搜索，搜索者可以通过"快照"快速浏览页面内容。但百度快照只保存了文本内容，至于图片、音乐等非文本信息，仍须从原网页调用。因此，如果无法链接原网页，则快照上的图片等非文本内容，将无法显示。

图5

图6

4. 利用搜索引擎提供的专项产品

不同搜索引擎都提供了多种产品，分别针对不同学科、不同行业和不同的信息

需求提供专项性的信息检索服务。如，在百度首页，点击"更多"会进入"百度产品大全"的页面（图7），可以看到各种搜索服务产品。其中"百度法律"和"百度政府"分别对于搜索法律、法规和政府规章、公文极为便利。

安全中心	百度币	百度工具栏 立即下载	百度公益
百度Hi 立即下载	百度有啊	百度玩吧	百科
博客搜索	财经	常用搜索	传情
词典	大学搜索	地区搜索	地图
法律搜索	风云榜	国学	行业报告
hao123	黄页	教育网站搜索	空间
老年搜索 (测试版)	盲道	MP3	杀毒
少儿搜索 (测试版)	世界之窗	视频搜索	手机搜索
手机娱乐	搜藏	贴吧	统计数据
图片	图书搜索	网站	网页
WAP贴吧	WAP知道	文档搜索	文化
下吧 立即下载	新闻	硬盘搜索 立即下载	影视
音乐盒	音乐掌门人	邮编	邮件新闻订阅
游戏大厅	游戏频道	娱乐	政府网站搜索
知道	捐款	专利搜索	

图7

下面是分别用百度搜索"刑法修正案七"（图8）与用"百度法律"（图9）搜索得出结果的比较。

通过对比检索结果，可知通过"百度法律"可以更加直接地检索到所需的法律、法规文本。此外，百度法律还提供"法律信息分类浏览"，可以根据法律部门、效力层级、行政区划对法律法规进行分类检索，并且提供"法律词语"的检索服务。

在百度提供的各种服务中，对于一些法律概念或基础知识的基本解答可以通过"百度知道"和"百度百科"这两个工具找到答案。

如通过"百度知道"（图10）和"百度百科"（图11）检索"侵权责任"，可以得出以下搜索结果。

谷歌（http：//www. google. cn）也是重要的中文搜索引擎之一，以其搜索技术内核的专业性著称。谷歌的基本搜索和高级搜索同百度没有太大差别，但提供的服务产品却有其特色，如"谷歌学术"。"谷歌学术"可以通过直接在 google 主页文

Baiду百度

新闻　**网页**　贴吧　知道　MP3　图片　视频

刑法修正案七　　　　　　　　　　百度一下　|　结果中找　|　设置｜高级搜索

把百度设为主页

中华人民共和国刑法修正案(七) 百度百科
《中华人民共和国刑法修正案(七)》已由中华人民共和国第十一届全国人民代表大会　一、将
刑法第一百五十一条第三款修改为 "走私珍稀植物及其制品等国家禁止进出口
baike.baidu.com/view/2242591.htm 24K 2009-10-26 - 百度快照

…聚焦刑法修正案(七)草案…
第一次全体会议听取了循环经济法草案、食品安全法草案、刑法修正案（七）草案、保险法修
订草案、专利法修正案草案等法律案和有关议案的说明。吴邦国委员长主持会议
news.xinhuanet.com/legal/2008-08/25/conte… 37K 2008-8-25 - 百度快照

两高补充规定13刑法罪名 新增利用影响力受贿罪(2)——中新网
2009年11月21日 《中华人民共和国刑法修正案(七)》（以下简称《刑法修正案(七)》)于2009
年2月28日颁布实施后，"两高"研究室共同对《刑法修正案(七)》涉及的
www.chinanews.com.cn/gn/news/2009/10-16/1… 63K 2009-11-21 - 百度快照

刑法修正案7 解读 牛B红红
【解读】现行刑法第395条规定 国家工作人员的财产或者支出明显超过合法收入 差额巨大 本
人不能说明来源合法的 处五年以下有期徒刑或者拘役。有些全国人大代表和最高
hi.baidu.com/19801003/blog/item/a9030f089… 45K 2009-3-22 - 百度快照
hi.baidu.com 上的更多结果

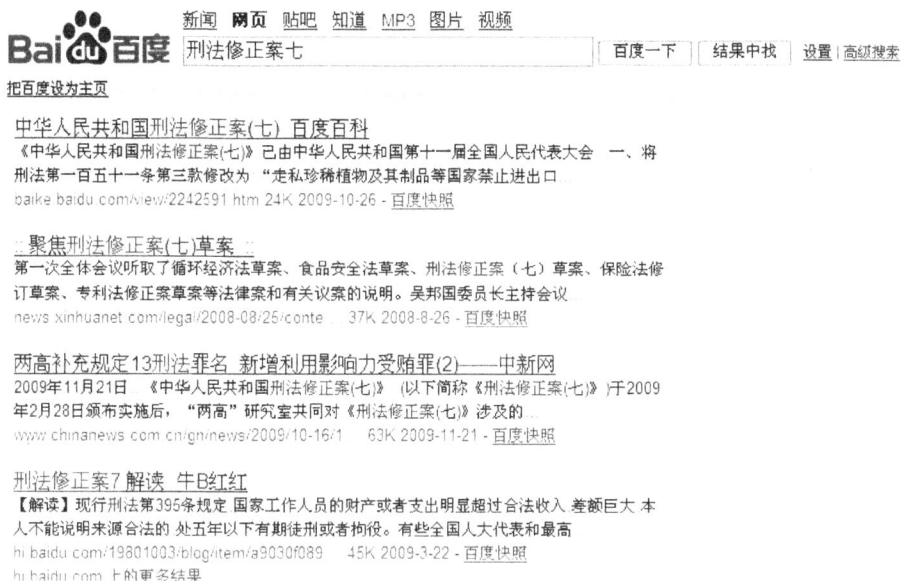

图 8　百度搜索结果

Bai du法律

新闻　网页　贴吧　知道　MP3　图片　**法律**

刑法修正案七　　　　　　　　　　百度一下　|　帮助｜高级搜索

把百度设为主页

中华人民共和国刑法修正案(七) 百度法律
《中华人民共和国刑法修正案（七）》已由中华人民共和国第十一届全国人民代表　二、
将刑法第一百八十条第一款修改为："证券、期货交易内幕信息的知情人员或者
law.baidu.com/pages/chinalawinfo/11/39/ad　12K 2009-10-9

中华人民共和国刑法(97修订之北大法宝编注版) 百度法律
第七节 剥夺政治权利 第八节 没收财产 第四章 刑罚的具体运用 第一节 量刑　【注：
本条后已被《中华人民共和国刑法修正案（三）》（发布日期：2001年12月
law.baidu.com/pages/chinalawinfo/10/61/ee　124K 2009-10-9

中华人民共和国刑法(97修订) 百度法律
《中华人民共和国刑法修正案》（发布日期 第七节 侵犯知识产权罪 第八节　第二条
【任务】中华人民共和国刑法的
law.baidu.com/pages/chinalawinfo/1/70/2d9　124K 2009-10-9

全国人大常委会2007年立法计划 百度法律
2007年立法计划安排提请审议或通过法律案共22件。其中，再次审议的7件，初次　刑法
修正案（七）委员长会议提请审议（5）10月常委会第三十次会议 2件
law.baidu.com/pages/chinalawinfo/9/68/8e9　9K 2008-4-1

图 9　百度法律搜索结果

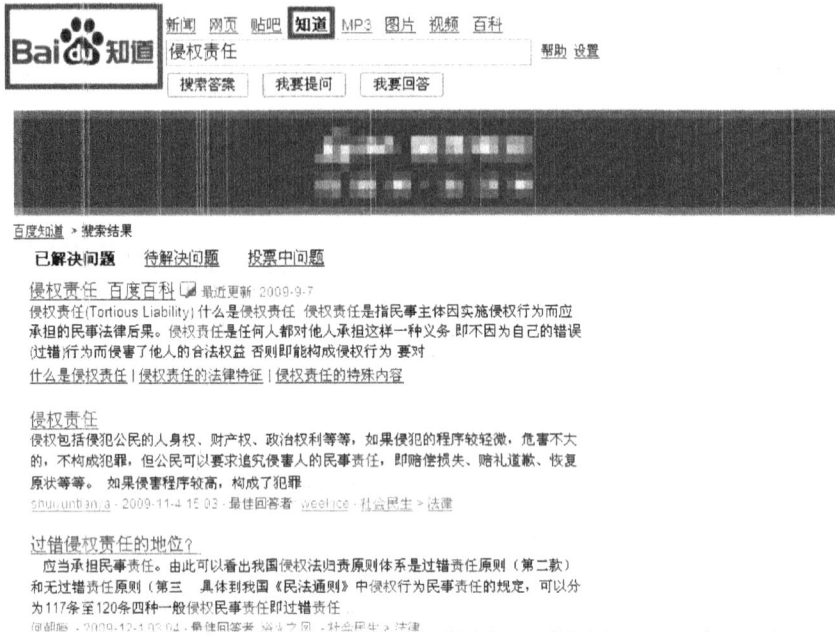

图10　百度知道

图11　百度百科

本框内直接搜索该关键词或通过谷歌主页的"更多"项目进入（图12）。利用"谷歌学术"可以检索到大量法学论文，法律工作者在实务工作中如果存在理论疑问，可以通过此途径检索相关文献进行参考。

图 12　谷歌学术检索页面

"谷歌学术"可以根据文章发表的年限和引用次数对搜索结果进行调整和排序，并且提供相关文章、学者和机构的链接。一般而言，搜索出来的论文需要进行下载，并通过特定的阅读器进行阅读。阅读器也可通过检索结果所在的页面进行下载。例如，用"谷歌学术"搜索"犯罪构成"，检索结果如图13所示。

图 13　谷歌学术搜索中对"犯罪构成"的检索结果

461

二、主要网站

相对于专业数据库而言，很多免费的法律网站虽然在检索的专业性上有所不足，但仍然能够就某一类文献提供较高质量的信息服务，且成本低廉。

（一）法律法规

1. 法律图书馆：www. law-lib. com/，提供新版法律、法规和司法解释的免费检索。此外，该网站提供的法律法规草案、裁判文书、法律文书、合同范本、论文资料、律师黄页、法律图书也都比较齐全，值得参阅。特别值得推荐的是，只要将自己的电子邮箱账号在该网站进行注册，就可收到其免费发送的最新法律、法规和司法解释文献。

2. 中国法律法规资讯网：www. 86148. com，提供各类法律、法规、司法文书、案例和地方法规等。

3. 上海环境—环保政策法规：www. envir. org. cn/law，提供环境保护法律法规和标准的免费检索，还包括环境质量标准、污染物排放、控制标准、分析测量标准和地方环境标准等项目。

4. 国信中国法律网：www. chinalaw. net，主要内容有国家法规数据库、新法规联机查询、法律博士信箱等。

5. 找法网：www. findlaw. cn，收录了 1949 年至今的国家法规、地方法规、中外条约和司法解释全文等，并提供免费的法律咨询。

（二）判例

1. 法律 365 网站：www. law365. cn。中华全国律师协会主办的大型法律服务平台，提供网上聘请律师、在线法律咨询、律师事务所查询、律师查询、法律人才交流、律师行业信息、律师提醒、律师案例等大量服务内容。

2. 中国法院网：www. chinacourt. org/html/ajk/。唯一经最高人民法院批准成立、经国务院新闻办公厅批准从事刊载新闻业务的综合性新闻网站，致力于为社会提供最丰富的法律资讯、最权威的法院信息、最快捷的案件报道。

（三）综合性学术网

1. 中国法学网：www. iolaw. org. cn/。中国社会科学院法学研究所设立、建设和管理的法学专业网站，主要有研究课题、理论前沿、热点问题、学术论坛、出版信息、国际学术交流、法学教育、法律服务和数字图书馆等栏目。

2. 北大法律信息网：www. chinalawinfo. com/。北大英华科技公司和北大法制信息中心共同创办的大型综合性法律网站，收录了中国 100 余位颇具影响力的法学专家文集和较具权威性的学术文章万余篇，同时提供法律法规检索、法条释义、司法案例和远程教育等服务。

3. 中国普法网：legalinfo. gov. cn/。司法部办公厅、法制宣传司和法制日报社联合主办的司法部官方网站，其内容有专家学者的"法学研究"、实务工作者的"案件实录"以及"在线咨询"等。该网站也是发布国家司法考试信息的重要网站。

4. 正义网：www. jcrb. com. cn。最高人民检察院主管，中国检察日报社主办的法学专业网站，提供法律法规的免费检索和《检察日报》、《人民检察》等期刊、报纸的电子版或链接。

5. 中国法律信息网：www. law-star. com。提供大规模的法律信息资源，收集最近的相关法律信息，包括最新法规、法规查询、法律论文、案件追踪等内容；可订阅《新法速递》、《论文汇粹》等电子期刊，以及下载每日法规。

6. 损害赔偿网：www. peichang. com。所有内容都围绕损害赔偿这个关键问题来回答，主要有交通事故、工伤事故、离婚、劳动纠纷等分类。

7. 中国劳动争议网：www. btophr. com。国家劳动与社会保障部专家指导和支持下成立的劳动法规专业网站，提供劳动法律法规咨询、培训、劳动争议援助和人事制度顾问服务。

8. 中法网：www. 1488. com。由原最高人民法院法官谢卫东创办，提供资讯、咨询、代理等全方位的法律服务。

9. 中国网络法律站点：www. golaw. com. cn。主要有新法速递、法律法规、政策透视、法院判决书等资源，并提供律师事务所查询导航、法律常识解答等服务。

10. 法律教育网：www. chinalawedu. com。主要从事国家司法考试网上辅导和法律相关信息服务。

（四）法学杂志

1. 中国法治新闻：www. lnc-china. com。

2. 律师文摘：www. lvshiwenzhai. com。以律师为主要读者的大型连续出版物，每年四辑。

3. 青少年与法：www. qsnyf. org。全国唯一为青少年成长提供专题的网站。

三、出版社网站

1. 法律出版社（www. lawpress. com. cn）。主要出版法律法规、法律释义、法学专著、法律辞书、外国法学译著等。

2. 中国法制出版社（www. zgfzs. com）。主要出版国家和地方颁布的法律、法规和规范性文件、最高人民法院和最高人民检察院发布的司法解释、普法读物、法律工具书等。

3. 人民法院出版社（http：//courtpress. chinacourt. org/）。主要出版综合性的司法手册和各部门法审判手册和工作手册、法律释义、审判实务专著以及审判经验汇编、典型疑难案例。

4. 中国检察出版社（www. zgjccbs. com）。主要出版具有法律专业权威性的工具书、案例、案例评论等。

5. 中国民主法制出版社（http：//www. npc. gov. cn/publishing/viewIndex. action）。主要出版全国人大及其常委会审议通过的法律、各级国家权力机关和公安、检察以及审判机关的工作用书、法律法规汇编、法律释义实务类、司法解释以及相关案例解析等实用类图书、各类资格和学历考试参考用书、法律工具书、人大工作实务用书等。

6. 中国政法大学出版社（www. cuplpress. com）主要出版精品法学教材。

四、网上书店

由于地理位置和经济发展的限制，基层法律工作者可能在购买法律专业书籍方面存在困难。但是电子商务的出现在一定程度上提供了解决途径。目前的主要网上书店提供在线购物、付款和邮寄服务，可以通过网络购买部分法律书籍。

1. 当当网（book. dangdang. com）（图 14）

图 14　当当网

当当网是全球最大的中文网上书店，为用户提供门类齐全的图书检索、订购和邮寄、快递服务。用户可以在网上查看书籍的封面图片、著者信息、内容介绍以及目录等基本信息，并可查看其他读者的评价。如果所购书籍暂时缺货，用户可在网上登记，网站在到货之后会通过电子邮件进行通知。关于该网站的注册、购物、付款、送货以及售后服务等问题在该网站首页下方的链接中有详细说明，不予赘述。

2. 卓越网（www. amazon. cn/channel/book）（图 15）。

图 15　卓越网

卓越网是亚马逊旗下的中文网上书店，提供的服务门类和操作方法与当当网类似，用户同样可参照其首页下方的链接进行熟悉。

五、资源下载

目前主流的下载工具可以为法律援助工作者提供一些可免费下载的法律文献和相关资源，比如法律文献的文档文件、电子光盘文件和法律知识讲座的视频、音频文件等。此处重点介绍"迅雷"。

"迅雷"可以通过"迅雷软件中心"（dl. xunlei. com）下载（如图 16）。安装之后，可以通过其主界面内的搜索框搜索资源，也可通过"狗狗搜索引擎"（www. gougou. com）（如图 17）进行检索。通过该搜索引擎和下载工具，可以检索到较为丰富的法律、法学相关的文档、电子书、音频和视频资源。

图 16　迅雷软件中心网页

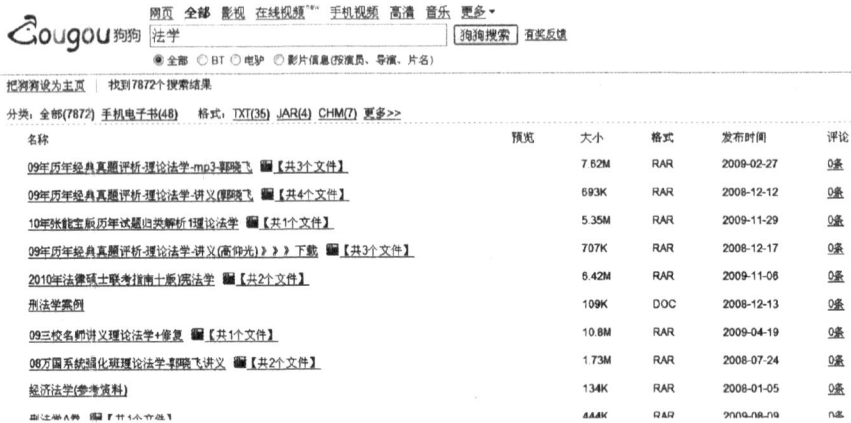

图 17　狗狗搜索引擎

第四节　不同类型法律文献信息的检索

一、法律的检索

法律是由全国人大及其常委会依照法定立法程序制定，由国家主席签发颁布的法律规范。法律的检索途径主要有三种：

1. 《全国人民代表大会常务委员会公报》及其合订本

全国人大常委会公报是我国公布法律的法定载体，其所刊登的法律文本为标准文本。因此，本检索途径最为权威。2004 年之后，法制出版社出版了全国人大常委会公报的合订版。全国人大常委会已经将其公报及其他未收入公报的法律文件全文上网，可参见"中国人大网"（http：//www. npc. gov. cn）。

2. 《中华人民共和国法律汇编》

我国法律的汇编由全国人大常委会法制工作委员会编辑，人民出版社出版。2000 年之后，《法律汇编》按年编辑，因此，本检索途径最为系统。

二、行政法规的检索

行政法规由国务院根据宪法和法律制定、发布，其效力低于宪法和法律。

1. 《国务院公报》

国务院公报上所刊载的行政法规文本为法定的标准文本。

2. 《中华人民共和国法规汇编》

行政法规汇编由国务院法制局编辑，人民出版社、法律出版社、中国法制出版社和中国民主法制出版社出版。自 1979 年之后，每年一册，收录全国人大及其常委会发布的法律、国务院各部委发布的各项行政法规。

3. 中国政府法制信息网

国务院法制办主办的"中国政府法制信息网"（http：//www. chinalaw. gov. cn）上的"中国法律法规信息检索中心"是重要的途径。

三、地方性法规的检索

地方性法规由省、市、自治区、直辖市的人大及其常委会根据本行政区域的具体情况和实际需要制定和公布，其效力低于宪法、法律、行政法规，高于本级地方政府规章。

1. 省、自治区、直辖市人大常委会的公报

省、自治区、直辖市人大常委会公报上刊登的地方性法规、自治条例和单行条例文本为法定的标准文本。

2. 当地重要报纸

很多地方规定地方性法规在通过之后还应在当地重要报纸上刊登，如上海的《上海法治报》、天津的《天津日报》等。

3. 汇编原报纸为《上海法治报》

地方性法规一般应由具有地方法规制定权的各级人大常委会规定的机构编辑，由当地人民出版社，或交由人民出版社、法律出版社、中国法制出版社、中国民主法制出版社出版。但各地具体情况不一，应首先了解当地规定和具体出版情况再行检索。

4. 各地人大常委会的官方网站

当地人大常委会的官方网站，常常会全文刊载其颁布的地方性法规，因此可以通过此途径进行检索。

四、规章的检索

规章包括部门规章和地方政府规章，其效力低于宪法、法律、行政法规和地方性法规。

1. 部门规章

部门规章的主要检索途径有部门公报、国务院公报、全国范围内发行的有关报纸，该部门的官方网站往往也会刊载其所颁布的部门规章。

2. 地方政府规章

地方政府规章主要可以通过本级政府公报和地方行政区域范围内发行的报纸（2002 年之前的地方政府规章应根据当地旧规定检索）进行检索。

五、行政规范性文件的检索

行政规范性文件，是指政府及其职能部门和法律、法规授权的具有管理公共事务职能的组织，根据法律、法规规章和上级政府的命令、决定，依据法定职权和程序制定并公布，涉及公民、法人或其他组织的权利、义务，有明确的法律责任，在一定时期内反复适用，在所辖区域内具有普遍约束力的文件。目前，规范性文件的含义、制定主体和权限均无统一规定，因此检索要参考各级政府的相关规定，主要途径有制定机关的公报、在该行政区域内普遍发行的报纸、政府网站和公告栏。

六、司法解释文献的检索

司法解释，指人民法院和人民检察院在行使司法权的过程中，针对在实施审判活动和检察活动中所涉及的法律问题的解释性文件。其检索途径主要有：

1. 连续性法律出版物

主要指作为官方的刊、报以及其他连续出版物。主要有：公报，如《最高人民法院公报》、《最高人民检察院公报》；官方报刊，如《人民法院报》、《检察日报》；综合性法律工具书，如《中华人民共和国最新立法司法文告》（法律出版社）、《审判工作常用法律司法解释汇编》（人民法院出版社）等。

2. 专门类工具书

主要指专门编辑司法解释和司法文件的工具书。主要有：《中华人民共和国最高人民法院司法解释》（法律出版社）、《新中国司法解释大全》（1949—2000）（中国人民检察出版社）、《最高人民法院司法解释》（法律出版社）。

3. 注释性出版物

主要是涉及司法解释的法理分析和条文注释的出版物。主要有：《民事审判指导与参考》（法律出版社）、《刑事审判参考》（法律出版社）、《最高人民法院司法解释理解与适用》（中国法制出版社）。

4. 司法指导性出版物

主要指最高人民法院及其业务庭、室为增强全国司法审判人员的业务准确性，将法律、法规和司法文件以及相关政策分类编辑成册的出版物，如《经济审判手册》（人民法院出版社）。

5. 电子数据资源

主要有中国法院网和各地高级人民法院网站。

七、案例判例文献的检索

案例判例文献是指各级人民法院公开的有关案件审理后的案卷材料或以案情分析为主要内容的出版物，对于司法审判工作有着重要影响，对法律援助工作者也有着指导和参考作用。其主要检索途径有：

1. 专业法律期刊：《最高人民法院公报》（最高人民法院办公厅主办）、《中国司法评论》（人民法院出版社）、《判例研究》（人民法院出版社）。

2. 连续性多卷案例丛书：《人民法院案例选》（人民法院出版社）、《中国案例指导》（法律出版社）、《典型疑难案例评析》（中国检察出版社）。

3. 编年体汇编出版物：《人民法院裁判文书选》（法律出版社）。

4. 审判业务指导书：《行政执法与行政审判参考》（法律出版社）、《刑事审判参考》（法律出版社）、《民事审判指导与参考》（法律出版社）。

5. 电子网络出版物。

重大案件可以通过综合性搜索引擎或官方网站检索，法院判决书可以通过法院官方网站检索，学理性案例可以通过法学院网站或法律学术网站检索。部分高级和中级人民法院的专业网站尤其值得关注。

附录 主要图书馆联系信息

1. 国家图书馆

地址：北京市海淀区中关村南大街 33 号，邮编：100081，电话：010—88545426、010—88545360

2. 中国法学会办公室宣传处

地址：北京市西城区兵马司胡同 63 号，邮编：100034，邮箱：website@ china-lawsociety. com

3. 中国社会科学院法学研究所图书馆

地址：北京市东城区沙滩北街 15 号，邮编：100720，电话：010—60470352

4. 北京大学图书馆

地址：北京市海淀区海淀路 5 号，邮编：100871，电话：010—62751695

5. 中国人民大学法学院图书馆

地址：北京市海淀区中关村大街 59 号，邮编：1100872，电话：010—62514996

6. 中国政法大学图书馆

地址：北京市海淀区西土城路 25 号，邮编：100088，电话：010—58908304

7. 武汉大学图书馆

地址：武汉市珞珈山 16 号，邮编：430072，电话：027—68752740

8. 西南政法大学图书馆

地址：重庆市沙坪坝区壮志路 2 号，邮编：400031，电话：023—65382074

9. 复旦大学图书馆

地址：上海市杨浦区邯郸路 220 号，邮编：200433，电话：021—55664282

10. 中山大学图书馆

地址：广州市新港西路 135 号，邮编：510275，电话：020—84114139

图书在版编目(CIP)数据

农村法律服务实务手册/张万洪主编;李强,陈风副主编.—武汉:武汉大学出版社,2012.1(2022.7重印)

ISBN 978-7-307-08758-3

Ⅰ.农…　Ⅱ.①张…　②李…　③陈…　Ⅲ.法律—中国—手册　Ⅳ.D92-62

中国版本图书馆 CIP 数据核字(2011)第 084331 号

责任编辑:张　琼　胡　荣　　　责任校对:刘　欣　　　版式设计:马　佳

出版发行:**武汉大学出版社**　(430072　武昌　珞珈山)

(电子邮箱:cbs22@whu.edu.cn　网址:www.wdp.com.cn)

印刷:武汉邮科印务有限公司

开本:720×1000　1/16　印张:30.25　字数:605 千字　插页:1

版次:2012 年 1 月第 1 版　2022 年 7 月第 12 次印刷

ISBN 978-7-307-08758-3/D·1091　定价:65.00 元